인문 · 외국학도서 19

북한문학의 역사적 이해

김관웅 · 정문권 · 김호웅 지음

배재대학교출판부
PaiChai University Press

들어가는 말

한민족의 가장 중대하고 핵심적인 화두(話頭)는 반세기 이상 지속된 남북 분단체제의 변화와 극복을 통한 한민족의 화합과 한반도의 통일을 이룩하는 것이다. 그러므로 정치, 경제, 문화 등 어느 분야를 막론하고 남북 관계의 상관성을 도외시한 어떤 논의도 그 정당성이나 완결성을 인정받을 수는 없을 것이다.

오늘날 한국은 중첩된 경제적 질곡에서 벗어나기 위해 안간힘을 쓰고 있는 상황이며, 북한은 아직도 심각한 국제적인 고립을 모면하기 어려운 형편에 처해 있는 실정이다. 이런 까닭에 보다 역동적인 남북한 대화와 교류를 전개하기 위해서는 적지 않은 문제들을 해결해야만 하는 상황이다. 특히 북한의 경우 개혁개방이 현존하는 체제의 와해로 이어진다는 위기의식으로부터 자유롭지 못한 까닭에 아직도 도전적이고 배타적인 자세를 견지하고 있다.

『삼국지연의』에는 "만난 지 오래면 헤어지는 법이요, 헤어진 지 오래면 만나는 법이다(合久必分, 分久必合)" 라는 순환론적인 명구가 있다. 한민족이 남과 북으로 갈라진 지가 너무 오래되었다. 60여년이나 된다. 동양 역법에서는 육십갑자(六十甲子), 즉 60년을 한 주기로 한다. 여기에 기대어 생각해보면, 한민족의 화합과 통일은 멀지 않았다고 볼 수 있다. 한민족에게 있어서 지금은 민족의 화합과 통일을 앞둔 여명의 시각인 셈이다. 한민족의 화합과 통일 위업을 성취하는 길에는 아직도 많은 장애물이 있기는 하지만, 그 날은 한 발 한 발 현실로 우리에게 다가오고 있다. 그것은 노무현 대통령의 말처럼 "북한은 한반도를 적화(赤化) 통일하는 것이 불가능하다는 것을 스스로 잘 알고 있고" 또 "북한이 여러 가지 강경한 목소리를 내고 잘난 척, 힘이 있는 척 얘기하고 있지만, 이는 체제가 흔들리지 않기 위한 전략 전술적 몸부림"에 불과하며, "남북 간의 체제경쟁은 이제 끝났기" 때문이다. 이제 남한이 해야 할 것은 "북한이 개혁과 시장경제를 받아들여 먹고살게 도와주는" 일이다.(『동아일보』, 2004.11.14) 북한은 결코 화강암처럼 견고하기만 한 돌덩어리가 아니다. 2002년에 발표되어 시행되고 있는 7.1경제개선 조치는 북한 사회가 점차 주체 사회주의가 아닌 실리 사회주의, 즉 시장경제의 길로 나아가고 있다는 것을 보여주고 있다.

이런 시점에서 민족 화해의 당위론을 내세우고 전망을 제시하는 일, 더욱이 문화예술을 통하여 민족의 화합과 통일을 위해 일조를 하는 일의 중요성은 아무리 강조해도 지나치지 않을 것이다. 정치나 경제 부문에서 마련되기 어려운 접촉과 결속의 마당이 문화예술 부문에서는 쉽게 펼쳐질 수 있기 때문이기도 하며, 또한 이 부문의 정신적 교감과 문화통합의 시도는 남북의 미래를 하나로 묶는데 있어서 시금석이 될 수 있기 때문이다.

민족 문화예술, 그리고 민족통합의 꿈을 상정하는 문학은 남북 간에 공동체의식의 구조를 확장해 나아가는 중요한 의미를 지니고 있다. 중국조선족문학의 대부인 김학철 옹이 한민족의 민족적인 화합과 통일을 이룩하는 방도는 "김일성 부자를 차우세스쿠처럼 단두대에 올리는 길밖에는 없다"라고 했지만, 북한의 정치적인 붕괴는 자칫하면 더 큰 민족적인 재난을 불러올 수도 있다. 그러나 문학은 그 기능이 아주 제한되어 있기는 하지만, 북한이 루마니아의 '차우세스쿠'처럼 무너지지 않고 중국의 '등소평(鄧小平)'처럼 점진적인 개선의 길을 걸어갈 수 있도록 유도하는 등대로서의 기능을 수행할 수도 있을 것이다. 그것은 또한 남북이 함께 쓰라린 과거를 반복하여 역사적인 퇴행의 길을 걷는 우매함을 떨쳐버려야 한다는 소망과도 관련되어 있다.

이 책은 북한문학의 이해를 통해 서로 다른 이념과 제도 하에서 반세기 이상 살아온 북한 사람들의 정신세계를 이해함으로써 남북한의 화합과 한민족의 통일에 기여하는데, 그 의미가 있다.

북한문학은 남한에서 익혀온 문학의 일반 개념이나 영역과는 그 궤를 달리하고 있다. 그것은 북한문학이라는 이 괴상한 '꽃나무'가 뿌리를 박은 '토양'과 그 주위를 감싸고 있는 '기후대'가 남한문학과는 아주 다르기 때문이다. 이런 까닭에 북한문학의 실상을 파악하는데 있이서도 북한의 사회체제를 반사판(反射板)으로 하는 문맥을 떠나서는 정확한 통찰이 불가능하다. 그래서 여기에서는 먼저 북한문학 자체의 맥락을 따라 문학의 성격과 작품에 대한 해석 및 평가의 논리를 세우고 있다. 즉, 북한문학의 외부적 환경과 내부적인 모습에 대한 서술을 결합시키려고 노력하였다. 이것이 다른 남한의 여타 북한문학사나 북한문학 연구서와 다른 점이라면 다른 점이라고 할 수 있다.

특히, 북한문학은 인류의 문학사에서도 그 유례를 찾아볼 수 없을 만큼 정치와 거의 절대적인 관계를 맺고 있는 가장 정치의 도구화된 문학이라고 할 수 있다. 바로 이런 까닭에 조선노동당과 그 수령이었던 김일성, 그리고 그의 아들인 김정일이 이끈 60년 동안의 북한정치사를 거론하지 않는다면 북한의 문학사를 이해할 수 없는 것이다. 이 책이 북한문학사이면서도 북한정치사를 적지 않은 비중으로 다룬 것은 바로 이런 원인에 기인함을 밝혀둔다.

2006. 7.

김관웅 · 정문권 · 김호웅

차 례

Ⅰ. 평화적 민주건설시기의 문학(1945. 8~1950. 5)

1. 북한의 사회현실과 문학

1945년 8월 15일, 한반도는 광복의 새 아침을 맞아 36년 동안 지속된 일제의 식민통치에서 벗어나게 되었다. 그러나 "8.15"광복은 한민족의 주체적 역량에 의해 이루어진 것이 아닌 까닭에 한반도의 앞날에 비극의 씨앗을 묻어두게 되었다. 동맹군에 의한 한반도의 해방은 미국과 소련의 개입 등으로 말미암아 무산계급 정치세력과 부르주아 정치세력 사이의 첨예한 갈등을 초래했다.

비록 광복 직후의 아주 짧은 기간이기는 했지만, 북한의 정치권력 구조는 '다색다파(多色多派)'이었다고 할 수 있다. '다색(多色)'이라 함은 1946년 1월 5일 소련군에 의해 조만식이 연금 당하기 전까지 북한에도 민족주의라는 비적색(非赤色)도 분명히 존재하여 적색(赤色)으로서의 공산주의 계열과 공존했다는 의미이다. '다파(多派)'라고 함은 공산주의 계열에도 만주파, 연안파, 남노당파, 소련파, 국내파 등 여러 개의 파벌이 존립했었다는 의미이다. 이러한 단계를 거쳐 북한의 정치권력구조는 '다색다파(多色多派)'의 단계에서 '일색다파(一色多派)'의 단계로 이행되었으며, '일색다파'의 단계에서 '일색일파(一色一派)'의 단계로 접어들게 되었다.[1)]

---

1) '다색다파' 단계는 1945년 8월 15일부터 1946년 연초까지의 아주 짧은 기간밖에 되지 않았는데, 당연히 공산주의 계열이 주도적 지위를 차지했다. '일색다파' 단계는 1946년부터 1967년에 있었던 국내파에 대한 숙청에 이르기까지라고 할 수는 있으나 1953년 남노당파에 대한 숙청과 1958년 '8월종파사건'에서 연안파와 소련파에 대한 숙청을 통해 기본적으로 김일성을 위수로 한 만주파가 모든 정치권력을 장악하게 되어 북한의 정치권력구조는 거의 일색화를 이룩하게 되었다. '일색일파' 단계는 1967년부터 시작되었는데, 모

해방 공간의 '다색다파'의 복잡한 북한의 정치권력 구조 속에서 김일성이 어떻게 권력의 정상에 오를 수 있었는가? 그것은 두말할 것도 없이 소련 붉은 군대의 지지와 직결된다. 김일성 자신도 소련 홍군 원동군구 "88특별여단"의 대위였다. "88특별여단"에는 조선인 지휘관이 여럿이 있었지만, 그 가운데서 가장 중요한 인물은 최용건, 김책, 김일성이었다. 최용건은 1900년 생으로 나이가 김일성보다 많았고 직위도 위였었다. 김책은 직위로는 김일성보다 낮았지만 1903년 생으로 나이는 많았고 항일무장투쟁의 경력으로도 뒤질게 없었다. 그렇지만 1945년 7월, 해방을 앞두고 결성된 '조선공작단' 단장에 김일성이 앉았으며, 광복 후 북한에 들어와서도 김일성이 최고지도자로 부상했다. 그러면 어떻게 김일성이 최용건과 김책을 제치고 조선공작단의 단장을 맡았으며 후에는 북한의 최고 지도자로 군림할 수 있었을까. 이에 대해서는 와다 하루키의 견해를 참조해 보면 어느 정도 궁금증이 풀릴 수 있다.

> "김일성은 다른 두 사람에게 없는 결정적인 자신을 가지고 있었다. 최용건과 김책은 북만에서 활동해서 조선 국내에는 전혀 알려지지 않은데 비해 김일성은 동만과 남만에서 활동하여 조선 북부에로 공격해 들어 간 사실이 있기 때문에 그의 이름은 가장 널리 알려져 있었던 것이다. 지명도에서는 최현도 들 수 있지만 김일성과 비교가 되지 않는다.
>
> 그리고 김일성은 소련과의 관계가 나쁘지 않았고 중국공산당과의 관계는 최용건과 김책만큼 깊지 않았던 것도 평가되는 점이었을 것이다. 마지막으로 적극성이나 부하의 장악도 면에서 김일성의 능력이 뛰어나다는 점이 인정된다.
>
> 이상과 같은 김일성의 자신을 고려할 때 최용건과 김책이 김일성을 앞에 내세움으로써 만주의 유격대파가 해방 후 조선혁명의 헤게모니를 잡으려고 했으리라 추측할 수 있다. 왜냐하면 이 두 사람이야말로 해방 후 김일성을 음으로 양으로 보좌하여 그를 찬양하고 유일한 '수령'으로 치켜세웠던 인물들이기 때문이다. 그것은 자신들의 주체적인 선택이 아니고서는

든 정치권력이 김일성 한 사람의 손에 장악되어 북한은 전형적인 '수령중심주의', '수령절대주의'의 정치체제를 형성하기에 이르렀다.

> 될 리가 없다.
>
> 비유적으로 말하자면 이 세 사람의 관계는 다음과 같은 3형제의 관계였다고 보는 것이 좋을지도 모른다. 장남과 차남은 조건이 좋은 막내에게 집안의 상속을 잇게 한나는 결단을 내리고 막내의 현명함을 칭송하고 자기들도 스스로를 낮추어 막내를 섬기려고 하는 것이다. 이것은 전적으로 다른 집안과의 엄혹한 대항 속에서 집안을 흥하게 하기 위해서였다."[2)]

즉, 최용건과 김책은 자신들에 비해 대중적인 명망이 높고 매사에 적극적이고 사람과의 정치 사업을 유연하게 풀어 가는 자질도 갖추고 있으며 조직 장악력도 뛰어난 김일성을 자신들의 지도자로 밀기로 결정했던 셈이다. 해방을 앞두고 '조선공작단'이 결성되었을 때, 항일빨치산 세력 내부에서는 이미 김일성을 해방 후 조선의 지도자로 결정했던 것이다. 이런 만주 항일빨치산 핵심 지도부의 지원과 더불어 김일성은 1942년 이후 하바로프스크에서 '88특별여단'을 결성하면서 소련 붉은 군대 극동군구와 깊은 관계를 맺게 됨으로써 소련 붉은 군대 극동군구 군사지도자들뿐만 아니라 모스크바 주요 지도자들과도 긴밀하게 연결되어 있었다. 그 결과, 소련은 해방 전에 이미 김일성을 주목하고 있었으며, 해방 후 북한 지역 최고지도자로 확고히 할 수 있었다.

그리고 해방 초기부터 1956년 "8월종파사건"의 평정에 이르기까지 세력이 막강한 연안파등과의 권력투쟁에서 최용건과 김책 등을 위주로 한 만주파는 언제나 김일성과의 일심단결의 모습을 보여주었다. 이들의 도움이 없었다면 김일성이 다색다파(多色多派)으로부터 일색일파(一色一化派)[3)]를 실현한다는

2) 와다 하루끼, 『김일성과 만주항일전쟁』, 창작과비평사, 1992, 280~281쪽.

3) 북한의 정치구조는 다색다파(多色多派)의 단계에서 일색다파(一色多派)의 단계를 거쳐서 일색일파(一色一派)를 이룩했다고 할 수 있는데, 이른바 '일색일파(一色一派)'란 김일성을 위수로 한 만주 항일빨치산파 일파에 의한 권력 장악을 의미한다. 이러한 정치구조 상에서의 일색일파, 즉 김일성의 유일사상체계나 유일지도체계의 정치적 토대로 되었던 것이다.

것은 아주 어려운 일이었을 것이다.

광복 직후, 김일성이 제일 먼저 착수한 것은 건당 사업이었다. 박헌영이 1국 1당 원칙을 고집했으나 김일성은 남북 정세가 다르다는 것을 근거로 조선공산당 북조선 분국의 결성을 주장했고, 따라서 김일성 주장대로 1945년 10월 13일 조선공산당 북조선 분국이 설치되었고 그 책임비서로 김일성이 선출되었다. 이로써 북한의 정치 질서는 김일성을 중심으로 한 편성을 마무리하였다. 1946년 8월 26일 북한에서 민주개혁이 1차 이루어질 무렵 조선신민당과 북조선공산당이 합당하여 북조선노동당이 출범했으며, 이어 연안파가 주축이 된 독립동맹도 북조선노동당과 합당하여 공산주의 계열 여러 파의 통합이 이루어졌으며, 아울러 1946년 말 서울에서 활동하던 박헌영을 주축으로 한 남노당파가 미군정의 강력한 탄압을 피해 38선을 넘어 평양으로 들어감으로써 북한에는 '일색다파'의 정치권력구조가 형성되었다.

김일성을 수반으로 하는 조선노동당은 건군사업에 이어 건국사업을 추진해 프롤레타리아독재를 기초로 하는 인민정권을 수립하려고 했다. 1946년 11월 건국사상총동원을 전개했고 1947년부터 북한 지역을 중심으로 민주개혁을 실시하기도 했다.

남한 지역에서는 수십 개의 민족주의 정당과 단체가 나타나 건국 방법을 모색하고 치열한 정치적 갈등을 겪던 나머지 1948년 8월 15일 이승만을 수반으로 하는 공화당이 단독선거를 통해 대한민국정부를 출범시켰다. 북한에서도 1948년 9월 9일에 김일성을 수반으로 하는 조선노동당에 의해 조선민주주의인민공화국을 출범시켰다. 이리하여 "3.8선"을 경계로 하여 한반도는 이념과 체제를 달리하는 두 개의 나라로 분단되고 말았다. "8.15"광복으로부터 남과 북의 정부수립에 이르기까지, 나아가서 1950년 6월 25일 한국전쟁이 일어나기까지 한반도의 정치, 경제, 문화는 극도의 혼란상을 보여주고 있었다.

우선 공산주의 사상과 민족주의 사상이 첨예한 갈등을 빚어내 결국 민족

분열이라는 역사적 비극을 초래했다. 경제적으로 보면, 북한에서는 민주개혁이 비교적 철저하게 추진된 데 반해 남한에서는 기존의 경제체제를 보존, 유지했다.

해방직후의 문학은 이념과 체제가 혼란한 사회 현실을 토대로 하여 발전하였는데, 이 시기를 분단문학의 형성기라고 할 수 있다. 이 시기 문단 상황을 보면 좌익, 우익의 분립과 대립의 시기로 특징지어 진다.

1948년 8월 16일, 좌익계열의 카프해소파로 지칭되는 임화, 이태준, 김남천, 이원조 등에 의해 "조선문학건설본부"가 설립되었고, 8월 18일에는 이 조직이 주동이 되어 "조선음악건설본부", "조선미술건설본부", "조선영화건설본부"를 연합하여 "조선문화건설중앙협의회"를 발족하였으며, 『문화건설』 이라는 잡지를 발간했다.

1945년 9월 17일 좌익계열의 카프비해소파로 지칭되는 이기영, 한효, 송영, 윤기정 등은 박세영, 이동규, 홍구, 홍효민 등과 함께 "조선프롤레타리아문학동맹"을 조직하고 기관지로 『예술운동』을 발간했다. 당시 "조선문화건설중앙협의회"와 "조선 프롤레타리아동맹" 사이에 민족문화건설 방향을 둘러싸고 내부적인 논쟁이 있게 되자 통일전선구축에 불리하다고 인정되어 1945년 12월 13일 "조선문학동맹"이란 명칭아래 통합하였다. 그 주요 구성원은 김태준, 권환, 이원조, 한효, 박세영, 이태준, 임화, 김남천, 안희남, 김기림, 김영건, 박찬모 등이었다. 1946년 2월 8일, "조선문학동맹"은 조선문학자대회를 서울의 종로 기독교회관에서 개최하였으며, 기존의 명칭을 "조선문학가동맹"으로 고쳤는데, 위원장은 홍명희, 부위원장은 이병기, 이태준, 서기장은 김남천이었다.

그런데 당시 "조선프롤레타리아문학예술동맹"의 맹원이었던 한설야, 이기영 등은 사회주의 이념을 갖고 있었던 까닭에 서울을 떠나 평양에 가서 활동하게 되었다. 그들은 조선노동당의 직접적인 지도 아래 1946년 3월 25일에 "북조선예술총련맹"을 "북조선문학예술총동맹"으로 개칭하고 그 산하에 문학, 영화, 연극, 동맹을 설치하여 해주, 원산, 함흥, 청진, 등지에 지구 위원회를 두었다. 1946년 7월 북조선예술총련맹의 기관지로 『문화전선』이 발간되었다.

"북조선예술총련맹"이 결성됨으로써 사실상 북한 작가들의 활동은 서울의 "조선문학가동맹"의 활동과 멀어지게 되었으며, 그 뒤 좌익계열의 작가들이 속속 월북하여 "북조선예술총련맹"에 가입함으로써 "조선문학가동맹"은 무산되다시피 되었다. 1947년에는 이동규, 한효, 윤정기, 박아지, 임화, 이태준, 김남천, 이원조, 오장환, 박세영 등이 월북했으며, 1948년에는 홍명희, 안회남, 박팔양, 송영, 엄홍섭, 이용악, 박태원, 현덕 등이 월북하여 "조선문학가동맹"의 주요한 구성원이 되었다.

이상에서 살펴본 바와 같이 좌익문단은 조선문학건설 본부 →조선문화건설 중앙협의회 →조선프롤레타리아문학동맹 →조선문학가동맹 →북조선예술총련맹 →북조선문학예술총동맹 등의 연역을 거치면서 사회주의 문학단체로서의 지위를 보다 명확하게 확립했다. 아울러 해방 후, 정부수립 이전의 좌익문단은 우익문단[4]에 비해 상당한 우세를 점하고 있었으며, 「문학」, 「문학전선」, 「신문학」, 「예술신문」, 「상아탑」, 「민성」, 「신천지」, 「신세대」, 「우리문학」, 「적성」, 「인민」, 「문화전선」 등의 잡지나 신문들을 장악하고 자기들의 활동무대로 삼았다.

2. 민족문학론과 고상한 리얼리즘론

해방 직후의 북한문학은 1947년 3월 고상한 리얼리즘의 출현을 계기로 그

---

4) 1945년 9월 18일에 "중앙문화협회", 1946년 3월 "전조선문필가협회"가 결성되었고, 1949년 12월 7일 "한국문학가협회"(회장에 정인보, 부회장에 박종화)로 발전함. 그 외 순수문학을 주장하는 김동리, 정태용, 조연현, 서정주 등에 의해 1946년 4월 4일 "조선문학가협회"가 결성됨.

이전과 이후로 나누어 볼 수 있다. "8.15"광복으로부터 1947년 3월까지는 일제하 프로문학에 대해 비판적으로 계승하는 토대 위에서 남한과는 다른 독자적인 문학의 방향을 형성하기 위하여 다양한 논의를 할 시기였다.

해방 직후 문단에서의 주요한 논의는 민족문학 건설에 관한 것이었다. 일제의 식민통치의 문화적 잔재를 청산하고 새로운 민족문학을 건설하는 것은 문학의 발전 방향을 결정하는 문제와 직결되었기 때문이었다.

민족문학에 대한 좌익단체의 주장은 각 단체의 성격에 따라 상이한 차이점을 드러내기는 하였지만, 총체적인 방향에서는 사회주의 사상에 기초한 새로운 민족문학 건설을 목표로 하였다.

"조선문학건설본부"와 "조선프롤레타리아문학동맹"에서는 민족문학의 성격을 규정하는 문제를 두고 치열한 논쟁을 전개하였다. "조선문학건설본부"에서는 식민지문화 잔재의 소탕과 새로운 인민적인 민족문화의 건설을 주요한 과제로 내세우고 있었다. 특히 임화는 「현하의 정세와 문화운동의 당면과제」라는 글에서 당면 문화운동의 선결과제가 일제식민지문화 잔재의 소탕이면서 동시에 봉건문화 잔재의 소탕이라고 지적하였으며, 당면한 문화건설은 인민, 즉 노동자, 농민, 일반 근로자를 위한 문화를 창조하는데 있다고 강조했다. 따라서 그는 새로운 문화건설은 인민의 현실적인 삶과 그 계급적 의식을 바탕으로 할 것을 강조하기도 하였다. 즉 인민문학이 곧 민족문학임을 주장했던 것이다.

그러나 "조선프롤레타리아문학동맹"에서는 "계급에 기초한 프롤레타리아 문학"을 민족문학의 건설 방향으로 제시한다. 이를테면 한효는 「예술운동의 당면임무」라는 글에서 "현 단계에 있어서 민족문학을 발전시키는 것이 곧 프롤레타리아문학의 완성의 길로 통하는 것이라는 말이다. 바꾸어 말하면 민족문학을 발전, 조장시키는 현 단계의 당면 방향은 곧 프롤레타리아문학의 완성을 위한 기본 방향으로 통하는 길이라는 말이다." 이처럼 그는 프롤레타리아문학이 곧 민족문학임을 주장했다.

"조선문학건설본부"와 "조선프롤레타리아문학동맹"은 민족문학을 논의할 때 약간의 차이를 보이고는 있었으나 "조선문학가동맹"이 결성되면서 공통되는 민족문학건설 방향을 잡게 되었다. "조선문학가동맹"은 계급주의 노선에 기초한 문화건설 노선을 채택했는데, 그 강령은 ①일본 제국주의 잔재의 소탕 ②봉건주의 잔재의 소탕 ③국수주의(國粹主義)의 배격 ④진보적 민족문학의 건설 ⑤조선문학의 국제문학과의 제휴 등이었다. 이들의 전체적인 견해를 일목요연하게 설명한 비평가로 안함광을 들 수 있다. 그는 「민족문화론」에서 당면 건설해야할 민족문화는 "프롤레타리아 문화운동의 이념을 현 단계적 특질 위에서 계승"해야 한다고 주장하면서 그것은 구체적으로 진보적 민주주의 국가 수립에 이바지되는 문학이라고 강조했다. 안함광은 1947년 2월 『민족문화 재론』이란 글을 발표하여 민족문학과 계급의식 간의 관계를 천명했다. 그는 "우리의 민족문학은 계급의식을 무시하지 않으며 그렇다고 계급의식을 전체 사회와의 격리된 유폐적인 경지에서 옹색하게 해석하는 것도 아니라 그와는 반대로 사회발전의 역사적 본질과 연관 위에서 민족의식과 계급의식과의 통일을 문학적으로 창조, 형상할 충분한 현실가능성을 인정하지 않을 수 없는 것"[5)]이라고 지적함으로써 민족문학은 계급문학과 모순되지 않음을 갈파하기도 하였다. 이처럼 북한 지역 좌익문인들의 민족문학론은 계급의식과 민족의식의 통일, 계급문학과 민족문학의 통일을 지향하면서 프롤레타리아 문학운동을 혁신적으로 계승하고 진보적인 민주주의 국가 수립에 이바지해야 한다고 주장했다.

1947년 3월 28일에 열렸던 북조선노동당 중앙위원회 상무위원회 第29차 회의에서 "고상한 리얼리즘"이라는 창작방법을 주창하게 되는데, 이로써 그 전 단계 민족문학에 대한 토론은 종식되고 북한문학은 체제옹호의 문학으로 고착된다. 말하자면 "고상한 리얼리즘"이라는 창작방법론은 긍정적 주인공론에 기초한 혁명적 낭만주의를 말하는데, 이는 사회주의 리얼리즘에 가까운

---

5) 안함광, 『민족문학과 문학』, 문화전선사, 1947.

것으로서 이후 북한문학을 규정하는 중요한 틀이 됨과 동시에 해방 직후의 북한문학과는 그 성격을 전혀 달리하였다.

"고상한 리얼리즘"은 "건국사상총동원"에 부합하기 위해 현실적인 수요로부터 제기되었다. 주지하다시피 북한은 1946년 초에 토지개혁을 필두로 하여 일련의 개혁을 실시하였다. 문제는 이러한 제도개혁에 걸 맞는 의식의 개혁이었다. 아무리 제도가 바뀌어도 의식이 따르지 못할 때, 그러한 개혁은 실패할 수밖에 없는 것이다. 바로 이러한 사실에 근거하여 김일성은 1946년 11월 25일 열린 북조선 임시인민위원회 제3차 확대위원회에서 「북조선 민주선거의 총 결과 인민위원회의 당면 과업」이란 보고에서 "건국사상 총동원"을 할 임무를 제기했다.

> "이 임무를 완성하기 위하여 구체적 과업으로 첫째 …(중략)…, 둘째, 전 국민적으로 되는 건국 정신 총동원과 사상의식을 개조하기 위한 투쟁을 전개할 것을 호소합니다…(중략)… 이상에서 지적한 모든 투쟁 임무는 한 마디로 종합해 말하면 새 조선을 건설하기 위한 정신상 대 개혁을 의미하는 것이요, 새로운 민주 조선의 일꾼다운 국민다운 정신과 풍습과 도덕과 전투력을 창조하기 위한 일종 사상혁명을 의미하는 것입니다. 지난날 일본 제국주의가 남겨놓고 간 일체 타락적, 말기적, 퇴폐적 유습과 생활태도를 청산하고 생기발랄하게 향상하며 약진하는 새로운 민족적 기풍을 창조해야 할 것입니다."[6)]

김일성의 연설에 이어 1946년 12월 3일 열린 노동당 중앙위원회 제14차 상무위원회는 이것을 토론하고 「사상 의식 개혁을 위한 투쟁 전개에 대하여」라는 결정을 채택하기에 이른다.

이러한 운동의 방침이 정해진 후 가장 먼저 이것의 영향을 받게 된 것이 문학부문이었다. 1946년 12월 7일 북조선문학예술총동맹은 중앙상무위원회를

---

6) 김일성, 「북조선 민주선거의 총결과 인민위원회의 당면 과업」, 『북한연구자료집』, 1집, 167쪽.

소집하고 상술한 김일성의 보고와 당중앙위원회 상무위원회 결정 정신에 입각하여 전체 작가, 예술가들이 훌륭한 예술작품을 창작하여 건국사업에 지장을 주는 낡은 사상을 타파할 과제와 이에 따른 일련의 조직적 대책을 논의했다. 그 결과 한설야는 1946년 12월 14일과 15일에 걸쳐 당 기관지였던 『정로』에 건국사상을 구현한 인간 타입을 그릴 것을 주장하는 「인간성의 개조」라는 글을 발표한다.

> "우리는 결코 이 슬로건을 확대 염색할 작품을 요구하지 않는다. 그 이른바 건국 사상을 구현한 인간 타입의 창조를 기다리는 것이다. 이것이 없이는 건국사상을 주제로 한 진정한 작품이 될 수 없는 것이니, 그것은 결코 한 개의 사과처럼 인간의 자양이 되어질 수 없는 것이다."[7)]

'고상한 리얼리즘'은 1947년 김일성이 신년사에서 "사상적, 정치적, 예술적으로 고상한 작품을 생산할 것"에 대한 요구로 더욱 명료해진다. 당시 북한의 문학이론이 대부분 소련에서 받아들여졌다는 사실을 감안할 때, 이 문예정책은 소련의 문학론을 당시 북한의 건국사상총동원운동을 토착화하는 작업으로 이해할 수 있다. 소련의 문학이론에서의 삼대원칙, 즉 당성원칙, 계급성원칙, 인민성원칙을 조선에서도 고착화하려는 첫 노력이 바로 노동당과 김일성이 주창한 소위 '고상한 리얼리즘'이라고 할 수 있다. 이 3대 원칙의 요지는 다음과 같다.

① 당성(黨性) 원칙

당성 원칙은 노동당에 대한 충실성을 뜻했으며, 그것은 곧 노동당의 당수인 김일성 수령에 대한 충실성이란 내용과 일치한다. 이는 레닌이 「당조직과 당의 문학」에서 언급한 무산계급문학의 당파성의 개념, 곧 예술적 진리를

---

7) 신구현, 「우리 당의 문예정책과 그를 실현하기 위한 투쟁」, 『조선어문』, 1958년 5호, 21쪽 재인용.

담보해주는 전제조건으로서의 문학이란 프롤레타리아의 혁명사업의 일부분으로 되어야 하며 당이라는 이 기계의 톱니바퀴나 나사가 되어야 한다는 것과도 일정한 연관성을 지니고 있다.

② 계급성 원칙

계급성 원칙은 문학의 노동계급성을 뜻한다. 노동계급성은 노동계급의 입장과 관점을 고수하고 노동계급의 이익을 옹호함으로써 문학예술로 하여금 노동계급의 혁명위업에 철저히 복무하게 하는 것을 의미한다. 말하자면 작가나 작품은 모두 일정한 계급의 편에 서야하며, 사회주의의 문학예술은 노동계급성을 띠어야 한다는 논리이다.

③ 인민성 원칙

인민성의 문제는 문학예술 작품을 인민들의 비위와 감정에 맞고 그들이 알기 쉬운 형식으로 창작하여야 한다는 점을 강조한 것이다. 이는 크게 내용적 측면과 형식적 측면으로 나눌 수 있다. 내용은 인민들의 생활과 투쟁, 생활 감정, 요구와 지향 등을 진실하고 정당하게 반영하는 것이다. 형식은 문학예술을 인민들이 잘 알 수 있고 그들에게 잘 수용될 수 있도록 즉, 교양의 기능을 확대할 수 있도록 만들어야 한다는 것이다.

특히 첫째 항목인 당성 원칙은 북한 노동당과 그 수령이 북한의 문학예술을 직접 관할하고 간섭하려 한 첫 시도였던 것이다. '고상한 리얼리즘'이 한 작가나 한 문학유파의 창작방법론으로 제기되었다면 별문제가 아닐 수도 있다. 그러나 1947년 '고상한 리얼리즘'이 노동당 중앙위원회의 결정으로 유일한 창작방법론으로 결정되고 이를 모든 작가들이 따라야 할 전범으로 선전하기 시작하면서 상황은 달라지기 시작했다. 고상한 리얼리즘은 영웅적이고 긍정적 인물을 주인공으로 설정하고 이를 형상화함으로써 일반 독자들이 이를 하나의 모범으로 따라 배우는 것을 이상으로 하는 창작방법이다. 그렇기 때문에 영웅적이지 않고 평범한 인물이라든가 또 부정적 인물 같은 것은 작품 내에서 다루어지기 어렵게 됨으로써 문학이 현실을 진실하게 반영하여야 한다는 리얼리즘의 기본이 사라지게 되어버린 것이다. 그런 점에서 이것은 리얼리즘이라기보다는 혁명적 낭만주의에 가깝다고 할 수 있다.

'고상한 리얼리즘'에서 강조되는 것은 '혁명적 낭만주의'이다. 이는 '인간을 현실에서 이탈시키지 않으면서 인간을 현실 이상으로 형상화하는 로맨티시즘으로서 사회적 영웅을 그릴 것에 대한 요구이다. 다시 말해서 여기서 중요시되는 것은 건국사상을 구현한 인간 타입을 창조하는 문제이다. 여기서 우리는 중국에서 중국공산당과 모택동(毛澤東)이 1942년이래 올곧게 주창했던 "혁명적 사실주의와 혁명적 낭만주의가 결합된 창작방법"을 상기할 필요가 있다. 모택동은 1942년에 발표한 「연안문예좌담회에서의 연설」에서는 혁명적 사실주의와 낭만주의를 결합시키는 문예창작방법론을 주창했는데, 이는 1947년에 조선노동당과 김일성이 주창한 '고상한 리얼리즘'에서 강조되는 것은 '혁명적 낭만주의'라는 점과 일맥상통한다.

이제 작가들은 새로운 사상으로 인민들을 교양하기 위해 새로운 인간 타입을 그려내야 했다. 그것은 일반 대중들에게 모범적인 인물형상을 보여줌으로써 그들로 하여금 그것을 따르도록 하는 것이기도 하였다. 이러한 과정은 필연적으로 문학이 지니고 있는 심미적, 인식적, 비판적인 기능보다는 교양적인 기능을 우선하게 되고 그렇지 못한 작품들은 낡은 문학적 잔재 혹은 퇴폐적인 것으로 간주되기 시작했다. 그 결과 문학의 도식화가 초래하게 되었다. 이는 당과 수령이 문학에 무단적으로 간섭하거나 문학인이 당과 수령의 어용문인으로 전락하여 특정한 당의 노선과 방침을 무작정 따르게 되는 경우에 흔히 생겨나는 문학의 비극이 아닐 수 없다. 이러한 결과 북한문학에서는 작가들의 창작 자유가 지극히 제한되게 되었으며, 문학 창작의 다양화와 개성화의 발목을 잡게 되어 도식주의가 나타나게 되었다. 그리하여 북한의 작가나 시인들은 자기의 주체성을 상실하게 되었다. 비록 한국전쟁 후 5,

6년 사이에 이를 극복하려는 노력이 북한문학에서 나타나기는 하였지만, 당과 수령의 간섭으로 잠잠해졌고 60년대를 거쳐 70년대에 이르러 당과 수령의 주체문학이론이 정립하게 되었다.

1947년 노동당 중앙위원회의 결정으로 "고상한 리얼리즘론"이 주창된 후 비정상적인 북한문단의 분위기 속에서 나타난 것이 북한문학사상 첫 필화사건들인 "『응향(凝香)』 사건"과 평론가 안함광을 비판한 "『백두산』 사건"이다.

1946년 12월 20일 북조선문학예술 총동맹 상무위원회가 소집되었다. 이 회의에서 원산문학동맹에서 발간한 시집 『응향(凝香)』을 검토하고 이 시집에 실린 몇몇 시인의 시를 반동적이고 퇴폐적인 시라고 규정했다. 사실 이 시집에 실린 시들은 이전의 북한에서 나온 시들이 구호시에 가깝게 되어버리는 것에 대한 반성으로 새로운 경향을 추구하는 과정에서 나온 것이었다. 그러나 이미 문학은 새로운 시대의 모범적인 인물 타입을 창조하여 대중들을 교양해야만 하는 과업을 짊어져야 하는 것인 만큼 북한문단에서 이러한 성격과 거리가 먼 작품들은 용납되기 어려웠다. 바로 이러한 점 때문에 " 『응향(凝香)』 사건"이 일어난 것이다. 여기에는 이러한 국내적 원인 못지 않게 국제적 원인도 작용했다. 당시 북한문학계의 중요한 거울이고 모델이었던 소련 문학계에서는 당의 편협한 문예정책이 다시 시작되었다. 일련의 문학을 반동문학이라고 규정했고 『별』 이라든지 『레닌그라드』 와 같은 잡지를 반동적이라고 폐간시키는 소련 당중앙위원회 결정이 1946년 8월에 내려진 바 있었다. 이러한 경험은 북한문학계에서 시집 『응향(凝香)』을 비롯한 몇몇 문학작품이나 문인들을 반동이라는 낙인을 찍게 된 계기가 되었던 것이다. 『응향(凝香)』 사건은 문학을 문학의 범위 내에서 해결하려고 하는 것이 아니라 정치문제로까지 확대되는 선례가 되었던 것이다.

"『응향(凝香)』 사건"은 북한 문단에서 최초의 필화(筆禍)사건이다. 이 사건은 1946년 말 "문예총" 원산지부에서 펴낸 『응향(凝香)』이라는 시집에서 발단된다. 화가 이중섭이 유희하는 군동(群童)상을 표지로 그려 넣은 이 시집은 유명, 무명의 시인들의 작품을 모아 엮은 북한 최초의 시집 출간인 셈이어서 당시 원산 지부(지부장 朴庚守)는 나름대로 자부심을 가졌던 듯하다. 그러나 1947년 초에 북한의 모든 신문의 제1면에 시집 『응향(凝香)』에 대한 규탄결정서가 발표되었다. 특히 문제가 된 것은 구상(具常)의 시들이었다. 여기에 대한 기록으로는 구상 자신이 직접 쓴 「시집 '응향'필화사건 전말기」라는 글이 있는데, 「여명도(黎明圖)」라는 시가 거기 적혀 있다.

동이 트는 하늘에
까마귀 날아

밤과 새벽이 갈릴 무렵이면
카스바[8]마냥 수상한 이 거리는
기인 그림자 배회하는 무서운
골목……

이윽고
북이 울자
원한에 이끼 낀 성문이 빼개지고
구렁이 잔등같이 독이 서린 한길 위를
홰불을 든 시빌[9]이

깨여라!
외치며 백마를 달려.
말굽소리
말굽소리

창칼 부닥치어
殺氣를 띠고

---

8) 북아프리카 알제시에 있는 암흑가.
9) 그리스어로 선지자(先知者)라는 뜻.

백성들의 아우성
또한 悽然한데
떠오르는 태양과 함께
피 토하고

죽어 가는 사나이의 微笑가
고웁다

최명익, 김사량, 송영 그리고 김이석 등이 중앙으로부터 원산에 파견되어 이 시에 대한 비판이 대대적으로 시작되었다. 말하자면, "그 당시 북한사회의 실상을 까마귀 나는 불길한 아침이라든지, 수상한 그림자가 배회하는 무서운 골목으로 비유한 「여명도(黎明圖)」와 안개를 생식하는 짐승이 된다고 표현한 「길」 등등의 작품"[10]이 비판을 받게 되고 구상은 반동시인으로 규정된다. 아무튼 이 사건은 북한에서의 문학과 예술은 노동당이 내놓은 과업에서 자유로울 수 없음을 시사하고 있다.

"『응향』 사건" 뒤, 북한에서는 1947년 3월 28일에 제29차 상무위원회를 열고 문학예술분야에서 진행된 건국사상총동원운동을 검토하고 새로운 대책을 결정하는 자리에서 「북조선에 있어서의 민주주의 민족문화건설에 관하여」라는 결정서를 채택하였으며, 그 후 북한문학에 있어 매우 중요한 계기를 제공하게 되었다.

> "공장 · 철도 · 광산 · 농촌 · 어장 등 군중 깊이 들어가며 조선민족의 전 생활 분야에서 조선적 큰 예술적 주제를 찾으며 조선 사람의 영웅적 노력과 투쟁과 승리와 영광을 고상한 사실주의 방법으로 그리며 전 재능과 역할을 긴장한 창조적 노력에 바치어 조선 사람들의 고상한 민족적 품성을 형성하는 사업에 헌신적 조직가가 되며 민주주의 새 조선 사회를 건설하는 선진 대열에 나서라고 문학자 예술가들에게 호소한다."[11]

---

10) 「구상시인의 근황과 시세계」, 『문학사랑방』, 제2집 - '예술 깊이갈이', 자유문고, 1995년 11월, 45~60쪽.

이 결정서에서 이른바 "고상한 사실주의"가 처음으로 나오게 된다. 그런데 이 이론은 아무런 반대도 없이 받아들여 진 것은 아니다. 이러한 반대의 조짐을 보여준 것이 바로 "『백두산』 사건"이다.

"『백두산』 사건"은 조기천의 서사시 『백두산』에 대한 안함광(安含光 1910년~ ?)의 비판으로부터 시작된다. 조기천의 서사시 『백두산』에 등장한 김대장의 형상은 김일성을 모델로 한 것이다. 작품은 김일성의 영웅적인 투쟁과 승리를 형상화함으로써 대중들을 새로운 사상과 세계로 안내하고 대중들을 혁명적으로 교양하는 문학의 역할이 강조되는 시기에 써진 만큼, 김일성을 비롯한 빨치산의 일제하 만주지역에서의 항일투쟁을 그리고 있다. 이 시에 대해 안함광은 부분적으로 찬양했지만 어떤 점에 대해서는 비판을 했다. 그 비판의 글이 발견되지 않아 전모를 알 수 없지만 주변의 자료를 통해서 볼 때, 안함광은 조기천의 서사시 『백두산』에서 보이고 있는 과장적인 묘사를 비롯하여 여러 가지 문제점을 지적하면서 현실에 기초하지 않은 혁명적 낭만주의라고 지적한 것으로 보인다. 안함광은 「북조선 창작계의 동향」이라는 글에서 그러한 경향을 다음과 같이 비판하고 있다.

> "8.15 해방의 감격은 우리로 하여금 우리 민족 전체를 영웅화하고 싶은 충격을 갖게 한다. 기실 우리는 8.15 이후의 문학작품에 있어 8.15 이전의 조선 민족 전체를 영웅화하고 있는 낭만적 경향을 발견케 한다. 그러나 현실의 본질을 정확하게 파악하려면 주관적 열정, 의욕성과 아울러 객관적 현실성을 그려야만 한다. 객관적 현실성에 충실하지 못한 곳에 문학적 진실성이 살아나지 못할 것은 정한 이치이다."[12)]

이 사건을 알아볼 수 있는 두 개의 자료가 있다. 하나는 당시 북한문학계의 주변지대에서 활동하다가 월남하여 쓴 기록[13)]이고 다른 하나는 당시 당

---

11) 한중모, 『한설야의 창작 연구』, 229쪽에서 재인용.

12) 김재용, 『북한문학의 역사적 이해』, 문학과지성사 1994, 106쪽에서 재인용.

13) 현수, 「적치 6년 하의 북한 문단」, 국민사상지도원, 1952년, 55~57쪽.(김재

의 문예정책을 책임지고 있었던 허정숙의 회고이다.

"시인은 1946년 11월말에 작품의 초고를 완성하였다. 그런데 이 때 시인의 장편서사시 창작사업에 뜻하지 않은 난관이 조성되었다. 원고를 본 많은 사람들은 서사시의 사상 예술성을 높이 평가했으나 혁명의 이색분자들의 부추김을 받은 일부 불건전한 자들이 문학부문의 내부합평회의에서 호메로스가 어떻소, 괴테가 어떻소 하면서 기교도 쌓이지 않고 대작부터 쓰려고 한다고 비난을 하는가 하면 시의 언어표현들이 과장이 많다는 시비도 하였으며 심지어 어떤 자들은 작품을 3분의 1 정도로 줄이라고까지 강요해 나섰던 것이다. 이러한 사태에 대하여 보고 받으신 위대한 수령님께서는 1947년 1월 우리나라에서 실시하는 첫 인민경제계획 수행을 위한 전투지휘로 분초가 귀중한 시간을 내시어 장편서사시를 보아주시었다. 그이께서는 시가 아주 좋다고 훌륭하다고 높이 치하해 주시면서 작품을 더 완벽하게 만들 수 있는 방향과 방도에 대하여 세세히 가르쳐 주시었다. 위대한 수령님께서는 서사시에서 보천보전투를 기본사건으로 묘사한 것은 좋은 시도라고 하시면서 보천보 전투를 형상한 부분을 따로 하나의 장으로 설정하되 바로 그것이 서사시의 전반적 흐름에서 절정을 이루게 하는 것이 좋겠다고 하시었다. …(중략)… 그럼에도 불구하고 장편서사시 『백두산』의 창작과 그의 발표를 달가워하지 않은 불순한 계층은 뒤에서 이 작품을 거세하고 말살하기 위해 간교한 책동을 벌이고 있었다. …(중략)… 그러시던 그이께서는 나에게 요즘 『백두산』에 대한 시평이 지상에 나가고 있는 것을 보았는가고 물으시었다. 나는 당황하여 어찌할 바를 몰라 고개만 떨구고 있었다. 사실 바쁘다는 구실로 신문에 나가는 글들에 관심을 돌리지 않아서 그런 글이 발표되는 것을 모르고 있었던 것이다. 이윽고 위대한 수령님께서는 다음과 같이 말씀하시었다. '요즘 발표된 장편서사시 「백두산」을 놓고 이러저러한 말들이 일부 작가들 속에서 돌고 있다고 하는데, 그것을 사소한 일로 지나쳐버려서는 안됩니다. 지금 반동들은 우리 인민들 속에 부르주아 반동문학을 유포시키기 위해 방락을 하고 있습니다. 여기에 문단주의를 부르짖는 작가들을 이용하고 있습니다. "기성시인"이니 "이름 있는 작가"니 하면서 일제 시기부터 글깨나 썼다고 하는 사람들끼리 서로 추어주면서 당을 속이고 자기들의 작품들만이 판을 치게 하려하고 있습니다. 이런 자들은 새로 자라

용, 위의 책104쪽에서 재인용)

> 나는 귀중한 싹들을 짓밟아 버리고 있습니다. 햇내기라느니, 코흘리개라느니 하면서 인격적으로 모욕하면서 우리문단을 우롱하고 있습니다. 시 『백두산』을 헐뜯으려 하거나 이 시인을 비방중상하는 것도 다 이런 그릇된 사상경향에서 나오는 것입니다. 이것은 낡은 일제사상잔재로서 전국 사상총동원운동을 힘있게 다그쳐 나가야 할 오늘 시급히 극복 청산되어야 합니다."[14)]

"『백두산』사건"은 조선노동당 당수인 김일성이 문학창작과 문학의 자유로운 쟁명(爭鳴)에 직접 간섭한 선례를 보여주었다. 요컨대 1946년 말에서 1947년 초를 거치면서 그리고 이후 건국사상총동원이 제기되면서 문학분야에서의 "『응향』사건"과 "『백두산』사건"을 거치면서 부분적인 반대 의견을 누르고 이른바 긍정적 주인공에 기초한 혁명적 낭만주의로서의 "고상한 리얼리즘론" 이 정착하게 되었던 것이다.

3. 시문학의 전개 양상

해방 직후 북한문학을 주제별로 나누어 보면 해방의 환희와 당과 조국, 수령에 대한 송가, 통일지향의 시적 표현 등이다.

1) 해방의 기쁨과 감격, 당과 조국, 그리고 수령에 대한 송가

8.15광복은 북한 주민들에게 무한한 기쁨과 감격을 안겨 주었다. 시인들은 그러한 기쁨과 감격을 시적으로 표현함과 아울러 그러한 기쁨과 감격을 가져다 준 당과 조국, 수령을 노래했다. 이러한 주제에 바쳐진 대표적인 작품으로 박세영의 「8.15」, 김순석의 「산향」, 조기천의 「흰 바위에 앉아서」, 「두만강」, 「울밑에서 부른 노래」, 조벽암의 「환희의 날」, 이찬의 「김일성장군의 노래」, 김조규의 「모란봉」, 박팔양의 「평양을 노래함」, 「다시 만난 영광의

---

14) 허정숙, 『민주건국의 나날에』, 조선노동당출판사, 1986, 451~452쪽.

날」(1945), 민병균의 「해방도」, 「고향」(1945) 등이 있다.

민병균은 「해방도」에서 "모두 꽹과리 울리며 / 징 치며 / 만세 만세 부르며 / 순시에 내 고장 사람들이 거센 행렬 이루던 / 해방의 그날을 나는 보았네"라고 했으며, 박팔양은 「평양을 노래함」에서 "압제에서 벗어난 해방된 인민들 / 집집마다 펄럭이는 / 무수한 국기와 붉은 기 / 오오 자유! / 자유에 빛나는 / 우리 동포들의 얼굴 / 나의 눈에서는 / 기쁨의 뜨거운 눈물이 흐른다"라고 노래했다. 김조규(1914~1990)의 「모란봉」(1946)은 모란봉을 역사의 산, 민족의 성산으로 상징하면서 조선 민족의 불요불굴의 기상과 투지 및 그들의 아름다운 미래를 격동적으로 노래하고 있다.

가장 큰 영향력을 과시한 시는 이찬의 「김일성 장군의 노래」이다. 북한문학사들에서는 이 작품을 "조국의 자유와 독립을 위하여 장구한 기간 항일혁명투쟁을 조직, 전개하시여 일제의 식민통치를 짓부수고 조국해방의 역사적 위업을 성취함으로써 우리 민족의 역사에서 찬란한 새 시대를 열어놓으신 민족의 태양이신 위대한 수령 김일성동지에 대한 조선인민의 다함없는 흠모와 존경, 최대의 찬양과 칭송의 마음을 뜨겁게 노래하였다."[15]고 높이 평가하고 있다.

그 원문을 옮기면 다음과 같다.

> 장백산 줄기줄기 피어린 자욱
> 압록강 굽이굽이 피어린 자욱
> 오늘도 자유조선 꽃다발우에
> 력력히 비쳐주는 거룩한 자욱
>
> 아아, 그 이름도 그리운 우리의 장군
> 아아, 그 이름도 빛나는 김일성 장군
>
> 만주벌 눈바람아 이야기하라

---

15) 사회과학원 문학연구소, 『조선문학사』, 과학·백과사전출판사, 1978, 27~28쪽.

밀림의 긴긴 밤아 이야기하라
만고의 빨찌산이 누구인가를
절세의 애국자가 누구인가를

아아, 그 이름도 그리운 우리의 장군
아아, 그 이름도 빛나는 김일성 장군

로동자 대중에겐 해방의 은인
민주의 새 조선엔 위대한 태양
이십개 정강 우에 모두 다 뭉쳐
북조선 방방곡곡 새봄이 온다

아아, 그 이름도 그리운 우리의 장군
아아, 그 이름도 빛나는 김일성 장군

이 가사는 수령형상문학의 시원을 열었다는 점에서 북한문학사에서 아주 중요한 지위를 갖고 있다. 김정일의 말에 의하면, 이 가사의 창작은 김일성이 자기의 혁명전우로 가장 높이 산 김책이 직접 발기하고 관여했고[16], 김일성의 부인 김정숙도 깊이 관여했음을 북한문학사에서는 다음과 같이 소개하고 있다.

> "불요불굴의 혁명투사 김정숙동지께서는 혁명송가 「김일성장군의 노래」의 종자를 친히 잡아주시고 시인의 가사창작정형을 료해하시였으며 수령님따라 천만리를 헤쳐오시며 애용하시던 100여 편의 혁명가요가 수록되여 있는 『혁명가요집』을 보여주기도 하시였다. 뿐만 아니라 몸소 숙소까지 찾으시여 장군님께서 왜놈들과 싸우신 감명 깊은 이야기를 들려주시기도 하시

16) 리수림, 『혁명송가문학』, 문예출판사, 1989, 120쪽.
"친애하는 지도자 김정일동지께서는 다음과 같이 지적하시였다. '해방 직후에 김책동지는 수령님께서 그렇게 만류하시었지만 혁명송가 「김일성 장군의 노래」를 만들기 위하여 작가, 작곡가들을 불러다 과업을 주고 자신이 직접 가사도 여러 번 보아주고 고쳐 주곤 하였습니다.'"

였다. 김정숙동지께서는 장백산 줄기줄기의 어느 골안에서, 압록강의 굽이 굽이엔들 우리 유격대의 피눈물이 흐르지 않은 데가 있겠는가 하시면서 우리 장군님께서 왜놈들과 싸우시며 겪으신 고생은 유격대가 의지하고 싸운 밀림의 나무들이나 베고 잔 바위들이 제일 잘 알 것이라고 말씀하시였다. 시인 리찬의 흥분은 절정에 달했다. 시인은 뜨거운 마음으로 김정숙동지께서 수신 귀중한 종자와 『혁명가요집』을 붙안고 혁명송가창작에 온 정력을 쏟아부었다."[17]

이 가사는 김원균의 곡과 결부되어 북한에서 1946년 7월부터 가장 중요한 수령송가로 널리 불려지고 있으며, 평양의 개선문에도 이 가사 전문이 음각(陰刻)되어 있다. 북한문학사에서 「김일성 장군의 노래」는 "해방 후 수령형상문학의 새로운 단계를 열어놓았다는데 그 커다란 의의가 있다"[18]고 평가했다.

2) 민주개혁의 현실에 대한 긍정과 찬미

해방의 환희가 새 사회 건설을 위한 민주개혁으로 연결되면서 문학의 소재도 넓어졌다. 토지개혁은 해방직후 북한문학의 주요한 소재였다. "토지를 밭갈이하는 농민에게!"라는 구호아래 진행된 토지개혁의 감격과 환희, 개간사업, 관개공사, 생산경쟁 등 민주기지건설을 긍정적으로 보여주는 작품들이 양산되었다.

이런 내용들을 담은 시들로는 백인준의 「그날의 할아버지-토지개혁의 날」(1946), 김우철의 「농촌위원회의 밤」(1946), 리찬의 「새 소식」(1946), 정문향의 「푸른 벌로 간다」(1946년), 조기천의 「땅의 노래」, 김광섭의 「감자현물세」(1947), 안룡만 「파종의 노래」, 민병균의 「제령 강반에서」, 김순석의 「벼가을하러 가세」, 집체작으로 된 「밭갈이 노래」 등이 있다.

---

17) 오정애 · 리용서, 『조선문학사』, 제10권, 사회과학출판사, 1994, 52~53쪽.
18) 오정애, 리용서, 위의 책, 59~60쪽.

백인준은 「그날의 할아버지 - 토지개혁의 날」에서 토지를 얻은 농민들의 기쁨과 감격을 다음과 같이 형상화하였다.

그날
할아버지는 몸소 소복단장 하시고
십리길 고개 넘어 묘지를 찾으셨다

사대를 거느리고 사랑에 앉아
장거리에 가본 것이 십년 전이라더니
그날은 한사코 앞장을 서며
--내가 가야지
--조상님 앞에 내가 가서 고해야지

묘앞에 꿇어앉아 할아버지는 똑똑이도
--아부님 때부터 울며 부쳐온
샘터밭 사흘갈이가 오늘이야……

…(중략)…

할아버지 그런 말 다아 안 들으시고
창문만 쳐다보며 혼자 애기뿐
--허어 땅을? 땅을 가져 허어
--내가 죽거든 샘터에 묻어다오
허어 땅을? 다 그 어른의 덕이로다

집안이 잠든 것도 기름이 마른 것도
담배 불이 꺼진 것도 다아 모르는 듯이
언제까지나 중얼중얼 홀로 밤을 깊이어 깊이어[19]

농민들에게 땅이 어떤 것이었으며 또한 땅을 받는다는 일이 어떤 의미를 갖는 것이었는가를 구체적으로 형상화한 시이다. 땅을 받는 감격은 해방의

19) 백인준, 『백인준시선집』, 문학예술종합출판사, 1993, 28~29쪽.

감격보다도 구체적인 것이었고 조상 누대의 숙원을 푼 것이었다. 이 시는 땅을 향한 농민들의 집착과 또 봉건적 태도를 숨기지 않고 있다. 그러나 그렇기 때문에 농민들은 새 시대와 새 삶을 향해 나아가야 했다.

……
--나라를 찾은 것만 해도 고마운데
땅까지 차지하게 되다니………
---이게 모두 꿈인가, 생시인가
눈이 뜨이고 귀가 열리어

땅은 밭갈이하는 농민에게
칠판에 굵다랗게 쓴 토필 글씨를
한 자 한 자 더듬어 읽는 돌쇠는
야학에서 이태나 유식하다는
머슴살이에 잔뼈가 굵은 로총각이었다.[20)]

위의 시는 김우철의 서정시 「농촌위원회의 밤」의 한 부분인데, 이 작품은 토지개혁의 소식을 접한 농민들이 농촌위원회에 모여 구슬픈 과거를 회상하고 아름다운 미래를 설계하면서 온밤을 지새우는 장면을 형상화하고 있다. 그러므로 이 시는 "흙 냄새 풍기는 산촌의 서정과 소박한 농민들의 감정세계를 꾸밈없이 생동하게 노래했다"[21)]는 평가를 받고 있다.

열섬 감자다
한 알이라도 보람지게 하여
나라일 돕는 것이 본심이라 하시며
큰놈으로만 고르시는
어머니의 옳은 생각에

---

20) 김우철, 「농촌위원회의 밤」부분 / 『해방 후 서정시 선집』, 문예출판사, 1979.
21) 『조선문학사』, 10권, 사회과학출판사, 1994, 98쪽.

미소하는 아버지시다[22)]

김우철의 「농촌위원회의 밤」과 김광섭의 「감자현물세」는 각각 '고상한 리얼리즘'이 창작방법론으로 공포되기 이전과 이후의 작품이다. 전자에서는 토지개혁이 돌쇠라는 농민에게 가져다준 혜택이 강조되었다면, 후자에서는 나라를 아끼고 사랑하는 어머니, 아버지의 애국심에 초점이 맞추어져 있음을 확인할 수 있다.

1946년 6월 24일의 새로운 노동법령과 8월 10일의 중요산업 국유화법령으로 북한의 노동현실은 근본적으로 바뀌었다. 그런 사회적 변화와 개혁의 과정에서 일어난 기쁨과 노동에 대한 찬양은 토지개혁과 함께 문학의 중요한 소재가 아닐 수 없었다. 이정구의 「로동법령송」(1946), 이찬의 「그날 아침」(1946), 안룡만의 「축제의 날도 가까워」(1947) 등은 노동법령의 역사적 의의와 노동자들의 기쁨과 감격, 그리고 창조적 열의를 생동하게 노래하고 있다. 또한 이정구의 「청수공장」(1949), 김북원의 「용광로 앞에서」(1949) 등은 공장의 주인이 된 노동자들의 새로운 생활창조와 인민경제계획 수행을 위한 헌신적인 노동모습을 시적으로 일반화하였다. 그 중 대표적인 작품은 동승태의 서사시 「동트는 바다」(1949)와 조기천의 서사시 「생의 노래」이다.

서사시 「동트는 바다」는 "출항", "해 솟는 바다", "탐색", "산마루 같은 고래", "태풍격랑을 헤치고", "등대" 등 6개의 장으로 구성되었다. 서사시는 주인공 태월이를 비롯한 어로공들이 고래잡이를 떠나는 장면부터 항구에 들어오기까지의 과정을 시적 소재로 하면서 새 조국 건설을 위해 바다를 정복하는 그들의 창조적인 정신과 낭만적인 정서, 모든 난관을 이기고 나아가는 불굴의 투지, 나라의 주인으로서의 드높은 사명감 등을 시적으로 형상화하고 있다. 이 서사시는 노동계급의 낭만적 정서를 아름다운 바다의 서정적 화폭과 어울리게 그려냄으로써 서정성을 한층 높이고 있다.

---

22) 김광섭, 「감자현물세」 부분. / 『해방 후 서정시 선집』에 수록.

이외에도 북한에서 실시한 교육의 민주개혁을 노래한 시편들도 적지 않게 창작되었다. 이러한 주제를 구현한 시들로는 조기천의 「그네」(1947), 이찬의 「달과 딸과 어머니」(1947), 김조규의 「배움의 밤」(1947), 이정구의 「한글 강습회」(1947), 이호남의 「배움의 노래」(1947), 마우룡의 「야학」(1947), 박세영의 「나도 새 사람 되리」(1946) 등이 있다.

……
붉어진 뺨 웃음을 날리며
처녀는 그 무엇을 보려는 듯이
하늘가에 높이 날아 오르오
날아올라서는 그 무엇을 찾는 듯이
구름 저편 넘어다보오.

……
평양성엔 김일성대학
그 대학에선 그리운 이 글 배운다오
한 뉘 머슴살이 하리라던
이 마을 총각이라오.

위의 시는 조기천의 「그네」 전문이다. 이 작품은 새로운 교육제도에 대한 동경과 희망을 그네 뛰는 민속놀이에 대한 서정적 묘사를 통하여 감격적으로 노래하고 있다.

3) 항일혁명전통에 대한 시적 형상화와 조기천의 『백두산』

해방 직후 시문학에서는 중국 만주지방에서 전개되었던 항일투쟁을 소재로 다룬 작품들이 창작되기 시작했는데, 이런 시들에 등장하는 김일성은 역사의 암흑을 헤치고 떠오른 "위대한 우리나라의 태양"[23]으로 칭송된다. 이러

23) 박세영, 「해볕에서 살리라」, 『우리의 태양』, 북조선예술총동맹, 1946.

한 주제를 구현한 시들로는 이원우의 「우리는 나서자 영예로운 길로」(1947), 김조규의 「대오는 이 밤 강을 건넌다」(1950), 한명천의 「백두산」(1947), 채경숙의 「나의 자랑」(1949), 「빛나는 혁명전통은 우리의 심장속에」(1950), 김영철의 「가는 길」(1949), 「만경대의 밤」(1949) 등이 있으며, 서사시로는 한명천의 「북간도」(1947)와 조기천의 「백두산」(1948) 등이 있다. 이 중에서 가장 큰 영향을 끼쳤던 작품은 조기천의 서사시 「백두산」이다. 이 작품은 "조선민주주의인민공화국 건국서사시"라고 할 수 있는데, 이 작품은 제1회 "북조선예술축전"에서 1등 상을 받았다.

조기천(趙基天)은 1913년 11월 6일 함경북도 회령에서 가난한 농부의 아들로 태어났다. 그가 어릴 때, 그의 가족은 고향을 떠나 시베리아로 이주를 한다. 그는 소련에서 국비생으로 사범전문학교와 옴스크 고리끼사범대학 러시아문학과를 졸업하였다. 17세 때, 그는 그곳 지방신문 『선봉』에 몇 수의 시를 발표하였다. 고리키사범대학을 졸업하고 중앙아시아 크실 오르다 조선 사범대학에서 2년간 교편을 잡고 창작에 전념했다. 1945년 8.15 해방 때 소련 붉은 군대에 참여하여 중국 만주지방에 진격해 들어왔다가 곧 북한에 들어가서 북한 인민들의 문화적 교양을 위해 평양에서 발간되는 소비에트 군대의 신문인 『조선신문사』 편집국에서 일한다. 북한 시인들의 시를 러시아어로 번역하여 소개하거나 소련의 마야코프스키 같은 유명 시인들의 시를 한글로 번역하여 소개하기도 했다. 6.25전쟁 당시 조기천은 종군기자로 낙동강까지 내려왔었고 1951년 3월 북조선문학예술총동맹 부위원장에 당선되기도 하였으나 1951년 7월 31일 평양에서 미군 비행기의 폭격을 받고 전사했다. 그의 주요 작품으로는 『백두산』 외에 「두만강」(1947), 「을밀대에서 부른 노래」(1947), 「땅의 노래」(1947), 「불타는 거리에서」(1950), 「문경고개」(1951), 「조선은싸운다」(1951), 「비행기 사냥군조」(1951,미완성) 등이 있다.

김일성이 새 지도자로 등장하면서 그의 행적을 그린 단편적 일화들이 씌어지기도 했으며, 이내 그가 이끈 항일무장투쟁사는 널리 알려져야 할 해방의 전사(前史)가 되었다. 항일무장투쟁사는 김일성의 놀라운 역량과 풍모를 부각하고 또 신비화하는 새로운 이야기였다. 일단 그것은 민족적 자부심을 북돋우는 원천으로 받아들여졌으며 차츰 민주개혁과 이에 따른 놀라운 기적들의 역사적 근거로 간주되기 시작했다. 물론 항일무장투쟁사를 논하면 만주 항일련군 북만파 최룡건, 김책 등의 항일경력도 김일성에 비해 결코 손색이 없었고, 연안파 김두봉, 무정 등의 항일무장투쟁경력도 결코 김일성에 비해 손색이 없었다. 그러나 김일성이 북한의 정치권에서 제1인자로 떠오르면서 항일무장투쟁사는 김일성 한 사람에게 집중되기 시작했다. 바로 이런 시대적 분위기에서 나타난 것이 바로 조기천의 장편서사시 『백두산』이다.

이 작품은 보촌보전투[24])를 중심 사건으로 만주의 항일투쟁을 시적으로 형상화한 작품으로서 본문이 7장으로 되어 있으며 머리시와 맺음시가 있다.

『백두산』의 머리시 전문은 아래와 같다.

> 삼천만이여!
> 오늘은 나도 말하련다!
> 백호의 소리 없는 웃음에도
> 격파 솟아 구름을 삼킨다는
> 천지의 푸른 물줄기로
> 이 땅을 파몰아 치던 살풍에
> 마르고 탄 한가슴을 추기고

---

24) 와다 하루끼의 연구에 의하면, 보천보 전투는 1936년 6월 4일에 있었는데, 남만원정에 나섰던 김일성 부대만이 아니라 "동북항일련군 제1로군 조중연합군에 의해 행해진 일련의 작전중의 하나"였다.(하루끼 『김일성과 만주항일전쟁』, 창작과 비평사, 1992, 156~162쪽.)물론 조기천의 장편서사시 『백두산』에서 이런 사실은 무시되었다. 이 전투에 직접 참가했던 김일성 수하의 기관총수 강위룡 같은 사람의 회억에 의하면 이른바 '보천보 전투'는 압록강 상류 조선경내의 보천보라는 자그만 읍의 경찰서를 밤중에 돌연적으로 습격한 소규모의 전투였고 김일성은 압록강을 건너지 않고 그 전투를 지휘한 것으로 되어 있다.

천년 이끼 오른 바위를 벼루삼아
곰팡이 어렸던 이 붓끝은
육박의 창끝인 듯 고루며
이 땅의 이름 없는 시인도
해방의 오늘 말하련다!
……
오오 조종의 땅이여!
오천년 흐르던 그대의 혈통이
일제의 칼에 맞아 끊어졌을 때
떨어져나간 그 토막토막
얼마나 원한의 선혈로 뒹굴었더냐?
조선의 운명이 칠성판에 올랐을 때
몇만의 지사 밤길을 더듬어
백두의 밀림 찾았더냐?
가랑잎에 쪽잠도 그리웠고
사지(死地)를 문턱인듯 넘나든 이 그 뉘냐?
산아 조종의 산아 말하라--
해방된 이 땅에서 누가 인민을 위해 싸우느냐?
누가 민전(民戰)의 첫 머리에 섰느냐?

위의 작품에서 시인은 일제의 식민통치의 암담한 시기에 누가 항일무장투쟁의 봉화를 일으켜 조선 인민의 가슴에 해방의 서광을 안겨주었으며, 해방 후에는 누가 새 조국 건설을 위해 앞장서서 인민을 이끌어가고 있는가하는 문제를 제기한다. 그것은 작품상에 나타나고 있듯이 그는 다름 아닌 김 대장, 즉 김일성임을 강조하고 있다.

이 작품의 제1장에서는 왜놈 토벌대를 섬멸한 홍산골 전투와 김 대장이 국내진공작전의 구상에 따라 철호를 국내정치공작원으로 파견하는 숭엄한 장면을 그리고 있다. 제2장으로부터 제5장까지 김 대장이 조직, 지도하는 H시 전투의 준비로부터 승리에 이르기까지의 전반과정을 묘사하면서 유격대와 인민간의 깊은 관계, 유격대원들의 생활과 투쟁을 생동하게 보여주고 있다. 제6장은 이 작품의 절정으로서 H시 전투의 승리와 김 대장의 격동적인 연설 장면을 묘사하고 있다. 제7장은 새로운 전투를 위해 유격대가 다시 압록강을 건너는 장면과 철호, 석준이 등의 비장한 최후를 그리고 있다. 맺음시에서는 백두산과의 대화 형식을 통하여 해방을 맞은 인민들이 김 대장을 받들고 새로운 나라를 건설할 굳은 결의를 다지고 있는 장면을 그리고 있다.

> 산비탈 바위 우에
> 청년 한 분 버쩍 올라서신다.
> ……
> "한놈도 남기지 말라!"
> 그이는 재차 부르짖었다.
> 이는 이름만 들어도
> 삼도 왜적이 치 떠는
> 조선의 빨찌산 김대장!
> 이는 장백을 쥐락펴락하는
> 태산을 주름잡아 한 손에 넣고
> 동서에 번쩍!
> 천리허의 대령도 단숨에 넘나드니
> 축지법을 쓴다고 --
> 북천에 새별 한이 솟아
> 압록강의 줄기줄기에
> 그 유독한 채광을 베푸노니
> 이 나라에 천명의 장수 났다고
> 백두산두메에서 우러러 떠드는
> 조선의 빨치산 김대장!

주인공 김 대장을 노래한 대목이다. 김 대장은 용감무쌍한 민족 영웅일 뿐만 아니라 탁월한 전략 전술을 구사하는 유격대 대장이며 조국과 인민의 해방을 위해 헌신적으로 싸우는 프롤레타리아 혁명가이다. 김 대장의 형상은 김일성의 항일투쟁 업적을 노래하고 있음에 다름 아니다. 이러한 의미에서 북한은 "위대한 수령 김일성동지의 영광찬란한 혁명력사와 불멸의 혁명업적, 고매한 공산주의적 풍모를 형상하는데서 이 시기 문학이 거둔 큰 성과의 하나"[25)]라고 평가하고 있다. 이 작품은 또한 항일무장투쟁 속에서 단련되고 성장된 우수한 혁명전사인 철호, 항일무장투쟁의 영향하에 성장한 애국여성 꽃분이 등의 예술전형들도 창조함으로써 1930년대 조선인민의 항일투쟁 역사를 다각적으로 반영했다. 특히 남한의 문학사에서 이러한 항일무장투쟁 과정을 시로써 형상화한 작품이 거의 다루어져 오지 않았다는 점에서 더욱 중요시되는 작품이다.

북한에서는 대부분 이 작품은 뛰어난 예술성과를 달성했다고 평가하고 있다. 이 작품에서 시인의 강한 주정토로가 밑받침되어 있으며, 때로는 5장에서 보는바와 같이 주정토로가 보다 전면에 두드러지게 나타나는 경우도 있다. 사건 묘사와 결합된 이러한 주정토로는 작품에 묘사된 사건과 인물들의 성격을 더욱 부각하고 강조하여 그 의의를 시대적 높이에서 전형화 하는데 이바지하고 있다.[26)]

작품은 구성에서도 사건을 순차적으로 배열하였으며, H시 전투를 절정으로 설정하고 모든 크고 작은 사건들과 인과관계를 밀접히 통일시킴으로써 일관성과 입체성을 유지하고 있다. 그러므로 이 작품은 H시 전투를 기본으로 하고 있다는 강한 인상을 주면서도 김 대장이 이끄는 항일유격대의 다양한 정치군사 활동과 연계 등 당시 항일투쟁의 생동한 현실을 폭넓게 일반화할 수 있었다. 작품에는 바위, 절벽, 눈보라, 밀림, 백두산 천지와 강 그리고 기타 다양한 자연 현상들과 백두산의 전설들을 비롯한 환상적인 장면들도 묘사하였다. 이러한 형상들은 항일혁명투쟁의 생동한 현실을 재현했으며, 항일유격대원들의 불굴의 투지와 영웅성, 숭고한 혁명정신을 부각시키는데 이바지하였다. 또한 서사시는 시어가 평이하고 강렬하며 음악적 운율이 강한

25) 『조선문학사(1945-1958)』, 과학·백과출판사, 1978, 43쪽.
26) 위의 책, 49쪽.

특징을 보인다. 특히 반문, 과장, 비유, 대비, 상징, 함축, 생략 등 수사학적 수법을 재치 있게 활용함으로써 시적 묘사의 간결성, 서정과 서사 및 음악적 운율의 조화미를 잘 드러내고 있다.

이 장편서사시는 1930년대 항일무장투쟁을 형상화하고 "탁월한 전략가인 김일성장군의 형상"을 창조한 북한 최초의 장편서사시로서 그 이후 서사시 창작에 한 원형을 제공해주었다. 바꾸어 말하면, "그 웅장한 스케일과 민족적 긍지를 드높이는 묘사로 하여 가히 북한의 건국서사시라고 할만하다."

물론 『백두산』은 발표된 후 김일성의 긍정적인 평가를 받았고 대부분 문인들도 긍정적인 반향을 보여주었지만, 일부에서는 객관적인 현실성에 충실하지 못했다거나 영웅화와 전형화의 관계가 잘 처리되지 못했다거나 하는 문제들이 제기되어 한 차례 논란을 일으키기도 했다. 위에서 이미 언급한 북한 문단에서의 첫 필화사건인 "『백두산』 사건"이 그 전형적인 예이다.

북한문학 작품에 대한 해금 조치(1988) 이후로 남한의 연구 학자들 또한 해방 직후에 창작된 조기천의 『백두산』에 대해 깊은 관심을 보여왔다. 임헌영은 『백두산』이 '민중적 영웅주의'를 구현한 작품으로서 "분단시대 초기의 남북한 이질화가 응고되기 이전의 동질성을 재확인할 수 있는 작품의 하나로 주목할 가치가 있는 서사로 평가받아야 마땅하다"[27]라고 평가하면서 동시에 "민족주체사상과 민중적 세계관을 긍정하면서도 주제의 형상화나 인물 형상에 있어서는 부족한 면이 발견된다"고 지적하고 있다. 이를테면 김대장의 형상에서 "인간미와 비범성을 함께 뒤섞는데서 오는 불일치"라든가 "민중적 삶의 고통스러운 모습 속에서 성장하고 투쟁 속에서 성숙해 가는 지도자의 모습이 아니라 천부적인 초인으로서 "조작된 영웅주의"의 일단이 엿보인다고 지적하기도 했다.[28] 서사시의 장르적 특성을 염두에 두고 『백두산』을

---

27) 임헌영, 「민중적 영웅주의의 구현」, 조기천, 『백두산』, 실천문학사, 1988, 141쪽.

28) 임헌영, 위의 책, 쪽.

분석한 김재홍 역시 "이 작품은 김일성의 항일 빨치산 투쟁을 미화하거나 찬양하려는 것이 주된 목표라고는 보기 어렵다. 오히려 이 작품의 기본 전개는 '철호 - 꽃분'으로 표상 되는 민중성에 기초를 두고 있는 것으로 보인다는 점에서 민중서사시적 성격을 더 지닌다."[29]라고 논했다. 남한 연구자들의 이러한 견해는 『백두산』이 남·북 문학이 이질화되기 전에 창작되었기 때문에 분단문학을 연구하는 데 중요한 실마리가 될 수 있으리라는 것을 암시한다. 『백두산』이 부분적으로 김일성의 영웅화 작업을 시도하고 있기는 하지만 동시기에 창작된 여러 작품들과 비교해 볼 때, 사회주의 이념의 경직성을 극복하고 상당한 예술성을 성취했다는 점에서 높이 평가할 만하다는 것이 대부분 연구자들의 의견이다.

또한 백지연은 『백두산』의 창작방법론을 언급하면서 "무엇보다도 이 시를 강렬하게 지배하고 있는 창작방법론은 당시 북한문단에서 중요한 문예원칙이 되고 있던 '고상한 리얼리즘'이다. 『백두산』에 드러난 '영웅적 인물의 형상화'와 '혁명적 낭만주의'의 구현은 다름 아닌 '고상한 리얼리즘'에 힘입고 있는 것이다. 북한문단에서의 '고상한 리얼리즘'은 사회주의 문학이론의 핵심으로 이미 소개되었지만, 1947년 초 문예정책에 관한 김일성의 연설을 계기로 한층 강조되었던 창작방법론이다. 문학작품의 일차 기능이 대중을 사상적으로 무장시키는 데 있음을 강조한 김일성의 연설에 힘입어 '조선 사람의 영웅적 노력과 투쟁과 승리의 영광'을 고상한 사실주의적 방법으로 그려야한다는 주장이 당시 북한문단 내에서 강하게 제기되었다."[30]라고 해석했다.

여러 견해들을 종합해 볼 때, 조기천의 『백두산』은 해방 직후 북한문학의 한 좌표를 암시하는 중요한 작품이다. 『백두산』은 북한문단에서 중요한

29) 김재홍, 「'백두산', 그 진행형 테마-조기천 '백두산'론」, 『문학사상』, 1989. 6, 209쪽.

30) 백지연, 「항일투쟁의 영웅화와 민중적인 연대」 / 김종회 편, 『북한문학의 이해』 (1) 325쪽.

원칙으로 거론되었던 '고상한 리얼리즘'과 '혁명적 낭만주의'를 구현하는 동시에 민중들의 항일혁명운동 과정을 사실적으로 그림으로써 일제강점기 리얼리즘 문학의 핵심적인 주제를 계승하고 있다. 이 작품이 형상화하고 있는 민중적 삶의 재현은 주제의 측면에서 1920-30년대의 프로문학과 이어지는 문학사적 연속성을 획득하고 있는 것이다. 동시에 『백두산』에 담긴 김일성 영웅화작업은 이후 주체문예이론을 뿌리로 하여 구축되는 북한문학의 정통성을 확보하는 단초가 되었다. 이 점에 대해 신형기와 오성호는 다음과 같이 지적하고 있다.

> "무엇보다 『백두산』은 김일성을 메시아로 제시한 것이다. 민족의 성소(聖所)인 백두산은 김일성에게 신화적 위엄을 부여하는 배경이었으면서 또한 역사의 구체적인 현장이 되었다. 단군이 백두산에 나라를 처음 열었듯 김일성은 백두산을 근거지로 항일무장투쟁을 벌임으로써 새 나라의 기틀을 다진 것이다. 『백두산』은 항일무장투쟁사를 형상화한 바람직한 본보기로 평가되었고, 오늘날까지 최고의 전범이 되었다."[31)]

조기천의 장편서사시 『백두산』은 리찬의 가사 「김일성 장군의 노래」와 함께 초기 중국 동만지역에서 벌어졌던 김일성이 영도했다는 항일무장투쟁을 북한의 가장 중요한 전통으로 내세우고 아울러 메시아적인 김일성의 형상을 전면에 부각시킴으로써 후일 본격적으로 전개되었던 수령형상문학의 단초를 열어놓았다.

4) 미국과 이승만 정권에 대한 규탄과 통일지향의 시적 형상화

해방 직후 북한노동당의 문예정책은 1946년 5월 24일에 행한 김일성 연설의 한 대목인 "문화인들은 문화전선의 투사로 되어야 한다"는 말에 함축되어 잘 나타난다. 이에 대해 김재용은 그의 「민주기지론과 북한문학의 시원」에

31) 신형기·오성호, 『북한문학사』, 평민사, 2000, 100쪽.

서 1945년 10월 10일부터 13일까지 진행된 서북 5도 노동당 책임자회의에서 민주기지노선이 논의되었을 가능성이 많고 그 뒤 조선공산당 북조선 분국의 제2차 확대집행회의와 제3차 확대집행회의에서 민주기지노선이 확립되었다고 보고 있는데, 이른바 '민주기지론'은 미국과 달리 소련의 후원 하에 있는 북한이 남한에 비해 전반적으로 혁명을 건설하고 이를 기초로 하여 한반도 전체의 해방을 꾀하자는 논리라고 하였다. 뿐만 아니라 민주기지를 건설하는 데는 문학예술가들의 조직체를 만들어야 했고 이로써 북한문학이 출범했다고 보았다.[32)]

남북 분단으로 인한 대립의 구조는 필연적으로 시 창작에서 미국과 이승만 정권에 대한 규탄과 남한 인민들의 투쟁에 대한 시적 표현이 많은 비중을 차지하게 하였으며, 아울러 민족 분열의 아픔과 통일을 지향하는 시적 표현들도 나타나게 되었다. 이는 노동당의 민주기지노선에 의해 규정된 것이라고도 할 수 있다. 박세영의 「그치라 요녀의 소리」(1946), 백인준의 「나는 놈들을 미워한다」(1948), 김상오의 「우리는 모멸로써 그들을 돌려보낸다」(1948) 등은 미국과 이승만 정권을 규탄하고 있으며, 이정구의 「분노」(1947), 안룡만의 「동백꽃」(1948), 강승한의 「한라산」(1948), 「수양산상에서」(1949), 조기천의 「항쟁의 려수」(1949) 등은 당시 남한에서 벌어진 반미, 반정부 투쟁을 보여주면서 통일에 대한 지향을 보여주고 있다.

강승한의 서사시 『한라산』은 남한의 5.10단독선거를 반대한 제주도의 4.3항쟁을 시적으로 형상화한 작품이다. 주인공 김선생, 만갑, 순갑, 인구 등을 비롯한 투사들은 굳게 뭉쳐 5.10단독선거를 반대하는 투쟁에 나서서 경찰들과 선거 실행자들을 처단하며 자기들의 대표인 만갑이를 북조선에 파견하기도 한다. 드디어 5.10단독선거는 파탄에 이르고 만다. 결국, 이 작품은 이승만 정부를 반대하는 투쟁의 정당성을 고취하고 북한에 대한 남한 인민들의 동경을 의도적으로 보여주면서 민주기지론에 의한 조국통일을 지향하고 있다. 이

---

32) 김재용, 『분단구조와 북한 문학』, 소명출판사, 2000, 30~31쪽.

작품은 구성이 치밀하고 극적 긴장감을 통해 정서적 충격을 주고 있다.

그러나 상술한 민주기지론의 시적 형상화와는 달리 대체로 생활의 구체성을 가지고 통일을 지향한 작품도 있었다. 이러한 경향을 띤 작품으로 안룡만의 시 「동백꽃」을 들 수 있다. 이 작품의 서정적 주인공은 일제 시기 제주도에서 징용에 끌려갔다가 광복을 맞아 북한으로 오게 되었는데, 국토의 분단으로 말미암아 고향으로 갈 수 없는 처지이다. 이 작품은 남쪽 바닷가 고향을 그리는 서정적 주인공의 정서와 통일의 지향을 잘 결합하여 노래함으로써 시적 진실성을 확보하고 있다. 특히 동백꽃을 고향 마을 처녀로 비유하면서 서정적 주인공의 절절한 향수를 노래한 것이 인상적이다.

섬 처녀 마음은 동백꽃인가
붉게 붉게 피여 나고
츠렁츠렁 새까만 머리채
그 머리채 댕기 끝에
꽃 이파리 꽂고
조개 줍던 동백꽃.

이처럼 그리는 '동백꽃'이기에 통일의 그날에 "그날이 오면-- / 구름 따라 삼천리 / 물결 따라 천리 길 / 그리운 것들의 품을 찾아/ 동백꽃 한 아름 따리라'하고 꼭 만날 것을 약속하기도 한다.

4. 소설문학의 전개 양상

해방 직후 북한의 소설문학은 ① 「려명」(한봉식), 「장군님을 맞는 날」(강훈), 「혈로」 (한설야), 「개선」 (한설야) 등 수령찬양의 단편소설 ② 「개벽」 (이기영), 『땅』 (이기영), 「산곡」 (황건), 「마을 사람들」 (한설야) 등 민주개혁을 찬양한 소설 ③ 「로동일가」 (이북명), 「류산」 (박웅걸), 「이앙」 (윤시철),

「오월」(천세봉), 「땅의 서곡」(천세봉), 「탄갱촌」(한설야), 「탄맥」(황건) 등 새 조국 건설을 반영한 소설 ④「그 전날 밤」(이동규), 「제2전구」(박태민) 등 남한 인민들의 투쟁을 다룬 소설로 나뉘어 진다. 이 가운데서 가장 높은 문학적 성취를 보여주는 작품이 이기영의 장편소설 『땅』이다.

1) 수령찬양소설

이 시기의 소설문학에서 일제와 맞서 싸운 김일성의 항일무장투쟁사가 이야기 방식으로 빠르게 수용되었음을 보여준 작품이 한설야의 「혈로」(1946)이다. 김일성이 북한의 정치계의 일인자로 등장하면서부터 그의 항일무장투쟁사가 북한의 새 시대의 전사(前史)로 간주되기 시작했음에도 불구하고 아직 사실이 발굴되지 않은 이 역사는 막연한 이야기였고 전설에 불과하였다. 그러나 그렇기 때문에 김일성의 항일무장투쟁사는 동서고금의 많은 새 역사쓰기가 놀라운 기적과 밝은 앞날을 그려야 했던 것처럼, 언제든 승리의 과정으로 그려져야 했다. 그런 면에서 김일성은 승리를 담보하는 존재였다.

한설야는 「혈로」에서 김일성을 신묘한 전술가로 묘사했다. 일본군의 속셈을 손바닥 보듯 환히 꿰뚫어 보고 그들의 작전을 정확히 예측함으로써 언제나 여유 있게 전투를 승리로 이끄는 김일성의 전술은 부하들에게 '기기괴괴'한 것으로 비친다. 그가 실수나 오류를 범할 가능성은 없다. 김일성이 앞장서는 한 승리는 약속된 것이기 때문에 그의 전사들은 싸움을 두려워하기는커녕 오히려 신이 나서 전투에 임한다. 한설야는 김일성의 이런 능력이 쉼없는 사색과 남다른 창의력에서 나오는 것이라고 설명하지만, 그럼에도 불구하고 그는 신비한 능력을 가진 영웅이다. 한설야는 다른 글에서 김일성은 일찍이 천기조화(天機造化)를 부리는 신인(神人)으로 추앙되었음을 적고 있다.[33] 그의 작품 「혈로」가 그려낸 것은 심각한 희생이 동반되는 비장한 투

33) 한설야, 『영웅 김일성 장군』, 신생사, 1947, 21쪽.

쟁이 아니다. 김일성의 무장투쟁이 항상 이런 관점에서 그려졌던 것은 아니지만, 궁극적으로 김일성은 승리한 영웅으로서 아울러 그는 낙관의 근거로 될 수밖에 없었다.

한국전쟁 이후 김일성의 항일무장투쟁사가 본격적으로 발굴된 뒤에도 김일성을 그리는 방식은 크게 달라지지 않았다. 적어도 김일성의 항일무장투쟁사를 그리는 데 있어서 역사적 사실은 이런 영웅의 이야기에 종속되어야 했던 것이다.

2) 민주개혁을 찬양한 소설

토지개혁을 위시한 민주개혁을 선도한 김일성을 그리는 것과 항일무장투쟁을 이끈 김일성을 그리는 것은 다른 일이 아니었다. 김일성은 언제든 역사의 필연성을 꿰뚫어 보는 인물이었고 가장 앞서 실천의 길을 열어온 인물이었다.

『우리의 태양』에서 김일성은 민족의 '태양'으로 칭송되기 시작하였다. 박영보의 「태양을 기다리는 사람들」(1948)은 이 태양이 어떤 의미를 갖고 있는지를 구체적으로 제시한 희곡이다. 만주국이 세워진 이후의 무송현 인근 마을을 배경으로 한 이 희곡은 먼저 토성 쌓기 부역에 시달리는 인민들의 모습을 그리고 있다. 아직 지도의 선이 닿지 않은 상황이지만 그들에게 '김사장(金師長)은 '태양 같은 어른'이다.

이야기는 김일성 부대에서 파견된 공작원 '심병욱'과 농민 남상근의 딸인 조국광복회 회원인 '혜숙'을 중심으로 전개된다. 둔장의 서사(書士)로 신분을 위장한 심병욱은 사려 깊고 지혜로운 인물이다. 그들은 조국광복회 10대 강령이 찍힌 삐라를 뿌려 김일성의 투쟁노선을 알리고 그를 향한 믿음을 전파하는 희망의 전령병으로 활동한다. 소를 빼앗아 가는가하면 부역에 나오지 않으면 집을 불사르겠다는 등 일제의 위협이 가중되는 가운데서도 혜숙은 남상근에게 이렇게 말한다. "아버지! 밤은 오라지 않아요. 벌써 먼동이 트기 시작했어요. 그리고 밝은 햇빛이 우리 앞을 환하게 비춰줄 거야요"[34] 일본군은 부역을 거부한 남상근의 집에 불을 지르지만, 그는 두 주먹을 불끈 쥐고 일어나 마을 사람들 앞에서 외친다. "좋다! 불살라라. 모두 불질러라. 그러나 내 마음은 불사르지 못할 거다. 이놈들아! 우리 뒤에도 사람이 있다. 의지할 사람들이 있단 말이다."[35] 바로 이때 유격대가 들이닥친다. 남상근의 간절한 바람에 대답한 것이다.

김일성은 도탄에 빠진 인민들이 고대하는 구세주에 다름 아니다. 그들은 김일성을 향한 믿음 속에서 태양의 빛을 보게 되는 것이었다. 김일성이 등장함으로써 암흑의 시대를 물리치는 새 역사의 여명은 열리고 있었다. 김일성이 이끌었다는 항일무장투쟁사는 조선의 새 역사의 출발점이었고, 김일성은 어둠을 몰아내는 태양의 빛이었다.

1930년대 초 간도지방을 배경으로 한 「유격대」(천청송, 1948)는 반 민생단(民生團) 투쟁을 이야기하는 등 항일무장투쟁사의 복원에 초점을 맞춘 단편소설이다. 여기에서는 뒷날 숱하게 씌어지는 혁명전통 주제의 작품들이 반복하여 보여줄 김일성과 혁명군, 그리고 인민 사이의 '지도' 관계가 분명하게 제시되었다. 소설은 먼저 아이들을 불에 태워 죽이는 일제의 만행을 고발하면서 시작된다. 무장투쟁의 길은 불가피하고 필연적이다. 인민들은 모두 무장투쟁의 횃불을 올린 김일성 부대의 소식에 귀를 기울인다. 이미 무장투쟁은 곧 김일성 부대를 따르는 것을 의미하는 상황이다. 마을 청년들은 유격대를 조직하여 김일성 부대가 파견한 연락원의 지도아래 폭발물을 만들고 무기탈취 등의 투쟁을 벌인다. 그들은 김일성을 만나지도 못했지만, 김일성은 그들의 지도자였기 때문에 그에 의해 길들여지는 운명이 된 것이다. 소설은 그들이 김일성 부대로 들어가는 장면으로 끝을 맺는다.

김일성에 의한 혁명전사로의 성장이라는 구도를 정착시킨 이 소설에서 김

---

34) 박령보, 「태양을 기다리는 사람들」, 『해바라기』, 작가동맹출판사, 1961, 54쪽.
35) 박령보, 위의 책, 60쪽.

일성은 먼 준령 너머의 신비한 존재이다. 그러나 그의 존재와 가르침은 태양과도 같은 것이다. 태양은 어디나 비춘다. 김일성의 지도가 반드시 직접 필요가 없는 이유가 여기에 있다. 조국광복회를 매개로 지도를 받아 성장한 인민이 마침내 김일성 부대를 찾아간다는 이야기는 박웅걸의 단편소설 「압록강」(1948)에서도 반복되어 나타나고 있다.

해방과 더불어 김일성이라는 태양은 드디어 모든 인민들 앞에 나타난 것이다. 한설야의 「개선」(1948)은 김일성의 형상을 집중적으로 그려낸 첫 작품이다. 1945년 10월, 김일성이 개선한 직후를 배경으로 한 이 단편소설은 김일성 숙모의 입을 빌어 김일성을 묘사하는 형식을 취하고 있다. 이 초점 화자는 김일성을 잘 알고 또 그를 흠모하며 자랑스럽게 생각한다. 숙모가 기억하는 김일성의 어린 모습은 친근하고 복스러우며 믿음직한 것이다. 김일성은 '대보름 달덩이'에 비유된다. "그 잘 웃는 얼굴, 웃을 때마다 두볼에 파지는 인정머리 있고 아름다워 보이던 보조개와 유달리 애티 있게 보이던 덧니, 억실억실하고 무한히 슬기 있어 보이던 눈"[36]은 그의 위대함이 선량함을 바탕으로 한 것임을 강조한다. 어린 시절부터 김일성은 끊임없는 '에너지의 발원체'다. "새 무엇이 일순도 쉬지 않고 몸속에서 움직여" 늘 생동하는 그가 "전 조선 3천만의 태양이요, 어버이요, 스승"이 된 것은 지당한 결과이다. 어느덧 이 화자는 믿음에 찬 예언자가 된다. "이 나라의 한 풀, 한 나무도 하늘같은 장군의 은혜를 입은 것이다." 이는 조선의 새 역사를 뜻하는 말이라고 할 수 있다. 김일성의 개선은 조선의 새 역사의 시작을 알리는 것이었다. 김일성을 바라보는 숙모의 시선은 모든 인민의 시선이어야 했다.

김일성을 역사의 뜻이자 곧 필연의 담당자로 보는 입장, 그는 햇살과 같은 덕으로 사람들을 바꾸고 묶는 중심이라는 생각은 이후로도 김일성을 그리는 바탕이 되었다. 그러나 6.25전쟁 전까지 김일성을 그린 작품들은 일화의 범위를 크게 벗어나지 않는다. 그 이유는 항일무장투쟁사가 미처 복원되지 않

36) 한설야, 「개선」, 『개선』, 271쪽.

은데 있을 것이다. 김일성과 그의 무장투쟁사가 이른바 서사적 화폭 위에 옮겨질 여건은 적어도 이 시점에서는 아직 마련되지 못했던 것이다.

5. 이기영의 문학과 대표작 『땅』

1) 이기영의 문학과 생애

이기영(李箕永)은 1895년 5월 29일(음력 5월 6일) 충청남도 아산군(지금의 아산시) 배방면 회룡리에서 태어났다. 그의 집안은 덕수 이씨 충무공파로서 아버지 이민창은 1892년 무과에 급제한 후로부터 서울에 머물렀다. 개화사상가였던 이기영의 아버지는 가계를 돌보지 않아 이기영은 어릴 때 가난하게 살아야만 했다. 이기영의 유년기 체험은 그의 장편소설 『봄』에 잘 나타나 있다.

이기영은 1910년 소학교를 졸업하고 멀리 달아날 궁리를 한다. 그는 가출을 여러 번 시도하다가 마침내 1922년 도일(渡日)하여 동경정칙영어학교를 다닌다. 그러나 1923년 관동대지진의 발생으로 고향으로 되돌아온다. 그는 일본에서 일본어로 된 서양근대소설을 읽기 시작했을 뿐만 아니라 포석 조명희를 사귀기도 한다. 1924년 4월 그는 『개벽』 창간 4주년 기념 작품현상모집에 단편소설 「오빠의 비밀편지」를 응모하여 3등으로 당선되어 문단에 데뷔하게 된다. 그 뒤로 그는 조명희의 소개로 "조선지광사"에 취직을 하고 카프에 가담한다. 그 후 그는 많은 단편, 중편들을 발표했고 1933년에 장편소설 『고향』을 발표해 카프문학의 가장 대표적인 소설가로 인정받게 되며 카프의 중심 인물로 활약하게 된다. 한편 일제 말기에는 잠시 강원도 철원에 소개해 있던 이기영은 그곳에서 8.15해방을 맞이한다. 1946년 철원으로부터 평양으로 거처를 옮긴 이기영은 그해 7월 북조선 문예총의 기관지인 『문화전선』의 창간호에 북한의 토지개혁을 다룬 단편 「개벽」을 발표했고, 이어

1948년에는 북한문학사상 첫 장편소설인 『땅 : 개간편』을 발표한다. 1949년 『땅 : 수확편』을 발표하고 그해 6월 소련을 방문하고, 그 뒤 「소련은 인민의 위대한 벗」을 발표한다. 1954년 장편소설 『두만강』 1부, 1957년 4월에 장편소설 『두만강』 2부를 출간하며, 1960년에는 장편소설 『두만강』으로 '1960년 조선민주주의인민공화국 인민상'을 수상한다. 1967년에는 조선문학예술총동맹 중앙위원장이 된다. 이밖에도 조소문화협회 위원장, 조소친선협회 위원장, 최고인민회의 상임위원장 등 요직을 두루 거쳤으며 인민예술가 칭호와 더불어 국기훈장을 받았다. 1984년 8월 9일 사망하였다.

2) 해방 직후 이기영의 단편소설

이기영의 소설 「농막선생」(1946)이 일제말기 강원도 내금강변 이무지리-벌말로 이사를 하여 잠깐 농사를 지었던 경험을 바탕으로 하여 쓴 이른바 "생산 소설"이라면, 「개벽」(1946)은 1946년 북한에서 진행된 토지개혁 직후를 배경으로 하고 있는 작품이다. 「개벽」은 토지개혁이라는 혁명적 사건이 강원도 산골의 한 마을에 받아들여지는 과정의 묘사를 통해 그것이 갖고 있는 역사적 의의를 보여준 작품이다.

이 작품은 보수적인 늙은 빈농 '원첨지' 일가와 지주 '황주사'를 중심으로 하여 사회적 처지와 세대가 다름에 따라 다른 시각으로 토지개혁을 대하고 있음을 보여주면서 토지개혁은 거스를 수 없는 역사의 방향임을 제시하고 있다. 농민에게 땅을 준다는 이 천지개벽 같은 사태를 늙은 원첨지는 선뜻 받아들이지 못한다. 그는 토지개혁 법령이 발표된 뒤에도 '어떤 의심이 없지 않아서 장래사를 두 길로 보려는 조심성'으로 농민들의 축하시위행사에도 참가하지 않는다. 그가 고지식한 줄을 아는 지주 황주사가 원첨지에게 세상이 또 한 번 뒤집힐 것이라고 위협을 해놓았기 때문이다. 그러면서도 원첨지는 축하시위행사에 참가하지 않는 자기의 속을 보이지 않으려고 짚신을 삼아야 한다는 집을 지켜야 한다는 등의 핑계를 댄다.

원첨지는 일제시대 이기영의 소설에서 늘 등장하던 늙고 고지식한 농민형상에 닿아있다. 「서화」에서의 '돌쇠'의 아버지 '김첨지', 「고향」에서의 '인동이'의 아버지 '김원칠', 「신개지」에서 '강윤수'의 아버지인 '강첨지' 같은 인물이 토지개혁이라는 천지개벽에 어떻게 반응할 것인가? 원첨지의 반응은 소작농으로 보낸 그의 전 생애에서 형성된 것이기에 일조일석에 바뀌기는 어렵다. 그러나 활달하고 현실적이고 계산에 밝은 원첨지의 아내를 닮은 아들딸들은 이런 아버지의 완고함을 흉보며 시위행렬에 적극 가담한다. 가족들의 설득으로 원첨지는 천지개벽을 이해하게 되지만 그래도 자신이 농촌위원으로 추천되었을 때에도 완전히 이해하지는 못한다. 이러한 그의 성격에는 일관성이 있다. 그러나 그도 위원회가 열리는 날에는 의젓하게 차리고 나설 정도로 세상의 변화를 받아들이게 된다. 황주사는 지폐를 넣어 누빈 옷을 입고 밤새 남쪽으로 도망쳤다는 소문이 들려왔다. 원첨지의 자식들은 훨씬 빨리 개벽한 세상을 누리면서 새봄의 희망에 부풀어 오른다.

이처럼 「개벽」은 해방 직전부터 토지개혁에 이르기까지의 과정을 봉건적인 잔재가 깊은 한 농민의 변화 과정을 통해 실감나게 그리고 있다. 「전변」은 토지개혁 후 땅을 분여(分與) 받은 젊은이가 냉상묘(冷床苗)기술로 농사를 짓자고 하니 늙은이들은 농사를 망친다고 비난했고 결혼을 약속한 처녀 집안으로부터 파혼의 위협을 받기까지 했지만, 젊은이는 확신을 가지고 꿋꿋하게 과학적인 영농법으로 결국 성공했다는 내용을 담고 있다. 땅을 분여 받고 새 희망으로 새로운 기술을 도입하려는 젊은 세대와 늘 해오던 방식대로 구태의연하게 살려는 늙은 세대의 갈등과 의욕적인 새로운 실험 및 과학정신의 승리라는 이 소설의 틀은 이후 북한소설의 중요한 패턴이 되었다.

3) 이기영의 장편소설 『땅』

해방 직후 이기영은 북한문학 최초의 장편소설인 『땅』의 창작에 들어갔다. 이 작품은 이전의 소설과는 다른 경향을 드러내고 있다. 해방 전 이기영의 대표적인 장편소설 『고향』이 지식인을 주동인물로 하여 작품을 전개하였다면, 『땅』은 농민 신분을 주동인물로 하여 작품을 전개하였다.

『땅』은 1946년 3월 5일에 있은 토지개혁으로 인하여 급격한 소용돌이에 빠진 북한의 농촌 현실을 사실석으로 그린 작품이다. 이 작품은 1948년 발표된 「개간편」과 1949년에 발표된 「수확편」으로 구성되어 있다. 그 후 이기영은 『땅』을 『두만강』처럼 3부작으로 고쳐 쓰기 위해 1960년 『땅』 제1부를 출간했다. 이 작품은 1992년 1월 한국의 도서출판 '풀빛'에서 이기영 선집 5권과 6권으로 출간되기도 하였다. 한편 『땅』 제1부는 1973년 다시 개작되어 북한의 '문예출판사'에서 출간되었다. 1992년 도서출판 '풀빛'에서 간행한 것을 텍스트로 하여 줄거리를 살펴보면 다음과 같다.

주동인물인 농사군 곽바위는 일찍이 아버지를 여의고 홀어머니 손에서 자랐다. 가난 때문에 열 세 살부터 머슴살이를 시작하는데, 농사를 규칙대로 짓지 않는다고 트집을 걸며 벼 포기로 얼굴을 때리는 일본인 농산기수를 논에다 메다꽂아 그 죄로 6년간 감옥살이를 한다. 그가 감옥살이를 하는 동안 어머니는 세상을 떠나고, 아내는 다른 사람한테 시집을 가버렸고, 누이동생은 제사공장으로 팔려갔다고 하지만 행방을 알 수 없게 된다. 그 후 그는 이 마을 저 마을 떠돌아다니다가 강원도 산골 벌말의 지주 고병상의 집에서 10년 동안 머슴 생활을 하게 된다.

1945년 해방은 그에게 커다란 감동을 안겨 주었고, 1946년 3월 5일의 토지개혁은 머슴 출신인 그에게 자신 소유의 땅을 갖게 해주었다. 그는 농촌위원회 위원으로 참여하여 면당 세포위원장 강균의 지도아래에서 토지개혁의 실무를 맡아 주동적 역할을 한다. 이때 소설의 배경이 되는 벌말에는 여러 가지의 갈등이 벌어지게 된다. 여기서 고병상, 주태조 같은 인물들과의 투쟁 등이 중요한 모티브로 등장하며 토지개혁 이후에도 그는 벌말 사람들을 설득하여 개간사업을 벌인다. 개간사업에 온 힘을 다한 그는 쇠써레를 만들어 개간사업의 견인차가 된다.

마침내 개간사업을 성공리에 끝마친 그는 전순옥과 행복한 가정을 꾸미고 벌말 마을의 중심인물이 되어 두레를 조직하고 농촌환경 개선에 적극적으로 나선다. 그는 농사를 알차게 지어 현물세와 애국미까지 내는 헌신적인 활동을 벌이고 마침내 도인민위원회 대의원으로 추천되어 김일성이 참여한 인민위원회에 강원도 대표로 나갔다가 돌아와 첫 아들을 보는 것으로 소설은 끝을 맺는다.

이 작품은 토지개혁 직후 1년 동안을 시간적 배경으로 하고 있다. 이 1년 동안에 지주인 고병상은 변화된 현실을 되돌리려고 몰수된 토지를 돌려달라는 진정서를 내고, 곽바위의 농사를 망치도록 순이 어머니를 이용하고, 기한제(祈旱祭)제를 지내고, 현물세를 쌓아둔 곡식더미에 불을 지르는 등의 안간힘을 쓰지만 결국 벌말에서 도망쳐 버린다.

박동수, 박동운, 유금숙, 순이 같은 처녀, 총각들은 땅을 분여 받은 것을 기회로 조혼(早婚)이나 매매혼(賣買婚) 같은 봉건적 굴레를 벗어 던지고 자유로이 연애하고 서로 인연을 맺는다. 유금숙은 지주 고병상의 손자와 정혼해놓은 것을 제 손으로 직접 사주(四柱)단자를 갖다 주고 파혼을 해버리기까지 한다. 그런가 하면 전순옥은 지주의 첩이었던 과거로부터 쉽게 놓여나지 못함을 억울해하면서 투신자살을 시도하는 우여곡절을 겪은 후에야 비로소 새롭게 태어나 곽바위와 결혼하고 여맹위원 원장 일을 보기까지 한다.

술장사를 하는 순이 어머니는 땅을 받아서 기쁘다가도 자기를 특별 대우해주지 않는 것에 불만을 품고 곽바위를 해치는 음모에 가담하고 자기 딸 순이를 돈 많은 집에 강제 결혼을 시키려하지만 지주의 정체를 깨닫고는 반성하고 순이의 연애에도 찬성을 하게 된다.

이런 여러 부류의 인간들의 변화과정에는 강균이라는 벌말 노동당 세포위원장의 지도가 있다. 강균은 마침 물에 뛰어든 전순옥을 건져내고 곽바위가 창안한 개간공사를 실질적으로 뒷받침해주며 곽바위와 전순옥 사이에 중매를 서는 등 벌말 사람들의 변화과정에서 결정적인 역할을 한다.

이처럼 『땅』은 토지개혁이라는 역사적 대사건이 여러 부류의 농촌사람들에게 미친 영향, 그들의 삶을 변화시키는 양상, 그리고 토지개혁 이후 새롭게 각성한 농민들의 정신적 풍모 등에 대해서 다양하게 그려내고 있다. 특히 이 작품은 토지개혁이 농민들에게 가져다준 감격을 잘 형상화했다. 그것은 땅을 분여 받은 곽바위와 박첨지네 가족의 신바람 나는 분위기를 묘사한 「현대판 흥부전」이라는 장에서 다음과 같이 묘사하고 있다.

> 곽바위는 주인집의 그 땅을 1년에도 몇 번씩 갈아주었다. 그러나 전에는 심드렁하던 그 땅이 마치 금은보화처럼 돋보임은 웬 일인가? 그는 흙을 한 웅큼 집어서 두 손안에다 넣어 비벼 보았다. 모래가 섞이지 않은 황토는 마치 떡가루처럼 곱게망가진다. 사실이 땅을 올해에 잘 다루면 곡식이 깨 쏟아지듯 할 것이다. 그는 생각을 하니 춤이라도 추고 싶었다.
>
> 한동안 그는 밭을 들여다보고 있었다. 밭에서는 금방 모든 곡식이 무럭무럭 자라나는 것 같았다. 거기에는 강냉이가 우거지고 감자 꽃이 만발하고 콩은 꼬투리가 다래다래 영글었다. 수수는 모개미가 척척 늘어졌다. …… 바람이 불적마다 곡식들이 와삭와삭 너울거리며 척척 늘어졌다. …… 그는 흙 한 줌을 혓바닥으로 핥아보았다.

박첨지네 가족도 마찬가지다. 마치 제비가 물어다 준 박씨에서 금은보화가 쏟아져 나와 좋아하는 흥부네 가족처럼 박첨지네 가족은 기쁨을 금치 못한다. 곽바위는 분여 받은 땅의 흙을 맛보았는데, 박첨지 내외는 그 땅에다 대고 절을 한다. 그리고 박첨지네 가족과 곽바위가 덩실덩실 춤을 추기까지 하는 행동들이 우스꽝스럽거나 과장되게 읽혀지지 않는 것은 그러한 행동을 할 수밖에 없을 만큼 궁핍했던 그들의 과거사에 대한 서술이 있기 때문이다.

또한 『땅』에서 주동인물은 아니지만 가장 생동감 있는 인물이 전순옥이다. 그녀는 일제시대 지주 윤상렬의 장리 빚을 갚지 못해 강제로 그의 첩이 되어 욕된 삶을 살았던 여성이다. 그녀는 땅까지 분여 받고 새 생활을 하려 하나 첩이었던 과거로부터 쉽사리 자유로워질 수 없었다. 봉건적인 남존여비

사상과 정조 관념에 스스로 얽매였으며, 해방이 되었는데도 순옥이를 다시 송참봉의 첩으로 들이려는 뚜쟁이 개구쟁이 마누라가 그녀가 첩이었음을 내세우며 여러 가지로 나쁜 말을 만들어내는 바람에 자살을 시도한다. 그러나 그녀는 강균의 구원을 받아 새 생활을 하게 된다.

전순옥의 형상은 이기영의 초기소설 「민촌」의 점순이와 「아사」의 돌순이와 직접적으로 연결되어 있다. 벼 두 섬에 지주의 첩으로 팔려간 점순이나 돌순이와 같은 운명을 가진 농민들의 딸들이 해방과 토지개혁으로 어떻게 운명이 변화됐는가에 대해 예술적 해명을 하려고 한 것이다. 점순이나 전순옥은 남존여비사상에 바탕을 둔 봉건적인 축첩(蓄妾)제도의 희생물인 동시에 소작농의 딸로서 돈 때문에 강제로 지주의 첩으로 팔려감으로써 자본주의적 인간관계의 희생물이 되기도 한다. 소작농이 토지개혁으로 지주의 억압에서 풀려나고 제 땅을 가지게 되었어도 첩질을 했던 까닭에 여전히 행복할 수 없는 상황을 제시함으로써 봉건적 가부장제하의 장구한 세월 속에서 형성된 이데올로기의 뿌리가 얼마나 깊은가를 보여주는 진지한 작업이기도 했다. 그런 점에서 전순옥이 절망을 느끼고 투신자살을 하려 한 것은 문제의 심각성을 강조하는 것으로써 의의가 있다고 해야 할 것이다. 전순옥 자신의 내심 속에서 내면화된 정조관념, 막 싹 트기 시작한 곽바위에 대한 애정, 새 세상이 왔는데 새롭게 살 수 없는 억울함, 이런 것들이 전순옥을 자살로 몰고 간 것이다. 봉건적인 인습을 떨치고 일어나는 여성인 유금숙, 순이 역시 생기가 넘친다.

그러나 『땅』에서의 인물성격 창조에는 맹점도 드러나고 있다. 포스터(E. M. Forster)는 『소설의 양상(Aspects of Novel)』에서 인물을 평면적 인물과 입체적 인물로 나누어 이야기하였다. 평면적 인물은 단일관념이나 성질을 가진 인물을 말한다. 다시 말해 한 작품에서 성격이 변하지 않는 인물인 것이다. 인물이 한 번 등장하기만 하면 언제나 쉽게 알아볼 수 있고, 그 후부터는 쉽게 기억되는 점을 포스터는 평면적 인물의 강점으로 들고 있다. 이에 비해 입체적 인물은 한 작품 속에서 사건의 진전에 따라 변화하는 성격을 지닌다. 말하자면 발전적 인물(developing character)이라고 할 수 있다. 입체적 인물인가 아닌가 하는 것의 기준은 그 인물이 실감나게 놀라움을 줄 수 있는가에 달려 있으며, 입체적 인물이 실감나게 놀라움을 주지 못하면 평면적 인물이라고 포스터는 말하고 있다.

『땅』에는 평면적 인물들이 많이 등장하고 있다. 우선 곽바위와 강균과 고병상이 그러하다. 곽바위는 소설 전편에서 완전무결한 긍정적인 인물로 그려지고 있다. 그는 산돼지를 손으로 때려잡는 힘을 지녔고, 지주 고병상의 위협에 굴하지 않고, 인간적인 호소에도 흔들리지 않는다. 뿐만 아니라 쇠써레를 만들어 개간사업을 성공으로 이끌고, 두레를 조직해 농민운동을 성공적으로 이끌어 가는 그는 '고상한 리얼리즘'에서 주창하는 인물상에 맞춤처럼 딱 들어맞는, 정말 나무랄 데 없는 '긍정적인 인물'인 것이다. 그러다 보니 곽바위는 고대 영웅소설에 나오는 홍길동 같은 인물이 되고 말았다. 특히 하권으로 갈수록 곽바위는 영웅으로 더욱 단순화된다. 해방 후 창작된 『땅』이 일제 강점기에 창작된 『고향』보다 작품의 질이 떨어진다는 평가를 받고 있는 것은 이러한 인물묘사의 방법과도 무관하지 않다고 볼 수 있다.

『땅』에 등장하는 인물 가운데서 평면적 인물로 그려진 정도가 심한 인물로 강균의 경우를 들 수 있다. 이 소설에서 강균은 처음부터 끝까지 그저 작가 이기영의 대변인 노릇만 하고, 시대정신의 전성관(傳聲管) 구실만 하고 있는 것이다.

『땅』에 등장하는 인물들 중에서 그나마 살아있는 인물이 전순옥이다. 일제 강점기 때 지주 윤상렬의 장리빚을 갚지 못해 첩이 되었던 그녀는 해방된 조국에서 새 생활을 하고자 하나 과거로부터 자유로울 수 없었다. 마침내 그녀는 자살을 기도하고, 우여곡절 끝에 곽바위와 결혼을 하고 여맹위원장으로 활약을 하는 용감한 여성으로 변모되어 간다. 나약한 여성으로부터 강한 여성으로 변모되는 과정에서 그녀는 많은 내적인 모순과 갈등을 겪게 된다.

포스터의 인물 유형에 따르면, 전순옥은 발전적 인물이다.

결국 긍정적 주인공론에 기초한 혁명적 낭만주의는 사회주의 리얼리즘에 가까운 것인데, 1947년 초에 북한에서는 소위 노동당의 결정서의 형식으로 소위 '고상한 리얼리즘'이라는 창작방법론을 내세우게 된다. 이는 그 후 북한문학을 규정하는 중요한 틀로써 작용하게 된다. '고상한 리얼리즘'에서 자유로울 수 없었던 이기영은 『땅』을 생경한 작품으로 만들게 되었다.

Ⅱ. 한국전쟁시기의 문학(1950. 6~1953. 6)

1. 북한의 사회현실과 문학

1950년 6월 25일에 발발하여 1953년 7월 27일 정전협정에 이르기까지 지속된 한국전쟁을 북한에서는 “위대한 조국해방전쟁”이라고 한다. 소위 “위대한 조국해방전쟁”시기의 북한문학은 사회주의 이념과 제도에 의한 조국통일이라는 전략 아래 미국의 식민지 남한을 해방시키겠다는 의도를 강하게 담고 있다.

1951년 6월 30일 김일성이 작가예술가들과의 담화「우리 문학예술의 몇 가지 문제에 대하여」에서 밝히고 있듯이 이 시기 북한문학의 임무는 전투에 임하는 인민군들의 사기를 진작시킴과 아울러 후방의 인민들을 고무시키고 전쟁을 승리로 이끌어 전 조선의 사회주의화를 이루는데 있었다.[37] 조선노동당의 목표는 무엇보다도 전쟁에서 승리하는 것이었다. 따라서 이 시기 문예정책에는 ‘무기성’이 두드러지게 나타난다. 1950년 6월 26일 김일성은 방송연설에서 이 시기 문학의 임무에 대해서 다음과 같이 역설하였다. “문학예술의 모든 사업을 전시체제로 개편하고 …… 싸우는 우리 인민들의 수준에서 가장 강력하고도 예리한 무기”[38]가 되는 것이다. 1950년 7월 8일에 행해진 두 번째 연설에서 김일성은 소련 및 기타 사회주의 나라들과의 국제적 성원을 주지시키면서 “미제 무력 침공자들의 침략목적을 낱낱이 폭로하면서 …… 미제의 무력침공을 격퇴하고 우리 인민들의 투지의 강대성을 침략자들에게 보여주어야 한다.”[39]고 강조한다.

37) 김일성저작집, 16권, 161쪽.
38) 『조선문학통사』, 239쪽.
39) 과학원 역사연구소, 『조선 통사』, 1988, 400쪽.

한국전쟁은 마치도 강력한 태풍처럼 기존의 모든 질서들을 뒤흔들어 놓았다. 정치, 경제, 사회, 문화 등이 전쟁의 영향으로부터 자유로울 수가 없었다. 이른바 "위대한 조국해방전쟁"으로 불리는 한국전쟁시기 북한의 예술활동은 다음과 같은 몇 가지 중대한 변화를 맞이했다.

첫째, 전쟁은 '문학예술의 모든 사업을 전시체제로 개편한다'는 김일성의 명령에 의해 많은 문인들이 대거 종군작가로 전쟁에 참가했다. '모든 것을 전쟁승리를 위하여'라는 노동당의 구호는 전시문학활동의 성격과 과업을 규정했으며, 이에 따라 북한문단은 전시체제로 개편되어 작가·시인들은 전쟁에 동원되었다. 100여명의 문인들이 종군 작가로 전선에 나갔는데, 그 중 소설가로는 김사량, 황건, 박웅걸, 윤세중, 윤시철, 유항림, 이북명, 이동규, 김영석, 박태원 등이었고, 시인으로는 조기천, 안룡만, 김조규, 김북원, 박세영, 김우철, 이정구, 동승태, 김람인 등이었으며, 극작가로는 송영, 남궁만 등이었다. 종군작가들 못지 않게 후방에서 활약한 문인들로는 천세봉, 이기영, 한설야, 최명익 등의 소설가들과 정서촌, 김순석, 정문향, 민병균, 백인준 등의 시인들이 있었다.

둘째, 전쟁과정에서 북조선문학예술총동맹이 개편되었다. 전쟁기간에 북한 인민군 점령지역의 많은 남한 작가들이 자의 반 타의 반으로 북한에 동조하게 되었고, 그들은 북한 인민군이 후퇴하게 되자 월북하지 않을 수 없었다. 그 때문에 남북한을 아우르는 문단조직의 필요성이 대두되었고 1951년 3월 남북의 조직을 통합하여 조선문학예술동맹으로 개편되었다.

셋째, 한국전쟁으로 북한문단에서 일어난 가장 큰 변화는 무엇보다도 남로당 계열의 숙청이었다. 1953년 8월의 제6차 노동당 중앙위원회 전원회의의 정신에 맞추어 진행된 '박헌영, 이승엽 일당의 반역행위'에 대한 재판으로 카프시절부터 활약해온 좌익문단의 거두였고 당시 조소문화협회 위원장으로 있었던 임화가 사형 당하였으며, 이원조(노동당 중앙선전선동부 부부장)는 12년형을 선고받는 등 남로당 계열이 몰락했다.

한편 전쟁기간 애송되었던 임화의 시 「너 어느 곳에 있느냐」, 「바람이 전하는 말」 등이 "종이장 같은 얇은 가슴"을 쥐어뜯으면서 애태우는 어머니의 모습을 그렸다하여 가차없이 비판받았으며, 이태준(1924~?), 김남천(1911~1953) 등도 '민주주의적 민족문학을 반대하는 부르주아 반동작가'로 낙인 찍혔다. 이러한 과정에서 북한문학은 감상주의(感傷主義)에 대한 비판을 넘어서 일체의 감상(感傷)을 불허하는 지극히 편협하고 경직된 모습을 드러냈다.

전쟁시기 북한문학을 지배한 것은 전쟁문화심리였다. 전쟁문화심리란 전쟁시기의 인간들의 보편적인 문화심리를 말하는 것인데, 그 특징은 인간의 심리가 극단적인 흑백논리에 의해 좌우된다는 것이다. 나와 적과의 사이에 죽고 죽이는 전쟁 속에서 중도(中道)라거나 다원적인 가치관이나 사고방식이 있을 수 없는 법이다. 그리하여 문학도 이러한 전쟁문화심리로 인해 지극히 단순한 흑백, 선악의 논리에 의해 지배되는 양상을 띠게 된 것이다.

2. 북한문학의 전개 양상

1) 시문학

전쟁시기는 혼란의 시대이자 또한 격정의 시대이기도 하다. 이런 까닭에 북한문학에 있어서 이 시기는 시의 시대이다. 『조선문학개관』에 의하면 조국해방전쟁의 현실은 전쟁에 민감하게 반응할 수 있는 "혁명적이고 전투적인 시문학"을 절실하게 요구했다. 전쟁의 급박한 상황에 순발력 있게 대처하는 데, 시는 소설보다 유리한 장르였기 때문이다. 북한으로 말하면 김일성의 "문학예술의 당성 원칙을 철저히 견지하고 전투적 기능을 높여 싸우는 인민들의 수중에서 가장 강력하고도 예리한 무기로 되어야 한다"는 이른바 "문학의 무기화론"이 대두되었던 시기였으므로 시들 중에서도 짧은 분량의 '전투적 단시', 즉 '전투적 서정시'가 주종을 이루게 되었다.

이 시기 북한의 시문학을 주제별로 살펴보면, 전방의 영웅투쟁시, 후방의 영웅투쟁시, 김일성 찬양시, 반미선전시 등으로 나누어 볼 수 있다.

(1) 전방의 영웅투쟁시

전방의 영웅투쟁시들로는 김북원의 「락동강」, 김영철의 「당과 수령을 위하여」, 김조규의 「여기 한 사람을 묻는다」, 「이 사람들 속에서」, 김학연의 「독로강 기슭에서」, 박세영의 「숲속의 사수 임명식」, 「나팔수」, 석광희의 「결전의 길로」, 심봉원의 「전호의 속의 나의 노래」, 「자동차운전사의 노래」, 조기천의 「조선의 어머니」, 「나의 고지」, 「문경고개」, 조령출의 「조국 보위의 노래」, 안룡만의 「나의 따발총」, 채경숙의 「빛나는 전통은 우리의 심장 속에」, 집체작 「진군 또 진군」 등이 있다.

무엇이 너의 가슴에
스물두살 젊은 나이보다도
심장속에 끓는 피보다
더 존귀한 것을 알게 하였더냐!
더 숭고한 것을 위하는
결심을 택하게 하였더냐!
고향길에 닿은 조국의 고지와
고향 하늘에 닿은 머리우
푸르른 조국의 하늘을 우러러
수령님 만세를 높이 부르며
너는 갔다
피타는 가슴으로
원쑤의 화점을 노려보며
힘줄 뻗은 그 손에
우리 인민이 준
수류탄과 따바리를 들고
너는 갔다[40)]

---

40) 김학연, 「독로강 기슭에서」 부분, 『해방 후 서정시 선집』에 수록.

위에 인용한 시는 안룡만의 「나의 따발총」과 함께 무기로서의 시가 갖추어야 할 덕목을 잘 보여주는 작품이다. 이 시에서 눈여겨볼 것은 평범한 인물이 '존귀한 것'을 알게 되어 전쟁에 참여했다는 점과 적의 화구를 몸으로 막아내는 '희생정신'을 보였다는 점이다. 여기서 존귀함이란 김일성 장군에 대한 충성과 애국심이며, 희생정신이란 승전을 위해 목숨을 아끼지 않는 태도를 말한다. 이렇듯 전쟁시기의 '고상한 인물'이란 전쟁 이전에는 평범한 인물이었다가 전쟁에 참여해서는 자신의 목숨까지 희생하여 동료들의 전투의식을 고양시키는 영웅으로 새롭게 탄생하는 인물을 의미한다.

가렬한 전투의 저기 저 언덕
피 흘린 전우를 잊지 말아라
쓰러진 전우의 원한 씻으려
나가자 동무여 결전의 길로
만세! 만세! 만세높이 부르며
원쑤의 화점을 짓부시며 앞으로
나가자 동무여 결전의 길로
석광희, 「결전의 길로」 부분

전호속의 나의 노래
고향으로 울려 가라
조국 땅을 보위하러
총을 멘지 삼년 석달
적 탄알이 비발치는
격렬한 싸움에서
공 세우라 하신 말씀
명심하여 싸웠노라
심봉원, 「전호속의 나의 노래」 부분

달도 없는 야밤에 자동차 달린다
자동차 달리다가 문득 세우고
여기가 어디인가 물었더니

"예, 여기는 양키를 족쳐서 소문난 양덕이올시다"
달리자 달리자 나의 자동차
차에 가득 실은 탄약을 전선으로
심봉원, 「자동차 운전사의 노래」

위의 세 작품은 선동성이 강한 구호식 시어로 이루어진 시들로서 인민군들을 전쟁터로 동원하는 이른바 '전투적 단시'의 보기라고 할 수 있다. 이런 작품들은 확실히 전쟁시기는 물론이고 전쟁 후에도 북한사회에서 회자된 노래 말로서 격앙된 선율과 함께 오랫동안 유전(流傳)되어 왔다.

(2) 후방의 영웅투쟁시

후방의 영웅투쟁 시에는 김순석의 「영웅의 땅」, 정문향의 「다시 한번 그는 바라보았다」, 민병균의 「어러리벌」, 조기천의 「불 타는 거리에서」, 「조선은 싸운다」 등이 있다.

불처럼 타는 눈으로
그는 내다보았다
나고 자란 회양리
그 언덕을
눈보라길을
아름다운 조국의 하늘…
뛰는 가슴으로
그는 다시 한번 바라보았다
원쑤의 머리 우에
마지막 멸망의 불벼락을 내릴
그 하늘을
다시 한번 뛰는 가슴으로
정문향, 「다시 한번 그는 바라보았다」 부분

위의 시는 북한 후방의 한 평범한 여성의 영웅적 모습을 형상화한 것이다. 이 여성은 남편을 인민군대에 보내고 조국을 위해 전선원호 사업과 후방보위 사업을 하다 적에게 잡혀 온갖 고문을 당한다. 그러나 이러한 수난 앞에서도 적들의 요구에 응하지 않고 끝내 사형장에 끌려가 죽음을 맞으면서도 고향 땅의 하늘을 돌아보는 행위를 통해 깊은 희생정신과 열렬한 애국정신을 잃지 않는다. 이는 김일성의 말처럼 "인민 속에서 나온 수많은 우리 영웅들의 형상"과 일치하는 것이다. 따라서 이 여성의 죽음은 단순한 비극이 아니라 '승리를 약속한 비극'인 셈이다.

조기천의 「불타는 거리에서」와 「조선은 싸운다」는 후방의 영웅투쟁시의 백미(白眉)라고 할 수 있다. 한국전쟁 중 북한의 후방은 언제나 미군 항공기들의 공습으로 아수라장이 되곤 했다. 이 두 편의 시는 북한 후방에 대한 미군의 공습을 소재로 한 작품이다. 조기천은 「불타는 거리에서」는 미군 항공기들의 무차별 폭격으로 인한 북한 주민들의 고통과 참상을 현장에서 중계하는 듯한 격렬한 어조로 고발하며, 또한 분노와 적개심으로 충만한 인민들의 불굴의 모습을 형상화하면서 필승의 신념을 노래했다. 「조선은 싸운다」는 그 주제적 경향과 형상수법이 「불타는 거리에서」와 비슷하지만, 전자의 폭이 후자에 비해 광범위한 양상을 보여주고 있다. 이 시는 먼저 독자들의 이목을 조선반도에 집중시켜 놓고 후방에서 전선으로 나아가는 수법으로 시를 전개하고 있다. 이 작품은 7장으로 된 장시인데, 제1장은 다음과 같다.

> 세계의 정직한 사람들이여!
> 지도를 펼치라
> 싸우는 조선을 찾으라
> 그대들의 뜨거운 마음이 달려오는 이 땅에서
> 도시와 마을은 찾지 말라
> 방금 섰던 3층 벽돌집은
> 아스팔트길에 거꾸러지고
> 반나마 타버린 가로수들은
> 허리 구부러져 길바닥에 뒹구나니
> 과수원도 뿌리 채 간데없고

박우물바위도 부서지고
무서운 악몽에서 허덕이듯
고향거리도 찾을 길 없으니
이 땅에서 도시와 마을은 찾지 말라
남북 3천리에 잿더미만 남았다
태양도 검은 연기 속에서
피같이 타고 있는 조선!
폭격에 참새들마저 없어진 조선!
- 조기천, 「조선은 싸운다」 부분

조기천의 작품은 전쟁의 참상과 북한 인민의 분노, 세계 최강을 자랑하는 미국 공군의 공습 앞에서도 굴할 줄 모르는 투쟁의지를 문학적으로 형상화하고 있다.

(3) 김일성 찬양시

이 시기에 나타난 김일성 찬양시들로는 차덕화의 「수령」, 이맥의 「장군님께서 오신 마을」, 정문향의 「그이의 음성을 들으며」와 「수령은 부른다」, 백인준의 「크나큰 그 이름 불러」, 김영철의 「김일성 장군님께」, 김우철의 「사랑의 손길」, 「경애하는 수령」, 이하수의 「생산의 불길로」 등을 들 수 있다.

그 뉘보다
우리 마을 사람 잘 알으시고
그 뉘보다
우리 마을 걱정 많이 하시며
어려울 때나 괴로울 때나
언제든지 인민위원회가 있고
언제든지 로동당이 있다고 하시며…
소금이 없으면
소비조합에 말해
얼른 실어 오시오
간곡한 말씀 주시며

장군께서 몸소 찾아오신
일이 있었다
그의 다정하신 말씀이며
그의 너그럽고 미더운 모습이여
(이맥, 「장군께서 오신 마을」 부분

위의 시는 이 시기 김일성 찬양시의 대표적인 작품이다. 이전 시기(민주건설시기)나 60년대 이후 시의 '현실이상' 혹은 '신(神)적 존재'로서의 김일성이 아니고 평범하고 친근한 수령의 모습이 강조되고 있다. 진정한 영웅은 '인민 속에서' 나와야 한다는 사상이 김일성 찬양의 방식을 변용하고 있음이 흥미롭다.

사실 김일성 자신도 수령이 된 후에 인격상에서 많은 변화가 있었음은 중국조선족문학의 대부로 불려지고 있는 김학철의 증언을 통해서 알 수 있다. 김일성은 전쟁시기까지는 일상적인 생활에서 소박한 평민적인 품성을 지니고 있었으나 수령이 된 후에는 영웅적인 품성으로 변화된 것이었다.

(4) 반미 선전시

이 시기 주목되는 다른 경향의 시는 반미시다. 반미시의 주요 내용은 남한의 이승만 정부를 일제 식민지에서 미국 식민지로 교체한 주역으로 그리고 있는 것이다. 또한 6.25전쟁은 이런 남한의 식민 상태를 종식시키는 '조국해방전쟁'으로 보는 북한의 역사적 관점과 태도를 형상화하였다. 이런 까닭에 이른바 '조국해방 전쟁'시기 북한문학의 가장 중요한 모티프는 반미였다. 3년간 지속된 전쟁과정에서 미군의 공중폭격으로 북한 전역이 초토화되다시피 하였고, 대부분 주민은 전쟁 내내 토굴 속에서 살아야 했으며, '순천사건' 같은 미군의 주민 학살을 직접 눈으로 보았던 것이다. 이런 상황에서 이전까지 추상적이고 원칙적인 수준이었던 반미는 구체적이고 근본적인 것으로 바뀌었다. 그리고 그것은 분노와 증오, 적개심의 표현이었다.

이런 반미 정서를 대변하고 있는 시들로는 김상오의 「증오의 불길로써」, 이용악의 「피발선 새해」, 백인준의 「얼굴을 붉히라 아메리카여」, 「월가의 관병식」, 「소박한 사람들의 목소리」, 홍종린의 「조선에서 손을 떼라」 등이 있다.

> 그러나 당신들은 아는가
> 오늘 아메리카 땅에서는 식인종이 나오고 있다
> 인간 부스레기들이…
> 딸라로 빚어진 월가의 네거리에
> 넥타이를 맨 식인종
> 실크 햇트를 쓴 사람 버러지
> 자동차에 올라앉은 인간 부스레기
> 성경을 든 도적놈
> 온갖 잡색
> 력사의 저주로운 추물들이
> 제국주의의 고름을 풍기며
> 하수도의 오물인 듯
> 뒤섞여 설레이지 않느냐
> 당신들의 곁에서[41)]

위의 시에서는 미국과 미군에 대한 분노와 저주가 적나라하게 드러나고 있다. 시인은 미국인들을 '식인종', '인간 부스레기', '도적놈'이라고 부르고 있으며, 시의 말미에는 '미국의 어머니들'은 자식을 전쟁에 보내지 말라, 만약 전쟁에 내보내면 하나도 남김없이 모두 죽이겠다는 경고를 남기고 있다. 제국주의 혹은 자본주의에 대한 비판이라기보다는 강한 분노와 적개심을 불러일으키는 데 주안점을 두었다는 것을 알 수 있다.

---

41) 백인준, 「얼굴을 붉히라 아메리카여!」 부분, 『백인준 시선집』, 문학예술종합출판사, 1993.

이 시기 북한의 전시 시문학에는 상술한 주류 문학과 확연히 다른 이색적인 시들도 나타났다. 임화가 발표한 일련의 시와 서만일의 「봉선화」(1951) 등이 그러한데, 임화의 시 「너 어느 곳에 있느냐」(1950)는 다음과 같다.

아직도 이마를 가려
귀밑머리를 땋기
수집어 얼굴을 붉히던
너는 지금 이
바람찬 눈보라 속에
무엇을 생각하여
어느 곳에 있느냐

머리가 절반 흰
아버지를 생각하여
바람 부는 산정에 있느냐
가슴이 종이처럼 얇아
항상 마음 아프던
엄마를 생각하여
해 저무는 들길에 섰느냐

사랑하는 나의 아이야
벌써 무성하던
나뭇잎은 떨어져
매운 바람은
마른 가지에 울고
낯익은 길들은
모두 다 눈 속에 묻혀
귀 기울이면 어디선가
들려오는 얼음장 터지는 소리

사랑하는 나의 아이야
아버지는 지금
…

절벽으로 첩첩한 산과
천리 장강이 여울마다 우는
자강도 깊은 산골에 와서
어디 메에 있는가 모를
너를 생각하여
이 노래를 부른다

사랑하는 나의 아이야
한밤중 어느
먼 하늘에 바람이 울어
새도록 잦지 않거든
머리가 절반 흰 아버지와
가슴이 종이장처럼 얇아
항상 마음 아프던
너의 엄마와
어린 동생이
너를 생각하여
잠 못 이루는 줄 알아라
사랑하는 나의 아이야

너는 지금 어느 곳에 있느냐

이 시는 전쟁으로 인하여 어디선가 헤매고 있을 딸을 생각하는 "머리가 절반 흰 아버지"와 "가슴이 종이장처럼 얇아 항상 마음 아프던" 엄마의 초조하고 불안한 심정을 표현했는데, 전쟁의 승리를 의심하고 어둡고 불안한 기분만을 조장시켰다는 비판을 받았다.[42)]

서만일의 「봉선화」(1951) 역시 북한의 전시문학에서는 보기 드물게 차분하고 부드러운 정서를 표현한 작품이다.

---

42) 『문예전선에서의 반동적부르죠아사상을 반대하여(1)』, 작가동맹출판사 1956년, 145~146쪽, 202쪽 참조.

적탄은 앞뒤 산을
수처럼 태웠으나
제철 찾은 봉선화는
울밑에 붉게 피였구나

하루 일에 지친 몸
고되지 않으련만
밤이면 남몰래
손톱마다 붉은 꽃을 들인다

끓는 이마에서 이마로
그 손이 옮겨갈제
전사들은 간호원의 손에서
고향을 숨 쉰다
조용한 숨결 속에
래일의 힘을 기른다

이 시는 차분한 어조로 감정을 절제하면서 형상화한 작품이다. 시에는 전쟁의 참화 속에서도 자신을 예쁘게 가꾸고 싶어하는 젊은 간호원의 모습을 그리고 있다. 붉은 봉선화는 그녀의 소박한 꿈과 평화에 대한 갈망을 내포하면서도, 간호원과 부상병들 사이의 말없는 교감을 통해 이내 깊은 분노와 각오로 변화되고 있다. 하지만 전후 임화등의 "반동문학"에 대한 비판에 이어 서만일, 윤두헌 등의 부르주아 유미주의 미학사상에 대한 비판이 벌어지면서 이 시는 유미주의적 경향을 발로한 작품으로 인정되어 "현실에 대한 관조적인 태도에서부터 생활의 진실을 왜곡한 비사실주의적인 작품"[43)]이라고 비판을 받게 되었다.

이외에도 이 시기 시문학은 소련군과 중공군에 대한 친선과 감정, 인민들

43) 박세영, 「시문학의 전투적 기치를 높이자」, 『문학신문』, 1959. 2. 1.

과 빨치산들의 투쟁에 대한 고무 등을 주제로 다루었다. 이러한 주제를 담은 작품들로는 조벽암의 「영원한 형제」, 박상규의 「우리 님 영웅되셨네」, 최로사의 「샘물터에서」, 정서촌의 「아무도 몰라」 등이 있다.

그렇게 알길 없던 정든 님 소식
집에 들은 군대동무 전해주셨네
미국놈 백놈이나 혼자 눕히고
불 탄 고지 지켰으니 영웅되셨네
나라의 자랑인 우리의 영웅을
그대로야 점직해 어찌 만나리

그대가 집에 없던 지난 봄에는
춘기파종 먼저 하러 바빠드랬네
원쑤의 폭탄자리 매운 곳에도
조 이삭이 탐스럽게 패여 났어요
나라의 자랑인 우리의 영웅을
그대로야 점직해 어찌 만나리

- 박상규 「우리 님 영웅 되셨네」 전문

샘물터에 물을 길러 동이 이고 나갔더니
식사당번 군인동무 슬금슬금 돌아앉네
살그머니 바라보니 그 솜씨가 서투러워
부끄러워도 말했지요
--제가 씻어 드릴까요

- 최로사 「샘물터에서」 부분

오솔길 덤불에 치마폭 찢겨도
처녀는 춤추듯 집으로 달리네
김 매던 호미자루 집어던지고
달려가는 처녀 마음 아무도 몰라
풀 먹던 송아지 놀라서 뛰고
우물가의 할머니도 영문을 모른다오
전선에서 찾아온 한 장의 편지를

처녀가 받은 줄은 아무도 몰라
- 정서촌「아무도 몰라」부분

이런 가사들은 일부 생경한 맛이 없는 것은 아니지만 그래도 진솔한 생활의 맛이 있고 인간의 진실한 감정을 소박하게 표현했기에 다른 구호식의 생경한 시들과는 구분된다. 이런 가사들은 아름다운 선율에 힘입어 전쟁 당시뿐만 아니라 그 후에도 오랫동안 북한 사회에서 회자되었다.

2) 실화문학, 정론, 연극, 소설문학

한국전쟁시기 북한문학에 많이 나타난 것은 종군 작가들이 쓴 실화문학과 정론이다. 실화문학으로는 황건의「암흑의 밤은 밝았다」(1950), 남궁만의「미군격멸기」(1950) 이동규의「해방된 서울」(1950), 김사량의「바다가 보인다」(1950) 등이 있으며, 정론으로는 황건의「정의는 이겼다」(1953), 백인준의「아이젠하워의 발작」이 유명하다.

이 가운데서 정론은 기존의 소설이나 시가가 해내지 못하는 임무를 대체하기 위해 이 시기에 활성화된 북한문학의 한 장르였다. 즉 '인민군대와 우리 인민의 영웅적 업적을 고무, 선동하기 위한 사회적 요구'에 부응하기 위한 산문이 정론이었던 것이다.

실화문학의 대표작은 김사량의「바다가 보인다」이다. 김사량은 개전 바로 이튿날 가장 앞서 종군길에 오르는데,「서울서 수원으로」,「우리는 이렇게 이겼다」,「지리산 유격구를 지나며」,「락동강변의 전호속에서」등의 제목을 단 그의 종군기는 서울을 점령하고 대전과 낙동강을 거쳐 마산 외곽에 이르기까지 인민군대의 승전보를 타전(打電)하고 있다. 그의 종군기에서 읽게 되는 것은 전쟁의 속도감이다. 그는 진격이 너무 빨라 미처 글로 옮기기 전에 발로 따라가기조차 급급했음을 전한다. 전쟁이 장엄한 역사의 질주로 경험된 것이다. 그는 물밀 듯 적을 무찔러 나아가는 인민군대의 힘과 용감성, 교묘한 전략에 탄복하며, 도망치면서도 숱한 애국자들을 학살하는 적의 악착함에

치를 떤다. 당도하는 곳마다 몰려온 인민들이 원수를 갚아달라고 호소하는 장면을 그리면서 그는 절규한다. "어떻게 이 살인귀들을 처치해야 한단 말인가?" 다행히도 인민군대가 가는 곳마다 적들은 숱한 시체를 남기고 도망쳐 간다. 질풍노도 같이 다다른 남쪽 바다에서 그는 인민군대의 진격을 신(神)의 강림에 비유한다.

> 아! 우리들의 군단포!
> 노래하라 지스트라! 막심!(기관총의 이름--인용자)
> 땅크들이여! 원쑤들의 가슴을 타라!
> 모터찌클들이여 구름처럼 달려라!
> 동무들 돌격 앞으로!
> 우리들은 고기비늘 같은 만신의 상처를 더듬으며 거인과도 같이 산악에서 내려가리라!
> 올리프스 산을 내려가는 제우스처럼 만천하에 빛을 뿌리며 거동하리라!
> 오각별 삼색기 펄럭이며 위대한 령수 노래 부르며 바다를 향하여 전진하리라!
> 바다가 보인다. 거제도가 보인다.
> 바로 여기가 남해 바다이다.[44)]

연극과 영화는 선동성이 뛰어나고 선전효과가 크다. 영화는 기술적인 문제로 인해 보급이 늦었지만, 연극은 해방과 더불어 일찍부터 활성화되었다. 전쟁 전부터 '모란봉대극장'이 건설되어 대규모 무대공연이 벌어지고 있었으며, 월북 극작가였던 신고송, 이서향 등이 국립극장과 국립예술극장 책임자가 되면서 활기를 띠었다.

한국전쟁 시기에 종군 연극단이 조직돼 이동공연을 하는 연극이 활발하게 펼쳐졌다. 이러한 상황에 힘입어 극문학도 다수 창작되었다. 이 시기 대표적인 희곡으로는 한태천의 「명령은 하나밖에 받지 않았다」, 송영의 「강화도」,

44) 김사량 『김사량 작품집』, 문예출판사, 1987년, 313쪽.

「그가 사랑하는 노래」, 박영호의 「푸른 신호」, 한성의 「바다가 보인다」, 한봉식의 「탄광사람들」, 권준원의 「가을 전선」, 박훈의 「산의 개가」, 허준의 「수원 회담」, 남궁만의 「싸우는 노동자」, 「은시계」, 조령출의 「전우」, 리지용의 「고지의 별들」 등이 있다.

또한 영화작품으로는 한상훈의 「정찰병」, 「비행기사냥군조」, 박태영의 「소년 빨찌산 서강렴」, 박훈의 「향토를 지키는 사람들」, 남궁만의 「바람 부는 고원지대」 등이 있다.

전쟁초기에 많이 씌어졌던 실화문학과 정론이 후기로 가면서 전쟁을 소재로 한 소설로 바뀌어졌다. 당연히 인민군의 전투를 소재로 한 소설들이 주종을 이루었다. 그 대표적인 작품들로는 황건의 「불타는 섬」(1952), 중편 「행복」(1953), 윤세중의 「구대원과 신대원」(1952), 「분대장」, 천세봉의 「고향의 아들」(1952), 김만선의 「사냥군」(1951), 윤시철의 「나팔수의 공훈」, 이기영의 「선로원 이응선」, 한설야의 「황초령」, 「땅크 214호」, 「전멸」, 김영석의 「화식병」, 박웅걸의 「상급 전화수」(1952), 「나의 고지」 등이 있다. 이외에도 반미 의식을 주제로 한 이북명의 「악마」, 한설야의 「승냥이」, 전쟁시기 노동자들의 투쟁을 다룬 류근순의 「회신속에서」, 리종민의 「궤도우에서」, 인민들의 헌신적인 투쟁을 그린 변희근의 「첫눈」, 황건의 「안해」, 천세봉의 「싸우는 사람들」, 한설야의 「대동강」 등이다. 또한 1930년대 김일성의 항일무장투쟁을 형상화한 것으로 한설야의 「력사」(1953)와 같은 작품들도 있다.

이 시기 소설의 대표작은 황건의 「불타는 섬」과 한설야의 「승냥이」이다.

3. 황건의 「불타는 섬」과 한설야의 「승냥이」

황건(黃鍵 또는 黃健, 1918~1991)은 본명이 황재건(黃在健)이다. 함경남도 갑산군의 가난한 농가에서 출생하여 보성고보(현 서울 보성고등학교)를 마치고 전북사범 강습과를 거쳐 고학으로 일본 명치대학 경제학과(1935~1936)에서 수학한 것으로 알려져 있다. 전북 무주에서 두 해 동안 교원생활을 하고 만주로 이주한 1941년 무렵에 그는 신경(지금의 중국 길림성 장춘시)에 살면서 『만선일보』 기자생활을 1년 정도 하였는데, 소설 창작은 그 이전으로 거슬러 올라간다. 「제화(祭火)」 라는 제목의 소설은 1940년에 씌어진 것으로 간도에서 발행된 창작집 『싹 트는 대지』 에 발표된 것이며, 이밖에도 「기적」, 「지연」 등의 작품을 이미 발표하였다.

그는 1945년 해방 후 서울에서 발간된 잡지 『신천지』 에 1946년 3월 「깃발」 이란 소설을 발표하면서 활발한 작품 활동을 하게 된다. 그가 북한에서 처음으로 발표한 작품은 「산곡」(1947)인데, 그 내용은 "산골에서 말못할 고생 속에서 살아온 한 화전민이 해방의 기쁨을 안고 평양으로 올라가는 이야기"이다. 황건은 후에 이 소설은 자신의 당시 심정을 그린 것이라고 술회하고 있다. 그는 해방 전까지는 한 동안 고향의 산간에서 양을 치며 살기도 했다.

그가 6.25전쟁 이전에 창작한 다른 소설들로는 「목축기」(1947), 「해빙기」(1948), 「어린 제사공」(1948), 「종각 부근」 (1948), 「할머니」(1948), 「길」(1948), 「십리벌」(1949), 「탄맥」(1949) 등이 있다. 이 중에서 「탄맥」 이란 작품은 북한의 북부탄광을 무대로 그곳에서 일하는 광부들의 이른바 투쟁적 노력을 담은 이야기로 북한문학사에서는 이 소설을 두고 "민주건설시기 우리 로동계급을 형상해서 문학사적인 기여를 한 작품"으로 평가하고 있다.

황건은 1950년 한국전쟁이 터지자 역시 종군작가로 옹진반도, 서울을 거쳐 낙동강까지 나아가는데, 그때의 체험을 토대로 실화문학 「월미도 방어전투」를 썼고, 그것을 바탕으로 해서 2년 후에 다시 단편소설 「불타는 섬」을 창작하였다. 이 소설은 북한에서 전쟁을 다룬 단편소설 중에서 최고의 작품으로 꼽히며 영화로 만들어져 북한에서만이 아니라 중국에서도 많은 관객을 동원하기도 하였다.

이 소설은 1950년 9월 15일 맥아더 장군의 지휘 하에 행해진 인천상륙작전에서 인천의 길목인 월미도를 지키던 해안 포병중대 리대훈 중대장 이하 전원이 용감히 싸우다가 모두 전사한 사건을 소재로 하고 있다. 북한문학사에서는 이에 대해 아래와 같이 서술하고 있다.

> "1950년 9월 중순 미제 침략자들은 5만명의 고용병들과 300여척의 함선, 1000여대의 비행기 등 막대한 병력을 동원하여 대규모적인 인천상륙작전을 감행할 때 단 한 개 중대 4문의 포로 맞받아 싸워 놈들의 상륙을 3일 동안이나 지연시킨 월미도 해안포병들의 방어전투를 소재로 하고 있다."

이 소설의 묘사에 따르면, 이대훈 중대의 용사들은 포탄이 떨어지자 총과 수류탄을 틀어쥐고 상륙해 오는 적들을 맞아 결사전을 벌리며 온몸이 그대로 육탄이 되어 적들을 무찌른다.

이 소설은 전투의 치열성과 군인들의 결사항전의 정신을 여성 무전수 안정희의 시점을 통해 보여주고 있다.

> "소설은 취급된 소재의 특이성으로 하여 사건들과 정황들이 다분히 극적인 심각성과 비장성을 띠고 있으나 주인공들은 주인공들이 발휘한 영웅성과 완강성을 일관하게 뚜렷이 추구하고 있는 데로부터 전투적 열정과 혁명적 낭만성이 작품 전반을 관통하고 있다. 소설에서는 가렬처절한 전투정황에 대한 생동한 묘사와 전투정황에 따라 작중 인물들의 성격발전에서 이루어진 변화, 인간들의 내면세계에로의 깊은 사실주의적 침투, 인상 깊고 생동한 세부묘사, 단편소설의 특성에 적응한 간결하고도 명료한 문체의 구사 등 우수한 예술적 수법을 보여주었다." [45]

한설야의 소설 「승냥이」(1951)는 미국인의 본성을 탐구한 수작으로 평가된다. 이 소설은 미국인 선교사가 조선인 어린이에게 저지른 "널리 알려진 악행" [46]을 고쳐 쓴 것이다. 선교사 잡역부(雜役夫)의 아들 수길이는 선교사

---

45) 『조선문학사』, 과학·백과사전 출판사, 1978년 187쪽.

46) 미국인 선교사가 사과밭에 떨어진 사과를 주어 먹은 조선 어린이의 이마에 청강수로 '도적'이라고 새겼다는 내용의 "널리 알려진 악행"에 대해서는 김

네 젖소 외양간 웅덩이에서 주워온 고무공 하나 때문에 죽고 만다. 공을 훔쳐 갔다고 선교사 아들 시몬에게 함부로 맞고 짓밟힌 것이다. 이를 덮어 감추기 위해 선교사는 수길이를 교회 병원에 입원시키고 전염병에 걸린 것으로 위장한다. 여기서 미국인 선교사는 미제국주의의 조선 침략의 선봉대로 묘사되었는데, 이른바 '박애'를 입으로 부르짖는 선교사는 수길이의 억울한 죽음에 대해 아무런 가책도 느끼지 못하고 다만 수길이의 죽음으로 인하여 야기될 수 있는 조선 사람들의 저항을 의식할 뿐이다. 그러나 그 때문에 수길이의 목숨을 구할 생각은 없다. 수길이를 교회 병원에 입원시키는 것은 치료하는 시늉만 내다가 죽게 놓아두려는 심산에서다. 병원 의사와 간호원들은 심지어 이 죽어가는 소년에게 전염병을 감염시키려는 음모를 꾸미기도 한다. 미국 선교사와 그 일당들은 인면수심(人面獸心)의 승냥이들이다. 결국 수길이는 죽고 만다. 어머니는 수길의 죽음이 선교사와 병원 '원장년'에 의한 것임을 눈치채지만, 악당들은 수길이의 시체를 화장해 증거를 없앤다. 원한에 사무친 어머니의 눈에 비친 미국인 선교사와 그 일당들은 사람이 아니라 승냥이에 다름 아니다.

> 후치날 같은 매부리코 끝이 흉물스럽게 웃입술을 덮은 늙은 승냥이와 금방 두꺼비를 삼킨 구렁이 배때기처럼 배통이 불쑥 내밀린 암여우와 지금 바로 껍데기를 벗고 나오는 독사 대가리처럼 독기에 반들거리는 매끈한 이리새끼 시몬 …

"노라발간 족제비 눈깔"에 "메뚜기 다리 같은 긴 다리를 휘청거리는" 시몬의 형상은 모든 미국인은 예외 없이 그렇게 그려졌듯이 징그러운 승냥이 같은 짐승을 떠올리게 하는 것이다. 특별한 이해(利害)가 걸린 것도 아닌데, 어린 수길이를 죽게 만드는 그들이 인간일리 없다는 것이다. 미국인들은 남을

일성도 "우리의 예술은 전쟁의 승리를 앞당기는데 이바지해야 한다"(1950. 12. 24)에서 언급하고 있다. 한국전쟁이 일어나자 북한 지역에는 이런 미국인 선교사들의 악행에 관한 이야기가 많이 회자되었다.

해치고 죽이는 그 자체에 집착하는 무리라는 것이 한설야의 소설 「승냥이」가 얻어낸 결론이다. 뿐만 아니라 이 소설은 "미제야말로 이미 오래 전부터 우리 인민의 철천지 원쑤라는 것"[47)]을 보여주려 했다. 결국 「승냥이」는 선교사와 그 아들 시몬을 '미제'의 상징적 인물로 설정하여 '미국'에 대한 불타는 적개심을 형상화한 작품이다.

한국전쟁시기 한설야는 만주에서의 항일무장투쟁을 소재로 한 장편소설 『력사』를 내놓았다. 이 작품은 1951년 하반기부터 그 다음 해까지 연재되었다가 1953년에 단행본으로 출판된 작품으로서 일제하 중국 만주지역에서의 항일투쟁을 형상화하고 있다. 전쟁 시기에 왜 그가 이처럼 항일무장투쟁을 다룬 작품을 장편으로 썼는가 하는 점을 이해하려면, 이 시기 그가 가지고 있는 냉전적 반제국주의 의식을 떼어놓고는 불가능하다. 미국을 제국주의의 정점에 놓고 이들과 맞서 싸우는 일이야말로 바로 민족 해방을 가져올 수 있다고 보는 점에서 과거 일제하에서 일본 제국주의와 싸우는 것과 일맥상통한다고 보고 있는 것이다. 따라서 한설야에게는 일제하 항일무장투쟁을 다룬 작품을 쓰는 것은 단순히 지난 일에 그치는 것이 아니라 바로 오늘의 과제에 나름대로 충실하게 부응하는 길이라고 믿었던 것이다. 이 작품의 창작과정을 밝히는 글에서 이러한 입장을 분명하게 읽을 수 있다.

> "조국해방전쟁의 승리를 위해서 나는 혁명전통을 주제로 한 작품들이 인민들에게 주어지는 것이 필요하다고 생각하였다. 왜냐하면 전쟁의 승리를 위해서는 물론 많은 무기들이 요구된다. 그 무기들 중에서 가장 중요한 것은 바로 정신의 무기이다. …… 우리 인민들의 상상 의식을 혁명가적 기질로, 승리의 신심으로, 불요불굴의 인내성으로, 원쑤에 대한 불타는 적개심으로 교양할 목적으로 나는 오래 동안 구상해 오던 『력사』 창작에 착수했다. 나는 당시 영용한 인민군대와 함께 충청도 계선까지 종군해 나가면서 인민군대의 영웅적 전투에 대해서 써야 했으며 또는 국제 평화 대회에 참가하여야 했다. 이런 바쁜 가운데 1951년 9월부터 『력사』의 초고를 쓰기 시작하

---

47) 김선려·리근실·정명옥, 『조선문학사』, 사회과학출판사, 1994, 175쪽.

여 다음해 봄부터 『조선문학』에 발표하기 시작하였다."[48]

한설야의 이러한 인식이 결코 정당화될 수 없음은 일제하의 상황과 해방 후의 상황이 다르다는 사실을 고려할 때 어렵지 않게 이해할 수 있다. 일제하에서 일본에 맞서 싸우면서 해방을 얻은 것은 해방 후 이 땅을 분할 점령한 외세의 간섭을 배제하면서 한민족 스스로 통일독립을 성취하는 길로 이어지는 수밖에 없다. 미국과 소련이 엄연히 존재하고 대립하고 있는 상황에서 체제적 사고에 사로잡혀 한쪽에 기대여 통일을 이룩하려고 하는 것은 한민족의 엄청난 희생만을 불러일으키는 것이다. 이러한 냉전적 반제국주의 인식이 결국 민족적 불행을 낳는 것임을 우리는 한국전쟁을 통하여 너무나 잘 알게 되었다.

참화를 남기고 끝난 전쟁은 냉전적 반제국주의가 그 주관적 의도와 관계없이 얼마나 반민족적일 수 있는가 하는 것을 웅변해주었다. 한국전쟁 당시 북한이 남한을 일시적으로 점령할 수 있었던 것은 군사력의 결과이지 결코 남한 내의 주민들로부터 동의를 얻어낸 정치적 산물은 아니었다는 점을 고려하면 더욱 그러하다. 전쟁은 남북한 내부에 냉전적 적대감만 한층 강화시켜 양 지역 내부의 민주화와 민족의 화합과 국가의 정치적인 통일만 지연시키는 결과를 초래했다. 평양중심주의, 공산주의중심주의에 입각한 냉전적 반제국주의 사고방식이 통일을 가져다주기는커녕 오히려 분단을 고착시키는 결과를 초래했음을 한설야 역시 통감했을 것이다.

4. 냉전체제의 고착화와 문학의 정치화 및 "무갈등론"

초기 북한문학의 형성 과정에서 반드시 주목해야 할 점은 1953년 초에 있었던 남로당계 작가들에 대한 일련의 숙청 작업이다. 1953년 1월, 공개적으

48) 한설야, 「혁명투사들의 진실한 성격창조를 위하여」, 『문학신문』, 1960.10.18.

로 발표되지는 않았으나 남노당계 작가들이 간첩혐의로 하나씩 붙잡혀 들어가기 시작했다. 그 결과, 1953년 2월에 발간된 『문학예술』 등의 잡지에서는 이들 문학인에 대한 공개적인 비판이 나오기 시작하였다. 여러 사람들에 의해 이루어진 이 비판에서 공통적인 것은 정치적 규명을 그대로 문학 속에서 확인하는 절차를 밟는 형태라는 점이다. 그 작가에 대한 세밀한 분석은 전혀 찾아볼 수 없고 노동당의 결정에 입각하여 모든 것을 거기에 꿰어 맞추었다. 이를테면 임화, 이태준 등 남노당계의 문인들이 체포되어 들어가자 얼마 전까지 이들의 문학을 높이 평가했던 한효 같은 비평가는 아무런 근거 없이 이들을 비판하였다. 이러한 변화는 1953년 1월초에 임화를 비롯한 일련의 작가들이 잡혀 들어간 사정과 무관하지 않다. 한효는 이러한 소식을 듣고 그러한 정치판단을 일방적으로 문학 속에 끌어들여 비판했던 것이다. 그렇기 때문에 불과 얼마 전까지만 해도 스스로 행했던 판단에 대해서 이렇다할 해명 없이 정반대의 평가를 내렸던 것이다.

이러한 것은 비단 한효에게만 그치는 것이 아니다. 한효의 글에 이어 『문학예술』에 실린 안함광의 「김일성 원수와 조선문학」에서도 그대로 나타나고 있다. 여기서도 얼마 전까지만 해도 그 자신이 높이 평가하였던 임화를 비롯한 여러 작가들에 대해 아무런 이유나 근거 없이 비판하고 형편없는 것으로 몰아붙이는 것은 한효의 경우와 마찬가지다. 이 역시 당시의 정치적 상황에서 그렇게 하지 않으면 자신들마저도 그러한 혐의에 걸려들 것 같아 미리 보호막을 마련하기 위해 그렇게 한 것으로 보인다. 이러한 경향은 이후에도 계속 이어져 특히 1953년 9월 남노당계 작가에 대한 재판이 있은 후에는 더욱 가속화되었고 '미제간첩'이란 딱지가 모든 것을 해결하고 판단하는 근거로 작용하게 되었다. 이렇게 됨으로써 건강하고 건설적인 토론과 논쟁은 북한 문학계에서 사라지기 시작했고 모든 사람들이 노동당 중앙위원회의 눈치를 보기 시작했으며, 모든 것을 노동당 중앙위원회에서 내려준 판단을 그대로 문학에 적용하는 정치주의의 길에 들어서게 되었다. 그렇게 됨으로써 문학계 자체 내의 판단이란 아무런 의미가 없는 것이고 오로지 노동당 중앙위원회의 결정에 따른 것이 자신을 보존할 수 있는 길이고 또한 '당성' 원칙을 지키는 길로 간주되었던 것이다. 내부의 문학평가 기준보다는 외부적인 정치평가 기준이 선행하게 되었던 것이다.

여기서 우리가 주목해야 할 점은 당시의 북한 사회 전반에 퍼져 있던 냉전체제의 고착화와 전쟁문화심리이다. 만약에 냉전체제가 공고화되기 이전이나 전쟁문화심리가 전 사회에 만연되기 이전이라면 이런 식의 평가와 숙청은 일어나기 어려웠을 것이다. 당시 북한 사회는 전쟁을 겪었기 때문에 그 어느 시기와 비교되지 않을 정도로 냉전 논리와 전쟁문화심리가 강했다. 여기에서 "무릇 적이 반대하는 것이면 우리는 옹호해야 하고, 무릇 적이 옹호하는 것이면 우리는 반대해야 한다"고 했던, 전쟁문화심리의 절묘한 개괄이라고 할 수 있는 모택동의 이 유명한 말을 상기할 필요가 있다. 적에 대한 적개심이 고조된 시기이기 때문에 적과 관련되는 것은 무엇이든 타도의 대상이 될 수 있었다. 이러한 분위기에서 어떤 작가들이 '미제의 고용간첩' 일을 했을 때, 그것은 사실 여부와 관계없이 일방적으로 받아들여 질 수 있는 것이었다. 이것을 알고 있는 위정자들은 이를 이용하였으며, 자신들의 마음에 들지 않는 대상에 대해서는 적의 공작 혹은 그것과 관련된 것으로 몰아붙이면 되는 것이었다. 남노당 작가에 대한 일련의 비판은 바로 이러한 상황에서 가능했던 것이다.

이러한 것은 비단 북한 사회에만 있었던 것이 아니다. 자신의 내부적 문제점등에 대해서 외면하고 그 모든 문제를 외부 특히 '미제국주의'의 탓으로만 돌리는 것은 냉전 이후 소련을 비롯한 많은 사회주의 국가들에서의 공통된 대응방식이었다. 이러한 것은 작가들에 대한 비판에서도 분명하게 드러난다. 당시 다른 나라가 겪은 냉전에 비해 북한은 유례 없는 전쟁의 참화를 입었기에 더욱 강해질 수밖에 없다는 사정이 있었겠지만 얼마 전까지만 해도 열렬한 '반미의식'을 고취했던 작가들에게 '미제 고용간첩'이라는 죄명을 씌우는 것은 납득하기 어려운 것으로 이 시기의 정치가 얼마나 문학에 깊이 침투하고 있는가를 보여주는 대목으로 이해할 수 있다.

임호, 이태준, 김남천 등 남로당계 작가들에 대한 비판은 그 사실 여부에 관계없이 이후 북한문학에 지대한 영향을 미쳤다. 그것은 이른바 '문학의 정치주의화'를 가속시켰다는 점이다. 초기 북한문학을 살펴 볼 때, 1947년 이후 노동당 중앙위원회에 의한 '고상한 리얼리즘'의 주창, 그리고 '『응향사건』'과 '『백두산 사건』'이라는 두 필화사건이 나타나는 과정에서 이미 문학의 정치주의화의 징후가 드러나기 시작하였다. 그것은 이후 애국주의와 국제주의 사상이 들어오면서 한층 강화되었다. 그러던 것이 임화, 이태준, 김남천 등의 남로당계 작가들에 대한 숙청을 겪으면서 그 이전과는 비교되지 않을 정도로 강화되어 이후 북한문학의 주된 경향으로 되었다. 이렇게 북한문학이 정치주의화 되어 버림으로써 상대적으로 자율성 부분을 점차 잃게 되었다. 문학계 내부의 토론이 자유로울 수 없음은 물론이고, 문학이 궁극적으로 당의 문예정책에 의해 판단되는 것이었다. 그리하여 북한문학은 점차 노동당의 정치에 공손한 시녀로 전락하게 된다.

남로당계 작가에 대한 비판과 더불어 냉전체제가 초기 북한문학에 지대한 영향을 준 이 시기, 또 하나의 사건은 1952년 중반을 전후하여 북한 문학계 내에서 논의되기 시작한 '무갈등론'이다. 창작분야에서는 1952년 6월부터 그 이전과는 다르게 북한 사회의 문제점, 즉 낡은 것을 다루기 시작한 작품이 나오기 시작했다. 1952년 『문학예술』 7월 호에 실린 이춘영의 「투쟁」은 진료소의 젊은 의사 은희와 새로 부임한 강 소장과의 갈등을 다루고 있다. 강 소장은 무사안일주의와 관료주의에 물든 낡은 것을 대표하는 인물이고, 은희는 그와는 다른 인민에게 복무하는 새로운 형태의 의사이다. 이 두 사람 사이의 갈등을 통하여 낡은 것을 극복하고 새로운 것이 승리하는 것을 보여주려고 했던 이 작품은 그러한 인물 성격의 전형성 여부를 떠나서 북한문학에서는 새로운 창작 경향이었다. 과거에는 이런 낡은 형태의 부정적 인물을 그리는 것은 북한 사회의 단점을 알리는 것이기 때문에 회피하여 왔던 것이다. 그러나 이 시기에 와서 이러한 경향의 작품이 새롭게 등장했다. 1952년 『문학 예술』 8월 호에 실린 이택진의 「춘보 영감」 역시 새로운 경향의 작품이었다. 이 작품은 그동안 해오던 대로만 하는 낡은 것을 대표하는 보수주의와 새로운 기술의 도입과 개발에 과감하게 나서는 젊은 기술자 사이의 갈등을 그린 작품이다.

이러한 작품들은 1947년 북한 문학계가 이른바 '고상한 사실주의'를 창작방법으로 삼은 후에 거의 보기 어려웠던 작품들이다. 고상한 사실주의 제기 이후에는 항상 낡은 것은 거의 그리지 않고 오로지 긍정적 주인공을 통한 새로운 것의 제시에 급급하였다. 그렇기 때문에 객관적 현실의 발전을 그리기보다는 작가들의 주관적인 열망과 지향으로 현실을 재단하는 양상을 보였다. 어떤 작품들에서는 이제 갈등이 없게 되어버릴 정도였다. 그랬던 것이 1952년 중반에 이르러 그러한 경향이 점점 사라지기 시작하고 다시 낡은 것과 새 것의 대립을 그리기 시작하고 북한 사회의 문제들을 다루기 시작한 데에는 북한문학 내부의 자기 토론과 비판에 있기보다는 소련의 문예정책의 변화와 더 큰 관련이 있다는 점이 주목된다.

소련에서는 1952년 4월 『프라우다』 지를 통하여 사회의 부정적 인물을 그릴 수 있다고 명시하면서 그 이전의 무갈등론에 입각한 작품들을 비판하기 시작했다. 이것이 곧바로 북한 문학계에 알려지기 시작하면서 무갈등론이 아닌 새로운 경향의 작품이 나오게 된 것이다. 이것은 이어서 비평분야에서도 논의되기 시작되었다. 1952년 11월, 『문학예술』 에 발표된 엄호석의 「문학발전의 새로운 징조」 가 대표적인 글이다. 그는 이전 북한 문학계의 무갈등론을 비판하면서 문학의 도식주의를 비판하기 시작했다.

> 갈등의 약화는 조선 문학에 있어서 우연한 일이 아니다. 한 때 문학계에서는 낡은 것을 대표하는 부정면과 부정적 인물에 대한 문제가 분분한 의론을 일으킨 일이 있었다. 그것은 인민민주주의의 제도와 그 일꾼들에 대

> 한 권위의 손상이라는 견해에 근거했다. 일부 사람들은 자기 창작과정에서 맞서게 되는 생활의 리얼리티와 여성이 '정치적 고리'와의 모순으로 말미암아 갈등을 약화시키는 것을 '현명'한 수법인 것처럼 생각하였거니와 혹은 그것을 회피하곤 했다. 그러나 우리 사회에 있어서 새것과 낡은 것과의 투쟁은 사회 발전의 모멘트이며 따라서 사회발전을 방조함을 자기 사명으로 하고 있는 우리문학에 있어서 근본 주제의 하나로 된다. 낡은 것의 약화는 이 근본 주제를 무의미하게 만들었으며 해당 작품으로부터 예술적 영혼과 극적 감동을 거세하여 버리게 하였다. 이리하여 작품에 심각한 갈등이 없다는 비난을 인민들로부터 작가들이 받게 된 것은 당연한 일이다. 발전하는 사회에 모순이 없을 수 없다. 모순이 없이는 발전도 없다. 바로 그렇게 때문에 새것과 낡은 것과의 투쟁 그로 말미암아 일어나는 갈등은 생활 발전의 중요한 내용이며 생활을 그 진실한 면모에서 반영하는 사회주의 리얼리즘 문학에 있어서 가장 주요한 예술적 과제로 된다. 극에 있어서 더욱 그렇게 말할 수 있다. 갈등이 극의 생명이다. 극적이라는 말 자체가 바로 갈등을 의미하고 있다.

여기서 잘 드러나고 있는 것처럼 엄호석은 이전 북한문학(정확하게 말하면 1947년 3월 이후)이 범했던 무갈등론을 비판하기 시작했다. 그런데 이러한 비평이 가능할 수 있었던 데에는 위에서 언급된 『프라우다』지의 사설과 더불어 1952년 10월 소련공산당 제19차 당 대회에서 말렌코프가 행한 보고 중에서 문학예술에 관한 부분의 힘을 입은 바가 크다. 말렌코프 역시 이 보고에서 사회주의 사회에서의 부정적 인물 혹은 부정적인 것에 대한 묘사가 필요하다고 하면서 새로운 고골리와 쉐드린 같은 풍자작가가 필요하다고 주장했다. 엄호석은 이상과 같은 소련의 새로운 문예정책에 힘입어 자신의 입론을 세우고 있다.

그러면 엄호석의 이런 비판 이전에는 북한문학의 문제점에 대한 지적이 없었는가. 북한 문학계 내에서는 1947년 3월의 고상한 사실주의 창작방법의 제창 이후 한편에서는 그것을 극단적으로 주장하는 논자들이 있었지만(예컨대 엄호석, 한식 등을 들 수 있다), 다른 한편에서는 그것이 지닌 문제점에 대해서 부분적으로 지적하는 글들이 있었다(이의 대표적인 비평가로는 안함광, 이원조 등을 들 수 있다). 소련에서의 새로운 문예정책이 나오기 전에 발표된 안함광의 「싸우는 조선의 시문학이 제기하는 주요한 몇 가지 특성」(『문학예술』, 1951.8), 이원조의 「영웅 형상화의 문제에 대하여」(『인민』, 1952. 2), 기석복의 「우리 문학 평론에 있어서의 몇 가지 문제에 대하여」(노동신문, 1952.2)등은 북한문학의 도식주의에 대한 부분적 비판을 담고 있는 것들이다. 이러한 문제제기를 중심으로 자연스럽게 논의가 이루어지지 않고, 이런 것들은 오히려 무시되는 분위기였다가 소련에서의 무갈등론에 대한 비판이 나오자 이것에 맞추어 새롭게 논의를 시작한 것은 그만큼 이 시기 북한 문학계의 자주적 태도의 부족을 잘 말해주고 있다. '사회주의 조국'이라고 인식되었던 소련에서의 논의를 항상 추종하는 이러한 태도야말로 냉전체제에 휩싸여 헤어나지 못했던 북한문학계의 맹점을 잘 말해주고 있다.

Ⅲ. 전후 복구건설시기의 문학(1953.7～1960)

1. 북한의 사회현실과 문학

한국전쟁 후 북한 정권의 목표는 "모든 것은 민주기지 강화를 위한 전후 인민경제 복구 발전에로"란 슬로건에 집약되어 있다. 노동당 중앙위원회 6차 전원회의는 전후 복구를 위해 3단계 '인민경제계획'을 제시했다. 먼저 1년간의 준비 및 정리사업을 거쳐 경제를 복구하고 '인민경제' 3개년 계획을 통해 경제의 모든 수준을 전쟁 전의 수준으로 회복하고, 마지막으로 국가의 전반적 공업화를 위한 5개년 계획에 들어간다는 것이었다. 이를 통해 통일되고 부강한 민주주의적 자주독립국가로 발전시킨다는 계획이었다.[49] 이를 위해 노동당 중앙위원회 제6차 전원회의는 '중공업 우선의 경공업, 농업의 동시발전' 노선을 채택했다. 더불어 사회주의 사회 건설을 위한 한 방법으로 개별 농민이 소유하고 있던 토지를 점차 협동화시킨다는 방침을 내렸다.[50] 제6차 회의 때 특기할만한 또 다른 사실은 박헌영을 비롯한 남로당 계열의 숙청이다. 이것은 '자유주의적 경향들과 종파주의 잔재들과의 투쟁'의 일환이라고 선전되었으나 실상 전쟁 패배의 합리화를 위한 정치적 조치였다.[51] '반종파투쟁'은 문학 내에도 직접적인 영향을 미쳤다. 1953년 9월 제1차 전국작가예술가대회를 통해 임화를 비롯한 남로당 계열의 작가와 비평가들은 '부르주아적 혹은 종파주의적 경향'의 표본으로 숙청되었다.

한편 북한은 스탈린 사후 소련공산당 제20차 당 대회(1956)에서 채택된 후르시쵸프의 정치노선과 외교노선은 북한 사회에도 영향을 미쳤으며, 이런 사

---

49) 사회과학원, 『조선통사』, 297쪽.

50) 이종석, 『새로 쓴 현대 북한의 이해』, 75-76쪽.

51) 이종석, 『조선 노동당 연구』, 250-255쪽.

회적인 분위기 속에서 나타난 소련문학의 새로운 동향 - 해동문학(解凍文學)은 북한 문단에도 일정한 영향을 미치지 않을 수 없었다. 그러나 이런 영향은 그리 오래 지속되지는 못하였다.

2. 북한문학의 경향과 도식주의에 대한 비판

"모든 것은 민주기지 강화를 위한 전후 인민경제복구 발전에로!"

이는 정전 후 북한 사회에 떠오른 구호였다. 이런 시대적 요구에 따라 1953년 9월 26일부터 27일에 걸쳐 소집된 전국작가예술가대회에서 경제복구 건설에 작가, 예술가들이 적극 동참할 것과 "사회주의적 사실주의"에 대한 새로운 논의를 진행했다.

사회주의적 사실주의를 실현하는 한 방법으로 모범과 전형을 창조한다는 것이었다. 그런 전형을 창조하기 위하여 작가들은 근로 인민들의 생활과 사업 속으로 깊이 들어가야 했으며, 이의 실천을 위해 현지로 파견되었다. 전형과 모범을 통해 전후 복구건설시기 인민들의 생동한 모습과 투쟁을 그려야 했던 것이다. 사회주의적 사실주의는 전후 복구건설이라는 힘든 과제를 수행하는 사상적 무기의 역할뿐만 아니라 남로당 계열의 수정주의적 경향과 반동적 부르주아 사상의 잔재를 청산하기 위한 투쟁으로 연결되었다.

1956년 10월에 열린 제2차 작가대회에서는 세 가지 문제를 극복하기 위한 방안이 논의되었다. 첫째는 반동적 문화 조류를 청산하고 항일혁명문학의 유산을 계승하는 문제였다. 이것은 임화, 이태준, 김남천 등의 부르주아적, 허무주의적 경향이 남긴 영향력을 제거하고 남로당 계열에서 제대로 평가되지 않았던 1930년대 김일성을 비롯한 항일무장투쟁 과정에서 나타난 혁명문학을 계승하는 문제였다. 결국 이런 과정에서 "항일무장 투쟁 속에서 발생, 발전한 혁명적 유산"이 당의 사상사업의 중요한 구성부분으로 자리하게 되었던 것이다.

이러한 주된 문학 경향의 수면 밑에서는 도식주의(圖式主義)에 대한 비판이 대대적으로 이루어졌다. 1948년 이후 가속화되어 온 북한문학의 도식주의에 대한 비판이 시작된 것은 전쟁이 끝난 이후이다. 이때부터 시작된 논의는 1958년 10월 김일성이 「작가예술인들 속에서 낡은 사상 잔새를 반내하는 투쟁을 힘 있게 벌릴 데 대하여」라는 교시를 내리고 이를 받아들인 문학예술계 내부에서 "부르주아 작가"에 대한 일대 비판이 일기 시작할 때까지 지속되었다. 6년여에 걸쳐 진행된 도식주의에 대한 비판은 그 내부에서도 다양한 차이를 갖고 진행되었는데, 이러한 비판이 일게 된 원인으로는 아래와 같은 국내적, 국외적 요인이 있었다.

국내적 요인으로는 1948년경부터 서서히 시작되어 그 이후에 만연되기 시작한 도식주의의 병폐로 인하여 당시 북한 작가들이 가장 심한 창작적 억압을 받을 수밖에 없었다. 그리고 그 과정에서 이에 대한 강한 불만을 가졌던 것인데, 전쟁의 결속과 전후 복구건설이 어느 정도 작가 개개인에게 자율성을 부여함으로써 도식주의에 대한 비판이 가능하게 되었다.

국외적인 요인으로는 소련에서 들어오는 일련의 논의들 때문이었다. 1952년 말에 있었던 소련공산당 중앙위원회 제19차 당 대회에서 말렌코프는 사회주의 현실에서도 모순과 갈등은 존재하기 때문에 문학예술이 이를 마땅히 다루어야 하며 그러한 현실비판적 경향은 사회주의적 사실주의에 위배되기보다는 오히려 원래 리얼리즘의 비판정신에 충실하는 것이라고 하였다. 이러한 말렌코프 연설의 한 대목은 북한 내부에 빨리 전해졌으며, 1953년 2월 『조선문학』 머리말에는 아예 이 대목만을 떼어내어 번역하여 실었을 정도였다. 그리하여 북한문학계 내부에서는 말렌코프의 이 논의를 근거로 '무갈등론'에 대한 일대 비판이 일기 시작했으며 부정 인물의 형상화 및 리얼리즘 본래 성격으로서의 비판성의 재인식 등에 관한 논의들이 뒤따랐고 북한문학이 도식화되면서 지녔던 '무갈등론'과 현실 호도(糊塗)경향에 대한 구체적 지적이 잇따랐다. 소련의 영향은 말렌코프의 논의 외에도 1954년에 개최된 제2

차 소련작가대회(1954. 12)로부터 시작된 해빙문학의 영향도 간과할 수 없다. 북한은 이 소련작가대회에 홍순철, 이기영 등으로 구성된 조선작가대표단을 파견하였고, 1955년 초에는 이들의 귀환보고대회가 열리기도 했다.[52] 소련작가대표대회의 토론 내용은 북한 문단의 관심의 대상이 되었으니, 예를 들어 소련문학에 만연된 도식주의가 관료적 통제에 길든 결과임을 지적한 에렌브르의 글이 번역·소개되었다.[53] 그밖에 주인공의 긍정적인 측면을 생활의 발전적 시각으로 보는 것으로 인정하고 막연히 이상화하는 현상에 대한 비판이라든가, 스타일의 다양성을 추구해야 한다는 주장이 소개되기도 했다. 소련공산당은 1955년에 집단지도체제를 부활해야 한다는 결정을 내렸으며, 1956년에 개최된 제20차 당 대회에서는 후르시쵸프가 스탈린의 잘못을 고발함으로써 개인숭배에 대한 비판은 본격화되었다.[54] 이러한 소련의 동향은 북

---

52) 소련작가대표대회에 참가한 이기영은 그 자리에서 짧은 연설을 하기도 했다. 그리고 『조선문학』 1955년 2월 호와 3월 호에는 「제2차 전 련맹 쏘베트 작가대회에서의 토론들」이라는 제목 하에 이 대회의 주요한 토론 내용들을 소개하기도 했다.

53) 에렌부르그는 스탈린 시대의 요구를 거부한 전환기적인 작품으로 꼽히는 「눈석이」의 작가이다. 그는 소련독자들이 도식주의에 식상한 상태이며, 따라서 문학이 정당한 교양적 역할을 할 수 없다는 점을 문제로 보았다. 이런 입장에서 그는 문학에 대한 관료적인 통제를 비판했다.

"쏘베트 독자들은 첫 페이지에서부터 모든 것이 뻔하며, 악당들은 자기가 폭로되기를 기다리고 있으며, 생산의 선구자는 평범한 성상(聖像)화가의 화필로 그려진 수십 종의 작품들에 싫증이 났다. 이러한 책들은 아무도 교양하지 못한다. 즉 결함을 가진 사람은 악당들 속에서 자기를 알아보지 못하며, 훌륭하기는 하나 허다한 인간적 약점을 타고난 사람들은 긍정적 주인공을 앞날에 있을 사람으로 간주한다. '긍정적' 및 '부정적'의 의무적 카테고리에다 임의의 소설의 인물들을 배열하는 문학가들은 그 자체들이 우리문학에 있어서의 부정적 현상인 것이다."

54) 후르시쵸프는 소련 문학예술의 '해방'에서 기폭제의 역할을 했다. 1959년 제3차 소련작가대회에서 그는 "작가는 정부를 따라올 필요가 없으며, 문학예술은 당의 통제대상일 수 없고 대상이어서는 안된다"고 말했다.

한에도 큰 영향을 미쳐 '작은 스탈린적' 양상을 보이던 김일성의 개인숭배도 잠시 제동이 걸렸다. 소련의 제20차 당대표대회와 관련하여 북한에서는 노동당 제3차 대회(1956.4)가 개최되었고, 김일성 반대세력들의 음모가 드러나는 이른바 '8월 종파사건'으로 이어졌다. 제2차 조선작가대회는 이런 소용돌이 속에서 열렸던 것이다. 바로 이런 외부적인 기후의 변화로서의 소련의 해빙(解氷)분위기에 편승하여 북한 문단에서는 도식주의에 대한 비판이 일게 되었던 것이다. 이 점은 중국에서도 아주 비슷한 양상을 보였다. 이는 비교문학의 관점에서 볼 때, 소련이라는 이 사회주의 중심 국가의 영향권 아래에 있었던 아시아 사회주의 나라들에서 아주 흥미로운 공통된 문학현상이었다.

북한 문단에서의 도식주의에 대한 비판은 비평과 창작 모두에서 일어났지만, 비평에서 가장 예리하게 전개되었다. 당시 북한의 비평가들 중에서 극히 일부를 제외하고는 거의 이 도식주의에 대한 비판에 참가했지만, 가장 심도 있게 그 원인을 분석하면서 처방을 내린 비평가는 안함광과 한효를 들 수 있다. 이 중에서 안함광은 8·15 직후 북한문학이 과거의 카프문학의 좋은 유산을 이어받은 동시에 그것이 갖고 있는 문제점을 가장 체계적으로 비판함으로써 북한문학을 새로운 단계로 끌어올리는데 결정적인 역할을 하였고, 동시에 북한문학이 이후 도식주의로 빠지게 될 때 이를 반대하다가 정치적 박해를 받은 바 있는 인물이었기에[55] 이 새로운 상황 속에서 도식주의를 비판하는 선봉장이 되었던 것이다.

---

55) 한효의 다음과 같은 발언은 이를 잘 보여준다. "도식주의가 어느 때부터 그렇게도 우리문학에서 고질이 되기 시작하였는가에 대하서 말하는 것은 그리 쉬운 일이 아니다. 그러나 나의 생각에 틀림이 없다면 나는 1947년 봄, 한 평론가에 대한 언어도단의 난폭한 박해가 있은 뒤에 도식주의가 우리 문학에 거리낌없는 고질로 되기 시작하였다고 말하는데 서슴치 않겠다. 나는 지금 장편서사시 『백두산』에 대한 안함광 동무의 평론에 대하여 취해진 일부 사람들의 참으로 놀랠만한 박해를 념두에 두고 말하는 것이다."(「도식주의를 반대하여」, 『제2차 조선작가대회 문헌집』, 조선작가동맹출판사, 1956.)

안함광은 당시 북한문학이 리얼리즘의 전형성을 제대로 구현하지 못하여 이런 사태를 맞이했다고 분석하면서 리얼리즘의 정도(正道)를 갈 것을 주문했다. 특히 문학이 현실의 갈등과 모순을 제대로 이해하고 그 속에서 안이한 도식 대신 생활의 진실을 그려내는 것만이 바로 이런 도식주의의 틀에서 벗어나는 길이라고 주장하였다. 특히 과거의 북한문학이 범했던 관념적, 혁명적 낭만주의에 대해 비판하였는데, 오늘날의 생활 속에서 없는 것을 작품 속에 끌어 들여 호도하는 것에 대해서 특히 강하게 지적했다. 이러한 입장은 다음 대목에서 아주 확연하게 드러나고 있다.

> 사회주의 리얼리즘의 혁명적 로맨티즘을 현실의 구체성에서 파악하는 것이 아니라 오늘의 생활에서는 아직 있지 않으나 래일의 생활에는 반드시 있을 것으로 파악하는 립장과 통한다. 그것은 급기야 생활에서 이탈하여 오늘의 생활 속에서 실지 없는 것을 작품 속에 도입하는 것을 요구하는 립장과 통하는 것이며 따라서 그것은 이상과 현실을 대립시키며 혁명적 로맨티즘을 단순한 하나의 장식물로 사용하는 립장과 통한다.[56]

이러한 안함광의 주장은 리얼리즘은 현실의 진실을 반영하여야 하는데 그러기 위해서는 오늘날의 생활에서 실재하는 것을 그려야 하며 그렇지 않고 오늘의 생활에서 없는 것을 관념적으로 끌어들여서는 안 되며, 오늘의 생활을 그린다고 했을 때에도 현실의 갈등과 모순을 정확히 인식하여 낡은 것과 새로운 것의 구체적 투쟁 과정 속에서 그려야 한다는 것이다. 그럴 때만이 진정한 리얼리즘이 가능할 터인데, 현재 북한문학은 그런 점이 결여되어 있다는 측면에서 '엄중한 질환'인 도식주의에 빠졌다고 보는 것이다.

그는 당시 북한문학이 갖는 도식주의의 문제를 이런 근본적인 문제에서 보기 때문에 다른 비평가들의 철저하지 못한 주장에 대해서도 비판한다. 엄호석은 '산 인간론'을 주장하면서 그 동안 북한문학이 도식주의로 빠진 데에는

---

56) 안함광 「문학의 사상적 기초」, 『조선문학』, 1955.1.

살아있는 인간을 그리지 못한데 있다고 주장하면서 리얼리즘의 심장은 인간이라는 주장 하에 '산 인간론'을 펼쳤다. 이에 대해 안함광은 "형상의 중심으로서의 인간이라고 하는 것의 생활적 토양 위에서 구체적으로 파악할 대신에 나븐히 내새적인 특성에서반 파악하려 하며 따라서 문학작품에 있어서의 성격이라는 것을 심리학적 질곡 면에서만 이해하는 편향"이라고 비판했다.

또한 안함광은 당시 비평가 중의 한 사람인 김명수에 대해서도 비판했다. 김명수는 북한문학이 도식주의에 빠진 이유는 문학작품이 시사 논문처럼 되어버려 아무런 감동도 주지 못하고 있는데, 이를 극복하기 위해서는 문학예술이 다른 과학과 다르게 현실을 반영하는데 있어서의 특수성인 형상사유를 개척해야 한다고 주장했다. 이에 대해 안함광은 "문학의 특성을 말함에 있어 논리적인 것과 예술적인 것 사이의 차이만을 일방적으로 강조하면서 그들 양자 간의 변증법적 호상 관계는 무시하는 입장으로부터 출발하여, 형상의 문제를 내재적인 것으로 또는 그것을 감각적인 인식의 분야로서만 간주하려는 관념론적인 인상주의자들의 문학관"이라고 비판했다. 이처럼 안함광은 리얼리즘의 전형성에 대한 올바른 이해 위에서 당시 북한문학의 도식주의를 비판하고 처방을 내리는 작업을 하고 이에 입각하여 구체적 작품을 비평하는 일을 하면서, 다른 한편으로는 당시 북한의 도식주의적 경향에 대한 여타의 비평가들이 행하는 작업이 가지고 있는 불철저성에 대해서도 비판함으로써 북한문학의 도식주의를 극복하는 데 견인차 역할을 하였다.[57]

그런데 이른바 1956년의 8월 종파사건이 일어났으며, 그것은 문학계에 직접영향을 미쳐 1957년부터 1958년 말까지 미묘한 긴장이 흐르기 시작했다. 이는 전후부터 시작되었던 도식주의의 극복을 위한 비판이 1956년에 들어서서 소련공산당 제20차 대표대회의 해동(解凍)적인 무드에 한층 힘을 얻게 되어 이를 토대로 북한문학 내부에 변화를 가져오려고 하는 쪽과 도식주의는

57) 안함광은 이런 일 등으로 인하여 1957년에 숙청을 당한다. 그러나 1960년에 다시 문필활동을 재개하였다.

비판하되 어느 한계 내에서 마무리하려는 쪽과의 대립이었다. 이 미묘한 대립이 1957년과 1958년에 진행되다가 결국 1958년 말에 있었던 문학계 내부의 부르주아 작가들에 대한 비판이 시작되면서 전쟁 이후 시작된 도식주의에 대한 비판은 일단 수그러들 수밖에 없었다.

바로 이런 까닭에 도식주의의 극복을 위한 북한의 새로운 문학의 동향은 기존의 문학 주류를 완전히 대체하여 새로운 문학의 주류로 된 것은 결코 아니었다.

3. 시문학의 전개 양상

이 시기에 활동한 기성시인들로는 박팔양, 박세영, 박아지, 조벽암, 안룡만, 민병균, 이용악, 김조규, 김우철, 김북원 등을 들 수 있으며, 해방세대 시인들로는 김순석, 정문향, 리맥 등을 들 수 있고, 신진시인들로는 전동우, 최영화 등을 들 수 있다.

이 시기의 시문학은 ①수령 찬양시 ②항일혁명전통 찬양시 ③전후 복구건설과 생산관계에서의 사회주의적 개조를 소재로 한 시 ④6·25전쟁을 소재로 한 시와 계급교양을 위한 시 ⑤남조선 혁명과 통일을 위한 시 ⑥도식주의 극복을 통한 다양한 시 창작 등으로 나누어 볼 수 있다. 여기서 수령 찬양시, 항일혁명전통 찬양시, 6·25전쟁을 소재로 한 시와 계급교양을 위한 시, 남조선 혁명과 통일을 위한 시 등은 내용과 형식상에서 선행시기의 시들과 차이가 없으므로 생략하고 다만 전후 복구건설과 생산관계에서의 사회주의적 개조를 소재로 한 시와 도식주의 극복을 통한 다양한 시 창작을 중점적으로 살펴보기로 하겠다.

첫째, 전후 복구건설과 생산관계에서의 사회주의적 개조를 소재로 한 시들이다.

이런 시작품들로는 김경일의 「전등불이 켜졌다」(1953), 정문향의 「새들은 숲으로 간다」(1954), 김우철의 「굴착기」(1958), 석광희의 「로라 운전수」, 한명철의 「보통 로동일」, 정서촌의 「등불」, 「가무재 고개」, 박세영의 「나도 쓰딸린 거리를 건설한나」, 박팔양의 「박팔양선십」, 석팔봉의 가사 「우리는 승리했네」(1954), 류종대의 「복구건설의 노래」(1954), 김북원의 「건설의 노래」(1954), 「대지의 서정」, 「대동강이여」 등이 있다.

김경일의 서정시 「전등불이 켜졌다」는 북한문학사의 평가에 의하면, "전쟁에서 승리한 우리 인민의 끝없는 감격과 기쁨을 감동적으로 노래하면서 전쟁에서 승리한 그 기세로 이 땅 우에 인민의 락원을 일떠세우리라는 인민들의 드높은 열정을 형상한 작품이다."[58]

어머니와 안해와 누이들이여
창에서 활짝 걷어 제끼라
전등불 가리던 검은 포장을

그리고 얼굴마다 내여다 보라
천만 전등불이 초롱초롱
별바다 눈부신 평양의 거리를

미군 비행기들의 폭격을 막기 위해 창문에 쳐놓았던 검은 포장을 열어 젖히는 그 격동적인 순간, 서정적 주인공은 전쟁의 나날을 돌이켜 본다. 전쟁의 나날 미군은 쉴 새 없이 맹폭격을 감행했지만, 인민들은 전기를 계속 생산했으며 수도 평양을 굳건히 지켜냈다. 그러기에 시인은 인민의 영웅적 투쟁에 의해 그 준엄한 나날에도 공장마다 전류는 줄기차게 흘러 지하에서 증산의 노래 소리가 높이 울렸다고 감회 깊게 회상하면서 원수와 싸워 이긴 오늘 전등을 밝게 켜고 생산과 건설을 줄기차게 벌려 나가리라는 확신을 열정에 넘쳐 노래하고 있다.

---

58) 『조선문학사』, 1945~1958, 313쪽.

우리는 다시는
전등불을 가리게 하지 않을테다
우리의 집과 우리의 거리에서

우리 이제 한 사람처럼
수령께서 가르치는 길
복구건설이 우리를 부르는
공장과 탄광으로 나아가리니

이 시에서는 정전 직후의 격동적인 현실과 전쟁에서 승리한 인민들의 감격과 기쁨, 새 생활 창조에 나선 북한 인민의 혁명적 기개를 생동하게 그리고 있다.

정문향의 서정시 「새들은 숲으로 간다」는 교대 고동소리에 놀라 새들이 하늘로 날아가는 평범한 자연현상을 두고 복구와 건설의 새로운 시대적 맥박, 노동자들의 창조적 열정과 희열을 깊이 있게 노래했다. "교대고동이 저녁 녘 구내를 흐르는 하늘 중천에" 새들이 놀라서 하늘로 날아오르는 새무리를 두고 느끼는 서정적 주인공의 심정, 그것은 단순한 감회 깊은 추억만은 아니었다. "원쑤의 포화에 불에 탄 바다가 숲에서" 깃을 잃고 쫓기어 "용광로 부서진 철탑에 의지하여 싸움 속에 살아온" 새들이 오늘 다시 '깃'을 잃게 되었지만 그러나 이 작별은 원쑤의 포화에 깃을 잃었던 작별과는 전혀 다른 것으로써 새들이 자기들의 진정한 보금자리를 찾아가는 참으로 즐겁고 뜻깊은 작별인 것이다. 때문에 시에서는 철탑우의 깃을 떠나는 새들을 두고 "즐거움에 깃을 치며 감돌아 멀리 사라지며 작별의 인사를 보내는 듯"하다고 감격에 넘쳐 노래하고 있다.

전후 복구건설시기의 시문학 가운데서 높이 평가되는 성과 중의 하나는 이용악(1914~1971)의 『평남관개시초』(1956)이다. 이 작품은 「흘러들라 십리리 벌에」, 「위대한 사랑」, 「두 강물은 한 곬으로」, 「덕치 마을에서」(1, 2), 「열두 부자 동뚝」, 「전설속의 이야기」, 「격류하라 사회주의에로」 등 10편의 서정시로 묶인 장시로서 역사적인 자연개조를 이룩한 농민들의 감격과 감사의 심정 그리고 생활의 열정을 토로한 작품이다. 시인은 처음 시작에서 대규모의 관개공사가 가지는 의의를 노래하면서 그것을 거대한 자연의 항거를 정복하고 천년을 메말랐던 벌을 적시는 엄청난 일이라고 했다.

간고한 분초를 밤 없이 이어
거대한 자연의 항거를 정복한 우리
암벽을 까내며 꿈속에 뿌린 땀이 씻기고 씻기여 갈물에 풀려
격류하는 흐름소리…
저것이 바로 천년을 메말랐던
광활한 뻘이 몸림 치는 소리
새 날을 호흡하며 전변하는 소리다.

이 작품은 "주체사상을 다양하게 잡는데서, 농촌 현실에 따르는 서정의 소박성과 진실성을 보장하는데서, 농촌서정에 따르는 시적인 언어기교에서 다양하고 풍만한 시적 형상을 창조하는데서 긍정적인 경험을 보여주었다"[59]고 평가되고 있다.

이제 도식주의를 극복하고 다양한 문학적 경향을 보여준 시작품들을 보자.

전후 북한 문학계에서의 도식주의에 대한 비판은 비평분야에서 나오기 시작했지만 창작에 이르러 큰 결실을 맺었다고 할 수 있다. 비평의 논의에 힘입어 시인, 작가들은 눈치를 보면서 무난한 작품만 쓰던 과거의 관행을 지양하고 대담하게 현실을 그리기 시작했다. 이 시기 시인들이 시 창작에서 보여준 새로운 경향은 다양한데, 여기에서는 여러 시인들의 시작들에서 공통된 경향으로 나온 세 가지 특징을 중심으로 하여 창작에서 이루어진 도식주의 비판과 그 결과로써 나온 새로운 창작적 경향의 의미를 살펴보기로 하겠다.

---

59) 『조선문학사』, 과학·백과사전 출판사, 1978년, 326쪽.

가장 먼저 드러나는 영역은 관료주의에 대한 비판 문제인데, 이런 시들로는 조벽암의 「거울을 하나씩 걸라」, 김우철의 「결론」, 박석정의 「토론만 하는 사람」 등을 예로 들 수 있다. 박석정의 「토론만 하는 사람」(1954)은 북한 사회에서 고질적인 병폐로 자리잡기 시작한 관료주의를 비판한 것으로 풍자적 성격을 띤 독특한 개성을 갖고 있는 문체로 형상화한 작품이다.

회의 때이면
반드시 토론하는 최부장
비판이며 맹세도 그럴듯하여
처음 그 토론 듣는 사람은
준비된 정도와 열정에
감탄한다!
놀랜다!

그러나 그와 함께
책상을 맞붙이고 일하는 나는
그의 토론을 믿지 않는다
나 뿐만 아니라 모든 사람들이
토론만 하는 사람 '토론꾼'으로
그 이름 안지는 이미 오래다

그는 업무부장 나는 그 부원
광산에서 가장 락후한 우리 부 사업이
회의 때는 의례 보고에 오른다
부장의 자기 비판 맹세가 되풀이 되나
날이 밝아지면 이야기는 다르다

부장의 지각 조퇴하는 사업 때문
배정된 물자는 실어 오지 못하여
시장 물자에만 관심이 큰 …… 그
친구 친척이 그렇게 많을까

가끔 부회가 있을 때이면
어데선가 '위신'이 갑자기 생기여
하부의 의견은 들은 척 만 척
결론은 부원들의 과업뿐이다

지배인 앞에 가면 머리는 못 들고
련방 '네 네 알았습니다'
지배인 '사모님께' 경의도 표해 가며
애로 타령 간부 타령 하소연만 하는
'능란한 일꾼', '사람 좋은 친구'

회의 때 그의 '솔직함'이여!
공손한 접수며
'눈물겨운' 자기 비판
의례껀 뒤따르는 굳은 '맹세'가
사람도 달라진 듯……
레코드판처럼 쏟아져 나온다.

하루는 또 한번 다짐해 보았다
토론과 실천이 다를 수 있느냐고
대체 일은 언제 할 차비냐고
대체 일은 언제 할 차비냐?고
허나 그의 대답은 판박이였다.

나는 부장이요
부장의 위신도 생각해 주어야지
보고에 근거해서 말만 하면 되는 것
토론을 잘 하였기에 견디여 왔다면서
다음은 '에헴' 소리가 나올 번 했다

잠간 눈 감고 생각해 보시오
자비를 몇 번이나 되풀이했으며

그리고 주위를 살펴 보아서
혹시야 토론꾼이 없는가를 60)
- 「토론만 하는 사람」 전문

윗사람들에게 잘 보이기 위하여 온갖 일을 하면서도 아랫사람들에게는 가차없이 비판하고, 또 직장 일보다는 자기 집안의 일을 중시하는 관료주의자의 면모가 여실하게 드러난다. 특히 토론과 비판을 '레코드판'에 돌아가는 것처럼 반복하면서도 실제로는 아무런 내용을 담지 못하는 겉치레가 관습화되어버린 허위의식에 대하여 비판하는 것이다. 시인은 이러한 관료주의에 대한 비판을 강한 풍자적 어조를 통해 함으로써 한층 비판의 강도를 더하고 있어 당시 북한 사회에서 관료주의가 얼마나 심했던가 하는 것을 짐작할 수 있다. 1920년대 초반에 소련의 대표적인 시인 마야코프스키는 허구한 날 방안에 틀어박혀 회의만 열고 실제적인 일을 하지 않는 소련 볼쉐비키당 내부의 관료주의 기풍을 꼬집는 풍자시 「회의꾸러기」를 창작하여 레닌의 칭찬을 받기도 했으며, 또 이 시는 북한 사회에도 큰 영향을 끼쳤다.61) 아마도 박석정의 「토론만 하는 사람」은 마야코프스키의 풍자시 「회의꾸러기」에서 어떤 영향을 받은 것 같다. 그러나 이 작품은 1958년 말 이후 도식주의 비판에 대한 반 비판이 일기 시작하면서 부르주아 작품으로 비판받았다.62)

두 번째로 들 수 있는 것은 분단 현실에 대한 새로운 접근이다. 조중곤

60) 『박석정 시선집』, 조선작가동맹출판사, 1956, 28~33쪽.

61) 1955년 12월 김일성은 「주체를 세울 것에 대하여」라는 글에서 당시 북한의 인민학교에 가보면 북한 작가의 초상은 없어도 소련의 마야코프스키라든가 푸시킨 같은 문인들의 초상이 걸려 있다고 지적하면서 이야말로 자기민족문화에 대한 무관심에서 빚어진 것이고 사대주의와 교조주의적 사상경향에서 비롯되었다고 비판하였다.

62) 박세영은 「시문학의 전투적 기치를 높이자」(『문학신문』, 1959.1.23)에서 다음과 같이 비판한다. "우리 시문학에 해독을 끼친 박석정의 작품에 대해 언급하려고 한다. 주지하는 바와 같이 박석정은 자기의 작품에서 생활의 진실은 오직 생경한 론리와 공허한 외침으로 대치시키는 유일한 '시인'이다."

의 「나의 길」과 조벽암의 「서운한 종점」 등의 작품에서 드러나는 분단문제에 대한 인식은 이전의 민주기지론이나 이에 바탕을 둔 반미구국투쟁의 노선과는 현저한 차이가 있다. 이들 작품들은 분단 현실에서의 이산가족과 같은 실질적 문제를 다룸으로써 이전의 분단문제를 다룬 작품들과는 현저한 차이가 존재하며 특히 분단문제에 대한 냉전적 인식이 지배하였던 이전의 태도를 근본적으로 비판하고 있다는 점에서 당시 문학계 내에서 비상한 주목을 받았다.

조벽암은 시 「삼각산이 보인다」를 발표하였는데, 거기에는 「삼각산이 보인다」, 「가로막힌 임진강」, 「확성기 소리 울려 가는 남녘마을」 등 분단을 주제로 한 여러 편의 시들이 들어있다. 이중에서 「분계선」, 「서운한 종점」 등은 매우 독특한 반향을 불러일으킨 작품들로서 이전의 '조국통일주제' 시들과는 현저한 차이를 갖는 작품이다. 특히 「서운한 종점」은 그러한 새로운 경향을 잘 보여주는 작품으로서 이후 북한 문학계에서 화제의 작품이 되었다.

조벽암이 쓴 「서운한 종점」(1955)은 남북이 분단되어 서로 왕래할 수 없게 된 고통을 이야기하면서 하루 빨리 남북이 하나되어 이러한 인위적인 벽을 넘어 인간다운 삶을 살아야 하겠다는 강한 염원을 노래한 시이다.

헐떡이며 내닫는 것은 너 뿐이랴
가까이 다가 올수록에
벅차만 지는 나의 숨결

미역내 구수히 풍겨 오고
동백꽃 붉게 타는
남쪽 바다가

그리운 고향은 이 길 따라
부산으로도 가지
려수로도 가지

기관차야
숨죽이지 말고
그대로 가자꾸나

덜커덩 선 다음
왜 꿈쩍도 않느냐
달려오던 그 기세 어따 두고

너도 안타까우냐
들이 울어쌋는 기적소리
김 빼는 소리

여기가 오늘의 종점이란다
꿈에서 깨여난 사람처럼
나는 또 짐을 내려야 하나

한발자국이라도
더 가까워진 이 곳이
무척 반갑기는 하다마는

다시 천근 추에 매여 달린 듯
홈에 돌처럼 우뚝 서
남쪽 하늘을 바라본다

내 이곳에서 우선 행장을 펴
네 앞길을 닦으며
손꼽아 기다리리니

하루 속히 가자꾸나
너 나와 약속한
남으로 뻗친 지향을 싣고……[63]

—「서운한 종점」 전문

---

63) 조벽암 『벽암시선』, 조선작가동맹출판사, 1957년판, 10~12쪽.

이 시의 어디에도 반미 구국투쟁과 같은 것은 나오지 않는다. 남한에서 투쟁하고 있는 사람들을 도와 하루빨리 조국을 통일하자는 그러한 이야기를 들을 수 없다. 그 대신에 이렇게 헤어져 살면서 그토록 그리워하는 고향을 지척에 두고도 가 볼 수 없는 장벽에 대한 강한 분노만이 있을 뿐이다. 그리고 헤어져 사는 이산가족들이 서로 합하여 자연스럽게 살 수 있는 상황을 애타게 그리는 간절한 심정만이 드러나 있을 뿐이다. 남한의 투쟁에서 울려오는 절규나 함성도 이 시에서는 발견할 수 없다. 그 대신에 자신의 행장을 풀어 단지 철길을 닦으면서 통일된 미래를 잊지 않고 기다리는 마음만 나와 있을 뿐이다. 그렇기 때문에 이 시는 당시 북한에서 유행하고 있던 반미구국투쟁을 노래한 시라든가 혹은 그것과 보조를 맞추어 열렬하게 호응하는 북한 인민들의 마음을 노래한 그런 것들과 매우 다르다. 오히려 이 시에는 억압되었던 것들이 솔직하게 튀어나오는 것이다. 그 동안 마음에 담아두었지만 차마 소시민적 감성에 젖어 있다고 비판받을 것을 우려하여 좀체 드러내기 어려웠던, 그러나 자연스럽고 오히려 현실에 기반을 둔 정직한 감정을 보여주고 있는 것이다. 그런 점에서 이 시는 이 시기에 이르러 등장하기 시작한 새로운 분단 현실의 인식, 즉 냉전적 남북관계가 아닌 새로운 탈냉전적 질서 속에서 남북의 관계를 추구하려고 하는 시인의 간절하고 투철한 지향이 담겨 있는 것이다. 실제로 이러한 측면은 당시 냉전적 사고에 젖어있던 사람들에게는 대단히 불만스러울 것이었고 그리하여 이 시 역시 비판의 대상이 되고 부르주아적 잔재로 규정되었던 것이다.[64] 이런 비판은 흑백논리에 깊이

64) 윤세평은 「시문학에서의 부르죠아 사상 잔재를 반대하여」(『문학신문』, 1959.1.4)에서 다음과 같이 비판한다. "시 「서운한 종점」은 시인의 조국통일에 대한 념원을 기관차에 붙여서 노래하였으며 일정하게 실감을 자아내는 작품임에 틀림없다. 그러나 주어진 시행들은 다만 조국의 남반부를 그리워하고 그곳에 못 가는 것을 안타까워할 뿐 노래 부르는 입장이 명확하지 못하다. 우리의 평화적 조국통일 염원은 결코 그처럼 정치적 입장이 모호한 것은 아니며 시 「분계선」에서 보여준 것과 같이 그처럼 애상적인 것

젖어 있는 전쟁문화심리의 소산이 아닐 수 없다.

마지막으로 이 시기 북한 시문학에서 새로운 흐름을 주도한 것은 낡은 것과 새로운 것의 교체가 갖는 의미에 대한 새로운 접근을 시도한 작품들이다. 이 점은 그 동안 북한문학이 새 것을 그린다는 이름 하에 현실에 존재하지도 않는 것을 다루면서 정작 낡은 것과 새로운 것의 교체가 갖는 진정한 현실의 총체성은 사살해버린 것에 대한 반작용이다.[65] 허위적이고 조작된 이상을 표현하는 현실분식의 도식주의에서 벗어난 시작들 중에서 가장 대표성을 띤 작품은 김순석의 「마지막 오솔길」인데, 이 작품은 그가 시집 『황금의 땅』을 낼 때 그 속에 수록한 작품 중의 하나이다. 이 작품은 이 시집에 실린 그의 많은 시들이 그러한 것처럼 자신이 오래 살았던 고향을 대상으로 하여 쓴 작품으로써 당시 변해가는 농촌 사회의 한 단면을 예리하게 포착하여 당시 북한 사회에서 급속하게 진행되어 가고 있던 국가 사회주의적 공업화의 전변이 인간의 운명에서 갖는 의미에 대해 아주 섬세하게 그려낸 작품이다.

잘 가거라 마지막 오솔길……
네 우에 오래 서렸던 한숨 같이
두 줄기 끝없는 달구지 자국도
자국에 자라 우거진 존새 풀숭구리도

일 수도 없다. 우리의 평화적 통일의 염원은 전투적 혁명적 빠포스이며 원쑤에 대한 증오의 빠포스이다."

65) 이러한 북한의 상황에 대해서는 박태영의 다음 발언이 정곡을 찌르고 있다. "그런데 솔직히 말해서 나를 포함한 일부 극작가들은 지난 기간에 더러 거짓말을 하였다. 그것은 가상적 낭만을 위하여 무갈등을 만들고 오늘은 '심각한 갈등'을 위하여 자연주의적 '탐구'에 빠져들기도 하였기 때문이다. 그리하여 우리의 현실은 사회주의 공업화의 기초를 닦고 있는데 그 작품의 주인공들은 벌써 호화찬란한 사회주의 낙원 속에서 살게 되었다. 이와 같이 '예견성' 있고 '전망성' 있는 작품들은 어떻게나 약삭바른지 앞으로 나가기가 귀찮아서 앞의 것을 당겨오고 말았다." (「생활의 진실을 위하여」, 『조선문학』, 1956.6)

허술하고 초라하고 인적기 없어
눈에도 띠우지 않은
고향의 좁은 오솔길
마지막으로 오래 나를 걸구어 날라

맨발에 밟히던 흙내음새
꼴단을 베어 지고 소를 몰며
같이 비에도 젖었던 사이,
같이 해에도 말렸던 사이.

해 뜨기 전 이슬 무렵엔
머슴의 처지가 하도 애처로워서
너는 풀잎에 나는 두 눈에
같이 눈물도 흘렸던 사이

우리 피차에 무슨 좋은 일 있었던가
너는 덤불에 묻혀 나는 가난에 묻혀
기름 치지 않은 달구지 소리처럼
어린 날의 짓궂은 세월은 구을러 갔지……

넓은 길은 깔린다……
전선줄이 노래하며 뻗는다
뜨락똘의 가벼운 동음……
— 「마지막 오솔길」 전문

고향 마을의 작은 오솔길이 이제 농촌의 기계화·전기화로 인하여 좁은 길은 넓은 길로 바뀌고 그 길에 들어선 전선줄로 하여 전기가 들어오지 않던 이 마을에도 전등이 켜지고 달구지 대신에 트랙터들이 농사일을 해줄 만큼, 예전과는 비교가 되지 않을 정도로 달라져 가고 있는 고향 농촌 마을을 바라보면서 쓴 시이다. 한편으로는 사라져 가는 옛 것에 대한 강한 애착을 가지고 있기에 오랫동안 자기 곁에 있어 달라고 하는 주문도 하면서 그리워하기도 하지만, 다른 한편으로는 이제 발전되어 가는 농촌 사회에서 새로운 것은 필연적으로 들어올 수밖에 없게 되며, 그것은 또한 가난으로부터 자신을 해방시켜 준다는 점에서 환영할 수밖에 없다는 마음을 가지고 있다. 이러한 두 가지 복합적인 마음의 태도를 동시에 보여줌으로써 변화해 가는 농촌 고향에 대한 시인의 감회를 적고 있다.

그런데 이 시에는 이 시기 다른 북한의 시에서 쉽게 만날 수 있는 변해가는 농촌 사회의 들끓는 소리를 거의 접할 수 없다. 이 농촌 마을에도 달구지 대신에 트랙터가 들어와 농사일을 하게 되었다는 것은 이 시의 마지막 연의 마지막 행에 나오는 '뜨락똘의 가벼운 동음'을 통해서나 알 수 있을 뿐이지 그 이외는 없다. 농촌의 새로운 건설현장에서 열심히 일하는 사람들의 모습 같은 것은 이 시에서 전면화 되지 않는다. 그 대신에 그러한 변화로 인하여 자기의 체취가 강하게 남아 있던 오솔길이 사라지는 것을 보여줌으로써 울림을 훨씬 강하게 남기고 있다. 그런 점에서 이 시는 북한의 시중에서는 보기 드문 서정시이다. 개인의 정서를 통하여 시대의 변화를 보여주는 이 시인의 이러한 능력은 매우 뛰어난 것으로 당시 이 시인의 작품이 북한 시단에서 새로운 모범으로 등장한 것이 결코 우연이 아님을 알 수 있다.

시인은 낡은 것이 물러가고 새로운 것이 등장하는 것에 대해서 결코 반대하지 않는다. 그러면서도 그는 단순히 새로운 것을 일방적으로 과장하여 표현하지 않고 항상 낡은 것과의 상호관계 속에서 보여줌으로써 그 새로운 것의 의미를 한층 더 부각시키는데 성공하고 있을 뿐만 아니라 그 새로움이 진정한 새로움인지 아니면 새로움을 가장한 낡은 것인지를 분별해 낼 수 있는 지적 여유를 동시에 주고 있는 것이다. 바로 이러한 점이 이 시의 매력이다. 특히 그의 시에 나타난 근대의 이중적 측면의 포착은 서정시인으로서의 그의 역량을 짐작케 하는 대목이다. 그런데 이 시 역시 나중에 부르주아 잔재의 작품으로 비판받는다.[66]

---

66) 윤세평은 「시문학에서의 부르죠아 사상 잔재를 반대하여」(『문학신문』,

김순석은 천편일률적인 도식주의에서 벗어나서 북한 시단에서 가장 개인적인 목소리를 가지고 노래한 시인이라고 할 수 있으며, 가장 주체성을 가진 시인이라고 할 수 있다. 그러나 "모난 돌이 정을 맞는다"고 획일적인 사고방식이 지배하는 전체주의의 북한의 살벌한 문학 환경 속에서 김순석은 문학적으로 요절할 수밖에 없었다.

아래에서 김순석을 실례로 북한 사회와 서정시의 운명을 거론해 보기로 하자.

북한에서 서정시의 운명을 가늠하는데 있어서 가장 중요한 문제는 바로 개성이다. 이 문제는 두 가지 측면에서 고려되어야 한다. 하나는 서정시의 장르적 속성으로서의 개성이며, 다른 하나는 국가 사회주의 성격을 띠고 있는 북한사회에서 개성 발현 가능성 여부이다.

서정문학이 처음 생성될 때, 개인에 대한 자각이 가장 중요한 메카니즘이었다는 사실이 역사적 과정에서도 분명하게 드러나듯이 서정시는 시인 자신의 개성과 밀접한 관련을 맺고 있다. 소설을 비롯한 서사문학에서는 작가와 주인공이 엄밀하게 구분되어 있고 그 둘은 때로는 직접적인 관계가 있기도 하고 경우에 따라서는 그 관계가 간접화되어 있기는 하지만 작가와 주인공이 분리되어 있다는 것은 공통적이다. 작가는 단지 주인공들을 조직하는 중심의 위치에 서 있을 뿐인 것이다. 그러나 서정문학에서는 이러한 작가와 주인공과의 관계가 존재하지 않는다. 기본적으로 시인의 사상, 감정의 토로가

1959)에서 다음과 같이 이 작품을 비판한다. "김순석은 날로 개변되어 전진하는 오늘의 위대한 현실에서 혁명적 랑만성을 찾을 대신에 잃어버린 것에 대한 감상적 애수에 잠기는 적이 더 많으며 이러한 사정으로부터 그의 시가에는 론리적인 것과 감상적인 것이 통일되지 못하고 분렬된 채로 로출되는 경우가 또한 많다. 그리하여 시 『마지막 오솔길』은 그러한 모순을 노출시킨 전형적인 실례인바 그가 깊이 생각해야 할 점은 무너져 가는 마지막 오솔길을 못 잊어 더 걸어보겠다는 심정이 결코 우리 사회주의 건설자들의 심정일 수 없으며 그것은 시인 자신의 소 부르죠아적 애수에 불과하다는 그것이다."

주를 이루며, 주정토로를 위주로 하지 않고 생활을 묘사한 시라든가 혹은 '나' 이외에 다른 서정적 화자(話者)가 등장한 경우라도 이는 마찬가지이다. 그런 점에서 서정시는 다성성(多聲性)의 장르가 아니라 단성성(單聲性)의 장르라 할 수 있다. 이 점은 바로 서정시가 개성과 밀접한 관련이 있음을 더욱 잘 말해준다.

국가 사회주의적 성격을 가진 북한 사회의 현실에서 예술작품은 구성원 개개인의 개성적 자각보다는 국가적 과제를 더 우선하도록 강요된다. 해방 후 북한 사회는 국가 사회주의적 성격을 강하게 띠게 되면서부터 개인과 개성에 대한 무시가 심화되었다. 특히 1950년대 중반 이후 "개인은 전체를 위하여, 전체는 개인을 위하여"라는 구호가 전면화 되면서부터 이러한 경향은 한층 강화되어 오늘에 이르고 있다. 이데올로기의 일색화를 요구하는 북한사회에서 개인의 독특한 사상이나 정서 같은 것이 이단시(異端視)된다는 것은 불 보듯 뻔하다. 그러므로 이처럼 개성이 제대로 발휘되기 어려운 현실에서 개성에 뿌리를 두고 있는 서정시가 자유롭게 성장할 수 있는 토양은 극히 척박할 수밖에 없는 것이다.

이처럼 서정시가 개성을 떠나서 생각하기 어려운 장르일진대 북한의 국가 사회주의(황장엽 씨는 봉건적 사회주의라고 북한사회의 국가성질을 규정하기도 한다[67])의 전일성이 여기에 어떤 영향을 주었는가 하는 점에서 바로 북한 서정시의 운명을 파악해야 할 것이다. 장르적 속성으로서의 개성과 북한의 국가 사회주의가 서로 충돌할 수밖에 없는 자리에 놓여 있는 북한의 서정시는 결코 순탄한 길을 걸어오지 못하고 내부적으로 치열한 논쟁과 상호비판을 겪게 되는데, 특히 '개성'과 '개인취미' 사이의 갈등은 퍽 오래된 것이다.

북한의 서정시가 도식화의 경향을 보일 때, 이에 대한 최대의 비난은 천편

---

67) 황장엽, 『나는 역사의 진실을 보았다』, 도서출판 한울, 1999년, 369-393쪽. 「주체사상은 어떻게 봉건사상으로 변질되었는가」 참조.

일률(千篇一律)적으로 '개성'이 없다는 말이다. '개성'이 없다는 것은 시인의 얼굴이 없어져 버리는 것이나 같은 것으로써 모든 시들이 비슷하고, 어떤 시를 보아도 깊은 감정적인 울림이 없고 상식적인 것을 확인하는데 지나지 않게 된다. 특히 '나'가 빠져 있기 때문에 그 시의 초점이 사라지고 나아가 무미건조한 것으로 되어버리는 것이다. 따라서 이를 극복하기 위한 최대의 처방은 바로 시의 '개성'을 살리는 것이고 이를 통해 시인의 독특한 얼굴을 회복하자는 주장이다.

그런데 반대의 경우도 존재한다. 북한의 문학정책이 상대적으로 자유로웠다가 전반적으로 도식화되어 나갈 때 기존문학에 대한 비판이 일어나는데, 이때 최대의 공격이 바로 '개인취미'로 빠졌다는 것이다. 이런 경우에 개성화로 나아가는 시인들은 흔히 주관적 취미에 부합하는 소시민적인 것을 드러낸다고 공박을 받게 되며 나아가 부르주아 반동적인 것으로 비난받게 되는 것이다. 한동안 개성을 살린 좋은 시로 평가받았던 시들이 이제 '개인취미'에 빠진 소시민적 시로 비판을 받는 반면, 이전에는 구호시로 비판 받던 시들이 이제 사상성이 있는 좋은 시로 평가받기에 이르게 되는 것이다.

북한문학사, 특히 서정시의 역사에서 보면, 이러한 '개성'과 '개인취미' 사이의 갈등은 퍽 오래된 것으로 양자가 서로 긴장을 유지한 채 북한 시사(詩史)가 진행되고 있다. 이런 긴장, 즉 한 때는 개성을 잘 보여준 시로 평가받다가 나중에는 '개인취미'에 빠진 시로 매도되는 과정을 전형적으로 보여주는 것이 바로 김순석의 서정시이다.

김순석(1921~1974)은 함경북도 나남에서 태어났으며, 해방 직후 1946년 「산향」으로 등단한 뒤 시집 『영웅의 땅』(1953), 『찌플리스의 등잔불』(1955), 『황금의 땅』(1957) 등을 출간했으며, 1956년 말부터 1958년까지는 작가동맹 중앙위원회 시분과 위원장을 지냈고, 1962년부터 1968년까지는 김일성종합대학에서 시창작 교원을 지낸 북한 서정시의 대표적 시인이다. 그는 해방 직후 시작활동을 시작하면서부터 1960년대 중반 더 이상 작품을 발표하지 않을 때까지 나름의 독특한 서정시와 서정시론을 펼치면서 북한 문학계에서 서정시 논쟁의 중심에 놓여 있었다. 이러한 그의 면모는 해방 직후 처녀작으로 발표한 「산향」에서부터 뚜렷하게 드러난다.

자개 하얀 도랑물 담아
물방아 호박이
포옹포옹 ……
가재골 물소리도
차츰차츰 가까워 오는구나

밤도 퍼그나 갔나부다
좀체 밝잖든 와사등이
포근한 방안에 오루루……
잘도 끓어 화안하다

이뿐아!
푸장일에 검댕이 앉은
네 낯을 씻지 않아도 좋다

오르내린 발자국에 짐승떼 살피며
싸리대 휘여잡아 단걸음 30리
자국마다 위태로운 올리막 길을
눈사태 헤치며 달려오던 그날에 비겨

베개감자 이랑을 딩굴
가을을 믿는 네 량볼
자랑스러워 붉어오르니 좋다
생이깔 팡팡 찍어
잠자리 편한 귀틀막 마음대로 결으고
모래알 말갛게 들여다보이는
샘터에 우물을 괴여 달포

난생 처음 허리 펴 딩구는

구름까래 좋은 내 방에
밤을 새워
너는 감자눈 뜨고
나는 톱날을 세우고

사립창 밖
숨 쉬여 쉬는 밤하늘엔
깊은 밤을 흔들어 타오르는
새빨간 우등불!
하늘도 좁다 굼틀거리는
우리의 희망처럼 피여 일어서고

야아! 이것이 모두 우리거로구나
앞날을 꾸미며 흐르는
가슴에 가슴 맞대이고
온통 소리쳐 자랑하고 싶은 이 마음

자아 날 밝으면 신 새벽
가꿔 올린 이랑이 물결쳐 숨쉬는 곳
무연한 푸장터에
래일은 씨묻히다.

바람이 이는 게다
한낮은 꿀벌떼 푸성귀에 잉잉거려도
해지면 싸늘한 등판
차돌을 내리 굴려
도랑은 방아소리 높이고
샘터에 우거진 짜작밭엔 잎새가 설렁인다.
장작불을 지펴 부뚜막을 데이렴

이 시는 한 곳에 정착하지 못하고 떠돌아다니면서 짐승을 잡아 생계를 꾸렸던 지난 날을 마감하고 비록 산 속의 험준한 곳이기는 하지만 토지개혁으로 분여 받은 자기의 땅에서 농사일을 하게 된 어느 젊은 부부의 벅찬 감격을 노래했다. 해방 직후의 들뜬 분위기 속에서 당의 정책을 노래하면서 생경함을 벗어나지 못했던 다른 시인들의 작품들과는 엄연히 구별되는 서정시인인 김순석의 개성적인 냄새를 물씬 풍기는 작품이다. 여기서 특히 주목해야 할 점은 해방이나 토지개혁과 같은 시대의 전변을 다룬 작품이라고 하더라도 그것을 추상적인 차원에서 접근하지 않고 실제 민중들이 살고 있는 구체적인 현실을 매개로 하여 그것의 의미를 읽어내고 있기 때문에 그 감격이 절실하게 다가온다는 점이다. 토지개혁을 다룬 이 시기의 많은 작품들이 토지개혁으로 인하여 토지를 분여 받은 사람들이 기뻐하는 장면이라든가 이전과는 다르게 주체적인 면모로 성장해 가는 농민들의 결의를 직접적으로 토로하는 것과는 달리, 김순석은 그러한 시대적 변화가 쉽게 감지되지 않을 정도로 간접화시켜 드러냈다. 「산향」에 드러나는 것도 그러한 시대적 변화보다는 한 젊은 부부가 살아가는 모습이다. 그렇기 때문에 다른 시들과는 달리 그 사상 감정과 정서가 대단히 솔직하고 명확하다. 그러면서도 해방과 토지개혁이란 당대의 시대적 변화와 무관하지 않음을 보여주는 솜씨가 예사롭지 않은 것이다.

김순석은 줄곧 자기의 고향 동네인 함북의 마을들을 배경으로 하여 시를 쓴 시인이다. 해방 직후는 물론이고 전쟁시기 그리고 전후의 건설시기, 그 어떤 시기를 막론하고 줄곧 자기 고향 부근의 마을들을 배경으로 하여 시 창작을 하였다. 이는 그로 하여금 허황되고 생경한 구호시를 피하게 하고 삶의 구체적인 호흡이 배여 있는 서정시를 낳게 한 중요한 원동력이라 할 수 있다. 그는 역사의 전변을 관념 속에서 구하지 않고 구체적인 삶의 현실 구석구석의 실제에서 읽어내었는데, 이 역시 삶에 다가가지 않은 시가 얼마나 개념적이고 허망한 것인가를 그 스스로 잘 짐작하고 있었던 것에서 나온 것이라고 생각한다. 이를 그의 시 「황소 싸움」을 통해 재확인해 보자.

일 났구나 황소가 황소끼리 싸움 붙었네
얼룩배기 등굴소 네발을 벋디디고

검정 점배기 뿔을 치켜 세웠네
—네가 내게 견디여…… 움머……

소문난 싸움군 어느 쪽이 물러설가
뜨고 부딛치니 들판이 들썩
행길이 막히여 사람들 웅성거리는데
—아무도 참견 말야…… 움머……

때마침 들려 왔네 우렁우렁
봄갈이 첨 온 뜨락똘 한 대
갈 길이라 떡 버티고서니
한참이나 방울눈이 치켜 보다가
……얼룩배기 둥글소 냅다 빼네.
……검정점배기 냅다 빼네.
—「황소 싸움」 전문

이 작품 역시 황소싸움이라는 시골에서의 구체적인 풍경을 통하여 트랙터가 소를 대신하는 농업기계화의 미래를 이야기한 작품이기는 하지만 생경한 구호시와는 다른 모습을 보여주고 있다. 구체적이고 생동하고 개성적인 시골의 풍경을 통해 시적인 주제를 스스로 흘러나오게 하는 것이다. 이러한 점은 시골을 배경으로 하는 그의 시 대부분에서 드러나는데, 이 과정에서도 단순히 북한의 정책을 해설하거나 그 정책의 혜택을 입은 농민들의 감격만을 직설적으로 드러내는 것이 아니라 농민들의 실제 삶에서 이것이 구체적으로 다가오는 국면을 놓치지 않고 있다는 점에서 여타의 시인들과는 다른 독특한 개성을 지니고 있다. 이 점을 잘 보여주는 것이 그의 「늦은 시월도 저무럼 한때」이다.

늦은 시월도 저무럼 한때
들에 가을 필하였어라
달구지마다 무너지게 벼단이 실리고
갈걷이군들 홍겨워 뒤를 따르네

늦은 시월도 저무럼 한 때
개울에 물방아간 쿵쿵 찧었지
농민들의 한숨을 지주가 찧던 곳
그 자리에 조합이 풍년을 짷네.

풍족한 마을……가슴이 더워 오네.
들도, 산도, 개울도 반겨 맞는 듯
길에서 서로 만난 어릴 적 친구들
가슴에 차오르는 행복한 마음,
슬그머니 들어앉은 그 옛날 생각
말 못할 설음에 뺨을 적시며
그 몇 번 가을 길을 헤매였던가
고향을 멀리 이런 가을을……
벗들을 멀리 이런 저녁 때……

언제부터이던가?
가을이 사람에게 설움으로 된 것은,
언제부터이던가?
가을도 사람에게 기쁨이 된 것은.

이 시의 배경을 이루고 있는 농촌 마을에 협동조합이 들어섰음을 금방 알 수 있는데, 시인은 이것이 사회주의적 생산관계에로의 개조인가 아닌가에 대해서는 흥미를 갖고 있지 않다. 그것이 중요한 것은 과거 지주 밑에서 소작농을 하던 농민들이 겪어야 했던 설움과 황폐화된 농촌에서 살 수 없어 결국 고향을 등지고 살 수밖에 없었던 이전의 억압적 삶을 청산해주었다는 점에 있는 것이다. 시인은 바로 온존해 오던 전근대적 체취가 더 이상 유지될 수 없게 세상이 바뀌어버린 것에 눈길을 주고 있다. 설음으로 가득 찼던 가을에서 벗어나 기쁨의 가을을 맞이할 수 있는 것에 흥분하고 있다. 바로 이런 점에 농촌에서의 사회주의적 개조의 일환으로써의 협동조합화를 포함한 농촌의 수리화, 전기화, 기계화의 전반적 근대가 의미를 갖고 있는 것이다. 이는 시적 계기를 당대의 정책이나 구호에 두지 않고 고향 마을에 살고 있는 구체적인 사람들의 생활 감정에 두는 그의 시적 개성에서 가능한 것이다.

4. 소설문학의 전개 양상

이 시기 북한소설 분야를 주도한 기성세대의 작가들로는 이기영, 한설야, 황건, 윤세중, 유항림, 이근영, 최명익 등을 들 수 있으며, 해방세대 작가들로는 천세봉, 변희근, 박웅걸 등을 들 수 있다.

이 시기 북한의 소설 창작은 전술했듯이 도식주의와 무갈등론을 반대하는 경향에 따라 내용과 소재적 측면이 다양화된다. 이를 분류해보면, ①노력주제소설[68] ②농업협동화 주제소설[69] ③조국해방전쟁소설[70] ④계급교양소설[71] ⑤역사소설[72] ⑥남조선 인민의 투쟁을 다룬 소설[73] 등이다. 그러나 여기에서는 이 시기 소설의 주된 경향에 대해서만 논하기로 하겠다. 즉 이 시기의 북한소설은 크게 두 방향으로 전개되었다. 그 하나는 영웅서사시적인 방법으로 민족의 현대사를 조명하고 그 역사적 과정을 전진운동으로 그려나감으로써

68) 리북명의 「새날」, 윤세중의 「시련속에서」, 유항림의 「직맹반장」, 변희근의 「빛나는 전망」, 「겨울밤의 이야기」 등이 있음.

69) 단편으로 강형구의 「출발」, 김만선의 「태봉령감」이 있으며, 중편으로 리근영의 「첫수확」, 장편으로 천세봉의 『석개울의 새봄』 등이 있음.

70) 중편으로 김영석의 「젊은 용사들」, 석윤기의 「전사들」, 윤세중의 「도성소대장과 그의 전우들」 등이 있음.

71) 황건의 장편소설 『개마고원』이 대표적 작품임.

72) 리기영의 장편소설 『두만강』(1~3부), 최명익의 장편소설 『서산대사』가 대표적 작품임.

73) 단편으로 리근영의 「그들은 굴하지 않았다」, 최재석의 「탈출」, 장편으로 엄홍섭의 『동틀 무렵』 등이 있음.

지나간 역사에서 현대적 의미를 밝히려 한 노력이었다면, 다른 하나는 현실의 사회적 변동을 반영하면서 그 과정에서 나타나는 사회적 문제성을 제기하고 비판하려는 노력이었다.

1) 이기영의 『두만강』

이 시기에 가장 주목되는 소설은 이기영의 '대장편'소설 『두만강』이다. 북한에서 말하는 '대장편'은 한국문학의 대하장편소설에 해당한다고 볼 수 있다. 북한이라는 동토(凍土)에서 이기영이 혼신의 힘을 다해 창작한 대장편 『두만강』은 어떠한 작품일까?

3부로 구성된 『두만강』은 1954년에 제1부(29장)를 발표한데 이어 1958년에 제2부(37장)를 발표하였고, 1961년에 제3부(36장)를 완성해 발표했다. 이기영은 이 소설의 제1부로 인민상을 수상하기도 했다.

제1부는 1900년 초 러일전쟁을 전후한 시기로부터 1910년 한일합방에 이르는 일제의 대한제국 강점을 전후한 시기를 역사적 배경으로 하여 충청도의 두메산골인 송월동을 무대로 빈농인 박곰손의 봉기와 의병투쟁, 애국적 인텔리인 이진경의 애국적 계몽운동 등의 반봉건 투쟁의 구체적 활동을 묘사하고 있다.

송월동으로 낙향한 지주 한길주는 봉건 말기 지배계급의 전형적 인물이다. 양반의 특권을 행사하여 농민들을 착취하고 금광에도 손을 대나 실패하고 일제와 야합하여 묘목장 이권을 얻는 것으로 현상유지를 하지만 그의 아들 한경식은 방탕하고 목적 없는 생활로 몰락한다.

봉건지배계급으로부터 수탈과 착취를 당하면서도 이를 극복하기 위해 일어난 농민봉기와 반일의병투쟁의 중심인물은 박곰손이다. 그의 조부는 농민봉기와 반일의병투쟁에 참가했었다. 할아버지는 민란(民亂)의 주동자로 송월동에 피신해 살다가 죽었고 그의 부친은 대원군 시절 경복궁 축성에 부역하다가 몸을 다쳐 죽었다. 그가 몇 해에 걸쳐 만든 논을 지주가사폐지(辭陛地,

사폐는 먼길을 떠나는 사신이 임금에게 하직 인사를 드리던 일)라는 구실로 빼앗은 것에 반대하여 싸우기도 하고 철도 공사에 농민을 강제로 부역시키고 일본인 십장이 가혹한 행위를 하는데 대해 반기를 들고 싸운다.

박곰손이 애써 만든 논을 빼앗기는 것을 보고 남의 일만이 아니라 자신의 이해와 관련된 중대한 문제라는 사실을 깨달은 송월동 농민들의 긴밀한 협조 하에 탈옥한 박곰손은 애국계몽사상가인 이진경으로부터 을사보호조약 소식을 듣고 의병운동에 나선다. 곰손이는 최동욱 부대와 연계하여 의병투쟁에 가담해서 한길주와 홍의원 등의 지주네 집을 습격하는 투쟁을 전개한다. 그는 제사공장에 폭탄을 던지고 정거장과 헌병대 습격에 용감하게 참가한다. 한길주의 처남이면서 의병과 내통했다고 자기를 체포하러 오는 일본군들과 싸우다 죽은 이진사의 아들 이진경은 김진해, 윤용섭 등과 함께 학교를 세우고 대중을 계몽한다.

한길주의 산지기로 자신의 이익을 챙기는 정첨지, 헌병분대장, 국내 일제 침략의 정보기관 역할을 하는 우편소장 원산 등의 부정적 인물들과 자신의 처지를 직시하고 그것의 극복을 위해 싸워나가는 가난한 농민들인 이춘실, 김관일, 맹덕삼, 권치백, 유성관, 임봉임 등과 이들의 후대인 씨동, 쌍둥이 형제, 덕성, 옥이, 분이, 상금 등의 긍정적 인물들이 대조적으로 묘사된다. 이강년 부대에 속해서 의병운동을 벌이는 최동욱과 한길주, 집을 뛰쳐나와 의병으로 활동하는 강덕만 등의 인물도 을사조약 이후 일제의 침탈이라는 객관적 현실에서 그려지고 있다.

제2부는 1910년부터 1919년 3·1운동까지 일제의 한반도 지배체제가 구축되는 시기의 송월동, 함북 무산 칠소, 만주의 간도지방을 중심무대로 하고 있다. 김진해는 일제와 결탁하여 토지조사를 계기로 땅을 늘리고 차츰 송월동까지 확장하려는 움직임을 보여 제2의 한길주로 등장한다. 박곰손 세대와 씨동이 세대간의 교차를 보여주는 것은 새로운 세계관에 입각한 민족해방투쟁의 성장을 예고하는 것이다. 곰손은 무산 7소에서 일본 헌병에

게 잡혀 임무를 수행할 수 없게 되자 씨동이를 의병부대에 보낸다. 씨동은 국내 의병 소식을 가지고 두만강을 건너가 안무의 지도하에 항일투사로 성장한다. 2부에서 두드러진 인물들은 박곰손의 아들인 씨동이를 비롯한 곰손의 딸 분이, 의병에 가담한 아버지 때문에 함경도로 이주한 강덕만의 딸 옥이, 리춘실의 아들 덕성이, 무산 7소에서 자라난 갑룡이 등인데, 이들은 탄광과 농촌에서 새롭게 성장한다.

제3부는 1920~1930년대 초 항일무장투쟁의 새로운 역사적 단계를 반영하면서 19세기말에서 1930년대 초에 이르는 식민지적 자본주의화 과정과 그것을 극복하고자 하는 한국 민족의 항일무장투쟁 기간을 그 역사적 배경으로 하고 있으며, 충청도 송월동, 함북 무산 칠소, 만주 간도 그리고 일본을 무대로 하여 소설이 전개된다. 3부에서는 박곰손의 아들 씨동이를 중심으로 한 새로운 세대가 중심이 된다.

씨동은 안무의 지도를 받으면서 동북 지역을 거점으로 반일 독립운동을 하지만 대중과의 유대에 기초한 것이 아니고 개인적 테러에 그치거나 독립운동단체의 파벌 싸움을 목격하고 노동자계급이 영도하는 민족해방투쟁으로 옮겨가게 된다. 연길 감옥에서 최혁으로부터 노동자계급이 이끄는 혁명과 이를 통한 민족해방투쟁에 대한 교양을 받고 신흥 탄광에 들어가 본격적인 대중활동을 벌이면서 폭동을 주도한다. 만주로 돌아가 조명호나 김병구와 같은 동지들과 함께 추수, 춘황 투쟁을 주도하고 항일무장투쟁의 근거지로 들어간다.

이기영은 제3부를 쓰기 위해 만주 일대를 답사하고 이전에 창작한 1부와 2부를 3부와 연계하여 검토하면서 옥이와 갑룡이를 조급하게 결혼시킨 것을 삭제하고 옥이와 씨동이의 관계를 계속하게 하여 옥이와 씨동이가 결혼하게 되는 것으로 3부는 시작된다. 분이는 용정을 떠나 서울에서 고학하면서 독서회를 조직하고 제사공장 노동자로 취직하여 철도파업과 때를 같이하여 공장 내의 파업을 주도한다. 갑룡은 철도파업과 공장파업을 지도하다가 한창복과

박근의 밀고로 경찰에 붙잡힌다.

3부에서 중심적인 것은 1920년대 사회주의자들의 활동상이다. 오늘날 북한에서는 상대적으로 국내 사회주의운동이 소홀하게 다루어져 이 부분의 형상화가 어렵나는 섬과 남한에서는 이시기 민족해방운동의 경험을 가진 사람이 드물다는 점을 감안하면, 이 부분을 소설로 형상화 한 것은 가히 기념비적이라고 할 수 있다.

『두만강』이 발표되기 시작하자 높은 평가와 찬사를 받기 시작했다. 『조선문학통사』(현대문학편)는 제1부와 제2부만으로도 "우리 소설문학에서는 과거 수세기에 걸쳐 우리 력사에서 벌어진 인민들의 해방투쟁을 대장편(에뽀뻬야)으로 묘사한 작품은 없었다. 이 점에서 장편소설가 리기영이 장구한 세월에 걸쳐 구상하여 오던 대장편 <두만강> 1, 2부를 전후에 발표한 것은 전후 우리 문학의 거대한 성과가 아닐 수 없다" 면서 다음과 같이 평하고 있다.

> 『두만강』은 정당한 리유로써 박곰손 일가의 연대기라고도 말할 수 있다. 그만큼 『두만강』은 과거의 우리 민족의 복잡하고 다방면에 걸친 력사를 한 가족의 대대의 이야기 속에 압축하여 보여준 민족서사시로 씌여졌다. 『두만강』 제1부는 당대의 우리 인민들의 각계각층을 포괄함으로써 그들의 각이한 풍습과 제도들을 오늘의 독자들에게 선명한 화폭으로 보여주는 그런 산 력사교재로서의 인식적 의의를 가질 뿐만 아니라 당대의 새 것과 낡은 것과의 사이의 치렬한 계급투쟁의 서사시에 대한 묘사를 통하여 오늘의 독자를 계급의식으로, 민족해방의 사상성 조국통일의 리념으로 고양함에 있어서 중요한 무기로 되었다. 즉, 『두만강』 제1, 2부는 19세기 말엽으로부터 20세기 20년대 말, 3.1운동 직전까지 이르는 기간 조선이 일제의 식민지로 전락되던 전야와 그 이후의 모든 민족적 비극들과 일본의 침략을 반대하여 일어선 조선인민의 민족해방투쟁의 첫 단계를 그 복잡한 면모로 생동하게 비쳐준 거울이 되었으며, 심오하고 선명하게 개성화 된 예술적 형상 그리고 이야기와 세부들의 예술적 감흥으로 말미암아 전후문학뿐만 아니라 현대 조선문학에 있어서 최대의 예술적 수확의 하나로 되였다.[74]

---

74) 사회과학문학연구소 편, 『조선문학통사』(현대문학편), 334쪽.

한편 『조선문학개관』에서는 『두만강』을 다음과 같이 평하고 있다.

> 장편소설 『두만강』(제1부)는 전형적이며 특징적인 사건들과 생활세부들, 다양한 인물들의 생동한 개성적 형상을 통하여 당대사회의 본질을 정치, 경제, 문화 등 사회생활의 여러 측면에서 폭넓고 깊이 있게 밝혀내고 있다. 소설은 비교적 긴 력사적 시기를 배경으로 하고 여러 가지 생활사실들과 사건들, 수많은 인물형상들을 취급, 묘사하면서도 그것들이 모두 작품의 기본주제사상의 해명에 효과적으로 이바지할 수 있게 한 째인 구성을 가지고 있다. 작품은 또한 언어의 묘사 표현적 기능을 옳게 살림으로써 섬세하고 매혹적이며 풍부한 화폭을 창조하고 성격의 개성화를 높은 수준에서 실시하였다. 특히 인물묘사, 자연묘사에서는 우리말의 우수성과 풍부한 묘사적 기능을 훌륭하게 살리고 있다.[75)]

한편 남한 학계와 문학계에서도 『두만강』에 대한 연구가 많이 진행되었다. 구인환, 김윤식, 조남현, 정호웅, 김재용, 이상경 등의 연구가 바로 그것이다. 정호웅은 이기영의 해방 전 작품인 『고향』과 『신개지』를, 특히 『두만강』의 원형으로 판단하고 『두만강』에서 혁명적 낭만주의를 읽을 수 있다고 하였다. 그리고 그는 이기영의 『두만강』에서 객관적 현실을 구체적으로 형상화했음을 지적하면서 『두만강』의 결점으로 인물 형상화의 도식성과 역사적 사실의 왜곡, 그리고 3부에서 나타나는 딱딱한 설교조와 감상적 고백조의 대폭 증가 등을 들었다.

이상경은 『이기영 시대와 문학』(풀빛, 1994)에서 「민족해방운동의 서사시 : 『두만강』」이라는 제목 아래 심층적으로 기술하고 있다. 이상경은 "『두만강』은 그것이 대상하는 시대의 폭 넓음과 소설 전체를 일관하는 식민지적 자본주의 비판과 극복의 시각의 확고함에서 그 이전까지의 이기영 소설의 총화이자 그것을 능가하고 있다"[76)]고 말하면서 다음과 같은 결론을 내리고 있다.

---

75) 박종원·류만, 『조선문학개관』, 과학·백과사전 출판사, 218쪽.
76) 이상경, 전게서, 397쪽.

> 따라서 『두만강』은 근대 초기부터 1930년대의 우리 근대사에서 각계각층의 인물들의 운명을 탐구하면서 역사적 격변기의 민족적 삶의 본질적인 문제를 포착하고 그 해답을 찾아나가면서 그 시대를 전면적으로 반영한 거내란 서울로써 우리 앞에 놓여 있다.[77]

한편 조남현은 그의 논문 「이기영의 『두만강』 연구」에서 『두만강』을 다음과 같이 비판하고 있다.

> 『고향』을 통해 이기영 자신이 어느 정도 인정하였고 『신개지』나 『봄』에서는 오히려 큰 비중이나 의미를 부여한 것처럼 보이는 에로스의 형태로써 남녀관계는 『두만강』에서는 거의 찾아보기 어려운 것이 사실이다. 남녀 사이의 사랑이나 성을 에로스의 지평에서 파악하고 묘사하는 방법을 의도적으로 외면했다는 것은 결국 『두만강』의 인간관이 한 개인에 있어 '가슴'은 무시한 채 '머리'와 '손'만 중시한 쪽으로 치달렸음을 잘 입증하는 것이 된다. 혹은 '가슴'을 '머리'와 '손'의 보조장치 정도로만 파악한 것일 수도 있다.[78]

조남현의 지적처럼 『두만강』이 왜 '머리'와 '손'만 중시한 작품으로 씌어졌을까? 조남현이 지적한 에로스 형태로서의 남녀관계가 이기영의 초기작인 『신개지』나 『봄』에서보다 찾아보기 어려운 것은 무슨 이유 때문일까?

이기영이 『신개지』나 『봄』을 쓰던 시대는 일제강점기였다. 이 시기 모든 문학작품은 검열의 대상이었다. 그러나 『두만강』에서 농민봉기, 의병운동, 애국계몽운동, 독립군운동, 3·1운동, 노동운동, 농민운동 등 광범위한 항일 투쟁을 총체적으로 그릴 수 있었던 것은 일제강점기가 아니었기에 가능했던 것이다. 그리고 일제 검열제도 하에서도 에로스 형태로서의 남녀관계를 표현하는데 커다란 제약은 없었던 것으로 보인다. 그러나 이기영이 『두만강』을 쓰기

---

77) 이상경, 전게서, 397쪽.

78) 조남현, 「이기영의 『두만강』 연구」, 이남호 편, 『한국대하소설연구』(집문당, 1997), 176쪽.

시작한 1954년부터 1961년까지의 시기는 북한이 김일성 지배체제에서 북한 당대 현실 문제를 다루면서 부딪히게 되는 제약에서는 벗어났으나, 김일성 유일사상(주체사상)에 의한 문예정책이라는 그물망에서는 자유로울 수가 없었다. 그 자유로울 수 없음이 드러난 대목이 비단 에로스 형태로의 남녀 관계뿐만 아니라, 작중 인물의 형상에서도 그대로 드러난다고 할 수 있다.

『두만강』은 『땅』에서와 마찬가지로 주동인물과 반동인물의 갈등구조로 짜여져 있다. 『두만강』에서 주동인물은 빈농인 박곰손과 애국적 인텔리인 이진경이며, 반동인물은 봉건 말기 지배계급의 전형적 인물로 그려진 한길주이다.

그런데 이기영은 『서화(鼠火)』와 『고향』에서는 농민이 갖고 있는 이중성을 사실적으로 형상화함으로써 유연하게 인물을 묘사했는데, 『두만강』에서는 농민의 혁명적 측면만을 부각시켜 작품을 생경하게 만들고 있다.

> "여러분!
> 우리 농민들은 지금 한창 바쁠 때에 제 집 농사를 젖혀놓고 이렇게 날마다 끌려 나와서 부역을 하는데 게다가 매까지 맞아야 한단 말이오. 이건 너무도 통분한 일이오! 저 애가 무슨 죄가 있기에 다리에서 피가 나도록 매를 얻어맞는단 말이오? 이것은 우리가 너무 양순하니까 저자들이 만만히 보고서 우리들을 억누르자는 것이오! 하니까 우리도 인제부터 부역을 하지 맙시다.(그는 두 주먹을 쥐고 고함을 친다) 어떤 놈이거나 때리거든 마주 때려라! 뒷일은 내가 담당할 테다. 한맘 한뜻으로 우리도 싸워야만 압제를 면할 수 있다! [79]

위의 인용문은 『두만강』의 주동인물인 박곰손이 경부선 철도공사장에서 따귀를 때리려 달려드는 '십장놈'을 발길로 그의 가슴을 차고 나서, 일꾼들을 행해 외친 말이다. 『두만강』에서 농민으로서의 박곰손은 미진하게 묘사되어 있으나 혁명가로서의 박곰손은 강렬하게 묘사되어 있다. 오로지 그는

79) 이기영, 『두만강』, 제1부, 풀빛, 1989, 158쪽.

혁명을 위해 태어난 사람처럼 그려져 있다.

이렇게 이기영이 『두만강』에서 농민들을 투쟁 일변도로 그려나간 것은 항일투쟁의 지도자 김일성의 역사적 정당성의 구현이라는 그물망에 갇혀 버렸기 때문일 것이나.

> 김일성을 가리킨 것으로 보이는 '청년 김장군', '청년 혁명가 김동지'의 '영도 밑에 창건된 항일 유격대'에게 절대적인 희망을 걸고 맹목적인 충성을 다짐하면서 박씨동과 그 일파가 유격대가 있는 어랑촌을 향해 떠나는 것으로 대단원의 막을 내린 대하소설 『두만강』의 구성방법은 이기영의 한계, 더 나아가서는 북한소설의 근본적 한계를 극명하게 일러주는 것이라고 할 수 있다.[80]

조남현은 "이기영은 『두만강』 3부에서 계급투쟁사관을 강변하는데 급급하여 『두만강』을 생경한 작품으로 만들고 등장인물들을 꼭두각시로 만들고 있다"고 지적한 것은 일리가 있다. 그러나 그 당시 만주에서 열화처럼 타올랐던 항일투쟁을 감안할 때, 이러한 묘사가 너무 역사적 사실과 동떨어졌다고 보는 것도 역시 실사구시(實事求是)적인 분석과 평가는 아니라고 해야 할 것이다.

또한 최명익의 장편역사소설 『서산대사(西山大師)』는 임진왜란 때 일본에 대적하여 나라를 지키는 조선 민중의 애국적 투쟁을 그린 작품이다. 평양성 전투를 중심으로 전개되는 이 소설은 서산대사를 중심으로 하는 승병(僧兵)과 의병들이 일본 침략자들에 대항하여 싸우는 모습을 사실적으로 그리고 있다. 이 소설은 주제의 핵심이 민중과 외세만 강조되어 그 당시 조선 민중들과 봉건지배층의 관계가 그려지지 않아 비판의 여지가 있다. 『서산대사(西山大師)』도 예외 없이 북한 노동당의 문예정책이라는 그물망 속에 들어간 작품이다. 최명익은 해방 전 심리주의적 수법으로 「장삼이사(張三李四)」, 「심

80) 조남현, 전게서, 184쪽.

문」같은 작품을 발표한 모더니즘 계열의 작가였다.

사회주의적 사실주이라는 옷은 최명익 같은 작가에게는 맞지 않았을지도 모른다. 『서산대사(西山大師)』가 출간되었던 1956년은 북한문학에서 사회주의적 사실주의 원칙이 확립되지는 않았지만, 이른바 "문학의 당성, 계급성, 인민성 원칙"은 정립되었던 시기이다. 모더니즘 작가 최명익이 이 그물망에 걸린 채 그린 작품이 바로 『서산대사(西山大師)』이다. 『서산대사(西山大師)』는 충분한 인물 형상화가 이루어지고 있음에도 불구하고 작가가 직접 나서서 자기 목소리를 도처에서 드러내고 있는 것은 이중삼중 그물망과 무관하지 않다고 할 수 있다.

북한 노동당 문예정책이라는 그물망에 벗어날 수 없었던 북한소설은 한결같이 억업자와 착취자에 대한 저항의 대립구조로만 작품이 형상화되어 있다. 양반 관료와 지주는 악랄한 인물로 농민이나 화전민들은 선량하고 혁명적인 성정(性情)을 지닌 인물로 그려지고 있다. 이러한 억압이 『땅』과 『두만강』을 생경한 작품으로 만들고 있는 것이다. 특히 『두만강』은 계급투쟁사관이 투철하게 반영되어 있다. 이기영이 『두만강』을 쓰면서 계속 억압기제로 작용한 것이 김일성의 지도성 강화가 아니었을까. 당의 우위성으로부터 김일성 수령의 역사적 필연성으로 넘어가는 지점에 서서 김일성 유일주체사상에 의한 문예정책의 그물망 속에 허우적대던 이기영이 고민한 흔적이 박곰손이라는 빈농을 혁명적 측면에서만 부각시키려 했던 것이라 생각해 볼 수 있을 것이다.

2) 석윤기의 중편소설 『전사들』

석윤기(石潤基, 1929~1989)는 남한에서 출생하고 성장하여 6·25전쟁 중 인민군으로 참전한 작가로서 1970년대 이후 김일성 형상창조에 매진하여 주체문학의 토대를 다지는데 크게 기여한 북한 제2세대 작가군의 핵심인물로 평가받고 있다.

석윤기는 1929년 10월 22일 경북 달성군 동촌면의 가난한 농가에서 태어났다. 어린 시절 한 때는 부모를 따라 북간도에서 생활한 적이 있으며 귀국하여 대구에서 중학교를 다녔다. 이때부터 문학에 관심을 가지기 시작했고, 1947년에는 성균관대학을 다니다가 중퇴하기도 하였다. 대학 중퇴 후에는 교통운송업에 종사하기도 하고 『예술 평론』의 기자로 활동하면서 반미투쟁을 벌이기도 하였다. 그러다가 6·25전쟁 중 인민군에 의용군으로 입대하여 수송전사로 참전했다.

그가 작가로 인정받기 시작한 것은 휴전 이후 전상자병원에서 첫 단편소설 「두 번째 대답」(1956)으로 호평을 받고서부터이다. 그 후 그는 계속 전쟁 제재의 소설 창작에 전념하여 1960년에는 중편소설 『전사들』(1960)과 장편소설 『시대의 탄생』 제1부(1966)등을 출간해 주목을 받았다. 특히 그는 『시대의 탄생』을 발표하면서 소설가로서의 위치를 확고히 하였다. 이후 그는 주체문학 형성의 주요 작가로 인정받으며 1970년 항일혁명투쟁을 소재로 한 장편소설 『무성하는 해바라기들』을 발표했고, 1970~1980년대에 걸쳐 김일성의 항일투쟁과 혁명의 과정을 집대성한 총서 『불멸의 력사』 집필에도 참여해 총서 집필 작가 중 최다 편수인 4부를 집필하기도 했다. 또한 그는 북한문학사에서 '불후의 고전적 명작'으로 평가받고 있는 혁명가극 『피바다』를 소설화한 작가로도 알려지고 있다. 이러한 성과를 바탕으로 그는 1982년에 노력영웅 칭호와 함께 국기훈장 1급을 받았으며, 1985년에는 작가동맹 대표단장으로 소련을 방문하기도 했다. 당시 그는 주체사상의 문학적 구현 작업을 위해 만들어진 4·15창작단의 단장이었다. 1986년 9월 작가동맹 위원장에 올랐으며, 그해 11월에는 최고인민위원회 대의원 및 동 상설회의 위원이 되었다. 1988년에는 북한의 최고 훈장인 김일성 훈장을 받았으며, 이듬해인 1989년 4월 28일 59세를 일기로 사망했다.[81]

석윤기의 중편소설 『전사들』은 6·25전쟁 당시 박대우 중대의 영웅적 투

81) 이명재 편, 『북한문학사전』, 국학자료원, 1995.

쟁 모습을 형상화한 작품으로, 박대우 중대가 일개 중대 역량으로 연대의 중요한 작전 거점인 두무령을 사수함으로써 삼두봉에 진을 치고 있는 2개 연대의 적들을 격파한다는 내용을 담고 있다.

이 소설의 주인공인 박대우는 해방 전에 소학교도 마치지 못하고 어릴 때부터 제강소에서 고역에 시달리다가 해방 후 군민청 선전부장으로 새 조국 건설에 적극 참가하며, 전쟁이 일어나자 '원쑤 격멸의 격전장'에 자원 입대한 인물이다. 전장에서의 그의 투쟁은 부상으로 다리를 수술한 후에 곧바로 중대로 돌아가려 할만큼 영웅적이다.

연대 거점인 두무령은 이곳이 점령되면 월하봉은 물론 현리계선까지 내줄 수밖에 없는 중요한 전략 요충지이다. 이곳에서는 미군과의 끝없는 공방전이 계속되고 있는데, 문제는 이곳이 분지 한가운데로 뻗어 나간 협소한 고지라 방어에는 결정적으로 불리한 위치라는 점이다. 박대우가 군의소에서 퇴원하는 날부터 두무령에 대한 적의 총공격이 시작될 것이라는 소식을 접한다. 여기서 박대우는 자신의 중대병력으로 적의 연대공격을 막아낼 수 있겠느냐는 질문을 받고 해낼 수 있다고 장담한다.

전투가 시작되고 적의 공격이 두무령에 집중된다. 박대우는 목숨을 걸고 진지를 사수하던 중 위태한 지경에까지 이르지만 마침 적병 장교 한 명을 생포해 취조함으로써 승기를 잡는다. 그 결과는 여섯 대의 탱크를 앞세운 적들을 모두 죽이거나 생포하는 승리였다. 그러나 박대우 중대에도 다수의 사상자가 발생하고 박대우 자신은 중상을 입는다. 급히 군의소로 후송된 그는 다시 살아나 두무령 정상에 세워진 위령비 앞에서 '나는 전선으로 돌아왔네. 자네들 생각을 하면 죽을 수가 있어야지, 남해 끝까지 가겠네. 조국을 통일하여 자네들의 원수를 갚고 이 땅에 자네들의 소원을 성취시키겠네'라고 다짐한다.

이 소설에서는 주인공 박대우의 높은 책임성과 대담성, 결단성, 그리고 조국통일을 위해 끝까지 싸우겠다는 투철한 의지를 형상화하는 외에도 연대장 강표, 참모장 구본수, 군의관 구혜경, 무전수 한정숙 등을 비롯한 주요 등장인물들 간의 강한 연대감과 동지애를 부각시킴으로써 전체 인민군 전사들을 참다운 영웅들로 그리고 있다.

특히 두무령 사수(死守)가 위태한 지경에 놓였을 때, 참모장 구본수가 우려를 나타내자 연대장 강표는 '선상에서 지휘관이 자기 전사들을 믿지 못할 때 오히려 큰 희생을 초래한다'면서 박대우의 두무령 사수를 '끝없는 신임'으로 지지하는데, 이러한 동료 사이의 굳은 믿음이 연대감과 동지애를 북돋아 승리할 수 있다는 것을 작가는 암시하고 있다. 그리고 '이러한 믿음은 김일성 장군님을 모시면서 배웠다'는 강표의 신념에 찬 진술을 통해 김일성의 영도 방법이 혁명 전사들로부터 얼마나 절대적으로 신뢰받고 있는지를 강조하고 있다.

이 소설은 전후 복구건설시기 당원들과 근로자들의 계급교양을 강화하고 혁명발전을 가속화하기 위한 당의 요구에 적절히 부응하는 소설로서, 어떠한 악조건 하에서도 낙관적인 전망을 잃지 않고 과업을 달성해내는 혁명적 영웅의 한 전형을 제시한 작품이라 할 수 있다.

한편 이 소설에서는 박대우와 구혜경 사이에 작용하는 미묘한 이성적 관심에 대한 묘사를 비롯하여 살벌한 전장에서도 전사들이 고지 위에 꽈리나무를 옮겨 심는 희망의 모습을 그리는 등 작품 곳곳에 서정적인 화폭들을 펼쳐 보이고 있다. 이러한 점에 대해서는 북한문학사에서도 "전쟁 현실을 취급하면서도 성격창조에서나 언어문체적 면에서나 낭만성이 풍부한 특성을 보여줌으로써 작가의 개성을 뚜렷하게 보여주었다"[82]고 평가하고 있다.

3) 황건의 장편소설 『개마고원』

1956년에 발표된 황건의 장편소설 『개마고원』은 광복 후 평화적 건설시기와 한국전쟁을 시대적 배경으로 하여 북한 농촌에서 벌어진 치열한 계급투

---

82) 박종원·류만, 『조선문학개관(2)』, 1988, 202쪽.

쟁과 새 생활창조를 위한 북한 인민들의 투쟁을 묘사한 소설이다. 즉 북한 인민들에 대한 계급교양을 목적으로 한 소설이다. 이 소설의 줄거리는 다음과 같다.

삼수갑산의 두메산골에서 태어나 가정적 불행을 체험했으며 조국광복회 10대 강령을 지침으로 삼고 활동하는 남재한의 영향을 받으며 자라온 김경식은 징병에 끌려가던 도중에 도망쳐 집에 숨어살다가 해방을 맞이한다. 해방 후 김경석은 남재한의 적극적인 도움을 받으면서 권성팔, 안계숙 등과 함께 보안서 보초를 서는 일로부터 시작하여 노동당의 시책에 적극 부응한다. 경석은 노동당의 지도 밑에 자기 사업에 대한 높은 긍지를 가지고 기후와 토질이 나쁜 고향 마을을 살기 좋은 낙원으로 만들려는 마음으로 개마고원 지대의 농업과 축산을 발전시키려고 앞장서며 십리벌의 축산방목지 건설을 성공적으로 추진한다. 한국전쟁시기 미군과 국군의 진공으로 인한 후퇴시기에 경석은 면 당 위원장으로서 미군과 국군을 추종하는 사람들과 용감히 싸우면서 인민들의 후퇴를 보장하고 한 마리의 양도 손실 없이 제 때에 소개시키며 유격대를 조직하여 싸운다. 경석은 불리한 환경 속에서도 앞장서서 당원들과 인민들을 조직·발동하여 한 치의 땅, 한 알의 낟알도 미군과 국군에게 내어주지 말라고 한 김일성의 지시를 관철한다. 적의 후방에서 투쟁을 벌이던 중 적에게 체포된 경석은 혹독한 고문에도 굴하지 않고 면 당 위원장으로 하지 못한 일과 앞으로 해야 할 일에 대해 자기의 책임을 뼈저리게 느끼며 죽음의 각오를 굳게 다진다. 신심을 잃지 않고 감방에서 투쟁하던 그는 마침내 탈출에 성공하여 유치장에 갇혀있던 동지들을 구출한다. 마을에 돌아온 그는 적들이 파괴한 경제 시설들을 복구하고 전시생산을 보장하기 위한 투쟁의 앞장에 서서 억세게 일한다.

이 작품 속의 주인공 김경석은 광복 후 노동당의 신임과 배양을 받고 자란 노동당 초급간부의 형상에 다름 아니다. 그는 그 어떤 역경 속에서도 추호의 동요도 없이 당과 수령을 위해 모든 것을 바쳐 싸운다. 김경석은 모범적인 애국청년 일뿐만 아니라 참된 인간성을 지닌 정직한 청년이기도 하다. 그는 해방 전에 친일 지주의 딸 정순희와 약혼을 한다. 하지만 순희의 부친과 그녀의 일가친척들은 둘의 결혼을 파탄시키려고 김경석을 징병에 끌려가게 한다. 겨우 도망을 쳐서 숨어사는 신세가 되었지만 김경석은 의연히 순희와의 사랑을 끊지 않는다. 해방 후 김경석은 순희네 가정이 지주로 낙인 찍혀 청산을 당하지만 그녀와의 사랑만은 포기하지 않는다. 김경석은 순희를 새로운 사회에 진출시키기 위해 정치학교에 나오라고 설득하기도 하고 공장에 보내려고 애를 쓰기도 한다. 하지만 순희가 주저하는 통에 모두 실패한다. 이 때 김경석은 안계숙이라는 의지적이고 진취적인 처녀를 만나게 된다. 김경석은 안계숙과 정순희를 두고 심리적 갈등을 경험한다. 나중에 순희가 경호의 칼에 찔려 죽게 된 후에야 김경석은 안계숙과 결혼할 마음을 굳히게 된다. 이처럼 김경석은 정직하고 인간애가 두터운 애국청년으로 묘사되어 있다.

정순희 역시 개성화가 잘 된 인물이다. 그녀는 일제시기 경방단장(警防團長)까지 지낸 친일 지주의 딸로 태어났지만 반일투사의 후손인 김경석을 열렬히 사랑한다. 그녀는 가정의 거센 반대를 이겨내고 김경석과의 약혼을 승낙 받는다. 해방 후 그녀는 김경석을 사랑하면서도 새로운 세계에 들어설 결심을 내리지 못한다. 그녀는 그냥 낡은 세계에 머물러 있으면서도 사랑만은 포기하지 못한다. 김경석이 안계숙에게 매혹되는 눈치를 챈 정순희는 괴로움을 이기지 못해 자살을 시도하지만 실패하고 만다. 그 후 그녀는 자포자기하는 심정으로 이웃 마을에 사는 병호에게 시집을 간다. 그런데 성미가 야비하고 포악한 병호는 그녀를 여러 모로 학대한다. 병호는 전쟁 중에 미군의 앞잡이가 되어 그녀를 이용하기도 한다. 그녀는 병호에게 대들다가 칼에 찔려 죽고 만다. 이처럼 이 작품은 정순희의 비극을 단순히 계급투쟁의 시각으로 해석한 것이 아니라 복잡한 인간 성격과의 연관 속에서 다각적으로 해명함으로써 한결 더 진실성을 보장하고 있다.

중심인물인 김경석과 정순희 외에 주목할 만한 인물이 권성팔이다. 그는 원래 소상인이었는데, 해방 전에 친일파 정태기 때문에 장사를 망치게 된다. 그래서 그는 정태기에게 원한을 품는다. 해방이 되자 그는 정씨네 전체를 싸잡아 공격하고 나선다. 그런데 정씨들 중에는 어덩쇠와 같은 훌륭한 인물도 있었다. 아무튼 그는 공적인 일과 사적인 일을 구분하지 못하며 거기다가 주벽(酒癖)까지 심해서 수직을 서는 창주와 술을 마시다가 중요한 문서를 분실하는 과오까지 저지른다. 그러나 그는 당의 지도자와 동지들의 적극적인 도움 밑에서 자신의 결함과 과오를 뉘우치며 유격대 지휘관으로 용감히 싸우다가 영웅적으로 최후를 마친다. 이처럼 "소설에서 권성팔은 당의 지도 밑에서 자기의 계급적 립장을 철저히 고치며 과거 착취사회의 잔재인 낡은 사상 잔재와 생활습성을 털어 버리고 새 생활건설에 적극 참가하는 인물로 형상화되었다."[83)]

소설은 낡은 세력의 대표적 인물인 정태기(정순희의 큰아버지)의 형상도 성공적으로 부각했다. 그는 해방 전 개마고원 일대에서 굴지의 유력자였었다. 물론 그가 거머쥔 재력과 권력은 친일의 대가였다. 해방 후 그는 자신의 기득권을 순순히 내놓으려 하지 않는다. 그는 다른 지주들과 결탁하고 자기네 정씨와 인척관계가 있는 빈농들을 꼬드겨 여러 번이나 전복을 꾀한다. 그들은 인민회의를 방해하고 주재소를 습격해 무기를 탈취하며 한 때는 치안을 장악하기도 하고 토지개혁을 반대하는 진정서를 연명으로 작성하기도 한다. 하지만 그들의 전복 활동은 김경석을 비롯한 당원들의 결사적인 투쟁에 의해 파탄되고 만다. 그 후 정태기는 미군과 국군이 들어오기를 기다리면서 지하에 잠복한다. 전쟁이 일어나고 갑산군(甲山郡)이 미군에 의해 점령되자 정태기는 군수로 둔갑한다. 군수가 된 정태기는 토지개혁에서 입은 손실을 만회하려고 마구 날뛰다. 이러한 정태기의 형상은 해방 후에도 지주계급의 본질은 변함없음을 말해준다.

---

83) 『조선문학사(1945~1958)』, 과학·백과사전출판사, 1978, 347쪽.

이 소설은 북방 산간지대 농민들의 생활풍속을 선명하게 그리고 있으며, 이 지역 특유의 자연풍경과 기후풍토를 생생한 화폭으로 펼쳐 보이고 있다. 공간미학적인 면에서 볼 때, 남과 북의 소설문학에서 그 선례를 찾아 볼 수 없는 독특한 환경묘사라고 할 수 있다. 이 소설의 중요한 형상 특징은 심리묘사이다. 이 소설에서는 김경석의 내면세계에 대한 묘사, 특히 김경석과 정순희 사이의 관계에서 빚어지는 심리적 굴곡에 대한 묘사에서 그러한 특징이 잘 드러난다.

『개마고원』은 해방 직후부터 6·25전쟁까지의 북한 사회의 현실을 포괄적으로 담고 있다. 이 작품은 북한의 정권과 체제를 수립하기 위해 민중들이 얼마나 무서운 열정과 노력을 기울여 왔으며, 많은 난관을 헤쳐 왔는가를 잘 보여주고 있다. 또한 그 과정에서 젊은 세대들의 다양한 삶의 모습과 애국청년들의 정신적 풍모를 보여줌으로써 1950년대 소설문학의 주요한 성과 작으로 평가되고 있다. 남한의 일부 비평가들도 이 작품을 사실주의 원칙을 가장 충실하게 지킨 작품으로 평가하고 있다.[84]

4) 도식주의의 극복을 꾀한 소설들

이 시기 도식주의의 극복을 꾀한 작품들 중에서 가장 이목을 끄는 것은 관료주의에 대한 비판을 형상화한 것이다. 박태민의 소설 『방임하지 말아야 한다』(『조선문학』, 1956. 5)는 이 시기 관료주의를 비판하는 작품 중에서 가장 흥미로운 작품이다. 이 소설은 현지 파견 소설가가 취재하여 쓰는 액자소설 형식을 띠고 있는 작품으로 전후 북한 사회의 현실에서 실제적으로 큰 문제로 등장하고 있는 관료주의에 대해 신랄하게 비판하여 당시 북한문학계 내에서 큰 관심을 불러 일으켰다.

이 작품의 줄거리는 다음과 같다.

---

84) 김윤식, 『한국현실주의연구』, 문학과지성사, 1991, 205쪽.

작업반장 영호는 전쟁 시절에 공장을 지키기 위해 가족을 소개시키지 않았기에 처자식을 잃은 보일러공이다. 그가 보일러를 복구하기 위한 공사에서 자신의 안이 채택되지 않았을 뿐 아니라 반장의 지위에서 쫓겨나게까지 되자 자신에 대해 절망적인 태도를 갖게 되었다. 그리하여 일부러 보일러를 고장 내서 멈추게 한 다음, 그것을 밖으로 끄집어내어 고치려고 하다가 사귀는 여자인 진숙에 의해 발각되어 결국 당의 비판을 받게 된다. 직장 장은 전쟁 때 자기 가족의 소개를 위해 공장 일을 며칠 빠질 만큼 이기적인 인물이다. 그럼에도 불구하고 전후에 그는 직공 장에서 직장 장으로 승진하여 일하게 될 사람으로 신임을 얻게 된다. 이번 일에서도 그는 영호의 제안(提案)을 제대로 검토하지 않고 철회시키고 자기의 조카를 새로운 반장으로, 일방적으로 선정하는 등의 일을 저지르게 되는 관료주의적 태도로 일관한 사람이다. 결국 그의 생각대로 일이 처리되지 않고 본성이 탄로나게 되었다. 그 과정에서 직장 장이 하부의 의견을 듣지 않고 마음대로 일을 하였다는 비판이 일게 되는 반면, 영호는 출당의 처벌을 모면하게 된다.

전후 북한 사회에서 다른 길을 걷게 되는 두 사람의 행적을 잘 보여주고 있다. 한 사람은 말을 번드르르하게 하여 이론적으로 앞선 것처럼 되어 상급의 지위를 받지만 실제로는 가족 이기주의와 관료주의적 행태로 인하여 생산성을 저하시키고 노동자들의 창의성을 억압하는 사람이 되는 길을 걷게 되었고, 다른 한 사람은 묵묵히 일을 하면서도 자신의 의사를 제대로 드러내지 못하게 되어 항상 처지고 마는 결과에 이르게 될 뿐만 아니라 급기야는 절망적인 태도로 인하여 일을 저지르게 되어 구렁텅이에 빠지는 길을 걷게 되는 모습이다. 이 두 가지 대조적인 삶을 통하여 당시 북한 사회에 만연된 관료주의적 병폐에 대한 비판을 시도하고 있는 작품이다. 특히 이 작품에서는 초급 당위원장도 나오는데, 그가 사태를 방임함으로써 일을 그르치게 되는 것에 대한 자기비판도 하고 있는 것으로 나와 있어 이전의 당일군의 무오류(無誤謬)의 형상과는 일정한 차이가 있다. 당일군도 일을 잘못할 수 있음을 보여주는 것이다.

이런 문제성을 제기하고 있었기에 그동안 안일한 현실 분식(粉飾), 현실 변호(辯護)에 급급하였던 북한문학계에 일대 경이로움을 가져다주었다. 많은 비평가들이 앞 다투어 이 작품이 갖는 문제성을 이야기했다. 그러나 이 작품은 1950년대 말 북한 사회 전체가 경직화되기 시작하면서 부르주아 잔재가 강한 작품으로 비판을 받을 수밖에 없었다.[85)]

조중곤의 『나의 길』(조선작가동맹출판사, 1957)은 분단현실을 다룬 북한작품 중에서 이채(異彩)로운 작품이다. 이 작품의 주인공 영진은 해방 후 남한에 살면서 경찰들에게 시달린다. 빨치산과 내통이 있는 것이 아니냐는 추궁을 비롯하여 자신과 가족에게 심한 격차와 비인간적인 대우를 하는 경찰에 대해 불만을 느끼면서 경찰로부터 시달림을 피할 수 있는 것이 군대라는 것을 알고 거기에 지원한다. 군대에 입대하여 군생활을 하면서 장교와 사병 사이에 심한 격차와 비인간적인 대우에 불만을 다시 느끼기는 하지만 경찰의 시달림을 받지 않아도 된다는 데 일단 위안을 느끼면서 군대생활을 하다가 전쟁을 맞는다. 전쟁 중에 부상을 당하여 인민군의 포로가 되어 일단 병원에서 치료를 받고 난 후 강동의 포로수용소로 옮겨 그곳에서 포로생활을 한다. 비록 적이지만 민족의 일원이고 어쩔 수 없이 전쟁에 동원된 사실 때문에 따뜻하게 대해주는 병원 측의 호의와 포로수용소에서의 인민군이 자기에 대한 태도 등을 통하여 인민군과 북한을 새롭게 보게 된다. 전쟁이 끝난 후 남

85) 한설야는 「공산주의 교양과 우리문학의 당면과업」(『문학신문』, 1959. 4. 16)에서 다음과 같이 비판한다. "박태민의 단편은 작가의 개성적 스찔과 함께 일정하게 문제성을 내포한 작품으로 한 때 긍정적인 평가를 주어 온 바이나 나의 견해를 말한다면, 이 작품의 영호를 비롯한 노동자들은 이름만 노동자일 뿐이지 그들의 정신세계는 완전히 소시민의 그것이라고 봅니다. 따라서 우리는 여기에서도 교훈을 얻어야 할 것인바 이 작품이 한 때 니마 일부 사람들에게서 긍정적으로 평가 된 것은 그들이 이 작품의 소시민적 세계에 눈을 감았다는 것을 의미합니다."

한으로 송환되어 심문을 받기 위해 전쟁 중에 포로수용소로 사용되었던 곳에서 몇 개월 생활하면서 겪은 일련의 사건으로 말미암아 크게 실망한다. 제대를 하려고 했으나 그것마저 여의치 않자, 다시 하사관으로 군대생활을 하던 중 군대 내에서의 불만을 토로하다가 수사망이 좁혀들자 군대를 탈출하는 것으로 마무리된다.

이 작품은 이미 나온 북한의 작품들과 현저한 차이를 갖고 있다. 남한의 현실을 다루면서 분단현실을 다루는 이른바 '조국통일주제'의 작품들이 대부분 반미 구국투쟁을 촉구한답시고 남한에서 용감하게 싸우는 전사들의 삶을 다루고 있는 것과는 달리 이 작품에서는 당시의 남북한 현실의 차이에 대해 분명한 인식을 하지 못하고 있을 뿐만 아니라 차츰 인식을 하기 시작하지만 자기의 가족과 여러 가지 여건 등으로 인하여 끝없이 주저하는 그런 인물을 그리고 있다는 점이다. 그가 마지막에 군대를 탈출하는 것은 다른 선택이 불가능한 막다른 상황에서 불가피한 것으로 그려져 있는 것 역시 이러한 측면을 잘 드러내고 있다.

이 시기에 나온 '조국통일 주제의 작품'들이 남한에서의 투쟁을 그리고 있고 따라서 작품의 배경 역시 남한에 한정되어 있는 반면, 이 작품에서는 남북한을 동시에 다루고 있다. 남한을 무대로 하는 작품들은 기본적으로 '민주기지론'에 입각하여 북은 의심할 여지없이 선(善)한 것이고 남은 악(惡)한 것이라고 보기 때문에 남북을 같이 다루는 경우는 없고 대부분 남한만을 다룬다.

이런 점을 더욱 강화하기 위하여 작가는 3인칭보다는 1인칭 시점을 택하고 있다. 3인칭을 택할 경우 자칫 작가의 가치평가가 두드러지게 전면화되어 작중인물의 인식과정이 여실하게 드러나지 않을 수 있는 점을 피하기 위하여 1인칭의 시점을 선택한 것이다. 1인칭의 시점을 선택하였기 때문에 주인공 스스로 자신의 생각을 토로하게 할 수 있게 되어 변화해 나가고 있는 인물의 내면적 사고의 과정을 충분히 엿볼 수 있게 해주고 있다. 물론 이 경우에도 작중인물의 생각을 토로하는 가운데 작가의 판단이 꽤 깊숙이 들어와 있는 대목도 있기는 하지만 1인칭 시점이라는 조건 때문에 상당히 차단될 수밖에 없는 것이다. 그런 점에서 매우 적절한 형식을 선택한 것으로 보인다.

이러한 점으로 하여 이 작품은 당시 북한의 '조국통일주제의 작품' 과는 다름으로 인하여 이 시기 북한 내부에서 일기 시작한 분단문제에 대한 새로운 인식의 분위기를 잘 보여주는 것이라 할 수 있다. 실제로 이러한 경향으로 인하여 이 작품은 본격적인 비판의 도마에 오르기도 하였다.[86]

전재경의 단편소설 「나비」(『조선문학』, 1956. 11)는 인물의 성격창조에서 특색을 보이는 작품이다. 남포에서 얼마 떨어지지 않은 추수농업협동조합을 무대로 하여 펼쳐지는 이 작품은 조합에 가입했으면서도 항상 이기주의적 생각을 떨치지 못하는 고영수가 변화되어 가는 과정을 그린 소설이다. 고영수는 해방 후 남포에서 처가가 있는 이 마을로 들어와 살면서 한국전쟁시기에는 치안대에 끌려가 매를 맞으면서도 결코 다른 사람의 이름을 대지 않을 정도로 마음의 기본은 좋은 의리가 있는 사람이다. 하지만 이런 기본이 좋은 사람이라도 결함은 있었다. 과거에 열 군데도 넘는 직장을 떠돌아다니면서 노닥거리고 일하기 싫어서 항상 남을 이용해 먹던 버릇이 여전히 남아 있었던 것이다. 그리하여 이 마을 협동조합이 처음 들어서려고 할 때는 누구보다도 시세의 흐름을 읽고 찬동하였지만 실제 일을 하려고 할 때는 그 동안의 버릇으로 인해 쉽게 나서지 않는다. 그리하여 관리위원장과 결탁하여 미소를 관리하면서 자신의 이익을 채우는 일을 하다가 들켰으나 간신히 무마하여

86) 백철수는 「산문에서 이색적인 사상을 반대하여」(『문학신문』, 1959. 1. 15)에서 다음과 같이 혹독하게 비판했다. "수기형식으로 된 이 작품에서 주인공 나는 남조선(국군)생활을 하다가 우리 인민군대에 포로가 되여 수용소에서 생활하다가 포로 교환 시 다시 남조선으로 돌아가며 그러다가 북반부로 다시 의거 입북하는 복잡한 로정을 밟는 사람이다. 조중곤은 복잡하기 그지없는 이 주인공의 생활로정에 연연한 애착을 느껴 작품 제목을 『나의 길』이라고 달고는 나를 통하여 공화국 사회주의제도를 로골적으로 비방하고 있다."

넘긴다. 그러다가 이번에는 전 관리위원장이 교체되고 새로운 관리위원장이 들어서는 과도기를 이용해 관리위원장과 부기장과 교묘하게 손을 잡고 4백 킬로그램이 넘는 쌀을 횡령하다가 들켜 협동조합 전체에서 심각한 논의를 불러일으킨다. 한편에서는 그를 조합에서 쫓아내야 한다는 주장이 비등했지만 관리위원회 부위원장을 맡고 있는 장달현은 그를 쫓아내 보아야 결국 북한 내에서 떠돌 것이기 때문에 책임을 미루는 것에 불과하다고 조합원들을 설득시켜 결국 그를 강한 육체노동에 종사하게 만든다. 처음에는 꾀를 부려 피해 보려고 하다가 결국은 조합의 요구에 못 이겨 힘든 육체노동에 종사하게 되며 그 과정에서 사람이 변화되어 가는 것으로 마무리된다.

마지막에 인물이 변화되는 과정에서 필연성이 결여된 결함이 드러나기도 하지만 당시로서는 누구도 엄두를 내지 못하는 낙후한 인물을 소설의 주인공으로 묘사했다는 점은 작가의 용기가 없이는 안 되는 일이다. 그리고 이 작품의 주인공 고영수는 당시 북한소설 창작에서 비일비재하게 나타나는 단순한 성격을 가진 평면적 인물 성격과는 달리 복잡한 성격을 갖고 있는 입체적인 인물이며 아울러 작가가 그 성격의 변화를 보여주려고 시도한 점은 충분히 긍정해야 할 것이다. 그리고 결함과 과오가 있는 인간도 너그러이 포옹하고 잘못을 시정해 기회를 주어야 한다는 휴머니즘적인 사고방식의 한 단면도 보여주고 있어 당시 북한문학에 있어서는 더욱 이색적이라고 할 수 있다. 이는 냉혹한 계급투쟁의 사고방식이 교조적인 흐름으로 되어 있었던 그 시기에는 이단으로 될 수밖에 없었다.

이 작품 역시 처음에는 평론가들의 주목을 받아 자주 거론되었지만 나중에는 부르주아적 잔재의 작품으로 비판받아 북한문학사에서 사라지고 말았다.[87)]

87) 백철수는「산문에서의 이색적인 사상을 반대하여」(『문학신문』1959. 1. 15)에서 다음과 같이 비판한다. "그의 다른 단편소설「나비」는 반동적인 사상의 재현으로 특징된다… 고영수의 입을 빌어 가지고 한 우리 사회제도에 대한 비방과 중상은 그만두더라도 당의 '너그러운 처사'와 인민의 의사를 대치시키고 당을 공격한데 대해서는 참을 수 없다."

이러한 문제성을 띠고 있는 작품들은 이전의 북한문학에서는 찾아보기 어려운 것들로서 전후 북한문학이 가졌던 도식주의에 대한 비판과 새로운 길의 모색과 밀접하게 관련되어 있는 것이다.

5) 도식주의 비판의 좌절과 그 의미

1958년 말과 1959년 초에 북한문학 내부에서는 치열한 사상투쟁이 벌어졌다. 그리하여 전후 북한문학계 내부에서 제기된 도식주의 비판은 1958년 말에 이르러 좌절되고 말았다. 1958년 10월 14일에 「작가 예술인들 속에서 낡은 사상의 잔재를 반대하는 투쟁을 힘있게 벌릴 데 대하여」라는 김일성의 교시가 발표되었다. 이 교시에서 김일성은 문학계 내부에 잔존하고 있는 이른바 '부르주아적 잔재'와의 투쟁을 요구했다.

> 문학예술 부문의 당조직들이 지난 기간 림화, 리태준 같은 반동 작가들과의 투쟁은 잘 하였습니다. …… 그러나 이 투쟁을 작가 예술인들의 머리속에 남아 있는 자본주의 사상 잔재를 뿌리 뽑기 위한 투쟁과 밀접히 결부시켜 진행하지 못하였습니다. …… 문학 예술 부문의 당조직들은 이 부문에 끼여 든 반동작가들을 청산하기 위한 투쟁을 벌일 때 마땅히 작가·예술인들 속에 남아 있는 자본주의 사상 잔재에 대하여 경각성을 높이고 그와의 투쟁을 강하게 벌려야 할 것입니다. 그러나 몇몇 반동작가들을 반대하는 투쟁에 그치고 작가, 예술인 들 속에서 자본주의 사상 잔재를 뿌리뽑기 위한 투쟁에 주의를 적게 돌렸습니다.[88]

이 교시가 나온 후 북한문학계 내부에서는 이를 실행하기 위하여 대대적인 비판을 행하기 시작하였다. 이 시기에 비판을 받게 된 사람들로는 안막, 윤두헌, 서만일 같은 문예계의 중진들이었으며, 전재경의 「나비」 같은 작품만이 아니라 도식주의를 비판했던 엄호석 같은 비평가들도 자본주의 잔재로 낙인찍히게 되었다. 그리하여 이 시기에 도식주의를 비판하면서 새로운

---

88) 『김일성 저작집』 12권, 556쪽.

문학을 제창하고 창작하였던 대부분 비평가와 작가들이 부르주아 작가 혹은 부르주아 잔재의 작가로 지목되어 비판을 받았다. 이들 중에는 이후 다시 활동을 하는 경우도 있었지만, 많은 경우는 더이상 문학적 활동을 할 수 없게 되었다.

이처럼 분한문학의 도식주의를 비판하면서 진정한 리얼리즘에 입각한 민족문학을 추구하려고 했던 이들이 더이상 활동할 수 없게 되고 이와는 거리가 있는 문학가들이 가득 찬 북한문학계는 이전의 활력을 잃어가게 되었다. 북한문학의 풍부함과 올바른 진전을 위해 아주 좋은 기회였던 이 무렵의 흐름이 일단 봉쇄되었을 때 거기에는 많은 가능성이 닫히게 되었다. 1953년 남로당계 작가에 대한 비판이 있은 다음 두 번째로 이루어진 대대적인 비판이라 이제 많은 작가들은 자신의 속뜻을 말한다거나 혹은 어떤 변화를 위해서 대담하게 발언한다는 것은 생각하기 어렵게 되었다. 그런 점에 있어서 이 시기 도식주의를 비판했던 작가들에 대한 반비판은 북한문학의 발전에 있어 회복하기 어려운 치명적인 결과를 초래하였다고 할 수 있다.

그렇다고 해서 이 무렵에 논의되었던 이러한 제반문제의 제기와 극복의 노력이 전부 사라진 것은 아니었다. 1959년부터 주체문학이 들어서는 1967년까지의 시기는 한편으로는 도식주의적 흐름이 다시 주류를 형성하고 있는 것처럼 보이지만 그 밑바닥에는 이 도식주의를 비판하다가 일시적으로 숙청당하였다가 다시 활동을 하기 시작한 일련의 작가들과 그 주변에서 뜻을 같이 하던 작가들이 자신의 지향을 극히 제한된 범위 내에서 표출했다. 그렇기 때문에 아무리 당의 문예정책을 통하여 작가들을 묶어 두려고 하여도 쉽게는 되지 않았다. 이는 바로 이 시기에 들어와서도 이들 작가들이 계속하여 자신의 지향을 미약하게나마 관철시키려고 노력했기 때문이다. 물론 전후 시기의 그것과는 비교되지 않지만 그 한계 내에서 이들은 쉬지 않고 노력하였다. 그렇기 때문에 1967년 주체문학이 들어서기 전까지는 전후시기의 지향이 변형된 형태로 지속되었다.

전후 북한문학은 해방 직후 이루어졌던 민족문학의 풍부함과 가능성을 다시 살릴 수 있는 좋은 기회였음에도 불구하고 개혁파들의 노력이 좌절됨으로 하여 큰 손실을 가져왔다. 1980년대에 이르러 북한문학 내에서는 다시 이러한 노력이 재개되었으나 이전에 비해 현서하게 떨어질 수밖에 없었다. 북한문학의 도식주의를 비판하던 비평가들이나 작가들이 이미 사라졌기 때문에 새로운 세대의 작가들에 의해 이루어질 수밖에 없었으나 이 역시 국가사회주의가 붕괴한 이후에 혁명적 낭만주의로 무장한 문학계의 보수적 세력들의 재강화로 말미암아 여의치 않았다. 그럼에도 불구하고 북한문학이 이러한 관념화를 극복하여 현실의 진실을 추구하려는 새로운 문학적 풍토를 조성해 나가려고 할 때, 전후 시기의 다양한 노력과 성과는 매우 중요한 참고가 되며 새롭게 조명될 수 있을 것으로 생각한다.

5. 극과 영화문학의 전개 양상

이 시기 북한의 극과 영화도 일정한 발전을 이룩했다. 주로 수령을 형상화한 작품, 혁명전통 주제, 6·25전쟁 주제, 계급교양 주제와 복구건설주제 등으로 나눌 수 있는데, 그 중에서 희곡 『조국산천에 안개 개인다』, 『애국자』, 『해바라기』와 영화문학 『끝나지 않은 전투』, 『분계선 마을에서』 등이 그 대표적 작품들이다.

희곡 『조국산천에 안개 개인다』(리종순, 1960)는 1936년 김일성의 남만원정시기 보천보전투 직전까지를 배경으로 하여 "위대한 수령님을 전설적 영웅으로, 탁월한 군사전략가, 자애로운 인민의 어버이로 형상하여 무대에 올린 작품"[89] 으로서 자기의 부하인 문영과 그의 안해 주원순을 장백현 인후촌에 정치공작원으로 파견하여 혁명조직을 꾸리고 박성룡을 비롯한 반일청

---

89) 리기주, 『조선문학사』 12권, 사회과학출판사, 1999, 183쪽.

년들을 유격대원으로, 정치공작원으로 키워준 이야기와 탁월한 영군술로 국내전을 조직, 영도한 역사적 사실을 그렸다고 평가를 받은 작품이다.

『애국자』(송영, 1959)는 주인공 구장이라는 합법적 지위를 이용하여 지하활동을 벌이는 유격대공작원 최병훈이라는 애국자를 주인공으로 등장시켰다. 그는 일제에 대해 원한을 품고 사는 사람이지만 일제의 '개'가 되어 사람들의 저주와 증오를 받으면서 '구장' 노릇을 하지만, 비밀을 입수하여 조국광복회의 활동을 암암리에 돕고 유격대가 준 임무를 묵묵히 수행한다. 마지막에 그는 일군 토벌대의 길 안내를 나서서 일군 토벌대를 유격대의 포위권 속에 들게 하고 자기는 일제 토벌대에 의해 사살된다.

영화문학 『끝나지 않은 전투』(리지용, 1954)는 남한으로부터 간첩 임무를 받고 북한에 들어온 한 청년이 "눈부시게 발전하는 사회주의 현실에 감동되어" 개진의 길에 들어서는 과정을 사회안전원들의 활동과 결부하여 보여주고 있다. 작품의 주인공 박동근은 한국 인천에서 배움의 길을 잃고 방황하다가 미국 첩보부에 포섭되어 간첩 임무를 받고 북한에 잠입한다. 그는 평양에 있는 형의 집에 나타나기는 했으나 자기의 정체를 숨기고 비관과 회의, 불안과 동요, 번민과 악몽 속에서 고통스러운 나날을 보내던 중 적들의 협박에 의해 첩보자료를 넘겨주어야만 하는 막다른 골목에 이른다. 그러나 박동근은 그에 응하기를 단념한다. 그것은 그의 개진에서 첫 기로가 된 것은 눈부시게 발전하는 사회주의제도 하에서 조국과 인민을 위해 참답게 일하는 형을 비롯한 주위 사람들의 보람찬 생활에 대한 목격과 절절한 체험이었다. 그리고 형과 형의 약혼녀의 진정한 충고와 남한 간첩들의 비인간적인 모살 책동 등이 그의 개진의 결정적인 계기가 된다.

『분계선 마을에서』(이지용, 1961)는 조국통일주제의 영화문학이다. 작품에서는 북한에 잠입하여 농업협동조합의 작업반장으로서 노동당의 계급노선과 군중노선을 왜곡하여 집행함으로써 노동과 인민대중을 이탈시키려고 획책하는 미제의 고용간첩 김승진과 성례를 비롯한 긍정인물과의 대립과 충돌을 통하여 미제와 북한 인민 사이의 적대적 관계를 갈등으로 설정했다. 이러한 특성은 성례가 당하고 있는 모든 고통과 불행의 화근이 바로 미제침략자들에게 있음을 보여주면서 반미 정신을 강하게 나타냈다.

이 작품의 주인공 성례는 분계선 마을의 여성농민으로서 6·25전쟁 당시 인민군의 후퇴시기 헤어진 남편에 대한 불안한 생각으로 10년이란 세월을 가슴 조이면서 안타깝게 살아왔었다. 노동당의 배려를 가슴 뜨겁게 느끼면서도 그는 월남한 남편 때문에 언제나 고민과 불안, 초조감에 사로잡혀 떳떳치 못한 나날을 보낸다. 일을 잘 하는 것이 노동당의 믿음과 배려에 보답하는 길이고 헤어진 남편과 다시 만나는 길이라는 것을 모르는 바는 아니지만, 그는 간첩인 김승진의 모략에 의해서 무서운 심리적 타격을 받게 되며 그때마다 믿음 속에 품었던 한 가닥 희망도 산산이 깨지고 만다. 때문에 그녀는 월남한 남편을 저주하면서도 그보다 먼저 미제를 증오할 줄 몰랐다. 그만큼 그녀는 노동당의 군중노선에 대한 신념과 계급각성이 확고하지 못했다. 그러나 성례는 당위원장 덕례의 교양과 도움을 받아 점차 각성하게 되는데, 이는 간첩 임무를 받고 분계선을 넘어온 남편을 꿈속에서 맞고 남편에게 자수할 것을 요구하는 장면에서 가장 잘 드러난다. 나중에는 그녀는 간첩 김승진의 정체를 밝혀놓는다.

영화문학 『끝나지 않은 전투』와 『분계선 마을에서』는 냉전적인 사고가 북한문학에서 점점 더 굳어져가고 있음을 여실하게 보여주는 작품으로서 가치가 있다.

Ⅳ. 사회주의 건설시기의 문학(1961~1970)

1. 북한의 사회현실과 문학

이 시기는 북한의 '사회주의 황금기'라고 불리고 있다. 1958년 8월 사회주의적 개조를 완성한 북한은 천리마운동을 시작했고, 1960년대부터는 경제적으로 사회주의의 본격적인 건설시기로 접어들었다. 그 가운데서 새로운 대중지도방식과 경제관리체제가 나타났고 자립적인 경제노선을 밀고 나가게 되었다. 또한 정치·사상적으로는 대외적인 긴장 속에서 주체사상이 대두되기 시작했고, 개인숭배와 사회의 군사화 경향이 가속되기 시작한 시기라고 할 수 있다.

'천리마 운동'이란 말 그대로 천리마를 탄 기세로 사회주의 건설에서 생산성을 획기적으로 높이는 것이었다. 즉 근로대중이 자기 일에 대한 강한 자부심과 책임의식을 가지고 끊임없이 새로운 방법과 혁신을 이룩하는 운동으로 북한식 '혁명적 군중노선'의 전형인 셈이다. 그래서 김일성은 천리마 운동을 "사람들을 공산주의 사상으로 교양하며 집단적 영웅주의와 집단적 혁신을 불러일으키는 대중적 대진군운동"이라고 정의했다. 이와 같이 처음에는 사회주의 경쟁운동 형태로 시작된 천리마운동은 사회주의 건설에서의 조선노동당의 총 노선으로 자리매김 되었다. 북한의 사회주의는 천리마운동에 의해 1950년 말부터 1960년대 말에 이르기까지 황금기를 장식했다. 천리마운동은 중국의 '대약진운동'과 그 성격이 유사했으나 중국은 실패했던 반면 북한은 1960년대 말까지는 비교적 성공적이었다. 이는 이 시기 북한에서 사회주의 건설에 대한 대중적 참여가 상당히 높은 수준에서 이루어지고 있었다는 사실을 말해주는 것이다. 그래서 1997년 남한으로 망명한 황장엽도 천리마운동 시기를 북한 사회주의의 황금기라고 하였다.

북한의 사회주의 공업화 전략은 민족적 자립경제건설 노선으로 특징되어진다. 당시 북한이 선택할 수 있는 방안은 둘 중의 하나였다. 그것은 사회주의 나라들 간의 국제적 분업체계를 따를 것인가 아니면 국가단위의 자립적 경제체계를 지향할 것인가 하는 것이었다. 북한은 전자를 택하라고 하는 소련의 권고에도 불구하고 후자를 선택했다. 북한은 사회주의 공업화를 "민족적 자립경제의 건설"이라는 관점에서 보았다. 북한은 사회주의 공업화의 기본 방향을 자립적 현대공업체계, 즉 "다방면적으로 발전되고 자체의 공고한 원료기지를 가진, 그리고 최신 기술로 튼튼히 정비된 자립적 공업체계를 확립하는데" 두었다. 그것을 실현하기 위해 중공업을 우선적으로 발전시키면서 동시에 경공업과 농업을 함께 발전시키는 노선을 견지했다.

당시 전후 복구사업을 통해 간신히 전쟁 이전의 생산력을 회복한 북한으로서는 공업화를 추진할만한 축적된 자금이 없었다. 그런데도 자금 조달과 관련해서 북한이 자력갱생의 원칙을 견지한 것은 어쩌면 불가피한 선택이었다. 왜냐하면 1957년부터 소련과 중국의 경제원조는 현저히 줄어들었고 중소분쟁 이후 북한이 자주노선을 선언했기 때문에 이들에게서 자금 지원을 받을 수 없었기 때문이다. 그리고 한국전쟁 이후 미국의 경제봉쇄로 자본주의 세계로부터 자금이나 기술지원을 제공받는다는 것은 더더욱 생각할 수 없었다. 북한은 공업화를 위한 자금을 주로 국내의 축적에서 해결해야 했으며, 축적된 지금을 효과적으로 이용하고 내부의 잠재력을 최대한 높이는 것이 무엇보다도 중요한 문제였다. 때문에 인민들의 적극성과 창의성을 고양하기 위한 운동, 즉 천리마운동은 북한이 당시에 선택할 수 있는 유일한 대안이었다. 북한의 사회주의 공업화는 2단계로 나누어 진행되었는데, 1단계는 '공업화의 기초축성단계'로서 1957~1960년의 제1차 5개년 계획이었고, 2단계는 '전면적 공업화단계'로서 1961~1970년이었다.

1960년에 이르러 북한의 농촌에서 자영농민은 모두 사라지고 협동농장체제가 확립되었다. 아울러 도시에서도 수공업자, 기업가, 상인 등 자영업자들이 완전히 사라졌다. 이로써 북한은 사회주의적 공업화 1단계의 완성과 더불어 사회주의적 경제체제가 확고히 자리를 잡게 되었다. 이것은 마르크스-레닌주의 관점에서 보면, 북한 사회가 '과도적 단계로서의 사회주의 단계'에 들어섰음을 의미한다.

이러한 새로운 사회주의적 경제체제의 확립은 그에 상응한 새로운 대중지도 방식과 경제관리체제를 요구했다. 이런 시대적인 요구에 부응하여 나타난 것이 바로 북한 사회주의 농촌체제의 독특한 대중지도 방법으로써의 '청산리정신'과 '청산리방법'이고, 이를 도시의 공장관리에 적용한 것이 '대안의 사업체계'이다. 김일성은 '청산리방법'에 대해 다음과 같이 설명했다.

> 청산리방법의 기본은 윗 기관이 아래기관을 도와주고 윗 사람이 아랫사람을 도와주며 늘 현지에 내려가서 실정을 깊이 알아보고 문제해결의 올바른 방도를 세우며 모든 정치 사업, 사람과의 사업을 앞세우고 대중의 자각적인 열성과 창발성을 동원하여 혁명과업을 수행하도록 하는 데 있습니다. 이 방법은 목전의 혁명사업을 성과적으로 깊이 있게 수행 할 수 있는 힘있는 사업 방법일 뿐만 아니라 일군들의 사상정치수준과 실무수준을 높이며 군중을 혁명화 하는 힘 있는 교양방법입니다.

김일성은 지배인 단독관리제에 기초한 공업관리체계를 "사회주의 것이긴 하지만 자본주의 잔재를 많이 가지고 있는 방법"으로서 거기에는 관료주의적이며 기관본위주의적인 요소가 많이 남아 있다고 했다. 그리하여 북한에서는 지배인 단독책임제가 안고 있는 모순을 지적하고 공장관리운영에 관한 최종 권한과 책임을 공장 당 위원회로 넘겼다. 이것이 대안사업체계의 핵심이다. 그러나 대안사업체계는 커다란 폐단을 드러내고 있다. 대안의 사업체계는 경제 관리에 대한 당의 지배를 제도화함으로써 당 조직들이 당의 사업을 집어던지고 경제 캠페인에만 치중하면서 행정을 대행하는 현상을 가져왔으며, '수령의 직할체제'를 낳는 경제적 기반이 되었다. 또한 대안사업체계는 중앙집권적 통제체제를 강화하고 정치의식을 고양하는 데는 성공했지만 공장지배인의 권한과 역할을 대폭 축소시킴으로써 공장의 자율권을 박탈하고 창의력을 위축시키는 결과를 초래했다.

결과적으로 '청산리방법'이나 '대안사업체계'나 모두 경제법칙과 시장원리를 무시한 대중지도방식과 경제관리체제로서 이것이 나중에는 북한 대중들의 생산 의욕을 감퇴시키고 사회주의 경제의 파탄을 초래하게 하였던 것임은 두말할 나위가 없다.

한편 1960년대에 들어서면서 북한을 둘러싼 국제적 환경과 남북관계에 긴장이 고조되기 시작했다. 1960년 중소간의 이념 분쟁이 노골화되면서 북한은 소련과 중국으로부터 경제적 지원을 이전처럼 받을 수 없게 되었고, 쿠바사태, 베트남 전쟁 등으로 인하여 세계 양대 진영 간의 국제적 대립이 격화되었다. 또한 1968년 1·21 청와대 기습사건, 푸에블로호사건 등으로 남북관계가 악화됨에 따라 국방건설과 경제건설에서 북한의 부담은 더욱 가중되었고 반미, 반한 정서가 북한 국민들 사이에서 더욱 팽배해졌다. 특히 푸에블로호 사건은 1960년대 '자주노선'의 기치를 내걸은 북한이라는 나라의 성격과 특성을 국제적으로 극명하게 보여준 사건이었다. 이 사건으로 북한은 '자주국가의 전형'이 되었으며, 국제적으로도 위신과 자존심을 높일 수 있었다.

그러나 북한은 자주정치, 자립경제, 자주국방 등을 통해 자기 나라의 자존심을 한껏 부풀릴 수는 있었지만 미국을 위시한 자본주의 진영과의 풀 수 없는 갈등의 골은 깊어만 갔다. 따라서 북한의 국방비는 1960년대 내내 가파른 상승곡선을 그렸다. 1960년 재정의 3.1%에 불과했던 국방비가 1964년 5.8%, 1966년 10%, 1967년 30.4%, 1968년 32.4%로 급증하여 북한의 경제적 부담은 가중되었다. 그러나 북한이 고성능 무기와 화력을 가짐으로써 미군과의 경쟁에서 우위를 확보하기 위해서는 경제발전과 주민생활의 많은 부분을 희생하지 않을 수 없었다. 실제로 1961년에 시작한 제1차 7개년 계획이 3년 이상이나 달성이 연장된 이유도 이러한 과도한 국방건설과 군비부담 때문이었다.

2. 시문학의 전개 양상

1) 천리마현실을 반영한 시문학

1958년 북한에서는 농업협동화가 완료되었다. 그리고 1957~1961년까지를 경제 개발 5개년 계획으로 설정하였었는데, 이러한 계획은 '천리마 운동'의 덕분으로 2년이 앞당겨져 1959년에 조기 달성되었다. 따라서 원래 이전의 계획을 변경하여 1961년부터를 '사회주의 전면적 건설을 다그치기 위한 투쟁시기'라고 명명하게 되었다. 북한문학사는 천리마 대고조 운동이 한창이었던 1960년대 전반기의 문학을 '천리마 현실 반영기'라고 명명하고 있다. 이 시기에는 천리마 현실을 작품에 반영하는 것과 천리마 기수들의 전형을 창조하는 것이 주요한 문학적 과제로 제시된다. 이 시기 시문학에 대하여 북한문학사는 "천리마이 기상으로 들끓는 장엄한 현실은 이 시기 시문학에 새로운 시대정신의 나래를 달아 주었다"[90]라고 서술하고 있다. 이 시기 대표적인 작품으로 오영재의 「조국이 사랑하는 처녀」(1963)를 들 수 있는데, 『조선문학개관』은 이 작품을 "조국과 인민을 위하여 헌신적으로 일하는 천리마시대의 인간 — 한 농촌 처녀의 아름다운 풍모에 대한 찬양이며 그에 대한 조국의 뜨거운 사랑"[91]이라고 평가하고 있다.

인물의 전형창조와 더불어 이 시기의 시에서 주목할 만한 또 하나는 '천리마의 현실반영'이다. 여기서 현실반영이란 사회의 급속한 변화과정, 즉 공업화, 산업화에 대한 문학적 대응을 총체적으로 말하는 것이다. 생산력의 발전 없이는 체제유지조차 불확실하다는 위기감을 느낀 북한의 지도층은 급속한 생산력의 증대를 통해 사회주의 낙원의 비전을 인민들에게 심어주고자 하였다. 이러한 문제의식을 잘 드러내고 있는 작품으로는 최영화의 「천리마

90) 박종원·류만, 『조선문학개관Ⅱ』, 인동, 1988, 251쪽.
91) 동상서, 253쪽.

로!」(1959), 박호범의 「천리마」(1964), 정문향의 「시대에 대한 생각」(1961), 남응손의 「천리마 달린다」(1960), 나호일의 「청년 사회주의 건설자 행진곡」(1960) 등이 있다.

> 조국이여!/ 더 빨리 다우쳐 내닫기 위해/ 네굽을 안으며 갈기를 날리며/ 먼 앞날을 주름 잡아 나래치는/ 천리마로 내닫자 또 내닫자!/ 우리의 길…… 주체의 큰 길로/ 젊음과 삶의 상상봉인/ 공산주의 위대한 봉우리를 향하여
>
> — 최영화 「천리마」 부분

북한이나 중국 같은 동양의 사회주의 나라들은 산업화가 아주 미진한 농업사회에서 오히려 사회주의, 공산주의 운동이 서구보다 격렬하게 벌어졌고 결국에는 사회주의제도를 확립하기에 이르렀다. 그러므로 동양의 사회주의 나라들에서의 공산주의는 무엇보다 과거의 결핍과 지체를 극복한 것이어야 했다. 천리마운동이 도모한 빠른 산업화와 개발은 공산주의를 성취하는 요건이었다. 중국의 대약진운동이 그러했듯이 서구는 비교의 대상이었는데, 빠른 시간 내에 자본주의 발달국가를 능가해야 하는 경주가 벌어진 것이다. 그래서 중국에서는 대약진시기에 15년 내에 영국을 따라잡는다는 구호를 내걸기도 했던 것이다. 속도가 예찬의 대상일 수밖에 없었던 실제 이유는 여기에 있었다. 박호범의 서정시 「천리마」(1964)는 "달리는 천리마에/ 다시 박차를!" 가해야 할 이유를 다음과 같이 설명하고 있다.

> 우리는 남에게 뒤진 길을 걸어 왔길래
> 백번을 넘어져도 다시일어나
> 그들을 따라 앞서야 했던 사람들
> 남들이 증기기관차의 고동을 울릴 때,
> 우리의 조상들은 삐걱이는 수레를 몰아
> 이 땅에 가난의 력사를 실어다 주었더라.
> 물려받은 것은 가난이였다만
> 물려주어야 할 것은 부강한 조국이었나니,

우리는 달려야 했다
하루에 천리길을![92)]

천리마는 그 자체가 모든 새로운 것을 곧 낡은 것으로 만들어버리는 속도의 상징이었다. 따라서 시인 역시 항상 시대를 앞질러 가는 사상의 힘을 내면화하지 않고는 시대정신의 핵심을 파악할 수 없었다. 그리고 질주하는 천리마 기수들을 따라잡기 위해서는 변화하는 현실 속에 뛰어들어야만 했다. 이 시기에 백인준은 구성공작기계공장의 불반장으로 일했고, 전동우가 성진제강소 제강직장의 민청로에서 일했으며, 이병철은 청진제강소 회전로직장에서, 김철이 김책제철소에서, 김조규가 평양종합농장에서 각각 일한 것은 직접 노동계급의 경험을 하게 하는 일이 정책적으로 추진되었음을 말해준다. 이러한 노동현장 체험의 성과인 백인준의 『로동시초』(1959), 『당의 숨결』(1959) 같은 시집이 천리마문고 1권으로 발간되기도 했다.

2) 항일혁명전통을 소재로 한 시문학

이 시기에 북한은 노동당의 혁명전통과 정권의 정통성을 김일성의 항일무장 투쟁에서 찾는 작업에 집중한다. 북한문학에서 1958년까지는 카프문학만이 정통으로 여겨졌으나 1959년 이후부터는 점차 카프문학보다 항일혁명문학이 우위를 점하면서 정통으로 자리잡아간다. 특히 1959년에는 1953년에 이어 제2차 항일혁명전적지 답사단이 대대적으로 구성되어 파견된다. 따라서 시문학 역시 항일무장 투쟁을 형상화한 것들이 다수 등장하는데, 그러한 작품들의 대부분이 항일무장투쟁을 노동당의 역사와 동일시하는가 하면 나아가 김일성 개인의 영웅적인 활동상을 항일무장투쟁과 동일시하여 형상화하고 있다. 이러한 경향의 대표적인 작품으로 박세영의 장편서사시 『밀림의 력

92) 박호범, 「천리마」(1964), 『천리마의 나라』, 조선문학예술총동맹출판사, 1964, 124쪽.

사」(1962)를 들 수 있다. 이 작품에서 박세영은 "영광스러운 항일무장 투쟁사에 대한 깊은 연구와 혁명전적지를 답사하고" 썼다고 밝히고 있는데, 이러한 시의 경향은 자연스레 김일성 우상화와 영웅화로 치우치게 되었다. 특히 그 대부분이 김일성의 굳건한 통치체제를 구축하는 이데올로기로 작용했으며, 그 내용상에서도 비현실적인 과장으로 일관되고 있는 것이 특징이다. 집체작 「인민은 노래한다」(1962), 백인준의 담시 「대동강에 흐르는 이야기」(1962), 안충모의 「연풍호반의 새봄」, 최영화의 「가림천 기슭에서」(1964) 등은 그 대표적인 작품이다.

> 이 밤 이 언덕에서 / 그 밤의 그 위대한 시각을 맞고 싶어서이노라 / 암흑을 깨며 3천만의 심장을 울리던 / 그 위대한 총소리를 마음에 깊이 안고 싶어서이노라 / …… / 그 날 밤 수령님께서 자리잡으셨던 곳 바로 황철나무 밑에 오래오래 서서 / 아, 그이의 위대한 영상을 삼가 그리며 / 내 뜨겁게, 가슴 뜨겁게 생각하노니……
>
> — 최영화 「가람천 기슭에서」 부분

위의 시는 1936년 여름에 있었던 김일성의 보천보전투 승리의 그날을 기리는 내용이다. 김일성에 대한 흠모와 존경의 마음을 노래하고 있다. 따라서 항일혁명문학의 강조는 곧바로 김일성의 신격화로 연결된다. 항일혁명투쟁의 시적 형상화의 소재는 대부분이 김일성 빨치산 항쟁을 대상으로 하고 있다. 사실 항일투쟁은 최용건, 김책 같은 만주파들만 한 것이 아니라 연안파의 많은 사람들도 항일무장투쟁의 경력을 갖고 있었다. 그런데 북한에서의 항일혁명문학은 바로 김일성의 항일무장투쟁을 그리는 데 모든 것을 집중했다. 이 시기항일무장 투쟁을 소재로 한 시는 서정시 「우리 당의 행군로」(이용악, 1961), 「당」(김순석, 1965), 「유격대와 농민」(김북원, 1959), 「눈자국」(조벽암, 1959) 등을 비롯하여 가사에 이르기까지 매우 많은 작품들이 발표된다.

이 시기 역시 김일성 우상화가 시사의 주류를 형성한다. 김일성은 혁명사의 불멸의 업적, 숭고한 혁명가의 풍모를 지닌 인물로서 모든 인민들이 경배하는 대상으로 형상화되고 있다.

3) 남한해방과 반미의식을 고취한 시문학

이 시기에는 신행시기와 마찬가지로 남한해방과 반미의식을 고취한 시들도 많이 창작되었는데, 대부분의 시편들이 욕설에 가까운 극한적인 어조로 남한 정권과 미제국주의자를 직접적으로 비방하는 내용들이다. 여기서 가장 주목되는 것은 1960년 남한에서 일어난 4·19를 소재로 하여 남한의 민중봉기를 선동한 작품들이다.

> 일어선 마산은 행진한다 / 오빠의 시체를 안은 어린 누이 앞장 세우고 부산에서 서울에서 / 대구에서 인천에서 / 남조선 모든 도시 / 모든 농촌들에서 / 마산은 행진한다 …… 행진한다
>
> — 신진순 「마산은 행진한다」 (1960) 부분

> 형제들이여! 아직도 막아서는 / 원쑤의 총부리들을 꺾어 던지라! / 무기고를 산산이 들부시라! / 원쑤들의 머리우에 화약통을 터치라! / 기울어진 경무대 기둥을 단김에 처넘기라!
>
> — 정서촌 「원쑤들이 바리케이트를 쌓고 있다」 (1960) 부분

남한의 4·19를 시적 소재로 한 위의 시편들의 실질적인 창작의도는 북한 주민들에게 남한의 현실을 왜곡되게 인식시키고, 북한체제가 우월하다는 것을 교양·선전하기 위한 전략의 일환으로 파악된다. 이러한 남한에 대한 왜곡과 미국에 대한 적개심은 민족통일의 당위성과 결부시키면서 1990년대까지 일관되게 흐르는 북한 시의 한 부류를 형성한다. 북한은 남한 사회와의 배타적 관계를 통해 내부적 통제와 연대를 이루어 나가기 때문에 남한에 대한 비방은 북한 사회의 통합을 위해서도 요구되는 것이다. 이 시기의 북한문학 역시 '적아(敵我)'와 '선악(善惡)'이 확연히 구분되는 특성을 보인다. 이러한 극단적인 이항대립(二項對立)적인 사고와 흑백(黑白) 논리는 6·25전쟁을 통

해서 더욱 굳어진 전쟁문화심리의 연장이다. 이러한 북한 시의 상투적이고 기계적인 지배담론체계는 북한 사회체제 구조가 이미 경직된 사물화의 길로 들어섰음을 추론할 수 있게 한다.

한편 이 시기의 시문학은 김일성의 민족 주체성을 강조하는 한편, 소련, 중국 등과 정치적으로 미묘한 관계가 형성됨에 따라 그들 국가들과의 우호적 관계를 형상화한 작품들은 거의 등장하지 않는다. 이러한 경향은 1950년대 시들과 대별되는 차이점이기도 하다.

이상에서 보듯 이 시기의 북한 시문학은 김일성 중심의 주체시대를 앞당겨 맞이하기 위한 전령사로서의 의미를 지니고 있다.

3. 소설문학의 전개 양상

'천리마 시대'를 맞이한 북한의 소설문학은 자본주의의 반동성과 멸망의 불가피성, 사회주의, 공산주의의 우월성과 승리의 필연성을 힘 있게 확인하며 근로자들 속에서 개인주의, 이기주의를 반대하고 노동을 사랑하는 정신, 계속 혁신, 계속 전진하는 혁명사상을 키우며 공산주의적 풍모를 확립하는데 이바지해야 했다. 이 시기의 북한소설은 주제에 따라 다음과 같이 세 가지로 분류될 수 있다.

1) 천리마 현실의 반영과 천리마 기수의 전형을 창조한 소설

이 부류의 소설은 단편과 중편이 주류를 이룬다. 그것은 격변하는 현실의 요구에 빠르고 민감하게 반응하여 창작될 수 있는 것이 단편과 중편소설이기 때문이다. 단편소설로는 김병훈의 「해주 - 하성서 온 편지」(1960), 「길동무들」(1960), 권정웅의 「백일홍」(1961), 김북향의 「당원」(1961), 리윤영의 「진심」(1961), 이병수의 「령북땅」(1964), 최창학의 「애착」(1963), 석윤기의 「행복」(1963) 등이 있고, 중편소설로는 김홍무의 「회답」(1963), 현희균의 「청춘의 고향」(1966), 그리고 윤시철의 장편소설 「거센 흐름」(1964) 등이 있다.

김병훈의 「해주 - 하성서 온 편지」는 보통 건설 속도로는 3-4년이 걸리는 해주 - 하성 간의 철도공사를 불과 75일 만에 완수한 기적과 같은 일을 해낸 청년건설노동자의 노력투쟁을 기초로 창작된 소설이다. 대학입시를 앞두고 자원하여 건설현장으로 달려온 서칠성이라는 평범한 청년이 김일성에 대한 충성심과 혁명적 자각에 의해 진실한 투사가 되어 동료들을 격려해 건설작업을 놀라운 속도로 완수한다는 이야기이다. 이 소설은 평범한 인물이 기적의 창조자로 거듭나는 혁명적 자각, 즉 공산주의를 건설하려는 낭만적 지향과 열정의 중요성을 일관되게 강조함으로써, 천리마 시대의 전범을 보여주는 소설이다.

김병훈의 「길동무들」은 기차 안에서 우연히 만나게 된 두 길동무를 그리고 있다. 한 사람은 '아바이'로 불릴 만큼 나이 지긋한 군인민위원회 지도원이고 한 사람은 고향의 담수양어를 위해 잉어 치어를 옮겨가는 순결한 시골 양어공 처녀이다. 지도원은 치어를 살리기 위해 기차가 역에 멈출 때마다 새 물을 떠와 넣어주는 처녀의 극진한 정성에 감복한다. 이윽고 한 정거장에서 물을 뜨러 갔던 처녀가 기차를 타지 못하자 지도원은 잉어 양동이를 들고 다음 역에 내려 처녀를 기다린다. 한걸음에 달려온 양어공 처녀와 지도원은 만나며 이야기는 그 본질로 들어간다. 고향 사람들에게 아침저녁으로 펄펄뛰는 생선을 먹이겠다는 황홀한 꿈과 불같은 열정으로 가슴 불태우는 낭만적이고 정열적인 양어공 처녀는 순수한 천리마기수의 형상이라고 할 수 있다.

권정웅의 「백일홍」은 선로에 떨어진 적의 폭탄을 제거하다가 희생된 선로원을 좇아 산간벽지의 철길을 지키는 선로원을 자청한 제대군인 선우혁이 묵묵히 나라를 위해 헌신적으로 일한다는 이야기이다. 그는 나이도 들고 파편에 맞은 다리도 불편하지만 철도의 안전을 보장해야 하는 자기의 일에 조금도 소홀함이 없다. 그가 거두어 키우는 희생된 선로원의 아들은 장난이나 칠 나이인데도 철도를 돌보기 위해 5리 거리를 돌아서 학교에 오간다. 선우혁의 아내 금녀는 초소 근무기한이 지나도 교대를 거절하는 남편을 원망하지만, "렬차가 1초 더디게 달린다는 것은 그만치 우리의 사회주의 건설 속도가 지연된다는 것이나 다름없소"라는 남편의 준열한 꾸짖음에 깨달음을 얻으며 남편의 고상한 세계관으로 인해 아직 혁명적 자각을 하지 못했던 그녀는 깊은 감동을 받는다. 그리하여 금녀마저 작품의 끝 부분에 이르면 천리마운동에 차질이 생기지 않도록 열차가 정지하지 않게 철로에 굴러 떨어진 돌을 위험을 무릅쓰고 밀어내는 헌신적인 모습을 보여주고 있다. 「백일홍」은 천리마의 속도가 곳곳의 선우혁 같이 묵묵히 일하는 보통사람들에 의해 보장되는 것임을 말하고 있다. 이 단편소설은 후에 동명 영화로 각색되어 북한에서 많은 호평을 받았었다.

위에서 살펴보았듯이 이 시기 소설문학에 나타난 천리마기수들은 대체로 보통사람들이었다. 따라서 이들의 긍정적인 면모가 항상 대단한 사업을 통해 발휘되는 것은 아니었다. 그들은 곳곳에서 대고조와 혁신을 일으켜 가는 무수한 여러 사람들 중의 한 사람인 셈이었다. 이런 작품들은 평범한 인물들이 사회주의 건설을 위해 열정적으로 일하는 모습을 제시함으로써 당과 수령에 대한 자발적인 충성을 요구한다. 이처럼 평범한 인간들이 '기적의 창조자'가 되고 헌신적인 '무명영웅'으로 되는 데는 주로 정신적인 요인이 작용한다. 그것은 바로 '혁명적 자각', 즉 공산주의를 건설하려는 낭만적 지향과 열정이다. 이 시기의 소설작품들은 이와 같이 인민들을 천리마운동에로 동원시키려는 선전, 선동의 성격이 아주 강하다.

2) 항일무장투쟁을 형상화한 소설

이 시기는 카프문학의 전통을 밀어내고 김일성이라는 영웅이 이끌었다는 항일무장투쟁시기의 문학과 항일혁명 전통을 북한문학 내지는 북한 사회의 정통성으로 세우는 작업을 다그치는 시기였으므로 항일무장투쟁을 형상화한 소설들이 속출했다. 그 결과 항일무장투쟁을 형상화한 소설들이 이 시기 북한 소설문학의 가장 큰 줄기를 이루었다. 이러한 과정은 물론 김일성의 유일사상체계와 유일지도체계를 확립하는 과정에 수반되는 것이었다. 림춘추의 장편소설 『청년전위』(1962), 박달의 장편소설 『시광』(1959)을 필두로 왕선의 장편소설 『아들딸』(1965), 박한무의 『참외』 (1959), 김재규의 『혁명가의 집』 (1959), 윤세중의 장편소설 『안해』 등이 바로 이 시기 항일무장투쟁을 형상화한 주요 소설들이다.

1960년을 전후하여 북한에서는 김일성이 이끄는 항일무장투쟁의 현실과 '항일유격대원들의 고상한 사상, 정신적 풍모를 형상화한 작품'들을 통하여 인민들의 사상성을 고양시키기 위해 이를 주제로 한 소설들을 창작하게 하고 그것을 높게 평가했다. 그런데 이 시기 항일혁명투쟁의 형상화에서 특이한 점은 항일무장투쟁의 참가자들이 직접 작품을 창작했다는 사실이다. 그 예로 림춘추의 장편소설 『청년 전위』(1962)와 박달의 장편소설 『서광』 (1959)이다.

『청년 전위』(1, 2부)는 1929년 여름부터 1945년 광복될 때까지의 긴 역사적 시기를 배경으로 동만(東滿) 지역에서의 추수, 춘황 폭동과 항일유격대조직, 유격근거지 보위를 위한 투쟁과 '반민생단사건', 제1차 북만원정과 다홍왜 및 요영구 회의, 간삼봉전투와 조국광복회 조직을 확대하기 위한 투쟁, 광복을 맞이하기 위한 군사정치활동 등 항일무장투쟁에서의 중요한 역사적 사건들이 주인공 류광림의 성장과정과 밀접한 관련을 맺으면서 형상화되어 있다. 이 소설은 북한식의 성장소설로서 지주집 머슴으로 있던 류광림이 항일무장투쟁의 준엄한 시련 속에서 점차 혁명투사로 자라나는 과정을 그렸다. 물론 류광림의 성장과정에서 김일성의 지도와 영향을 받았다는 것으로 그려져 있다. 이 소설은 류광림 외에도 많은 청년 혁명가들을 그렸다. 학생 출신의 슬기로운 청년 조광조, 힘들고 어려운 고비마다 말없이 앞장서는 텁텁하고 순박한 관규, 호탕하고 인상 좋은 주춘일, 여성다운 섬세성과 침착성을 소유한 명희, 순진하고 시원시원한 여장군 허성순 등은 실재했던 인물을 바탕으로 형상화한 인물들로서 각자가 고유한 개성을 지닌 인물로 그렸다고 볼 수 있다.

『서광』 역시 북한식 성장소설로 김일성이 창건했다는 조국광복회 지도 아래 조선 국내(주로 함경북도 갑산일대를 중심으로)에서의 반일활동 과정에서 혁명가로 자라는 과정을 그린 작품이다. 이 작품은 오랜 시련 속에서 투쟁의 길을 모색하던 조선 국내의 혁명가들이 김일성을 직접 만나보고 그의 가르침을 받고 명확한 투쟁목표와 활동방향을 가지게 되었다는 것을 보여주려고 했다.

이밖에도 황건의 장편소설 『아들딸』도 역시 북한식의 성장소설이다.

『아들딸』은 1935년부터 1945년 8·15광복까지의 역사시기를 배경으로 주인공 방성학을 비롯한 청년들이 어떻게 서로 다른 경로를 통하여 투쟁대열에 들어서며 어떻게 혁명가로 자라나는가를 보여주려 한 작품이다. 주인공 박성학은 포수의 아들로서 조선국내 지하혁명조직에서의 계급각성 과정을 거쳐 유격대에 입대하며 김일성의 지도하에서 유능한 지휘관으로서 정치공작원으로 성장한다. 그는 김일성이 제정했다는 조국광복회의 구상을 가슴에 안고 혜산 지구와 서울 일대에서 지하활동을 하다가 체포되었지만 옥중에서 굴하지 않는다. 또한 이 작품은 식민지시기 지식인들이 김일성이 이끄는 항일무장투쟁의 영향 밑에 혁명투사로 성장하는 과정도 그렸다. 이를테면 강철민, 장보영은 바로 이런 지식인이다.

강철민은 천도교 종무원장의 아들로서 식민지 현실에 환멸을 느끼고 앞날에 대한 희망도 없이 술이나 마시면서 자포자기와 염세주의에 빠져 청춘을 허비하는 지식청년이었지만, 박성학의 영향하에 김일성이 이끄는 항일지하투쟁에 참가한다. 얼마 후 그는 서울에 올라가 동광기계성과학원 원장으로 일하면서 성학이와의 연계 밑에 지하투쟁을 벌인다. 후에 일제의 의해 검거, 체포되어 옥에 갇혔지만 모진 고문을 이겨내고 절개를 지키는 굳센 혁명가로 성장한다.

중산계급 출신의 장보영은 여학교시절에 진보적인 독서회에도 관계했고 야학선생도 하였으나 리광천이라는 사람과의 혼담과 부친의 강요에 의해 일시혁명투쟁을 포기한다. 그녀는 리광천이가 경찰서장이 되었다는 것을 알고는 그와 결별하고 조각가인 경문이와 결혼한 다음 평온한 생활을 하는 것으로 자기의 양심을 지키려 한다. 그러나 식민지의 현실은 장보영의 이러한 우유부단함을 허용하지 않는다. 미나미 총독의 반신상 조각을 거절했다는 이유로 남편이 체포되고 그 후유증으로 죽은 후 그녀는 자기가 갈 길이 어디인가를 깨닫게 된다. 그녀는 서울에 올라가 박성학과 연계하여 지하공작을 펼치게 된다. 이처럼 작품은 중산계급 출신 지식여성인 장보영을 투쟁과 생활의 시련 속에서도 나약함과 우유부단함을 극복하고 점차 굳센 여성혁명가로 성장하는 과정을 그렸다.

3) 6·25전쟁을 다룬 소설

6·25전쟁을 다룬 중편소설은 김재규의 「포화 속에서」(1964), 정창윤의 「포성」(1966), 그리고 석윤기의 장편소설 『시대의 탄생』(제1부, 1966) 등이 있다.

석윤기의 장편소설 『시대의 탄생』 (제1부)은 6·25전쟁의 전 과정을 다룬 작품이다. 이 소설에서 주목할 점은 전쟁의 기원을 20세기 초인 1904년 노일전쟁 당시 일본 측 관전무관으로 한국에 온 미국인들의 한국 인민들에 대한 약탈 행위까지 거슬러 올라감으로써 6·25전쟁의 성격을 '미국의 제국주의적 팽창 전략과 그에 맞선 조선 인민의 투쟁'으로 규정한 것이다.

소설에서 미국은 호랑이의 기상을 갖고 있는 조선에 일찍부터 눈독을 들이고, 일제의 식민 지배를 뒤에서 조종하여 "일본인들로 하여금 위험천만한 호랑이의 발톱을 뽑아 던지게" 하도록 음모를 꾸미는 존재로 설정되었으며, 전쟁은 곧 제국주의의 침략과 그에 맞선 투쟁사라는 긴 문맥 안에 놓음으로써 장대한 서사적 화폭으로 펼쳐지고 있다.[93]

소설의 서장에서는 검산 땅에 들어온 맥아더 일당이 조선의 금은보화를 약탈하고 인민들에게 고통과 불행을 안겨준 죄악상의 폭로와 이에 맞서 싸우는 젊은 농민 박억쇠의 활동상, 그리고 해방 후 박억쇠의 손자인 노동자 세철의 생활상이 그려지고 있다. 주인공 세철은 노력투쟁 중에서 인민경제계획을 초과 수행하는 위훈을 세우면서 대학 진학을 준비하던 중 항일혁명투사이자 인민군 연대장인 전학민으로부터 자신의 형 세진이가 항일유격대에서 용감히 싸우다가 희생되었다는 소식을 듣게 된다. 전학민은 17년 전 미국 선교사 골드빈의 아들과 싸운 끝에 세진이가 가지고 떠났던 칼을 세철이에게 넘겨주며 미국의 침략 본성에 대해 깨우쳐 주는 등 세철의 성격 발전에 중요한 영향을 끼치게 된다.

전쟁이 발발하자 세철은 불타는 증오심을 안고 인민군에 입대하여 참전한다. 세철은 남진의 길에서 미제 침략자들의 만행을 목격하고 수령님의 참된 혁명전사, 계급 전사로서의 책임감을 깊이 자각하며 훌륭한 전사로 성장해 간다. 즉 처음에는 소박하고 평범한 젊은이로서 복수심에만 불탔던 세철은 전장에서의 분별없는 행동으로 위기를 겪는 과정을 통해 보다 냉철한 혁명 전사로 변모해 가는 것이다. 이후 세철은 여러 전투에서 용맹을 떨치며 특히 대전지구 전투에서 원수인 골드빈을 죽이고 미 제24사단장 딘을 생포하는 위훈을 세운다.

이 소설에서는 주인공 박세철과 함께 항일유격대원이었던 인민군 연대장 전학민, 역사가 윤하응 등을 비롯하여 덜레스와 무쵸, 신성모, 남한 매판 자본가의 아들이지만 비판적 지식인인 민환규 등 긍정적 인물과 부정적 인물들의 활동상과 갈등 관계를 폭넓고 세밀하게 그려냄으로써 전쟁의 배경인 국제정세의 움직임과 계급적 역학관계, 나아가서 인간의 깊숙한 내면까지 분석하고 있다.

이 소설의 플롯은 '조선 인민과 미제와의 적대적 갈등 관계'를 기본 축으

93) 신형기·오성호, 「북한문학사」, 평민사, 2000, 252쪽.

로 하고 있다. 서장에서 그리고 있는 바와 같이 미국은 이미 20세기 초에 조선을 침략했고 일제를 조종하여 그들의 제국주의 목적을 추구해 온 터였으므로, 1950년에 발발한 전쟁은 20년 전 김일성의 지휘아래 백두산 기슭에서 시자된 항일무장투쟁의 연장선상에 놓이게 되고, 조선인민군은 바로 이 항일혁명군의 전통을 잇는 것이 된다.

따라서 이 소설 역시 미제 침략자들을 물리친 김일성의 현명한 영도와 영웅적 투쟁에 대한 찬양을 기본 골격으로 하여 그를 닮은 새 시대의 대중적 영웅을 형상화한 작품이라고 할 수 있다.

한편, 이 소설은 북한문학사에서 '서장을 비롯한 여러 부분에서 화폭적인 환경묘사와 시적인 자연묘사, 작품 전체를 관통하고 있는 정론적인 문체와 철학적이며 풍자적인 묘사수법 그리고 세계적 판도에서 이루어지는 사건 조직, 실감 있는 전쟁장면 등을 구사함으로써 작품의 높은 형상성과 예술적 품위를 보장한, 자기의 창작적 개성이 뚜렷한 작품'으로 평가받고 있다.[94]

4. 천세봉의 대하소설『안개 흐르는 새 언덕』

이 소설은 총 8편으로 구성된 대하 장편으로 1966년 6월 5일에 상권이, 이어 동년 7월에 하권이 각각 조선문학예술총동맹출판사에서 출판되었다. 흥미로운 사실은 이 소설이 북한에서는 일종 판금(販禁)소설이라는 점이다. 북한문학사에서는 이 소설에 대해서 전혀 언급하지 않고 있다. 이것은 아마도 이 작품이 놓여 있는 위치의 미묘함에서 말미암은 것이다.

1967년 무렵은 노동당의 유일사상체계가 더욱 철저히 세워지고 사회주의의 완전한 승리와 온 사회의 주체사상화를 다그치기 위한 시기이다. 요컨대 이 소설은 나오자마자 안함광 같은 북한 최고의 평론가로부터는 극찬을 받

94) 박종원·류만, 『조선문학개관 2』, 인동, 1988, 246쪽.

았지만, 북한 최고의 정치수령인 김일성으로부터는 호된 비판을 받은 소설이라는 점에서도 이 작품을 읽는 일은 흥미로운 일이 아닐 수 없다.

1) 『안개 흐르는 새 언덕』의 중심 줄거리

이 작품은 1920년대 말 원산 총파업으로부터 1945년 8.15해방까지의 역사를 다룬 이른바 역사대하소설이다.

① 제1편 「서막이 울린다」의 경개

이 작품의 주인공은 덕흥 철공소의 직공인 강민호라는 청년으로 그의 아버지는 3.1운동 당시 만세를 부르다가 끌려다 고문을 받고 죽었다. 그로인해 반일 감정을 품고 있으며, 맑스주의에 심취한 청년이었다. 그는 우연한 기회에 양심적인 민족 자산계급인 광제약국 주인의 딸 순영과 알게 되고 순영은 강민호에게 사랑의 감정을 품게 된다. 강민호는 처음에는 부르주아에 대한 반감으로 인하여 순영에게 냉담했지만 자기의 옹졸함을 느끼고 순영에게 호감을 갖게 된다.

순영을 사이에 놓고 강민호와 한달수라는 부르주아 청년 사이에 삼각관계에 놓인다. 한달수는 마르크스주의자로 행세를 하지만 민호는 독서회에서 한달수의 어설픈 맑스주의를 비판한다. 이에 앙심을 품은 한달수는 몰래 경찰에 독서회를 밀고하는데, 이 사실은 안 순영은 민호를 그녀의 집에 숨겨준다. 순영의 부친인 광제당약국의 주인 김창환은 3.1운동 당시 민호의 부친인 강도하와 함께 감옥살이를 했던 인물이기도 하다.

숨어 지내는 사이에 민호와 순영 사이에는 깊은 애정이 싹튼다. 한 달쯤 지나서 민호는 순영의 만류에도 불구하고 길을 떠난다.

② 제2편 「사나운 바람 속에서」의 경개

민호는 산판이나 공사장 같은 막노동판을 거치면서 건실한 맑수주의자로 성장해 간다. 그는 어두운 현실을 보면서 투쟁의 의욕에 불탄다. 그러던 어느 날 밤 경찰들이 그를 잡으러 오자 그는 일제의 첩자 노릇을 하던 유태일을 몰래 우물 속에 처박고는 다시 길을 떠난다. 오랜 도피생활 끝에 그는 순영이 고등여학교에 다닌다는 항구도시로 가서 스미스라는 일본인의 목재공장에서 일하는 한편 그 지역의 노총지부와 연계가 맺어지면서 본격적인 투쟁을 감행한다.

강민호는 경제적인 투쟁에 나설 수 있는 여건이 마련되어 있지 않다고 생각하는 노총 지부장과 의견 충돌이 생기게 된다. 그는 노총지부가 옳게 투쟁을 하자면 노동자들 사이에서 피어난 작은 불씨를 부추겨 일구고 거기에 큰 정치적 슬로건을 내 걸어야 한다고 인정한다. 이 논쟁을 통해서 민호는 문경태라는 동지를 만나게 되고 그의 집에 살게 되는데, 그에게는 정미소에 다니는 문경희라는 여동생이 있다. 여기서 순영과 경희는 미묘한 경쟁 대상이 된다. 그런데 순영이는 소시민적인 꿈을 버리지 못하는 반면 견실한 노동자인 경희는 민호의 마음을 더 사로잡게 된다.

문경태의 주선으로 민호는 부두 노동자들 속으로 들어가며 그 속에서 비밀노조를 세우는 일을 비밀리에 추진한다. 또한 레닌이 즐겨 불렀다는 '바다사람'이라는 노래를 멋있게 부르고 레닌이 즐겨 읽었다는 괴테의 『파우스트』의 명구도 줄줄 외워대는 최대석 등을 사귀게 된다. 그를 통해 최인렬이라는 사람을 만나기도 하는데, 동경에서 조직되었던 '북성회'의 일원이고 서울 출신 마르크스주의자를 대표하는 그는 ML파를 세우려 하는 종파주의자로 그려진다.

그런데 한 작은 제사공장에서 벌어진 소동이 이 항구도시에서 전체 노동자 및 학생들의 파업이라는 엄청난 사건으로 번진다. 여고생인 순영 등은 서울에서 내려온 미모의 맑시스트인 송미라의 지휘하에 노동자들의 파업시위 행렬에 참가한다. 순영은 혁명투쟁에 고무되어 잠시나마 공산주의의 황홀한 환상 속에 잠기기도 한다.

그러나 뒤늦게 일제의 헌병기마대가 출동하여 탄압을 하게 되자 시위대열은 흩어지게 되고 대열을 잃은 순영은 일경을 피해 달아나다가 오일파라는 사람의 집으로 들어가게 된다.

그 후 문경태, 권일호(강민호)와 파업의 주모자들은 일경에 잡혀 사형이 언도되었다는 소식이 전해지자 순영은 마르크스주의에 환멸을 느끼기 시작한다. 다만 순영의 부친 김창환은 변호사를 사는 등 민호를 살리기 위해 최선을 다하며, 문경태가 자신의 책임 하에 벌어진 일이라고 민호를 마지막까지 변론한 덕에 민호는 4년형으로 감형되기에 이른다. 문경태는 진리란 가장 쉽고 명백하지만 그 길로 걸어 나가기란 순탄치 않고 험난한 가시덤불 속을 헤쳐가야만 한다는 유서를 남긴 채 사형장의 이슬로 사라진다. 또한 동생 경희와 민호가 부부가 되어 주었으면 하는 희망도 엿보이고 있다.

순영의 집은 몰락의 길을 걷게 되는데, 그 무렵 여고 동창생 박춘옥의 편지를 받고 순영은 만주로 떠나간다. 음악에 대한 그의 꿈이 그토록 강렬한 것이었기 때문이었다. 그러나 만주의 'ㄹ'역에 도착해보니 순영을 기다리고 있는 사람은 박춘옥이 아니라 한달수였다. 그제야 그녀는 속았다는 생각이 든다. 항일운동을 하고 있던 박춘옥을 만나기는 하지만 음악을 하러 왔다는 말에 대한 박춘옥의 냉담한 태도에 순영은 오히려 담담해진다. "음악, 음악을 해야 한다. 어떻게 세상에 마르크스주의 하나만 있고 음악은 없어도 좋단 말인가"라고 그녀는 반발한다.

어느덧 세월이 흘러 권일호(강민호)는 출옥해서 경희와 결혼을 한 후 경찰의 감시를 피해 만주로 떠난다. 결국 순영은 강민호나 문경희 같은 노동계급 출신들과는 달리 소자본계급 출신이라는 자신의 계급적 한계를 넘지 못하는 것으로 그려져 있다.

③ 제3편 「다시 서곡」의 경개

그러나 그곳에서의 생활상 또한 고국에서와 다를 바 없다. 여기에서는 일본인 고이시이가 실력자이며 그 하수인은 한성운이라는 이 지역의 지주였다.

강림(권일호이자 강민호)은 툰장인 박대범을 통해 간도 땅에서 벌어지고 있는 공산주의 운동에 대해 알게 된다. 민족해방투쟁은 과거 독립운동이라는 민족주의적인 낡은 구태를 완전히 벗어 던지고 참신한 공산주의자들의 손에 장악되었다는 것이다. 이 말을 들은 강림은 가슴이 벅차오른다. 그는 거창한 투쟁이 그리웠던 것이다. 결국 강림은 최인렬 등의 가짜 마르크스주의자들을 딛고 군중 속에서 대규모의 폭동을 일으키게 되고 이어 동만주의 각 현으로 번져 나간다.

한편 순영은 이러한 소식을 알지도 못하고 음악공부에만 몰두한다. 그녀는 루소의 반문명과 회귀자연의 논조에 동조한다. 폭동으로 죽다가 살아난 한달수의 어머니의 말을 듣고 순영은 민호가 살아있고 만주에 와 있다는 소식을 듣고 그를 찾아가고자 하지만 그 낌새를 눈치 챈 한달수에 의해 순결을 잃고 만다.

한달수의 부친 한성운은 일본 새벌 고이시 이찌로와 손잡고 만주의 큰 땅덩어리를 얻어내고자 한다. 고이시 이찌로의 아들은 관동군 참모로 나와 있다. 9.18사변이 터지고 관연 관동군이 밀려들기 시작한다.

④ 제4편 「태양이 비친다」

여기서 태양은 김일성의 존재를 암시한다. 김일성이 항일유격대를 조직했다는 소문이 퍼지자 동만 각지에서는 이를 본받아 유격대를 조직하기 시작한다. 강림도 유격대를 조직하고 치무거우라는 지역을 근거지로 삼는다. 한편 마을에 남아있는 경희는 경찰에 붙잡혀 감옥에 갇히게 되는데, 거기서 아들 철웅을 낳으며 탈옥하여 구사일생으로 유격구로 살아서 돌아온다.

유격구 안에서도 사건은 끊임없이 일어난다. 최인렬은 강림을 제거하려 하지만 실패한다. 강림이 혁명의 진로에 우려를 느끼고 있을 때, 김일성 일행이 나타나고 최인렬은 겁을 먹고 도망쳐 버린다. 한편 김일성의 지시에 따라 치무거우, 태평구, 송림구 지역에는 인민혁명정부가 수립된다.

⑤ **제5편 「수난은 또 수난」**

여기에서는 주로 고이시를 중심으로 한 일제의 힘에 대항한 강림유격대의 투쟁을 중심적으로 다루고 있다. 강림은 김일성이 직접 지휘한 'ㅌ'현성 대전투에 참가하여 그의 전략과 전술을 배우고 돌아온다. 일군 토벌대와의 전투는 끊임없이 계속된다.

일제의 탄압이 강화되면서 식량사정이 극도로 악화되고 식량공작을 나갔던 강림과 경희 등은 수난을 겪게 된다. 경희는 쌀을 숨겨 놓은 곳을 지켜낸 대신에 총에 맞아 죽고 만다.

경희가 죽은 뒤 강림이 지휘하는 제 3중대는 즈란구 근거지에서 1년쯤 싸우다가 사단 지휘부의 지시에 따라 휴식을 갖게 된다. 강림 일행은 근거지 주민들의 참담한 생활상에 놀라며 기아에 쓰러져 가는 왕야즈의 군중을 살리기 위해 식량을 구하러 나간다. 그 와중에 강림은 중상을 입고 쓰러진다.

최인렬은 신경의 카페에서 우연히 송미라와 해후하고 고이시는 자포자기의 상태로 달수의 처가 된 순영의 주위를 맴돈다.

그 사이 겨울이 왔다. 강림은 귀틀집으로 된 병실 안에서 '조선사회경제지리'라는 책을 읽고 있다. 그는 거기서 '철학박사'라는 별명의 문창일과 논쟁을 벌이기도 하는데, 회의론자인 그의 존재가 흥미롭다. 그는 대놓고 강림에게 이렇게 말한다.

> "생각해 보시오. 공산주의 모든 완성이 인간에게 무엇을 가져오겠는가. 욕망이 없는 나태, 타락, 무기력, 그것이 전 사회를 지배하지 않으리라고 누가 믿을 수 있소? 인간의 정신적 공허가 기필코 오리라는 결론이 여기에서 나온단 말이오. 난 그렇게 믿소."

그러던 어느 날 병원은 한달수가 속해 있는 부대에 의해 공격당하고, 부득이 강림 등은 밀림 속의 한 동굴 속에 은신하여 어려움을 겪게 된다. 이 소식을 듣고 김일성이 강림 일행을 구출한다. 유격대의 병원을 기습한 공로로 한달수는 토벌대의 중대장으로 승진하고 강림은 사살된 것으로 알려진다. 이 소식을 전해들은 순영은 깊은 슬픔에 빠진다. 그러나 순영은 시어머니를 따라 교하 근방에 갔다가 강림과 마주치게 된다. 시이미니는 총에 맞아 죽고 순영은 달빛 아래서 연설하는 강림을 보고 정신을 잃는데, 이런 소동 탓에 그들은 만나게 되며 순영은 차라리 자신을 쏘아 죽이고 가라고 하지만 강림은 그대로 돌아선다.

⑦ **제7편「붉은 대륙」**

여기서는 기아 때문에 적구(敵區)로 내려온 인민들과 그 속에서 공작원들의 활동을 주로 그리고 있다. 강림의 모친인 권씨와 철웅이도 내려와 야야구 시내에서 살면서 활동한다. 강림 부대는 유인작전을 써서 토벌대를 거의 다 전멸시킨다.

한편 한달수는 방탕하게 놀아나다가 길거리에서 우연히 강림의 어머니 권씨를 발견하고는 그녀를 체포한다. 권씨를 미끼로 김일성 부대의 오른 팔인 강림을 잡아들이자던 시도가 실패로 돌아가자 고이시는 권씨를 길거리에서 교수형에 처한다.

강림의 아들 철웅이는 할머니를 죽인 한달수와 고이시를 쫓아 신경까지 가는데, 한달수의 집에서 순영을 만난다. 순영은 철웅이의 모습에서 처음 만났을 때의 강림을 생각하고 각별한 애정을 쏟지만 철웅이는 늘 경계한다.

⑧ **제8편「괴멸과 탄생」**

여기서는 해방에 이르기까지의 시간을 배경으로 하고 있다. 일제는 도처에서 무너져 가고 유격대는 거듭 승리를 하게 된다. 순영을 신경으로 불러들이라는 고이시의 말을 거절한 한달수는 수치감을 느낀 고이시에게 허무하게 목숨을 잃는다. 순영의 아버지는 뒤늦게 순영을 찾아오지만 오히려 한성운의 무고로 감옥에 갇히게 된다.

그러나 객관적인 모든 상황은 고이시가 보기에는 끝을 향해 치닫는 것으로 여겨진다. 'ㅂ'에서 출동한 두 개 연대가 강림의 유인 작전으로 몽땅 얼어 죽은 뒤에 그는 대놓고 이제는 지는 일만 남았다고 떠들어댄다. 그에게는 "강림이란 어떤 인간인가? 아니 이런 인간을 만들어낸 김일성이란 어떤 인간인가?" 만이 궁금할 뿐이다. 어느덧 히틀러가 패망하고 소련 홍군이 쳐들어오고 있다는 소식이 전해진다. 순영은 해방이 되면 자신도 조국으로 돌아갈 수 있을까하는 깊은 죄책감에 빠져 있다.

마침내 신경의 하늘에서 소련 비행기의 편대가 날아들고 낙하산을 타고 홍군이 하늘에서 내린다. 소련 군대와 함께 진격해 들어온 강림은 혁명군을 데리고 시내로 돌입해서 적들을 해치운다.

순영은 고이시의 부관 사또오를 죽이고 거리에 나가 소련 홍군이 들어오는 모습을 본다. 거기서 그는 강림의 눈부신 모습을 발견하고 자괴감에 젖어 든다.

"난 못 살아 … 내가 어떻게 살아? 저 위대한 승리자들 앞에서 내가 어떻게 살아 …난 더러운 액체야"라고 순영은 생각하며 마약을 먹고 스스로 목숨을 버린다. 장경도와 길남은 철웅이를 찾아내라고 그녀에게 호통을 친다. 강림이가 온 것은 바로 이 순간. 그에게 순영은 "전 … 한 발자국 잘못 디딘 죄로 인간을 이렇게 살았어요."라는 유언을 남기고 세상을 떠난다.

강림 일행이 소련 홍군과 함께 남으로 내려간 뒤에 철웅은 권총을 품에 숨기고 한달수의 집에 찾아들었다. 그때 철웅은 순영이가 그렇게 나쁜 여자가 아니라는 것을 알게 된다. 철웅은 한성운을 처단한다.

철웅은 순영의 장례를 치르고 순영의 부친 김창한과 함께 조국으로 돌아온다. 3년 뒤 순영의 아버지 김창환은 신문을 읽다가 거기 발표된 조선민주주의인민공화국의 조각명단 속에서 강림의 이름을 찾아내는 것으로 끝을 맺는다.

2) 『안개 흐르는 새 언덕』에 대한 안함광과 김일성의 견해

북한문학이 주체사상을 자기의 본령으로 삼게 되는 1967년 무렵은 북한문학 내부에서 격렬한 이론적·미학적 도론과 대립이 있었던 시기이다. 물론 이러한 대립과 투쟁은 이 시기에 이르러 처음 전개된 것은 아니었다. 1953년 무렵 임화·김남천·이태준에 대한 비판을 위시하여, 1958년에는 한효·안막 등에 대한 비판 등이 있었고, 1962년에는 한설야의 실각이 이미 있었다.

그러나 1967년의 반종파 투쟁은 과거의 그 어느 것과도 비교할 수 없을 정도로 중요한 변화를 내포하고 있다. 그것은 이 시기에 이르러 북한은 유일사상체계를 완성하려고 했고 문학에서도 예외가 아니었기 때문이었다. 문학에서 유일사상체계의 확립이란 여러 측면에서 논의될 수 있다. 그 중에서 가장 두드러지게 나타나는 점은 문학작품에서의 수령형상의 등장이다. 유일사상을 진일화하기 위해서는 유일사상의 핵심인 수령형상을 문학작품 속에 등장시킴으로써 수령의 면모를 적극적으로 알리는 것이다. 그리고 유일사상체계의 수립에 있어서 필수적인 것은 김일성이 영도한 항일무장투쟁시기의 문학 전통을 북한문학의 유일한 문학 전통으로 만드는 것이었다. 그러자면 반드시 북한문학의 가장 중요한 전통으로 인정해오던 카프문학 전통을 평가절하하는 것이었다. 그런 점에서 1967년의 반종파 투쟁은 카프의 전통을 결정적으로 평가절하하는 것임과 동시에 카프에 몸담고 활동했던 작가들에 대한 결정적인 비판이 되기도 하는 것이었다. 이 무렵에 가프의 전통을 고집하던 구카프 문학인들은 비판을 받고 그 이후 문학 활동을 할 수 없게 된다. 여기에는 평론가 안함광을 비롯하여 시인 박팔양 등이 끼어 있었다.

1967년의 이 엄청난 변화는 북한에서 아무런 반대 없이 자연스럽게 이루어졌던 것은 아니다. 이것은 당시 이러한 흐름을 반대하는 일군(一群)의 문학가들에 대한 반종파 투쟁이란 형태의 비판을 통해 이루어졌던 것이다. 이러한 사정에 대해서 북한문학사에서 다음과 같이 설명하고 있다.

> 위대한 수령김일성 동지께서는 1967년 1월 10일 예술영화『내가 찾은 길』을 보시고 하신 교시와 1967년 5월 당사상 사업부문 일군들 앞에서 하신 연설을 비롯한 여러 교시들에서 반당·반혁명 종파분자들의 책동으로 말미암아 문학예술 분야에 나타난 부르주아적 요소와 수정주의적 경향에 대하여 폭로 비판하시고 전당과 온 사회에 당의 유일 사상 체계를 철저히 세우며 사회의 모든 성원들을 혁명화로동계급화 하는데 이바지하는 혁명적 작품을 훌륭히 창작해 낼 데 대한 강령적 과업을 제시하였다.[95)]

위의 인용문에서 이 시기 북한문학 분야에서는 부르주아적이고 수정주의적 요소가 나오기 시작하고 있다는 점을 알 수 있으며, 여기에 대해서 김일성의 강한 비판이 있었음을 알 수 있다. 여기서 우리의 관심을 끄는 것은 직접 작품을 대상으로 비판한 것으로 보이는 1967년 1월 10일에 행한 김일성의 연설이다. 문제가 된 예술영화『내가 찾은 길』의 원작은 다름 아닌 천세봉의『안개 흐르는 새 언덕』이란 점에서 우리의 주목을 끈다. 그리고 이 작품이 1966년에 출판된 후 북한문학 평론계를 주도하고 있던 안함광은 장문(長文)의 평론을 통해 이 작품이 문학에 비해 교조주의적 흔적을 상당히 극복한 작품이라고 상찬(賞讚)한 바 있기에『안개 흐르는 새 언덕』과 이를 토대로 영화화한『내가 찾은 길』에 대한 김일성의 비판은 단순히 이 작품에 대한 비판을 넘어서 한층 더 의미심장한 대목으로 남게 된다. 이 작품에 대해 높이 평가한 안함광 역시 부르주아적·수정주의적 경향을 띤 비평가로 낙인찍혀 1967년부터 문단에서 종적을 감추고 말았는데, 이것 역시 이 시기 반종파 투쟁과 관련되어 있을 것이다. 이런 점에서 천세봉의『안개 흐르는 새 언덕』을 둘러싸고 안함광이 높이 평가한 이유와 김일성이 이를 비판한 이유를 살펴보는 것은 이 시기 유일사상의 체계화가 북한문학의 변모에 미친 영향의 일단을 가늠할 수 있을 것으로 보인다.

---

95)『조선문학사5』, 평양 과학백과사전출판사, 1978, 208-209쪽.

(1) 『안개 흐르는 새 언덕』에 대한 안함광의 긍적적 평가

천세봉의 『안개 흐르는 새 언덕』이 출판되었을 때, 안함광은 문학신문에 「영광스러운 혁명전통에 대한 송가 장편소설 『안개 흐르는 새 언덕』을 두고」(1966.9.9)라는 제목의 평론을 발표했다. 이 평론의 논의는 이 작품에 등장하는 주요한 인물인 순영·강림 그리고 고이시와 같은 인물의 성격화에 맞추어져 있다. 그는 인물의 성격을 작가가 단순화하지 않고 어디까지나 사실주의적 진실성에 입각하여 그리고 있다는 점을 중요하게 평가했다. 선행한 북한문학이 일반적으로 행해오던 성격창조 방식은 그 인물이 긍정적 인물이냐 아니면 부정적 인물이냐 하는 것에 의해서 일방적으로 규정되어 있었다. 그리하여 부정적 인물은 전적으로 부정적 모습만을 갖고 있는 인간으로 형상화되고 긍정적 인물은 전적으로 긍정적 모습만 갖고 있는 인간으로 등장하게 된다. 그에 비해 이 『안개 흐르는 새 언덕』에서는 부정적 인물 순영이나 고이시에게도 부정적 면만이 아니고 긍정적인 면도 존재한다. 그리고 이런 부정적 인물들의 비극적 운명은 단순히 그가 부정적인 면을 갖고 있기 때문에 맞이할 수밖에 없는 그런 것이라기보다는 부정적·긍정적 면모를 다 가지고 있지만, 그런 인물이 그런 상황에서 그런 비극적 운명을 맞이할 수밖에 없는 필연성 위에서 그려지고 있다.

안함광의 지적을 직접 살펴보자.

> 작가는 어디까지나 냉정한 입장에서 그 성격의 논리를 추구했다. 예술적 묘사에서의 객관적 냉정성은 결코 등장인물의 부정적 면만을 일방적으로 보아나가는 것을 의미하지는 않는다. 그것은 어디까지나 생활적 진실의 사실주의적 재현에 이바지한다. 실지에 있어서 이 작품은 순영의 좋은 면을 또 얼마나 많이 강조했는가. …… 그의 이러한 넋을 귀중하고 아름다운 것이라고 말해야 할 것이며 작가는 결코 문제를 외곬으로만 단순화하지는 않았다. 작가의 안광은 인간 정신의 움직임을 다양한 측면에서 비춰냈다. 그러나 작가의 객관적 냉정성은 순영의 주관적 심정이 제아무리 성실한 면을

> 가지고 있고 또 진실로 인간적인 고민 속에서 모대겨 왔다 할지라도 엄정한 객관적 평가의 작가권리로 튼튼히 보유하였다. 그러기에 강림은 첫사랑의 자욱을 못박아준 지난 시절의 애인 순영이의 비극적 말로에 대하여 그 짙은 애조가 감정의 금선(琴線)을 울려주는 체험에서 자유로울 수는 없었으나 리성의 채찍으로 감정을 비약시키면서 그것은 구경 한 발자국 잘못 디딘 인간의 당연한 귀결이라는 판단의 입장에 선다. 이러한 강림의 입장은 동시에 작가의 입장인 바 그 평가 판단은 튼튼하며 진실하다.

안함광에 따르면, 작품 속의 순영은 단순히 부정적인 면만을 가진 인물로 그려진 것이 아니라 대신에 주관적으로는 성실한 심정을 갖고 있고 인간적 고민 속에서 부대끼는 인물로 그려져 있으며, 따라서 부정적인 것과 긍정적인 것과의 사이의 경계선을 분명히 설정하는 '단순 갈등론'에 입각한 인물의 도식적인 성격화를 벗어날 수 있었다는 것이다. 이와 더불어 한 발 잘못 디딘 인간의 비극적 운명에 대하여서는 작가가 분명한 판단을 했다는 것이다. 이 작품에 등장하는 순영의 성격화에 대한 안함광의 이런 평가는 당시 북한 문학에 만연된 '단순 갈등론'에 근거한 도식주의와 분리시켜 생각할 수 없을 것이다. 그는 이런 상황을 극복할 수 있는 작품으로 이 『안개 흐르는 새 언덕』을 부분적 결함에도 불구하고 높이 평가한 것이다.

인물의 올바른 성격화에 대한 안함광의 관심은 순영에 머물지 않고 또 다른 중요한 부정적 인물인 일본군 고이시의 성격화에 대해서도 이어진다. 다른 북한문학 작품 같으면 일방적으로 희화화(戱畵化)될 정도로 부정적으로 나타나게 마련인 일본군의 모습이 이 작품에서는 전혀 다르게 나타난다.

안함광의 평을 들어보자.

> 작가도 고이시를 보다 우둔한 광신가 히시가루와의 내부적 차이 속에서 그리었다. 그러면서 고이시에게는 그 어떤 '총명'과 '이지적 판단'의 가면을 부여했다. 그것은 일제 침략군의 본질을 다양한 측면에서 드러내며 침략 전쟁을 조종하는 재벌들의 죄악상을 조명하는 가면 밑에 숨은 악마적 본질과 비인간적 악랄성을 보다 심각하게 폭로하는 사업에 복종되고 있다.

일본군 고이시를 그냥 바보 같고 악마적 존재로 그리기보다는 어느 정도 '총명'과 '이지적 판단'을 갖추고 있지만, 궁극적 성격은 어디까지나 비인간적이고 전쟁광적인 인물로 그리고 있다는 점에서 일본인을 일방적으로 희화시킨 작품에 비해 올바른 성격화를 갖추고 있다는 지적이다. 이 역시 앞에서 언급한 순영의 성격화와 비슷한 의미를 가지게 된다.

순영과 고이시와 같은 부정적 인물 대신 긍정적 인물인 강림과 같은 인물에 대해서 어떻게 평가하고 있는가를 알아보자.

> 그는 강한 사람이냐? 물론 더할 나위 없이 강한 사람이다. 그는 사물을 여러 모로 볼 줄 알며 인정(人情)을 이해할 줄 아는 진실로 인간적인 사람이냐? 그렇다. 진실로 인간적인 사람이다. 그러나 그는 그 어떤 경우를 막론하고 항상 원칙을 견지한다. 바로 그것으로 하여 그에게 있어서 이 양자가 유기적으로 통일되어 있다. 하기는 때로는 원칙의 열정이 지성의 테를 벗어나는 듯한 행동을 바로 그러한 예다. 그러나 여기에서도 우리는 오히려 짐징의 이해와 사업의 이해를 혼동하지 않으려는 진실로 인간적이며 원칙적인 노력의 몸부림을 본다. 그것은 그후 강림이가 자기의 행동을 회고 총화하며 그 심정들 속에 결속을 주고받는 장면에서 얼마나 아름다운 빛을 뿌리고 있는가.

앞의 인용 부분은 이 작품의 중심 주인공인 강림의 성격화를 분석한 대목이다. 안함광이 중요하게 보고 있는 것은 강림이 원칙을 견지하는 강한 사람이면서도 진실로 인정을 이해할 줄 아는 인간적인 사람으로 형상화되어 있다는 점이다. 북한문학에서는 흔히 긍정적 주인공은 원칙을 견지하는 강한 사람으로만 제시되어 영웅화되기 십상이고 따라서 인간적인 면이 적거나 없게 묘사된다. 그리하여 인물 성격의 진실한 재현에 도달하지 못하는 경우가 허다하다. 이 역시 부정적 인물과 긍정적 인물을 이분법적으로 나누는 '단순갈등론'에서 비롯된 것이지만, 이러한 경향이 북한문학 전반에 편재해 있었던 것이다. 그런 점에 비추어 볼 때, 『안개 흐르는 새 언덕』에서 강림의 인물형상화는 돋보이는 점이 있다는 것이 안함광의 논지인 것이다.

이상의 인용과 분석에서 드러나 있듯이 천세봉의 『안개 흐르는 새 언덕』에 대한 안함광의 평가는 이 작품에 등장하는 주요인물의 성격화에 초점이 맞추어져 있다. 순영 · 강림 그리고 고이시의 성격화를 구체적으로 평가하는 과정에서 공통적으로 드러나는 것은 인물의 성격을 결코 단순화하지 않음으로써 사실주의적 진실성을 확보할 수 있었다는 점이다. 바로 이 점이 안함광으로 하여금 이 작품에 대하여 장문(長文)의 평론을 발표하게 만든 것이다. 이처럼 안함광이 이 작품을 주로 인물의 성격화가 단순하게 이루어지지 않았다는 점을 고평(高評)하는 것의 의미는 이 작품이 나오기 전, 북한문학이 일반적으로 당면하고 있는 질곡을 이해할 때 더욱 분명히 드러날 것이다. 단순화된 인물의 성격화에 대한 비판은 중국에서는 개혁개방 이후에 본격적으로 진행되었는데, 지난 세기 80년대 중반에 중국의 유명한 비평가 류재복(劉再復)은 『이중성격조합론(二重性格組合論)』에서 안함광과 거의 비슷한 생각을 보다 체계적으로 전개한 바 있다. 설사 이렇다고 할지라도 류재복은 적어도 안함광보다는 20년 후에 행한 비판으로써 안함광의 생각이 사회주의권에서는 아주 전위적임을 알 수 있다.

흔히 북한문학을 논할 때, 그 특징으로 '무갈등론'을 지적하지만 이는 잘못이다. 북한문학이 단순하게 느껴지는 갈등이 없어서, 즉 '무갈등론'이기 때문이 아니라 갈등이 퍽 단순화되어 있는 '단순갈등론'에 입각해 있기 때문이다. 그러면 이 '단순갈등론'은 어디에서 연유하는 것일까? 이것을 이해하기 위해서는 1959년 이후의 북한 문학론에서의 갈등에 대한 이론(이런 부분은 1967년 이후에도 별 변화 없이 이어지는 것으로 보인다)을 살펴보아야 한다.

북한에서 문학작품의 갈등을 바라보는 태도는 다음과 같다. 문학 창작에서 갈등의 설정은 작품의 성과를 좌우하는 매우 중요한 사항인데, 사회주의 현실을 그릴 때에는 비적대적 갈등으로 그 외의 경우에는 적대적 갈등을 설정해야 한다는 것이다. 그런데 적대적인 예술적 갈등에서는 그 갈등이 첨예하고 극단적으로 설정되어야 하고 결렬하는 방법으로 해결해야 한다는 것, 적대적 갈등 관계에 있는 인물들의 계급적 바탕을 명확히 해야 한다는 것, 그리고 적대적 갈등의 담당자들인 긍정인물과 부정인물 사이의 격렬한 대립과 투쟁을 동반해야 한다는 것이다.

이상과 같은 적대적 갈등의 설정 원칙은 도식주의적 위험을 내포하고 있다. 인물의 계급적 바탕을 분명히 하는 것은 그 인물이 속해 있는 계급에 따라 성격을 결정하는 계급결정론으로 빠질 수 있고 이로 인해 부정인물과 긍정인물의 대립을 설정하는 것이 그 둘 사이의 넘을 수 없는 분명한 경계선을 마련함으로써 인물의 성격을 기계적으로 분리할 수 있는 것이다. 이런 차원에서 창조된 갈등이란 것은 '단순 갈등론' 이상을 벗어나지 못하고 마는 것이다. 안함광이 천세봉의 『안개 흐르는 새 언덕』을 높게 평가한 것은 그 이전까지 북한문학을 지배하고 있던 이런 경향을 이 작품이 어느 정도 극복해주고 있다고 판단했기 때문이다. 이 작품의 이런 성격은 이 책이 남한에 출판되었을 때의 아주 상식적이고 감성적인 차원에서의 평가에서도 어느 정도 드러난다.

이 책을 출판할 때, 출판사는 '북한문학에 식상한 독자들에게 던지는 북한문학'이라고 선전을 했다. 이것은 심정적이고 인상적인 수준을 벗어난 것은 아니지만 그 이전에 북한문학이 남한 독자들에게 준 '단순갈등론'에 입각한 재미없음과는 이 작품이 어느 정도 차이를 나타내고 있음을 간접적으로 시사하고 있다. 앞에서의 분석에서 드러난 것처럼 남한 독자들에게도 이 작품이 다른 작품들과 차이가 있었던 것은 이 작품이 긍정인물과 부정인물을 설정하고 있음에도 불구하고 그것을 단순화하지 않은 것에서 비롯된 것임을 알 수 있다.

(2) 『안개 흐르는 새 언덕』에 대한 김일성의 부정적 평가

천세봉의 소설 『안개 흐르는 새 언덕』을 영화화한 『내가 찾은 길』을 보고 김일성은 「혁명 주제 작품에서의 몇 가지 사상 미학적 문제」(1967.1.10)에서 "이 영화는 장편소설 『안개 흐르는 새 언덕』을 각색하여 만든 것인데 원작에 결함이 있다보니 영화가 잘 되지 못하였습니다."라고 전제하고 이 작품의 내용 형식상의 결함을 여러가지 측면에서 지적하고 있다. 여기서는 앞선 안함광의 평가와 쉽게 대비될 수 있는 지적을 중심으로 이 담화의 핵심적인 내용을 살펴보고자 한다.

이 담화에서 가장 관심을 끄는 부분은 『안개 흐르는 새 언덕』의 주인공 순영에 대한 평가 부분이다. 이 부분은 안함광이 부분적 결함에도 불구하고 매우 뛰어난 성격화로 높게 평가했던 대목이다.

> 이 영화의 중요한 결함은 또한 중산계급을 잘못 취급한 것입니다. 영화에서 민족주의자의 딸이며 인텔리인 순영이를 혁명투쟁에 참가했다가 변절하여 나중에는 토벌대 대장의 여편네가 되는 것으로 그렸는데, 이것은 아주 잘못되었습니다. 순영의 아버지는 3.1운동에 참가하였으며 자그마한 약방을 차려놓고 의원을 하며 애국자의 지조를 지키며 살아가는 민족주의자입니다. …… 식민지 나라의 민족주의자들은 반제적인 혁명성을 가지고 있습니다. 민족주의자인 아버지에게서 일정한 교양을 받은 순영은 조국 광복을 위한 투쟁에 나서서 끝까지 잘 싸울 수 있는 녀자입니다.

김일성의 견해에 의하면, 순영은 민족주의자의 딸이기 때문에 일제 식민지 시대에서 피지배자의 위치에 있게 되고 그렇기 때문에 그는 당연히 긍정적 인물로 그려져야 한다는 것이다. 그렇기 때문에 김일성은 순영이가 처음에는 강림의 편에 서서 사회주의적인 혁명운동을 하다가 나중에 토벌대 대장의 여편네로 들어가는 것으로 만들어버린 것을 큰 문제로 삼은 것이다. 그러나 순영이와 같은 식민지 애국적 민족주의자들이 반제적인 혁명성을 가지고 있는 것은 분명하지만, 그 아버지가 그렇다고 해서 그 딸 역시 꼭 그렇게 되어야 한다는 보장은 없는 것이다. 중요한 것은 순영이가 계속하여 혁명투쟁을 하든가 혹은 중도에서 그만 두던가에 관계없이 그 어느 방향이든 그것이 필연적인 발전과정 속에서 진실하게 그려져 있는지 없는지의 문제가 더 중요한 문제일 것이다. 만약 그가 계속하여 혁명투쟁을 한다 하더라도 단순한 당위의 차원에서 이루어진다거나 혹은 중도에 변절하였더라도 그 과정이 우연에 의해 이루어진 내적 필연성이 없는 것이라면, 그것은 생활의 진실성에 입각한 리얼리즘적 재현과는 거리가 먼 것이다. 오히려 아버지가 애국적 민족주의자라고 해서 그 딸도 그렇게 형상화한다면 인물을 단순한 계급의 상징으로 만들어 버리기 쉬운 것이다. 이런 점에서 김일성의 견해는 문학에서의 갈등의 문제를 아주 단순하게 생각하는 데서 비롯된 것이다. 즉 적대적 갈등에 있어서는 적대적 갈등 관계에 있는 인물들의 계급적 바탕을 명확히 해야하며 동시에 적대적 갈등의 담당자인 긍정인물과 부정인물의 대립과 투쟁을 통하여야 한다는 원칙에서 벗어나지 못한 것이다. 이것은 앞서 보았듯이 '단순갈등론'에 입각한 것으로 진정한 리얼리즘 문학과는 거리가 있는 것으로 문학적 상식이 부족한 자의 즉흥적인 발언이라고 보아야 할 것이다.

순영의 성격과 더불어 김일성의 담화에서 안함광의 견해와 정반대의 견해를 보이는 대목은 주인공 강림의 성격화에 대하여 지적한 부분이다. 김일성은 이 부분에 대해 다음과 같이 비판하고 있다.

> 이 영화의 가장 큰 결함은 노동계급과 혁명가에 대한 형상을 잘 못한 것입니다. 이 영화의 주인공은 노동자입니다. 그런데 영화에서 노동자 계급을 그릇되게 취급했습니다. 영화에서는 주인공을 주먹이 세고 힘꼴이나 쓰는 사람으로 왈패로 묘사했습니다. 영화의 첫 부분에서부터 철공소 노동자인 강민호는 사람을 때리는 싸움군으로 되어 있으며 그가 사귀는 노동자들도 왈패가 아니면 주정뱅이로 묘사되었습니다. 이것은 매우 잘못 되었습니다. 주먹이나 세고 힘꼴이나 쓰는 싸움군이 결코 노동계급의 전형으로 될 수 없습니다. 노동계급의 위력은 개별적 노동자들의 드센 주먹을 보여줄 것이 아니라 노동계급의 조직성과 혁명성, 강인성을 그려야 하며 그의 단결된 위력을 보여주어야 합니다.

김일성은 강민호의 성격을 바라보는 데 있어서도 앞서 순영의 성격을 바라보는 것과 비슷한 점을 드러내고 있다. 강민호가 싸움질을 하는 것은 아직 그가 의식적 노동자 계급으로 성장하지 못한 상태에서 겪는 일련의 과정이다. 노동자 계급이라고 해서 처음부터 단련된 의식적 면모를 지니고 있는 것은 아니다. 전 세계 무산계급문학의 가장 대표적인 작가로 꼽히는 고리키의 장편소설 『어머니』의 주인공 빠웰도 처음에는 자기 아버지처럼 술 마시고 어머니마저 마구 욕질하는 술주정뱅이로 묘사되었지만, 나중에는 견실한 무산계급혁명가로 성장하였다. 바로 이런 점을 감안하여 레닌은 고리키의 장편소설 『어머니』를 "아주 적시(適時)적인 소설"이라고 극찬했던 것이다. 그리고 마르크스 역시 노동계급은 처음에는 자재(自在)적인 계급으로부터 점차 자신의 역사적 사명을 알고 자각적으로 무산계급혁명을 해나가는 자위(自爲)적인 계급으로 변해간다고 지적한 적이 있다. 김일성은 아마도 맑스주의 원전도 잘 모르고 이런 견해를 발표한 것이 분명하다. 사실상 작가 천세봉은 이런 맑스주의의 경전 작가들의 원전을 읽었으며, 고리키의 『어머니』 같은 선행 무산계급문학의 명작들을 본보기로 하여 의식적으로 강민호의 초기 성격을 그렇게 묘사했다고 보아야 할 것이다.

강민호는 마치 고리키의 『어머니』의 주인공 빠웰처럼 이런 시련을 겪으면서 차츰 무산계급혁명가로 성장해 가는 것이다. 왈패로 묘사되어 있는 것이 강민호가 노동자 계급의 전형으로 되는 것과 결코 모순되는 것이 아닐뿐더러 오히려 혁명적 노동계급의 성정에 필연적인 부분일 수 있는 것이기에, 이 작품에서는 의도적으로 작가가 그렇게 묘사했던 것이다. 그렇기 때문에 안함광은 강민호의 성격을 가리켜 원칙을 지키면서도 인정을 진실로 아는 인간적인 모습을 갖춘 인물로 잘 형상화했다고 평가했던 것이다. 물론 안함광의 지적이 강민호가 처음 등장하는 부분을 직접 가리키는 것은 아니지만 이 부분도 간접적으로 관련을 가지고 있다.

이상에서 보았듯이 김일성의 이 담화에서 드러나는 비판의 핵심, 특히 순영과 강민호와 관련된 부분은 앞서 본 안함광의 평가와 완전히 대립되고 있음을 볼 수 있다. 김일성의 비판은 주로 적대적 갈등을 인물의 성격에서 구현할 때 그 계급적 바탕이 결정적인 요인임을 지적했다. 그렇기 때문에 순영과 같은 애국적 민족주의자의 딸을 변절자로 만든 것도 잘못된 일이고 강민화 같은 노동자 계급을 처음에는 왈패로 묘사한 것도 그 계급적 바탕과 맞지 않는다고 인정한 것이다. 김일성의 이러한 논시는 앞서 지적한 것처럼 '단순갈등론'으로 이어질 수밖에 없어 작품의 도식화를 초래하게 된다.

그리고 반드시 짚고 넘어가야 할 것은 북한에서는 정치 수령이 문학예술에 너무 깊숙이 관여한다는 점이다. 김일성도 문학예술의 독자이고 관객이니 자기의 견해를 발표할 수는 있다. 그러나 문제는 김일성의 이런 견해는 일반 독자들이나 평론가들의 견해와는 달리 북한문학을 통제하는 문예정책으로, 금과옥조(金科玉條)로 변한다는 점이다. 그러므로 정치 수령으로서의 김일성의 문예 관점이 올바를 때는 별 문제가 없겠지만, 오류를 내포하고 있을 때는 북한문학의 방향에 부정적 영향을 준다는 점이다. 이 뿐만 아니라 작가들은 온전한 창의성과 주체성을 상실하고 언제나 수령님의 교시를 쫓기만 함으로써 어용문학으로 전락하는 비극을 불러오게 되었다.

5. 극과 영화문학의 전개 양상

이 시기부터 북한에서는 극보다는 영화가 급속하게 발전하기 시작했다. 이 시기의 극과 영화문학 역시 선행시기와 그 주제 분야는 비슷하다. 김일성이 이룩한 항일혁명전통을 형상화한 작품들로는 「한 지대장의 이야기」(리종순, 1966), 「마을 사람들 속에서」(백인준, 1968), 「유격대의 오형제」(집체작, 1968), 「강물은 흐른다」(유종혁, 1968) 등이 있다. 천리마현실을 반영한 영화문학으로는 「정방공」(한성, 1953), 「처녀중대장」(한상운, 1964), 「밝은 태양아래서」(김주명, 1969), 「세상에 부럼없어라」(김세륜, 1970), 「꽃 피는 마을」(한복규, 1970) 등이 있다. 해방 후 혁명투쟁과 계급교양을 주제로 한 작품들로는 「대지의 아들』(주동인, 1963), 『1211고지 방위자들』(집체작, 1963), 『남강마을의 여성들』(김재호, 1964), 『최학신의 일가』(백인준, 1965), 『다시 찾은 이름』(라중홍, 1963) 등이 있다. 조국통일과 남조선혁명을 주제로 한 작품들로는 『분계선 마을에서』(리지용, 1961), 『성장의 길에서』(백인준, 1965), 『사회주의 조국을 찾은 영수와 영옥이』(리종순, 1969) 등이 있다.

1) 『유격대의 오형제』

이 영화는 1933년부터 1939년 봄에 이르기까지를 시대적 배경으로 하여 평범한 농민출신인 주인공 오준혁 일가의 오형제(준혁, 준하, 준호, 준식 등)가 항일투사로 성장하는 과정을 그리면서 "위대한 장군님을 옹호 보위하는 여기에 혁명의 승리가 있고 우리 조국의 번영과 우리 인민의 영원한 행복이 있다는 심오한 사상을 밝혀주고 있으며 억 천만 번 쓰러진다 해도 다시 일어나 장군님을 잘 모시고 충성해야 한다는 것을 깊이 있게 심어주고 있다"[96]고 북한에서는 평가하고 있다. 유일사상체계를 확립하는데 중요한 기여를 한 영화이기에 이와 같은 높은 평가를 받고 있는 것이다.

이 영화에는 유격근거지의 창설, 북만 원정, 조국광복회 창립과 그 조직망을 확대하기 위한 투쟁, 조선인민혁명군의 국내진출, 1938년의 고난의 행군, 1939년 5.1일 경축대회 등, 1030년대 항일무장투쟁에서의 중요한 역사적 사건들을 영화화하였다.

2) 『정방공』

이 영화는 일제 식민지시대에 비천한 방직노동자로 고생하던 주인공 옥림이가 해방 후에는 노력영웅, 최고인민회의 대의원으로 성장하는 과정을 그린 작품이다. 주인공 옥림은 수령의 교시라면 이 세상에 극복 못할 난관, 점령

---

96) 『문예상식』, 문학예술종합출판사, 1994,

못할 요새란 없다는 신념을 안고 낡고 침체된 것을 쳐부수며 계속 혁신, 계속 전진하는 천리마 기수의 전형적 인물이다.

이 영화에는 회상장면이 많이 나오지만 구성이 산만하지 않고 연계성이 명확하고 일관적이며, 또한 주제가 「선구자의 노래」를 비롯하여 「우정의 노래」, 「서광이 비꼈네」 등, 영화음악과 노래들이 작품에서 주요한 효과적인 기능을 수행하고 있다.

3) 『세상에 부럼 없어라』

이 영화는 그 제목과 주제가인 「세상에 부럼 없어라」가 보여주는 것처럼, 이 시기 북한 인민들의 행복한 생활상을 그린 작품이라고 높은 평가를 받고 있는 작품이다.

이 영화는 황해제철소의 용해공 박용칠과 그의 딸 영숙, 그리고 해방출판사 부주필 유옥경이 6.25전쟁 시기 1211고지에서 용감히 싸우다가 전사한 전우의 아들 딸을 찾는 이야기를 기본 줄거리로 하면서 여기에 다양한 예술적 장치들을 배합하는 형식으로 구성되어 있다.

박용칠이 찾으려 하는 전우의 자식들인 정수와 정희는 어려서 부모를 잃고 고아가 되었지만 김일성의 사랑 속에서 타계한 아버지의 소원대로 악단의 지휘자로, 재능 있는 무용가로 자라난다. 영화는 이들은 결코 고아가 아니며 '위대한 수령님'은 그들의 어버이고, 그들의 집은 당의 품이고, 모든 사람들은 서로 살뜰하게 보살피고 사랑하는 친형제인 까닭에 "세상에 부럼 없다"는 주제를 보여주려 했다.

영화는 전우의 유자녀를 찾는 이야기와 함께 예술인들이 부르는 노래와 우아하고 아름다운 무용작품들이 정수와 정희의 현지 순회공연 노정을 따라가면서 소개된다.

영화에서 나오는 「세상에 부럼 없어라」, 「내 나라」를 비롯하여 「결전의 길로」, 「그네 뛰는 처녀」, 「눈이 내린다」, 「조국의 진달래」 등의 가요를 비롯하여 「부채춤」, 「뻐꾹새와 처녀」 등, 무용작품들이 아주 중요한 효과적인 기능을 수행하고 있다.

4) 『최학신의 일가』

이 영화 시나리오 작가 백인준(1919~)은 60년대부터 시보다는 영화문학에 주력하여 많은 시나리오들을 창작하기 시작하였다. 그는 북한의 이 분야에서 여타의 작가들에 비해 돋보이는 활약을 하였다. 백인준은 최명익 등과 함께 '재북파'로 나누어지는 평론가 겸 시인이고 영화문학가이다. 그의 행적이 해방 이후의 북한 정권과 밀착되어 있는 만큼, 놀라운 창작력과 동시에 처세술을 겸비한 인물로 평가되기도 한다. 한낱 일본학도병 출신이면서도 재빨리 북한문학 예술계의 실력자로 떠올랐기 때문이다. 1966년부터 그는 '백두산창작단'의 단장으로 있으면서 김일성 우상화에 열중했다. 바로 이 해에 그는 북한의 문화예술인으로서는 최고 영예인 '인민예술가' 칭호를 받고 1974년 7월에는 김일성 훈장을 받게 된다. 1960년대에 그가 창작한 영화 시나리오들로는 『성장의 길에서』, 『할아버지의 심정』, 『포화의 수림 속에서』, 『최학신 일가』 등이다. 이 중에서 『최학신 일가』만 보기로 하자.

최학신은 이러한 주제와 사상을 직접 구현해나가는 작품의 중심적 인물이다. 그의 숭미 사대주의적 성격은 개인의 영달과 출세욕에서 나온 것은 아니고 주관적으로는 민족을 생각하고 양심적으로 살려고 애쓰고 있었으나 결국은 미제들에 의해 그뿐만 아니라 아들 최성근, 딸 최성옥 등 가족들마저도 몽땅 미제에 의해 비극적으로 죽게 된다.

『최학신 일가』는 오래 전부터 종교를 통하여 숭미(崇美) 사대주의 사상에 깊이 빠져있던 최학신이 곡절 많은 생활체험, 가정의 비극을 통하여 미제 침략자들의 반동적 본질을 깨닫고 숭미 사대주의 사상을 버리게 되는 과정을 기본 축으로 하고 있다. 따라서 이 작품은 미제를 믿다가는 개인이건 집안이건 몽땅 망할 것이며, 자기 자신과 가정이나 나라와 민족을 위한 참다운 삶과 행복의 길은 오직 미제와 끝까지 싸우는 길이라는 것을 주제로 내세우고 있다.

김정일은 "이 작품은 한생을 두고 미제를 하느님처럼 믿다가 온 집안이 몰살당하는 한 목사일가의 비극적 운명을 통하여 미제와는 결코 한 하늘을 이고 같이 살수 없다는 생활의 심오한 진리를 철학적으로 깊이 있게 밝히였다"[97]고 높이 평가했다.

97) 김정일, 『주체문학론』, 199-200쪽.

Ⅴ. 주체사상시기의 문학(1967~1979)

1. 북한의 사회현실과 문학

1) '수령제 사회주의체제' 의 탄생과 그 본질

북한 사회는 1967년을 기점으로 김일성 유일사상체계가 지배하는 사회로 변했으나 그것이 당 규약에 명문화 된 것은 1970년 11월 2부터 13일까지 열린 제5차 노동당대표대회에서였다. 이 대회에서 김일성은 "그 동안 반혁명분자들과의 전당적, 전 인민적 투쟁이 성공적으로 끝나게 되었다"고 하면서 유일사상체계가 공고화되었음을 선언했다. 그리고 당 규약에 "맑스-레닌주의를 우리나라의 현실에 창조적으로 적용한 김일성 동지의 위대한 주체사상을 활동의 지도적 지침으로 한다"고 못 박았다.

유일사상체계는 오직 김일성의 사상인 주체사상만을 허용한다는 것을 의미했다. 다양성이나 다원주의는 말할 것도 없고 사실상 집단지도체제마저도 부정되는 것이었다. 오직 김일성과 그의 후계자만이 공식적으로 이데올로기를 해석할 수 있었다. 북한은 이를 두고 '주체사회주의'라고 했는데, 수령 김일성의 유일사상체계에 기초한다는 점에서 북한 사회주의는 결국 '수령제 사회주의'라고 할 수 있다. 그것은 또 다른 측면에서 보면, 수령이 절대 권력을 갖는다는 점에서 '수령절대주의'라고 할 수도 있을 것이다.

김일성은 조선노동당 내에서만 유일사상체계를 확립하는 것으로 그치지 않고 그것을 국가 전반으로 확대하려고 했다. 1070년대 당내에서 유일사상체계를 확립한 토대 위에서 '온 사회의 주체사상화'를 당의 목표로 내세웠다. 전 주민이 수령의 유일사상으로 결집하여 정치, 사상적으로 통일되고 수령의 영도 아래 행동의 통일성을 유지해야 한다는 것이다. 북한은 그를 위해 끊임없이 사상교양을 강화하고 조직생활을 통해 규율과 통제를 강화하려 했다.

1972년 12월 최고인민위원회 제5기 제1차 회의에서는 기존의 헌법을 폐지하고 새로운 헌법을 제정했다. 새 헌법은 새로이 신설한 주석을 중심으로 국가 권력구조가 재편되었다. 구 헌법에서는 내각과 최고인민위원회 상임위원회를 국가 활동의 양대 중심기관으로 놓았지만, 새 헌법에서는 주석에게 절대적인 권한을 집중해 놓았고 그를 정점으로 국가 기구들이 새롭게 재편되었다.

1972년의 헌법에 따르면, 주석은 "국가의 수반이며 조선민주주의인민공화국 국가주권을 대표"(89조)하고 국가주권의 최고지도기관인 중앙인민위원회의 수위(101조)로 중앙인민위원회를 직접 지도하고(91조) 필요에 따라 정무위원회를 소집하여 지도할 권한을 가지고 있다.(92조) 또한 주석은 "조선민주주의인민공화국 전반 무력의 최고사령관, 국방위원장이 되며 국가의 일체 무력을 통솔한다.(93조) 나아가 주석은 최고인민위원회 법령, 중앙인민위원회 정령, 최고인민상설회의의 결정을 공포하고 명령을 발하며 특사권을 행사할 수 있다.(94조) 그리고 국가주석은 최고인민위원회에서 선출되며 임기는 4년이다.(90조)" 그러나 국가주석을 최고인민위원회에서 선출하지만 소환은 할 수 없게 되어 있다. 새 헌법은 국가주석이 절대 권력을 쥘 수 있는 제도에 다름 아니었다. 새로운 국가 권력의 구성원칙은 수령의 유일적 영도와 '민주주의 중앙집권제'로 표현할 수 있었다. 그래서 북한에서는 국가주석제를 "국가주석제에 대한 이러한 헌법적 규제는 위대한 수령님께 모든 운명을 맡기고 위대한 수령님의 령도를 충성으로 받들어 나가려는 우리 인민의 절절한 념원과 한결 같은 지향을 반영하고 있다"[98]고 설명하고 있다.

그런데 북한의 이 헌법에서 한 가지 주목할 만한 것은 제61조이다. 거기에는 "혁명투사, 혁명렬사가족, 인민군후방가족, 영예군인들은 국가와 사회의 특별한 보호를 받는다"고 규정하였다. 북한 사회에서는 수령을 위해 모든 것을 바치는 '수령의 가장 충실한 전사'들과 그 혈족들이 국가로부터

---

98) 최성 『북한학개론』, 191쪽 재인용.

특별한 보호와 대우를 받는 특권을 누리게 되었다. 이 조항의 의미를 두고 스즈키 마사유키(鈴木正行)는 다음과 같이 지적하고 있다. "혁명유가족의 대우를 정한 헌법규정에서 추측한다면 이 체제는 실로 수령을 중심으로 계층화되어 있다. 크게 분류하면 수령을 중심으로 그 친족, 주위에 항일투사 및 한국전쟁영웅과 혁명유가족, 당정간부, 당원, 그리고 인민이라는 동심원 모양의 계층이 형성되어 있다. … 그것은 소련, 동유럽의 사회주의 국가들의 붕괴에도 불구하고 북한에서 사회주의 체제가 여전히 견고한 이유 중의 하나일 것이다."

결국 북한은 모든 것이 수령을 중심으로 형성되어 있는 일종의 혈연공동체로서의 가부장적인 가족제도, 전통적인 봉건왕권제도와 비슷한 모양을 띠고 있다. 황장엽은 북한 사회를 일컬어 봉건적 사회주의라고 지적한 것은 바로 이런 뜻에서이다. 북한의 유명한 아동가요 「세상에 부럼 없어라」는 이 점을 단적으로 보여준다는 점에서 아주 흥미롭다.

하늘은 푸르고
내 마음 즐겁다
손풍금 소리 울려라
사람들 화목하게 사는
내 조국 한없이 좋네
우리의 아버진 김일성 원수님
우리네 집은 당의 품
우리는 모두다 친형제
세상에 부럼 없어라

이 아동가요의 노랫말은 신라의 고승 충담사가 지었다는 「안민가(安民歌)」의 유교적인 윤리를 담은 내용과 아주 비슷하다. 「안민가(安民歌)」에서도 임금은 아버지로, 신하는 그 아내로, 백성들은 어리광부리는 아이들로 비유되어 있다는 점에서 그러하다.

그런데 북한 사회는 수령을 중심으로 형성되어 있는 일종의 혈연공동체로서 온정(溫情)이 흐르는 가부장적인 가족 같은 분위기만이 있는 것은 결코 아니다. 북한 또한 법도가 삼엄하고 위계질서가 분명한 수직사회로서 강한 전투적인 성향을 띠고 있다. 북한 사회의 이런 강인한 모습을 규정한 뿌리는 항일혁명투쟁이었다. 항일혁명투쟁 시기는 북한의 원초적인 모습이 형성된 시기로써 북한식 주체사회주의의 요람이었다. 그 때문에 북한 사회 곳곳에 항일투쟁시기의 그림자와 흔적이 남아있었고 결국 사회주의 헌법에도 그것이 그대로 반영되었던 것이다. 항일투쟁시기의 사령관과 그를 따르는 전사들의 관계는 수령과 혁명 전사들의 관계로 바뀌었을 뿐이다. 이렇게 보면, 북한은 수령이 지배하는 '수령제 국가'이면서 동시에 수령에게 가장 충실한 '전사의 국가'이기도 했다. 그런 점에서 와다 하루키가 북한을 '유격대국가'라고 지적한 것은 타당성을 띠고 있다.

2) 김정일의 등장과 정치적 부상

김정일은 1942년 소련의 하바로브스크 교외에 있는 동북항일련군 남야영에서 태어났다. 1945년 11월 아버지 김일성에 뒤떨어져 어머니와 함께 귀국했는데, 어머니 김정숙은 1948년 김정일과 그의 여동생 김경희를 남겨놓고 세상을 떠났다. 김정일은 만경대학원을 다녔으며 1960년에 김일성 종합대학에 입학했다. 김정일이 본격적으로 정치활동에 참가한 것은 1964년부터이다. 그해 봄, 김일성종합대학을 졸업한 김정일은 6월 조선노동당 중앙위원회 비서처 참사실 지도원으로 첫 근무를 했고, 그에 이어 1965년에는 내각수상 참사실 지도원으로 자리를 옮겼다. 2년간 당과 정부기관의 사업을 두루 익힌 뒤 1966년 초 24세의 젊은 나이로 당 조직지도부 중앙지도과 중앙기관담당 책임지도원으로 승진했다. 이 기간 그는 김일성을 따라 현지 지도를 나간 장기출장 15회를 포함해 모두 31회나 김일성과 동행함으로써 김일성 바로 옆에서 정치를 배우며 후계자 수업을 받고 있었던 셈이다.

김정일이 북한의 정치무대에서 본격적으로 두각을 나타낸 것은 1967년 5월에 열린 조선노동당 중앙위원회 제4기 제15차 전원회의에서였다. 이 때 김정일은 갑산파의 음모를 분쇄하고 유일사상체계를 확립하는데 주도적 역할을 했다. 결국 1967년 5월의 전원회의는 김일성 유일사상체계와 김정일 후계체제가 하나로 연결되는 북한 '수령제 사회주의체제'의 출발점이었다.

1967년 9월초, 김정일은 문화예술 분야에 대한 박금철, 김도만 등의 '반당적 여독'을 최단 시일 내에 숙청함으로써 선전선동부 문화예술 지도과장의 직책을 맡게 되고 사상사업의 핵심인 문화예술부분의 실권자로 등장한다.

또한 김정일은 '조선로동당력사연구실'을 '김일성동지혁명력사연구실'로 확대, 개편하고 '김일성동지혁명력사연구실 도록'을 편찬하는 등, 1967부터 1968년까지 김일성의 저작을 체계화하고 혁명역사물의 출판도 강화했다. 그리고 '배움의 천리길 답사운동'을 제창해 항일혁명 정신을 학생들과 전 주민이 직접 몸으로 체험할 수 있도록 했으며, "생산도, 학습도, 생활도 항일유격대식으로!"라는 구호를 내걸고 유일사상체계를 주민들의 생활 속에 뿌리 내리게 하는 작업을 진행했다.

문화예술 분야에 대한 지도를 통해 김정일의 권위와 영향력은 매우 높았다. 김정일은 문화예술 분야의 지도활동을 바탕으로 『영화예술론』을 내놓았으며 이 분야의 최고 권위자가 되었다.

1969년 초부터 김정일은 선전선동부 부부장으로 승진하여 선전사업을 사실상 완전히 장악했고, 1970년에 들어서서는 조직지도부에도 손을 뻗치기 시작했다. 당시 조직지도부 부장이었던 삼촌 김영주는 병으로 업무를 제대로 보지 못하는 상황이었고, 제1부부장인 박수동은 김일성종합대학 시절부터 김정일과 가까운 사이었다.

1970년부터 김정일의 후계자 문제가 거론되기 시작했다. 그 첫 움직임은 1970년 5차 당 대회에서 김정일을 당 중앙위원으로 선출하는 문제였다. 이때 김일, 최용건, 최현 등의 빨치산 원로들은 "중앙위원이 곤란하면 후보위원이라도 올려놓아야 한다"고 주장했지만, 김일성은 아직 28세밖에 안된 김정일의 나이와 안팎의 비난을 의식해 원로들의 제의를 일단 보류시켰다.

김정일의 후계문제는 1971년 11월 당중앙위원회 제5기 3차 전원회의에서부터 다시 거론되기 시작해 1972년 7월 4차 회의까지 계속되었다. 그리고 1972년 2, 3월 경 김정일이 주도한 '혁명가극 총결산 모임'이 있었다. 공연 레퍼토리에는 『피바다』, 『꽃 파는 처녀』 등이 포함되어 있었다. 이 공연을 관람한 김일성과 그 추종자들이 옛 생각에 눈물을 흘렸다는 소문이 돌 정도로 성공적이었다. 원로들의 감탄을 자아낸 혁명가극은 김정일에 대한 빨치산 1세대들의 신뢰를 높여 줄 수밖에 없었다. 김정일에 의해 최초로 영화예술 분야에서 문학예술의 빨치산화가 이룩된 셈이다.

당시 후계자 문제가 당내에서 무성하게 거론되기 시작했으나 결정되지는 않았다. 그렇지만 김정일은 이미 당의 실권을 장악하기 시작했다. 1973년 9월에 열린 당중앙위원회 제5기 제7차 전원회의에서 김정일은 당중앙위원회 조직지도부장 겸 조직비서, 선전선동부장 겸 사상비서로 선출되었다. 사상과 조직을 양손에 쥐게 된 것이다. 이것은 북한노동당에서 전례가 없었던 일이었다. 4명이 맡아야 할 일을 김정일 한 사람이 맡게 됨으로써 그는 무소불위(無所不爲)의 권력을 쥔 셈이었다.

1974년 2월 1일부터 13일까지 열린 당중앙위원회 제5기 제8차 전원회의에서 김정일은 드디어 정치위원회 위원으로 선출됨으로써 후계자로 확정되었다. 김정일이 후계자 자리에 오르게 된 데는 무엇보다도 김일성과 김정숙의 후광이 결정적이었다. 김정숙은 죽기 전 빨치산 동료들에게 "우리 유라(김정일의 소련식 아명)가 혁명의 대를 이어갈 수 있도록 훌륭한 공산주의자로 키워달라"고 유언했고, 김정숙의 장례 때 최용건은 추도사를 통해 "동지적 의리와 의무감을 갖고 김유라를 키우겠다"고 했다고 한다. 따라서 김정일의 후계체제를 뒷받침한 가장 큰 힘은 빨치산 원로들이었다. 이들 원로들의 배려와 더불어 빨치산 소장(少壯) 측들의 역할도 적지 않았고 김정숙이 세운 '평양유가족학원(만경대혁명학원)' 출신들과 김정일 간의 끈끈한 인간관계도 김정일의 후계자 부상에 튼튼한 기반이 되었다.[99] 이들 외에 김국태(김책의 장남), 전금선(오진우의 부인) 등 빨치산 2세대들도 김정일을 부각시키고 후계체제를 구축하는데 적잖은 역할을 했다.

이런 점에 비추어 보면, 김정일 후계체제는 김일성의 권력을 아들 김정일이 이어 받았다는 의미 외에도 항일빨치산 1세대의 권력을 항일빨치산 2세대들이 물려받았다는 의미를 동시에 갖고 있었다. 다시 말해 김정일 후계체제는 북한에서 '수령제 사회주의 체제'에 기초한 항일빨치산 세력의 집단적인 권력 대물림이라는 의미였던 것이다. 그래서 스즈키 마사유키는 "김일성으로부터 김정일로, 단순히 아버지로부터 아들로 권력이 이어지는 것이 아니다. 아버지 김일성을 뒷받침하고 그에게 충실했던 엘리트층의 대체라고 해도 과언이 아니다"라고 했던 것이다.

3) 주체사상의 내용과 특징

북한의 최고 통치이념인 '주체사상'은 다른 이데올로기보다도 우위에 있으며 사회의 모든 부분을 구속하는 초법적인 힘을 갖고 있다. 즉 주체사상은 북한의 정치, 외교, 사회, 군사, 문화 등의 모든 분야에서 유일한 지도이념인 것이다.

이러한 사실은 그들의 사회주의 헌법 제4조 "조선민주주의 인민공화국은 맑스, 레닌주의를 우리나라의 현실에 창조적으로 적용한 조선노동당의 주체사상을 자기활동의 지침으로 삼는다"라고 규정하고 있으며, 당 규약에는 "조선로동당은 오직 위대한 수령 김일성 동지의 주체사상, 혁명사상에 의해 지도된다"는 규정에서 공식적으로 확인되고 있다.

북한에서는 이와 같은 '주체사상'을 '인간중심의 새로운 철학사상'이라고

---

99) 『북한 50년사』(2), 91-95쪽.

정의하고 있다. 그것은 "인간이 만물의 주인이며 모든 것을 결정한다"는 철학원리이며, "인간이 세계와 자기운명을 개척하는데 결정적 역할을 하는 것"을 처음으로 밝힌 것이라고 주장하고 있다. 그리고 인간이란 '자연성', '창조성', '의식성' 등 3가지 특성을 가진 '사회적 존재'라고 정의하고 있다.

> 세상에서 가장 귀한 것은 사람이며 가장 힘있는 존재도 사람이다. 자연과 사회를 개조하는 것은 사람을 위한 것이며, 사회를 개조하는 일 역시 사람이 하는 일이다. 사람이 든 것의 주인이며 모든 것을 결정한다는 것이 주체사상의 기초이다. 이로부터 모든 것을 사람을 중심으로 생각하고 사람을 위하여 복무하게 하는 주체사상의 요구가 흘러나온다. 사람이 모든 것의 주인이며 모든 것을 결정하는 것만큼 매개 나라의 혁명과 건설의 주인은 그 나라 인민대중이며 그것을 추동하는 힘도 인민대중 자신에게 있다.

> 매개민족과 매개나라 인민대중은 자기운명의 주인으로써 자기운명을 개척할 힘을 가지고 있다. …주체사상은 모든 것의 주인이며 모든 것을 결정하는 사람을 더욱 힘있는 사회적 존재로 키워 자연과 사회 및 자기 자신의 참다운 주인으로 되게 하는 계급해방, 민족해방의 길을 밝혀주는 위대한 사상이다.

위의 글은 북한의 『문학예술사전』에 정의된 '주체사상' 내용의 일부이다. 그들이 주장하는 인간중심의 새로운 철학사상이 드러나는 대목이기도 하다. 그러나 자세히 살펴보면, 주체사상이 얼마나 표리부동한 것인가를 쉽게 간파할 수 있다.

그럼 '주체사상'에서 말하는 '주체'는 사람이라고 하는데 대체 어떤 사람인가? '주체사상'에서는 주체를 '인민대중'을 전제로 내세우기는 한다. 그러나 '인민대중'은 반드시 강력한 노동계급의 정당에 의해 영도를 받아야 하며 아울러 노동계급의 정당은 반드시 위대하고 영명한 수령에 의해 통솔되어야 한다는 것이다. 그리하여 결국 '주체'로서의 '인민대중'은 당과 수령의 영도하에서 하나의 사상, 하나의 조직체 속에 결속되어 당과 김일성 한 사람에게 복무하는 피동적이며 수동적인 비주체적인 존재로 전락하게 되는 것이다. 결국 그들에게 있어서 '주체'의 개념은 인민 개개인의 자주성이나 창조성, 의식성이 아니라 김일성 한 사람의 권력 확충을 위해 모든 북한 주민을 통제하여 기계적, 맹목적으로 추종하게 만드는 이념의 본실이라고 할 수 있다. 이른바 주체사상에서 말하는 '주체'는 결코 '인민대중'이 아니라 김일성 개인이다. 수령주체의 주체사상, 이것이 바로 김일성의 주체사상의 본질이다. 이것은 그들의 이데올로기적인 선전뿐만 아니라 북한의 실제 사회생활에서 더욱 극명하게 드러나는 것이다.

'주체사상'이 처음으로 북한에 등장하게 되는 것은 지난 1953년 스탈린의 사망과 한국전쟁을 계기로 드러난 북한노동당 내부의 연안파, 소련파, 국내파 등과의 치열한 권력투쟁에서 김일성의 지도력을 강화하는 이데올로기의 무기로 이용되었던 것이다.

이러한 국내적인 요인 외에도 1956년 소련공산당 20차 당대표대회 이후 중국과 소련간의 이념 대립 및 갈등 현상을 그들 정권에 유리하게 활용하기 위한 수단의 일환으로 주체사상을 정립, 주창하기에 이른 것이다.

이와 같이 김일성의 주체사상은 북한에서 선전하는 것처럼 독자적이고 창조적으로 정립된 것이 아니라 국내외의 현실상황의 문제해결을 위해 개발된 파생적 통치 이데올로기로서 지금도 계속하여 수정, 보완하는 과정에 있는 미완성의 편이(便易)주의적 사상체계라고 할 수 있다. 이를테면 인간중심주의라는 철학적 해석은 사실 새로운 독창성도 없는 바, 동서고금의 철학사상사에서 인간중심의 인본주의 철학은 도처에서 발견할 수 있는 것이다.

주체사상은 국내외적 상황의 변화에 따라 조급하게 만들어진 것임에도 불구하고 마치 김일성이 장구한 세월에 걸쳐 독창적으로 만들어 낸 것처럼 선전하고 있다. 즉 김일성이 14세 되던 해인 1926년 10월 17일 '타도제국주의동맹'을 결성한 것이 주체형의 당 창건의 출발점이 되었고, 1930년 7월 초의 '카륜회의'에서 주체사상을 지도사상으로 하는 당 조직을 갖추었다고 주장한다.

그러나 '주체'라는 개념이 처음으로 공식 사용된 것은 1955년 12월 28일 김일성이 당 선전일군들 앞에서 행한 「사상사업에서 교조주의와 형식주의를 퇴치하고 주체를 확립할 데 대하여」라는 연설에서 연유한다. 여기서 김일성은 "모든 문제에 깊이 들어가지 못하고 주체가 없는 것이 사상사업의 가장 중요한 결함"이라고 지적하면서 '사상에서의 주체'를 세울 것을 처음으로 제기했다. 이어 1956년에는 '경제상에서의 자립'을, 1957년에는 '정치상에서의 자주'를, 1962년에는 '국방에서의 자위'를 그리고 1966년에는 '외교에서의 자주'를 내세웠고, 이 사이에 김일성은 일부 철학자들을 동원하여 사상의 외투를 입힌 후에 1970년 11월 노동당 제5차 당 대회에서는 주체사상을 당의 지도이념으로 공식화하여 노동당 규약에 명문화하기에 이른다.

결론적으로 주체사상은 인민을 위한 사상이 아니라 이들의 혁명참여 정신을 고양시키고 이들을 혁명의 무기로 사용하려는 선전, 선동적인 사상이라고 할 수 있다. 주체사상에서 중요시하고 있는 '인민대중의 자주적인 사상의식'도 실제 운용 면에서 본다면, 그 자체의 주체사상이 부정되어 혁명을 위한 객체적인 '개조의 대상'으로 전락되어 있다. 즉 북한에서의 '인민대중의 자주적인 사상'은 그 스스로가 삶과 역사의 창조성을 지니는 자유로운 성격을 지닌 것이 아니라 김일성의 목적과 의도에 따라 개조되고 조작되어야 할 수동적인 대상으로서의 사상의식인 것이다. 이는 결국 주체사상이 사상개조와 정치 사업을 통한 인민대중의 사상에 대한 지배를 강조하는 통치이념에 불과한 것임을 나타내 주고 있을 뿐이다.

2. 이 시기만의 독특한 문학적 특징

1967년대 이후 북한의 문학예술은 사회주의적 사실주의의 미학적 요건을 주체사상에 입각하여 새롭게 규정함으로써 주체성과 혁명성이 더욱 고양되는 양상을 보여준다. 이러한 전환점에 근거하여 북한문학사는 1967년 이후를 '온 사회에서 주체사상화를 앞당기기 위한 투쟁 시기'로 서술하고 있다. 북한문학사는 1967년을 분수령으로 하여 이전과 이후가 선명한 차이점을 보이고 있는데, 크게 다음과 같은 몇 가지로 요약할 수 있다.

첫째, 문학의 지도이념의 측면에서 볼 때, 1967년 이전과 이후는 뚜렷한 차이점을 갖고 있다. 1967년 이후 주체사상에 바탕을 둔 주체문예이론은 안정적 확립기에 접어든다. 1967년 이전의 북한 문학예술이 사회주의 이념, 계급적 요소, 인민성의 요건 등을 중시하고 집단적인 것과 전형적인 것의 차이를 강조했다면, 1967년 이후의 북한의 문학예술에서는 주체적인 것과 혁명적 투쟁의식이 전면에 부각됨으로써 한층 이념성이 강화되는 모습을 보여주고 있다. 사회주의적 사실주의의 미학적 원칙보다는 김일성의 주체사상에 근거하여 혁명적 이념을 구현하고 있는 '혁명적 문예형식'을 민족문학예술의 전형으로 내세우고 있다. 그리고 마르크스주의를 부정하지는 않지만 김일성의 주체사상을 더 전면에 내세우며 공산주의의 국제주의적 속성보다는 민족적인 것이 강조되고 있다. 말하자면 민족의 주체성에 대한 요구가 강조되고 있다.

둘째, 문학예술의 인물형상창조의 측면에서 볼 때, 1967년 이전과 이후는 뚜렷한 차이점을 갖고 있다. 1967년 이전의 북한문학이 주로 당시의 '천리마 현실'을 반영하여 '인민형상화'에 주력하였다면, 1967년 이후의 문학은 김일성 우상화로 나가면서 '수령형상창조'에 초점이 집중된다. 특히 소설의 경우에는 1967년 이전의 작품들이 주로 대중적 영웅주의를 바탕으로 '공산주의 인간형'의 창조에 힘을 쏟고 있는 반면, 1967년 이후는 김일성의 생애를 소설화한 '불멸의 역사'로 대표되는 바 수령형상의 극점을 보여준다. 이러한 경향은 비단 소설에 국한되지 않고 시, 평론, 희곡 등의 전 영역에서 확인되고 있다.

셋째, 문학예술 전통계승의 측면에서 볼 때, 1967년 이전과 이후는 뚜렷한 차이점을 보이고 있다. 1950년대 중반 이전까지는 카프문학의 전통이 북한문학의 유일한 전통으로 계승되어 오다가 1950년대 중반 이후에는 카프문학 전통과 항일혁명투쟁문학 전통이 나란히 병존하면서 계승되어왔지만, 1967년 이후에는 카프문학 전통은 삭제되고 항일혁명투쟁문학 전통만이 북조선문학의 유일한 전통으로 계승되기 시작했다. 이 무렵에 김정일은 항일혁명문학과 카프를 비교하면서 카프는 결코 혁명적 문학 전통이 될 수 없다고 말하고, 북한문학은 항일무장 투쟁시기의 혁명적 문학예술 전통을 계승해야 한다고 주장했다.[100]

혁명적 문학예술 전통이 확실히 체계성을 가지고 존재하려면 김일성이 영도하는 항일무장 투쟁시기의 항일가요 등의 원전이 필요하였다. 그러나 설사 구전의 형태라도 1967년 무렵까지 전해져 내려온 소설, 극본 같은 것의 텍스트는 거의 전무한 상태였다.(『피바다』의 원형으로 추정되는 『혈해지창(血海之滄)』이라는 극본의 텍스트는 1959년 연변대학 조문학부의 학생과 교수들에 의해 발견되었다.)[101] 그래서 김일성이 영도하는 항일무장 투쟁시기의 혁명적 문학예술 전통이 확실히 체계성을 가지고 존재했음을 증명할 수 있는 문학텍스트들을 대량 확보해야만 했다. 그리하여 나타난 것이 바로 과거 항일무장 투쟁시기에 창작된 항일혁명 문학을 새롭게 개작하거나 만들어내는 작업이었다. 항일혁명 문학인 『피바다』, 『꽃 파는 처녀』, 『한 지위단원의 운명』 등을 영화·가극·소설 등으로 옮기는 작업을 비롯하여 여러 가지 유형의 작업이 진행되었다. 이는 북한문학이 김일성이 영도한 항일혁명 문학이 중심에 놓이기 시작하는 것과도 밀접한 관련성을 가지고 있다.

---

100) 조칠형, 「혁명적 문예 전통 형성의 합법칙성과 그 계승 발전에서 나서는 원칙적 문제」, 『문예 론문집』, 사회과학출판사, 1976, 63쪽.

101) 권철, 『중국조선족문학사』(상), 「제5장 동북항일유격구와 관내반일군민들의 문학」, 연변대학출판사, 232-237쪽 참조.

이 무렵, 카프 출신의 대표적 작가인 이기영이 4.15창작단에 참가하여 김일성의 아버지인 김형직의 삶을 소설화한 『력사의 새벽길』이란 장편소설을 창작한 것은 카프의 전통이 항일혁명 문학의 전통으로 바뀌는 과정을 상징적으로 보여주는 사건이다.

넷째, 개인 창작 외에도 집단적인 창작시스템이 가동되기 시작했다는 점도 이 시기 북한문학의 특수성이라고 할 수 있다. 1960년대 말부터 시작하여 70년대 초반에 이르러 선전선동 부문의 일인자로 급부상한 김정일은 문화예술 분야에서 유일사상체계를 세우기 위해 백두산창작단(영화), 4.15문학창작단(소설), 피바다가극단(가극), 만수대예술단(무대종합예술), 만수대창작사(미술)를 창설했다. 김정일의 지도로 1960년대 후반부터 1970년대 초반 사이에 북한에서는 문학예술 분야에서 일대 창작고조가 일어났다. 『피바다』, 『한 자위단원의 운명』, 『꽃파는 처녀』, 『유격대의 5형제』, 『압연공들』, 『산정의 수리개들』, 『노동가정』, 『꽃피는 마을』, 『농민영웅』, 『한 간호원의 이야기』 같은 영화를 시작으로 혁명가극 『피바다』, 『꽃 파는 처녀』, 『밀림아 이야기하라』, 『금강산의 노래』, 『당의 참된 딸』, 『한 자위단원의 운명』 등이 나타났다. 김일성의 항일투쟁을 소설화한 『불멸의 역사』도 이때부터 창작되기 시작했다. 이런 작품들은 대부분 집체창작의 명의로 이루어지고 있음은 주목할 만한 현상이다.

다섯째, 주체문학 성립과 발전과정에서 김일성·김정일 부자가 전례 없이 직접적으로 관여하고 통제하였음도 이 시기의 문학예술의 특수성이라고 할 수 있다. 1967년 문학 분야에서의 반종파주의 투쟁은 김일성의 직접적인 비판에서 시작되었다. 이 해 문학계에서의 반종파 투쟁의 계기가 되는 김일성의 교시인 「혁명주제 작품에서의 몇 가지 사상 미학적 문제」는 영화 「내가 찾은 길」의 원작인 천세봉의 『안개 흐르는 새 언덕』에 대해서 조목조목 비평가 이상으로 구체적으로 분석하고 있다. 이는 천세봉의 『안개 흐르는 새 언덕』에 대한 비판이 당시 반종파주의 투쟁에서 얼마나 중요한 지위를 차지

했었는지 보여주고 있을 뿐만 아니라 김일성이 얼마나 문학예술에 깊이 관여했는가도 잘 보여주는 대목이다. 김일성의 비판은 단순한 어떤 작품의 자체에 대한 고립적인 비판이 아니고 당시 일반적으로 퍼져 있는 특정한 경향을 비판하는 의미가 있음을 말하는 것이다. 이 교시는 천세봉의 해당 작품을 당시 북한문학의 도식주의적 한계를 어느 정도 돌파한 작품이라고 높이 평가한 안함광의 평문과 떼어놓고 생각할 수 없는 것이다.

김일성에 이어 북한의 문학예술을 가장 직접적으로 통제한 사람은 김정일이었다. 그 당시 30세 좌우의 젊은 나이였지만 실질적으로 북한문학을 손에 쥐고 있는 사람이 바로 김정일이었음을 천세봉의 다음과 같은 회고에서도 엿볼 수 있다.

> 저 개인의 경우를 놓고 봐도 그렇습니다. 지난 시기 자신의 정치 사상적 안목이 바로 서 있지 못하다 보니 작품 창작에서 인정세태에만 치우치면서 노동계급적 선을 똑바로 세우지 못한 것으로 하여 제가 창작한 장편소설에서 심중한 오류를 범하여 위대한 수령님께 심려까지 끼쳐드렸습니다. 제가 심한 자책에 모대기고 있을 때 친애하는 지도자 동지께서 저를 몸 가까이 부르시어 또다시 저를 '4.15창작단' 에 불러 주시어… 102)

1967년 김일성으로부터 호된 비판을 받은 이후 김정일이 자신을 지도해 주어 4.15창작단에 들어가게 되었다는 천세봉의 회고에서 이미 어느 정도 드러나 있는 것처럼, 김정일은 4.15창작단을 비롯한 여러 창작단을 조직하여 당시 북한문학의 새로운 흐름을 주도했다. 이는 수령형상 창조뿐만 아니라 항일혁명 문학을 새롭게 옮기는 과정에서도 김정일의 역할이 결정적이었다는 데서도 드러나고 있다. 이뿐 아니라 그 후 북한 주체 문학예술의 이론적 틀을 구성하고 있는 공산주의 인간학으로서의 문학에 관한 이론이라든가 '종자론' 등의 이론을 만드는데 김정일이 깊이 관여했음에도 드러난다. 이처럼

---

102) 『조선문학』, 1985, 10월호.

주체문학의 성립과정에서 김정일의 역할은 매우 컸고 이는 이후 계속 이어져 왔다.

3. 시문학의 전개 양상

이 시기를 북한문학사에서는 "당의 유일사상을 더욱 철저히 세우며 사회주의의 완전 승리, 온 사회의 주체사상화을 앞당기기 위한 투쟁시기"로 기술하고 있다. 이 시기의 북한의 시문학을 다음과 같은 몇 가지 주제 분야로 나누어 살펴볼 수 있다.

1) 수령 송가(頌歌)

북한문학사에서도 '김일성 송가'의 전면적 발전은 이 시기 북한 시문학에서의 '가장 특기할 사변'[103]이라고 기술하고 있다. 물론 송가 형식이 이 시기에 처음으로 등장한 것은 아니다. 송가 형식의 시문학은 그 대상에 대한 최대한의 칭송을 목표로 하며 1967년 이전 시기에도 분명히 존재했다. 그러나 1967년 이전의 송가가 천리마운동의 동력으로써의 민중 형상화에 집중한 반면, 이 시기의 송가는 주체사상의 확립에 영향을 받아 수령 형상화로 집중된다. 따라서 이 시기에 수령 송가들이 활발하게 창작된 것은 주체사상의 확립, 곧 유일사상체계의 확립을 위한 문학적 과제로서 수행된 결과였다. 이와 같은 송가문학, 특히 김일성 송가는 70년대를 전후하여 대량적으로 출현되었는데, 이에 대해 류만은 "온 사회에 당의 유일사상체계를 세우기 위한 투쟁이 힘있게 벌어진 결과"[104]라고 설명한다.

수령 송가들을 묶은 서정시집 『수령님께 드리는 충성의 노래』나 『우리의

---

103) 박종원·류만, 『조선문학개관』, 인동, 1988, 325쪽.
104) 류만, 『현대조선시문학연구』, 사회과학출판사, 1988, 117쪽.

태양 김일성 원수」(1969), 그리고 집체작 「수령님의 만수무강 축원합니다」(1972), 최영화의 「태양이 누리에 빛나는 이 봄에」(1972), 렴봉우의 「남녘의 마음」(1972), 백인준의 「삶에 대한 송가」(1976) 등은 그 대표적인 경우이다.

20세기에 이르러 인류는
위대한 수령 김일성 동지를 모심으로 하여
인간에게는 다른 하나의 생명
정치적 생명이 있음을 알게 되었나니
억만년 닫겨 있던 생명의 신비는
주체의 해 빛 아래 비로소 밝혀졌더라

위대한 수령님께서 발견하신
그 새로운 생명의 원천을
경애하는 수령의 존함으로 이름 지으시며
온 세상에 높이 알려주신
영명하신 지도자 김정일 동지!

…

그이께서 나의 가슴에
그 영원하고 값 높은 생의 진리 밝혀 주셨기에
내 이제 당장
단두대를 향해 걸어 나가도
생의 보람을 자랑높이 웨치고
억천 만번 죽어도 그이의 곁에
영생할 것을 굳게 믿노라

— 백인준 「삶에 대한 송가」 부분

'위대한 수령 김일성동지'는 "인간에게는 다른 하나의 생명/ 정치적 생명이 있음을 알게" 해주셨고, '영명하신 지도자 김정일동지'는 이를 밝혀 "온 세상에 높이 알려주셨다." 위의 시에서 백인준은 김일성과 김정일에 대한 존경과 충성심은 신념의 차원을 넘어 신앙의 차원으로 돌입한다. "억천만번 죽어도 그이의 곁에/ 영생할 것을 굳게 믿는다"는 것은 김일성과 김정일을 신으로 생각할 때 가능한 일이다. 김일성과 김정일은 지금까지의 인류사에 등상한 어떠한 종교의 신보다도 거룩한 존재로 예찬되고 있는 것이다. 이러한 면에서 백인준의 이 시는 북한문학의 극단적인 면모를 생생하게 보여주는 하나의 모델이 된다.

위의 송가들이 대부분 서정시의 성격을 띠고 있는 것들이라면, 이 시기에는 김일성 개인뿐만 아니라 그 가족 구성원들의 혁명적인 측면을 드러내는 서사시들도 상당수 창작된다. 북한문학사에서는 이런 서사시적인 성격을 띤 송가들을 '송가서사시'라고 한다. '송가서사시'라는 개념 하에 작품이 창작되기 시작한 때는 1960년대 말부터이다. 위에서와 같이 수많은 송가문학을 담아냈던 서정시, 가사, 장시 형태로는 김일성 수령과 그 가족 구성원들의 전기, 혁명기, 지도력 및 남조선 통일의지 등은 통일적인 시상을 가지고 폭 넓게 노래하지 못한다는 점에서 의도적으로 등장시키게 된 것이다.

이런 '송가서사시'의 대표적인 작품들로는 다음과 같다. 집체창작 서사시 「푸른 소나무 영원히 솟으리」(1969)에서 학교 선생인 김일성의 생부(生父) 김형직은 항일투쟁의 선구자로 묘사되며, 허우연의 『강반석 어머니』(1969)에서 김일성의 생모(生母) 강반석은 남편을 잃고 살아가는 와중에도 김일성을 혁명투사로 길러내는 훌륭한 어머니상으로 그려지고 있다.

2) 항일혁명투쟁을 형상화한 시들

이 시기의 문학은 항일혁명투쟁의 형상화에도 집중적인 노력을 기울인다. 이는 김일성이 영도한 항일혁명투쟁에 대한 대대적인 선전을 통해 정권의 정통성을 확보하는 한편 김일성 가계의 안정적인 통치기반을 확립하기 위한 정책적 고려에서였다.

시문학에서 항일혁명투쟁을 처음 다룬 것은 1947년 조기천의 장편서사시

『백두산』이다. 그 이후 항일혁명투쟁의 문학적 수용이 본격적으로 요구된 시기는 1959년 제2차 항일혁명 전적지답사단 파견 이후이며, 1960년부터 항일혁명 문학의 시기라고 불릴 만큼 활발한 창작을 보인다. 그리고 1960, 70년대의 시에서 항일혁명투쟁의 문학적 반영은 주요한 주제로 부각된다. 1967년 유일사상체계가 확립된 이후에는 항일혁명투쟁은 더욱 시문학의 중요한 표현영역이 되었다. 이 시기 항일혁명투쟁을 소재로 하여 창작된 대표적인 시들로는 안룡만의 「첫 유격대가 부른 노래」(1978), 홍종련의 「밀영에 새벽닭 우네」(1967), 김병두의 「혁명의 대오는 가고 있다」(1978) 등이 있다.

3) 조국통일과 반미 등을 형상화한 시들

이러한 경향은 1960년대 초반의 한국 사회의 정치적 변화에 즉각적인 대응의 형태를 지니고 있다. 그 대표적인 시집이 『조선은 하나다』(안창만 외, 1976)인데, 여기에 실린 일련의 작품들은 이전 시기와 비교할 때 반미감정이 한층 고조되어 있고 '남조선 해방'에 대한 강한 신념을 내포하고 있다. 안창만의 「조선은 하나다」는 민족 통일의 당위성을 강조하고 있지만, 이때의 통일이란 '수령님이 밝혀주신 5대 강령 횃불 따라'라는 대목처럼 북한 중심의 남한 해방을 의미하는 것이기 때문에 어디까지나 투쟁을 통한 성취의 대상으로 표현되고 있다. 이외에도 김시권의 「직사포는 노효한다」, 김윤일의 「남녘땅이 앞에 있다」 등의 작품들은 반한·반미의 감정을 잘 보여준다. 그러나 한 가지 주목할 사실은 이러한 작품의 경향이 시간이 지남에 따라 조금씩 변모의 양상을 보여준다는 것이다. 이는 김정일의 다음과 같은 담화에서 기인하는 듯하다.

> 시인들이 시문학의 고유한 특성인 풍부한 서정성을 높이기 위하여 현실을 체험하고 생활을 정서적으로 깊이 파고들도록 하여야 합니다.[105]

---

105) 박종원·류만, 『조선문학 개관』, 인동, 1988, 324쪽.

이 시기에 주목할 만한 변화로는 김정일이 문예정책에 대한 담화들을 발표한다는 사실이다. 이 담화에서 김정일은 서정성과 생활체험의 형상화를 강조했는데, 이 담화는 이후의 북한 시문학에 일정한 영향력을 행사했다. 왜냐하면 이전의 시들이 선투적이고 직설적인 표현에 그친 데 비해서 이 담화 발표 이후의 시에서는 순화된 표현들이 많이 눈에 띄기 때문이다. 이것은 단지 표현의 영역에 한정되어 일어난 부분적 현상일 뿐이며 궁극적으로 북한식 사회주의·주체사상에 입각한 정치적 이념은 더욱 견고해졌기 때문이다. 하지만 반미·반한의 시에서 욕설과 야유 등으로 일관되었던 이전의 시들과는 달리 점차 표현의 층위에서 세련된 양상을 획득해 가고 있다는 점은 주목할 필요가 있다.

4. 소설문학의 전개 양상

이른바 '유일사상체계의 철저한 확립', '온 사회의 주체사상화'는 곧 김일성 권력의 절대화, 신성화를 의미한다. 그리고 온 사회의 주체사상화를 위한 전초적 운동으로 3대혁명 소조운동이 있었는데, 이의 실질적인 책임자가 바로 김정일이었다. 이는 북한에서 세대교체의 시작을 의미하는 것이며, 이 시기부터 김정일의 권력이 부각되기 시작한다.

이 시기 북한 소설문학의 가장 주요한 특징은 '집체창작'의 활성화이다. 이즈음 북한에서는 천리마운동의 발전 형태인 '속도전' 이론이 등장한다. 이것은 김정일에 의해 제기된 것으로 이것이야말로 생산의 질과 양을 함께 보장할 것이라고 주장하였다. 그리고 속도전 이론이 문학창작에 적용될 때에 조직을 통한 창작방법을 제시한 것이다. 이러한 이유로 1967년 이후부터는 집체창작을 위한 제도적 장치가 마련되었다. 1967년 4월 15일 김일성의 55회 생일에 4.15창작단이 만들어져 시, 소설 분야의 창작을 맡게 되었고, 1968년

4월 25일 김일성의 항일유격대 창설 36주년 기념일(인민군 창설 기념일이기도 함)에 백두산창작단이 발족되어 가극등 주로 공연예술과 관련된 창작을 맡게 되었다.

이러한 예술창작단에 의해 창작된 작품으로 대표적인 것이 김일성의 항일혁명투쟁을 찬양한 '불멸의 역사'총서이다. '불멸의 역사'는 북한의 대표적인 항일혁명투쟁 문학으로서 김일성 우상화 작업에 공헌한 작품들로 이루어졌다. '불멸의 역사' 총서는 북한 체제의 특수성을 가장 선명하게 드러내는 장편소설 연작물(連作物)이라 할 수 있다. 그것은 이 소설들이 바로 유일사상체계와 주체사상의의 산물이기 때문이다.

'불멸의 역사' 창작은 1970년대 초반부터 시작되어 1994년까지 진행되었다. 북한에서는 이 시기를 "당의 유일사상체계를 더욱 철저히 세우며 사회주의의 완전 승리, 온 사회의 주체사상화를 앞당기기 위한 투쟁시기"의 문학으로 규정하고 있다. '불멸의 역사'는 바로 이런 시기의 특징을 가장 선명하게 드러내는 연작이다. 말하자면 이것은 김일성 체제의 공고함을 나타내는 지표의 역할과 그것을 더욱 강화할 목적으로 쓰인 목적문학 작품들이다.

김일성의 혁명 업적을 찬양할 목적으로 김정일의 지도하에서 이룩되었다는 『불멸의 력사』는 다음과 같은 지침 아래서 창작되었다. 첫째, 김일성의 위대한 풍모를 형상화한다. 둘째, 혁명 역사를 생활적으로 진실하게 그린다. 셋째, 김일성뿐만 아니라 그의 가계사를 일대기식이 아니라 역사적 사건을 중심으로 단계별로 창작한다. 넷째, 수령의 형상을 시기적으로 통일시키는 문제를 제시하고 그 구체적 미학 실천방법까지 밝히고 있다.

이러한 지침아래서 창작된 『불멸의 력사』는 혁명의 역사를 반영하는 소설문학으로 몇 편의 개별적 소설이나 전기로 창작할 것이 아니라 체계를 가진 총서 형식의 대서사시로 만들어져야 한다는 김정일의 주도로 창작되었고, 『불멸의 력사』란 표제도 김정일 직접 내놓았다고 한다. 총서 『불멸의 력사』는 1975년부터 4.15창작단에 의해 15권이 간행되었다.

각각의 작품들은 모두 독자적 완결구조를 가진 하나의 독립된 작품들로서 김일성의 혁명 활동이 시작되는 1925년 말부터 1년이나 1년 반에 걸친 시기를 각각 분담하여 소설화했다. 그 결과 각각의 작품들이 전체적으로는 '전일성(全一性)과 세계성을 가진 총서 형식의 대서사시적 작품'으로 형상화되었다. 이 총서들은 북한에서 각 권의 초판이 20만 부씩이나 발간되어 60년대의 『항일 빨치산 참가자들의 회상기』에 뒤이어 북한 주민들의 '혁명의 교과서' 구실을 하고 있다.

『불멸의 력사』 총서의 내용은 대부분 김일성이나 그 친척들의 반봉건주의, 반제국주의 투쟁 등을 장소와 시간에 따라 찬양해 놓은 편이다. 구성도 일제와 싸우는 김일성의 투쟁 의지와 미래에 대한 낙관적 희망을 피력한 상투성을 결말에 보여주는 패턴을 벗어나지 못하고 있다. 즉 해피엔딩의 구성방식으로 이루어졌다. 또한 작중인물들은 입체적 인물보다는 평면적 인물이 거의 대부분을 차지하고 있어 흥미로운 요소가 부족하다. 따라서 '불멸의 역사' 총서는 문학성보다는 정치성이 더 높이 강조된 작품이라고 할 수 있다.

지금까지 간행된 총서 『불멸의 력사』를 작품에 나타난 시간적 배경 순서로 배열하면 다음과 같다. 1925년부터 1926년까지를 그린 김정의 『닻은 올랐다』, 1927년부터 1928년까지를 그린 천세봉의 『혁명의 려명』, 1929년부터 1930년까지를 그린 천세봉의 『은하수』, 1930년부터 1931년까지를 그린 석윤기의 『대지는 푸르다』, 1931년부터 1932년까지를 그린 『봄우뢰』, 1932년부터 1933년까지를 그린 권정웅의 『1932년』, 1933년부터 1934년까지를 그린 리종열의 『근거지의 봄』, 1934년부터 1936년까지를 그린 현승걸의 『혈로』, 1936년을 그린 최학수의 『백두산 기슭』, 1937년을 그린 최학수의 『압록강』과 최창학의 『위대한 사랑』, 1937년부터 1938년까지를 그린 진재환의 『잊지 못할 겨울』, 1938년부터 1939년까지를 그린 석윤기의 『고난의 행군』, 1939년을 그린 『두만강지구』, 1939년에서 1940년까지 그린 김병훈의 『준엄한 전구』 등이다.

한편, 이 시기 소설은 김일성뿐만 아니라 김일성의 가족까지 우상화하고 있다. 그 대표적인 작품으로 김일성의 생부 김형직을 찬양한 이기영의 『력사의 새벽길』(1972)과 김일성의 생모 강반석을 전기적으로 다루고 있는 남효재의 『조선의 어머니』(1970), 그리고 김일성의 아내인 김정숙을 주체형의 혁명가로 그린 『충성의 한 길』(1-5) 등이 있다.

이 시기 소설들의 또 다른 양상은 조국해방전쟁과 항일무장투쟁시기를 배경으로 한 '혁명적 대작'[106]의 창조라고 할 수 있다. 이에 따라 일련의 장편소설들이 창작되었는데, 천세보의 『대하는 흐른다』, 『고난의 력사』(1971), 석윤기의 『무성하는 해바라기들』(1970), 김병훈의 『불타는 시절』(1971), 정찬윤의 『천산령을 넘어서』(1970), 박태원의 『계명산천은 밝아 오느냐』(1963~1967) 등이 대표작이다. 이런 작품들은 대중의 혁명적 노력이 절실히 요구되는 역사적인 격변기를 배경으로 평범한 인물이 혁명의식화 되고 사회변혁의 주역으로 나서는 모습을 보여주고 있다.

석윤기의 장편소설 『무성하는 해바라기들』(1970)은 평범한 인물인 박진규와 주삼녀가 혁명가로 성장해 가는 과정을 그린 작품이다. 이들의 혁명성은 이미 개인사와 계급적 기반에 의해 확보되어 있다. 구한말 자진 방위대의 병정이었던 박진규의 부친 박병무는 조선 군대 해산과 망국을 한탄하며 간도로 이주하였다. 주삼녀의 부친 역시 고종에게 외국의 침략적 본성을 알리는 소장(疏章)을 올린 바 있는 의로운 인물이다. 이들의 혁명적 성향과 열정은 시련과 고난을 거치면서 강인하게 단련되는데, 진규는 면회 온 아내에게 혁명을 하라고 당부한다. 이들 부부는 동지적 관계로 결속됨으로써 이전의 형

106) "그것(혁명적 대작)은 혁명적 투쟁을 사회력사적으로 보다 폭넓게 반영하며 그 속에서 시대의 영웅적 성격을 보다 심오하게 다면적으로 형상화한 기념비적 작품을 의미한다."
「혁명적 대작의 창작은 시대의 요구이다」, 『조선문학』 200호, 머리글, 1964.4, 7쪽.

식적인 관계를 탈피하여 인간적인 유대감을 획득한다. 투쟁위원회 간부들의 회합 장소를 노출시키지 않기 위해 적들을 유인하고 끝내 사형당하는 삼녀의 행위에서는 비극적인 숭고함마저 느끼게 된다. 유철로 이름을 바꾼 박진규는 김일성에게서 조선혁명의 정세와 혁명노선을 교육받는다. 이를 바탕으로 혁명세력을 조직하고 대중을 교양하는 사업을 적극적으로 추진하며 올바른 지도에 의해 동만(東滿)의 추수폭동을 승리로 이끈다는 내용이다.

혁명대작에서 가장 주목할 만한 성과는 박태원의 역사소재의 장편소설 『계명산천은 밝아오느냐』(1963~1967)이다. 이 작품은 『갑오농민전쟁』(1977~1980)의 전사에 해당하는 작품으로 익산 민란을 주요 배경으로 하여 민중세력과 지배세력 간의 갈등을 다양한 인물들을 통해 형상화했다. 1860년대는 세도 정권의 반역사적인 행각이 극대화되고 봉건지배층의 농민수탈이 절정에 이른 시기로 실제 익산민란의 주모자인 역사적 인물 오덕순과 허구적인 인물인 오수동 부자가 중심인물로 설정되었다. 이외에도 많은 인물들이 등장하는데, 이들은 익산민란의 주모자의 효수현장을 지켜보는 가운데 강한 결속력을 갖게 된다. 혁명적 대작에서의 긍정적 인물이 천편일률적이며 다소 도식적인 한계를 드러내고 있음에 비해, 이 작품에서는 왕족에서부터 몰락한 양반, 아전, 소작농에 이르기까지 다양한 계층의 인물들이 등장한다. 바로 이 작품의 묘미는 다양한 민중적 인물과 그들이 기반하고 있는 민중적 세계관에 있다고 할 수 있다.

이 시기 이른바 '3대 고전'의 재창작 작업은 사회 전체를 주체사상화 하기 위한 현실적인 요구에 부응하여 높은 사상예술성을 가진 문학작품들을 많이 창작해야한다는 분위기에서 비롯되었다. 그리고 무엇보다도 그런 숭고한 경지에 올라선 정전이 있어야 한다는 문제의식에서 출발했다. 1953년 항일유격투쟁 전적지 답사단이 조직되어 항일혁명 문학을 발굴, 소개한 데 이어 그 후 몇 차례의 답사활동을 통하여 혁명적 문예전통으로 자리 잡아 『피바다』, 『한 자위단원의 운명』, 『꽃 파는 처녀』 등의 작품이 창작되었다. 북한문학사에서는 이 '3대 고전'은 김일성의 주체사상과 혁명적 문예사상이 완벽하게 구현된 '불후의 고전적 명작'이라고 평가하고 있으며, 아울러 이 세 작품은 김일성이 영도한 항일무장투쟁에서 강력한 군중선전, 선동예술로서 널리 이용되었으며, 실제로 대중을 혁명투쟁의 전선에로 동원하는 데 커다란 작용을 했던 것으로 인정하고 있다. 1972년 구전되어 오던 이야기를 토대로 4.15창작단에 의해 집체창작의 방법으로 재구성, 소설화되었다고 한다.

'3대 고전'은 평범한 민중적 인물이 구차한 현실 때문에 혁명의식화 될 수밖에 없었다는 것을 주요 내용으로 삼고 있다. 『꽃 파는 처녀』의 꽃분이, 『한 자위단원의 운명』중의 갑룡이, 『피바다』의 원남이 어머니가 그 전형적 인물들이다. 작품의 초반부에서 그들은 지주계급과 일본 경찰에게 핍박받고 있었으나, 이를 숙명적으로 참고 살아왔었다. 그러나 특별한 계기에 의해 불행의 원인이 지주의 수탈과 일제의 침략에 있음을 직시하게 되고 계급적으로 각성한다. 이들은 항일유격대의 활동에 동조하고 마침내는 적극적으로 가담하기에 이른다. 이와 같은 주인공과 적의 대결이라는 긴장된 구성은 작품의 통속적인 재미를 더해주며, 인물의 도식성은 오히려 독자들의 감정이입을 쉽게 유도해 낼 수 있다. 이러한 특징은 민담과 영웅소설 등에서 공통적으로 발견되는 속성으로, 이는 '3대 고전'의 창작에서 강조된 통속성과 대중성을 반영한 결과이다. 이 세 작품은 모두 폭동의 승리나 비밀스러운 공작활동을 벌이는 주인공의 모습으로 끝맺고 있다. 『피바다』의 결말이 상동마을 주민들이 합세하여 폭동을 일으키는 장면으로 처리되었다든지, 『꽃 파는 처녀』에서 배지주와 일경을 처단한 후 공산당원이 되어 연락 임무를 맡고 있는 꽃분이의 모습에서 혁명의 낙관적 미래를 예견할 수 있게 해준다. 또한 『한 자위단원의 운명』에서 일본 토벌군과 맞서 싸워 자위단원들과 이들의 항일유격대 입단은 독자들에게 혁명적 감정을 불러일으키고 열광적인 분위기를 이끌어 내는 데 효과가 있다.

5. 극, 영화문학의 전개 양상

북한문학사에서 1970년대 초반은 무대미학혁명기라고 명명되곤 한다. 이 시기 북한희곡의 특징을 다음과 같이 아래와 같이 정리할 수 있다.

첫째, 대형극이 많이 나타났다. 1967년 이후의 북한희곡의 창작태도는 주체사상에 입각한 혁명적 대작의 방식이라고 말한다. 희곡에서의 혁명적 대작의 방식이란 곧 서사적 기법을 동원한 대형극을 의미한다.

둘째, 이런 대형극은 대부분 김일성의 우상화와 밀접한 관련을 맺고 있다.

셋째, 희곡 창작에서의 집체창작의 등장이다. 즉 이 시기부터 희곡은 극작가 한 사람의 창작이 아니라 집체창작단 전체의 공동창작물로 전이된다. 이러한 집체창작의 도입은 월북 중진급의 극작가들(함세덕, 김사량 등)이 퇴진했거나 죽은 이후 신진 극작가들이 대거 주도권을 잡아가던 시기였기에 보다 수월하게 이루어졌다. 이 시기까지 명맥을 유지한 극작가로는 원로급의 송영과 극좌파 성향의 신고송 정도가 있을 뿐이었다.

넷째, 김정일이 직접 희곡 창작에 많은 영향력을 미쳤다는 점 역시 이 시기 극문학의 하나의 특징이라고 할 수 있다. 1971년 김정일은 백두산문학창작단과 피바다가극단이 공동으로 참여하여 『피바다』를 위시한 5대 혁명가극을 창작하도록 지시했다. 이에 따라서 『피바다』, 『꽃 파는 처녀』, 『당의 참된 딸』, 『한 자위단의 운명』, 『금강산의 노래』가 창작되었다. 이러한 가극의 대본들이 극문학 장르에 편입된 것이 바로 주체사상시기 극문학의 중요한 변화이다.

다섯째, 항일무장투쟁시기에 창작되었다는 혁명연극들이 가극, 영화, 연극 등으로 재창작되었다. 예컨대 30년대 중국 만주 지방에서 상연되었다고 하는 혁명연극 『혈해지창』이 1969년에는 연극 『피바다』로, 1971년에는 가극 『피바다』로, 1974년에는 소설 『피바다』로 재창작되었다. 『꽃 파는 처녀』는

1972년에는 영화와 가극으로, 1977년에는 소설로 재창작되었다. 『한 자위단원의 운명』은 1970년에는 영화로, 74년에는 가극으로, 73년에는 소설로 재구성되었다. 그리고 재창작된 작품들의 원작은 구전이나 혹은 텍스트가 있는 것이라고 해도 아주 엉성하기에 개작한 연극이나 영화나 소설들은 많은 부분들이 첨가되거나 수정되었다. 이 점은 원작 연극 『혈해지창』의 대본과 가극 『피바다』의 대본을 비교해 보면 아주 분명해진다.

여섯째, 극문학 형식의 다양화와 무대공연 조건이 개선되었다. 1967년 이후 북한에서는 소위 성황당식 혁명연극, 피바다식 혁명가극이 나왔으며 시극과 음악무용, 서사시극이 성립되었다. 70년대 들어서는 피바다식 가극이 공연예술의 중심을 이루었다. 이러한 공연의 특성 외에 만수대예술극장, 인민문화궁전, 2.8문화회관 등의 대규모 공연장을 건립하여 무대공연 조건을 개선했다. 특히 2.8문화 회관은 5천명이 출연하는 『영광의 노래』가 공연된 곳으로서 7천 석 정도의 객석을 가지고 있으며, 크고 작은 600개의 방이 있다고 하니 그 규모를 짐작할 수 있다.

이 시기 북한의 혁명가극과 혁명연극은 다음과 같은 예술상의 특성을 갖고 있다.

가극 『피바다』는 1971년 연극으로 공연되던 『피바다』를 가극으로 옮긴 것이다. 1971년 김정일은 가극 『피바다』는 사상성, 예술성이 완벽하게 조화된 주체적이며 혁명적인 우리식의 가극이라고 높이 평가하고 이제 피바다식 가극의 시대가 열렸다[107]고 했다. 이러한 판단의 준거로 특히 가극의 노래를 절가화한 것과 방창을 전면적으로 수용한 것을 들고 있다.

절가(節歌)는 대사에 의해 분리된 일련의 노래로서 같은 가락에 맞춘 정형시 유형의 가사들로 구성된다. 절가는 인민대중에 의하여 창조되고 인민대중들 속에서 오래 동안 발전되어온 노래 형식으로서 간결하면서도 세련된 정형적 음악 형식을 낳았고 악곡의 반복성, 전렴이나 후렴과 같은 보편

---

107) 김정일, 『주체 혁명위업의 완성을 위하여』, 1권, 422쪽,

적 특징을 갖게 한다. 김정일은 혁명의 시대, 주체의 시대는 인민대중이 다 알아듣고 즐겨 부르는 전투적이고 통속적인 절가를 내세우고 발전시켜야 한다고 강조했다.

또한 가극에서 방창을 전면적으로 받아들였는데, 김정일은 방창(旁唱)이란 무대 밖에서 불리면서 극의 세계를 그려내는 노래[108]라고 정의하고 있다. 방창은 가극을 비롯해서 영화, 연극, 무용 등의 공연예술 장르들에서 등장인물이 아닌 제3자가 무대 밖에서 하는 성악 연주의 형식이다. 지난날의 가극은 등장인물의 노래와 관현악단의 노래밖에 없어서 모든 노래가 무대에서만 불렸으나 이러한 방식으로는 인민들의 다양한 생활을 그려내는데 일정한 한계가 있었다. 즉 방창은 객관적 입장에서 등장인물의 심리세계를 드러내주고 인물 자신의 입장에서 그의 내면을 노래함으로써 인물의 독백을 대신하는 기능을 하며 부정적 인물을 규탄하는 수단이 되기도 하며 사건 전개의 극적 비약을 꾀할 수도 있다. 배우는 방창으로 인하여 노래의 부담을 덜고 연기에 열중할 수 있다. 막과 막 사이에 넣어서 극의 전환을 돕기도 하고 인물이 관중에게 호소하고 싶은 내용을 전달함으로써 무대와 관객을 연결시키기도 한다.

혁명가극이 유일사상과 주체사상화를 유도하는 목적을 가지고 있으나 전통적인 민요양식을 계승하고 있다는 점과 혁명가극의 가요가 무대양식에서 주제를 효과적으로 전달하고 살리기 위한 독특한 수법을 개발한 점은 인정해야 한다. 그러나 방창은 3음보 격이라는 점에서, 절가는 4구체 형식이라는 점에서 향가, 속요, 시조, 가사, 민요 등 고전 가요문학의 전통을 이어 받은 것이므로 새로운 형식을 창조했다는 이들의 주장은 수정되어야 하다.

피바다식 혁명가극의 예술적 특징을 다음과 같이 개괄할 수 있다. 첫째, 음악은 절가와 방창을 사용해야 한다. 둘째, 무용을 종래의 극처럼 여흥을 위해 혹은 무대의 장식으로 넣는 것이 아니라 가극의 사상적 내용을 밝히는

---

108) 김정일, 『가극 예술에 대하여』, 54-55쪽.

데 있어서 필수적인 능동적 형상 수단으로 만들어야 한다. 셋째, 무대 미술도 고착화된 배경으로써가 아니라 입체화시켜 시공간적 표현력을 확대하였다. 피바다식 가극 창조는 북한예술에서 종합예술로서의 가극 형식을 현대양식으로 발전시켰고 가극의 통속화와 대중화를 실현시켜 새로운 사회주의 가극의 시대를 열었다. 『꽃 파는 처녀』는 좁쌀 두 말의 빚 때문에 온 가족이 지주의 머슴살이를 하면서 갖은 고난을 겪는 꽃분이 일가의 비참한 생활을 이야기하고 있다. 이렇게 작은 이야기를 가극의 소재로 사용하는 이유는 그렇게 함으로써 시대의 본질을 사회주의적으로 밝혀내고 민족 해방과 계급 해방의 문제를 표출하며 섬세하고 인정적인 심리작품의 양상에 맞게 주인공의 내면세계를 다룰 수 있기 때문이다.

1972년 11월 7일 김정일은 항일혁명투쟁시기 김일성이 창작한 '불후의 명작'이라고 하는 『성황당』의 대본을 국립연극단 예술인들에게 주고 혁명연극을 만들라고 지시하였다. 『성황당』은 인간의 고통과 불행은 타고난 팔자이며 그것을 면하기 위해서는 성황당에 가서 치성을 드려야 한다고 생각하는 복순이 어머니와 억압과 착취를 반대하여 싸우며 인간의 존엄을 지키는 지혜로운 청년 돌쇠의 대조적인 형상을 통하여 사람들을 미신과 종교의 구속으로부터 해방하는 문제를 제기했다. 자기 운명의 주인은 자신이며 자기의 운명을 개척하는 힘도 자신에게 있다는 주체의 진리를 표출한 작품으로 평가된다. 이러한 의의를 가진 『성황당』을 재창작하여 공연함으로써 성황당식 연극시대가 열리게 되었다.

김정일은 성황당식 연극은 내용과 형식에서 주체의 요구를 철저히 구현하고 있을 뿐만 아니라 창조체계와 방법에서 주체의 창작원리에 튼튼히 의거하고 있는 새로운 형의 연극이라고 지적했다. 성황당식 연극은 주체사상의 요구와 인민대중이 차지하는 주인으로서의 지위와 그들의 역할을 높은 예술적 경지에서 형상화하였으며, 인민대중이 세계의 주인이며 유일한 지배자라는 주체의 진리를 반영하고 있다는 것이다. 또한 형식의 측면에서도 여러 장면을 제시하는 구성을 택함으로써 인민의 요구를 구현하였다고 평가받고 있다. 특히 중요한 것은 흐름식 입체무대를 사용하여 극을 현실과 같은 느낌을 가지고 볼 수 있도록 만들기 위해서 막과 막, 장과 장 사이의 무대 전환 시간을 줄이는 것이다. 따라서 극의 발전에 따라서 암전 대신 장치와 배경을 끊임없이 변화시켜 생활을 생동감 있게 표현할 수 있다. 그리고 환등기를 이용하여 극 장면의 영화적 전환을 가능케 하고 흐름막이나 흐름무대를 통해 밝은 상태에서 자연스러운 장면 전환을 가능하게 하는 것이다. 이는 북한의 대형화된 무대 예술 전반의 공통점이다. 또한 음악을 받아들임으로써 정서가 넘치고 감화력이 높아지게 되었다. 평면적인 무대 미술에서 탈피하여 입체적인 무대를 꾸미려는 노력을 기울였고 민족 고유의 건축, 의상, 교예를 비롯한 민족미술 유산을 통해 민족적 색채가 진한 무대를 창조했다. 대사를 생활적으로 조직하고 음악을 연극의 주요한 수단으로 채택하였는데, 주로 방창 형식으로 되어 있는 연극 음악의 기능은 등장인물의 내면세계를 깊이 있게 표현해주며 그 흐름의 공간을 정서적으로 이어주면서 극적 감정의 지속성을 보장하는 등 연극의 서정성을 높이는 역할을 담당하고 있다. 이전의 연극에는 배우의 동작과 화술에 있어서 과장이나 신파의 잔재와 같은 형식주의의 여운이 남아 있다고 비판하고 성황당식 연극에서는 철저한 사실주의 원칙을 강조했다.

이외에도 연극 관련 종합예술로서 강한 선동성과 호소성, 서정성을 지닌 시를 결합함으로써 등장인물의 격동적인 사상과 감정을 직접적으로 표현한 시극을 들 수 있다. 또한 민중의 정서에 맞는 민족 음악을 기본으로 하고 극예술과 무용, 무대 미술, 시, 설화를 구성 수단으로 하는 종합예술의 한 형태로서의 음악무용 서사극이 있다. 가극 같이 복잡한 사건 전개와 갈등이 없이 주로 아름다운 노래와 무용, 무대미술로 이야기를 끌어가는 음악무용이야기라는 장르도 있는데, 이는 사회주의 제도의 우월성을 칭송하는데 주력한다. 음악무용서사시는 음악, 무용 등을 통하여 사회 역사적 사건들을 웅대하게 반영하는 종합예술로서 주로 항일 혁명투쟁을 소재로 한다는 점에서 전자와 차이가 있다.

이 시기의 영화문학을 주제별로 '혁명전통주제', '조국해방전쟁을 반영한 영화와 탐정영화', '사회주의 현실을 반영한 영화', '조국통일' 등으로 나눌 수 있다. '혁명전통주제'의 영화들로는 『누리에 붙는 불』(백인준, 1977), 『사령부를 멀리 떠나서』(백인준, 1978), 『첫 무장 대오에서 있은 이야기』(리종순, 1978) 등이 있다. '조국해방전쟁을 반영한 영화와 탐정영화'들로는 『한 간호원에 대한 이야기』(집체작, 1971), 『세 동서』(지재룡, 1975), 『이름 없는 영웅들』(1~7부, 1970), 『적후의 진달래』(1970), 『작전 문건』(신상호, 1970) 등이 있있다. '사회주의 현실을 반영한 영화'들로는 『이 세상 끝까지』(리춘구, 1977), 『로동가정』(박봉학, 최용수, 1971), 『꽃 피는 마을』(한복규, 1970), 『우리집 문제』(리희찬, 1973) 등이 있다. '조국통일'을 반영한 영화들로는 『금희와 은희의 운명』(백인준, 1974), 『혈육』(전·후편, 김세륜, 1979) 등이 있다.

『금희와 은희의 운명』은 1945년 8.15광복과 더불어 한날한시에 태어난 쌍둥이자매 금희와 은희가 북과 남으로 갈라져 서로 생사조차 모를 뿐만 아니라 너무나도 판이한 길을 걷게 되는 두 갈래의 운명에 대한 묘사를 통해 남과 북을 천국과 지옥처럼 대조적으로 그려놓았다.

북에 건너와서 자란 금희는 "어버이 수령님의 자애로운 품속에서 자기의 재능을 마음껏 꽃피워 이름 있는 무용가로 자라나고" 남쪽 땅에 남은 은희는 술집의 가수로 전전하다가 나중에는 미군의 군용차에 치여 다리까지 잃고 쌍지팡이에 의지하여 거리를 헤매는 걸인으로 전락한다.

6. 수령형상문학

광복 후 북한 현대문학에서 가장 특징적인 것은 수령을 찬송하고 수령의 형상을 그린 문학이다. 유일사상체계가 확립되고 주체사상이 북한의 유일한 지도사상으로 확립된 1967년부터 이런 수령문학은 절정에 이르게 된다. 수령문학을 떠나서는 북한의 문학을 이해할 수 없다.

미국의 문화인류학자 기어스(geertz, Clifford)는 발리의 왕권에 관한 연구에서 권력의 행사 자체가 의식(儀式), 연극에 있다고 하는 이른바 "극장국가"의 개념을 만들어 냈다. 그는 극장국가는 홉스(Hobbes,Thomas)가 말한 바 있는 "공공생활에서의 행진이나 의식은 그 위협이 향하는 사람들의 마음에 공포를 심어주기 위한 것"이라는 전제주의 국가와 다르며, 또 "국가의례란 물질적 이해를 정신적인 것으로 바꿔치기를 함으로써 물질적 대립을 흐릿하게 만들어 버리는 기만"이라는 마르크스 파레토(Pareto, Vilfedo, 1848~1923)적 국가와도 다르다고 주장한다. 기어츠에 따르면 '국장국가'에서는 "권력의 역학(力學)이 아니라 권력의 시학(詩學)을 추구한다."

> 왕은 정치적 행위이자 기호 중의 기호이며 권력 중의 권력이었다. 왕을 창조하고 왕을 군주에서 우상으로 끌어올린 것은 의례(儀禮)였다. 왜냐하면 극장국가의 연극이 없었다면 조용하고 은은한 신성(神性)의 이미지는 그 모습을 드러낼 수조차 없었기 때문이다.[109)]

와다 하루끼(1938~)는 김정일이 연출가이자 디자이너로 있는 북한이라는 국가는 기어츠가 규정한 '극장국가'의 성격을 부분적으로 띠고 있다고 하였다. 사실 북한은 김일성과 김정일에 대한 개인숭배[110)]와 그 신화 만들기를

---

109) 와다 하루끼, 『북조선』, 돌베개. 2002, 154쪽에서 재인용.

110) 국제공산주의운동 중에서 개인숭배(cult of personality)라는 용어는 1956년 2월 소련 공산당 제20차 대회에서 흐루시쵸프가 스탈린에 대한 개인숭배를 비판하고 나섰을 때 비로소 사용된 말이다. 개인숭배(또는 個人迷信)란 독특한 통치 스타일, 즉 당 최고지도자의 우상화의 원형은 스탈린 시대에 형성되고 발전했다. 그리고 제2차 세계대전 후는 세계의 모든 스탈린주의적 통치체제에서 불치의 풍토병처럼 퍼져나갔다. 구체적으로 말하자면 개인숭배란 당의 권력자에 대하여 신에 대한 것과 유사한 맹신, 숭배, 귀의(歸依)

통해 국민의 구심점을 만들고 장기집권과 또는 세습제에 의한 영구통치를 꾀하고 있다. 북한에서 개인숭배 작업은 정치적으로는 반대파에 대한 잔혹한 숙청으로 이어졌고 문화적으로는 주체사상의 확립과 대 기념비적 건축물의 조성(주체사상기념탑, 남포갑문, 류경호텔, 개선문, 광복거리 등)과 문학예술에서의 수령형상창조 등으로 이어졌다.

1) 수령형상문학의 생성 역사 및 현실적인 원인

(1) 수령형상문학 생성의 역사적 원인

남북한은 기원전후 3국 시대로부터 20세기말까지 장장 2천년의 봉건사회의 역사를 가지고 있다. 봉건사회는 한마디로 가부장(家父長)적인 권위주의 사회이다. 가(家)를 보면 정상에 엄부(嚴父)가 위치해 있고, 그 중간에 자모(慈母)가 아래위를 돌보고 있으며, 최하층에 효자효녀(孝子孝女)들이 자리하고 있는 피라미드 구조를 이루고 있다. 국(國)을 보면 정상에 인군(仁君)이 위치해 있고, 그 중간에 충신(忠臣)이 아래위를 돌보고 있으며, 최하층에 백성들이 자리하고 있는 피라미드 구조를 이루고 있다. 이렇듯 가(家)와 국(國)은 상사형(相似型)을 이루고 있다. 국(國)은 가(家)의 확대로 보면 된다. 이처

를 일상화하며, 최고권력자는 이것을 이용하여 그들의 복종을 이끌어 내는 통치 프로세스를 뜻한다.

개인 숭배는 최고 권력자 자신과 그 심복들이 인위적으로 조작, 역사의 위조, 반대파의 숙청, 매스컴에 의한 광란적 선전 등 이른바 조신술(造神術)을 통하여 최고권력자를 신성불가침화하며 전지전능한 초인간적인 존재로 만든다. 여기에 동원되는 수단은 연극, 영화, 음악회, 무용, 실험실, 신문사, 텔레비전, 체육경기, 각급 학교, 대학, 각 기업체 등이다. 그 중 정치적 목적을 달성하는 데서 가장 중요한 수단은 매스컴이다. 그러나 이것만으로는 충분치 않다. 개인숭배의 밑바닥에 깔린 또 하나의 방법은 불복종자, 이탈자들에 대한 폭력적 탄압이다. 그리하여 스탈린 개인숭배라는 개념은 그의 신격화운동뿐만 아니라, 이에 수반되는 공포정치—범죄행위를 포함하는 넓은 의미로 사용되어 왔다.

럼 동양 유교권의 전통 사회에서 가(家)의 구조와 국(國)의 구조는 비슷한 점이 아주 많은데, 이를 가국동구(家國同構)라고 한다.

그래서 군(君)은 부(父)요, 신(神)은 모(母)요, 백성은 자(子)요하는 신라향가 「안민가(安民歌)」가 자연스럽게 흘러나올 수 있었던 것이다. 북한에 있어서 수령, 당, 인민이라는 이 삼자의 관계는 구조적으로 볼 때, 봉건전제왕권에서의 임금, 신하, 백성 이 삼자의 관계와 상사형을 이루고 있다. 즉 사회구조적으로 동일한 구조를 가지고 있는 것이다. 1960년대부터 북한에서 널리 불려진 「세상에 부럼 없어라」(집체작)는 이 점을 여실하게 보여준다. 이 노래에서 수령 김일성은 아버지이고, 노동당은 어머니이고, '우리'로 표현된 인민대중은 '친형제'들, 즉 자식이다. 수령, 당, 인민대중 이 3자간의 관계는 신라시대의 향가 「안민가(安民歌)」에서 나타나고 있는 임금. 신하, 백성의 관계와 거의 같다고 볼 수 있다.

북한에서 요구하고 있는 수령에 대한 인민대중들의 충성은 봉건사회에서 요구했던 임금에 대한 신하와 백성들의 충성과 본질적으로 다를 것이 별로 없는 바, 1990년대 이후 북한에서 강조되는 충효의 논리는 이런 맥락에서 노골화되었을 따름이다. 이런 점을 감안하여 황장엽은 북한 사회의 속성을 봉건적인 사회주의라고 규정했던 것이다. 확실히 북한은 수령으로부터 당과 인민에 이르기까지 2000년 봉건전통의 관성에서 탈피하지 못했으며, 따라서 북한에서의 개인숭배, 수령우상화와 이어지는 수령형상창조 문학은 봉건전통의 계승이오, 봉건전통의 메아리에 지나지 않는 것이다. 현대적인 민주주의 세례를 받아보지 못한 북한에서 수령에 대한 개인숭배와 우상화의 일환으로 수령형상창조 문학이 생성되고 발전되는 것은 어쩌면 자연스러운 귀결이라고도 할 수도 있다.

(2) 수령형상문학의 생성 원인

한반도는 역대로 강대국의 틈바구니 속에서 부대껴 왔다. 지정학적으로 한반도는 북으로는 아시아 대륙과 접해 있어 농업민족과 유목민족의 유린을 끊임없이 당해왔고 동으로는 일본 열도와 근거리에 있어 늘 왜구의 침탈에 시달려야만 했다.

너무나 잦은 외세의 침략은 한민족으로 하여금 강대국의 눈치를 살피게 만들었으며 이에 상응한 삶의 지혜를 개발해 내게 했다. 그것은 밖으로는 강대국의 역학관계를 이용하는 것이며, 안으로는 단일민족의 핏줄을 강조하고 똘똘 뭉치는 것이었다. 북한도 한때는 중국과 소련의 힘을 이용해 민족통일을 이룩해 보려고 했으며, 중국과 소련의 분쟁이 있을 때 양쪽의 눈치를 살피기도 했으나 결국에는 안으로의 내부적인 결집을 통해 위기를 극복해 나아가는 길을 택하게 되었던 것이다. 이래서 주체사상이 생겨나게 된 것이다. 이에 대해 황장엽은 다음과 같이 지적하고 있다.

> 주체사상은 본디 내용은, 큰 나라를 무조건 숭상하고 따르는 사대주의와 교조주의를 반대하고 마르크스-레닌주의를 조선의 구체적 현실에 맞게 창조적으로 적용하자는 것이었다. 구체적으로 말하면 북한과 밀접한 관계를 가지고 있던 소련과 중국의 영향으로부터 벗어나 북한이 자기 실정에 맞는 자주적인 정책을 실시해나가야 한다는 것을 강조한 사상이었다.[111)]

이렇게 소련과 중국 같은 사회주의 대국의 영향에서 벗어나 자주적인 길을 걷자면 반드시 내부의 통일이 필수적인 것이었으며, 내부적인 결집에 금이 가는 것은 가장 큰 적으로 간주되었다. 그래서 북한에서의 모든 정적(政敵)은 내부 결집을 파괴하는 종파주의라는 죄명을 예외 없이 쓰게 되는 것이다. 그런데 내부 결집을 이루는 데는 그 결집의 핵심이 필요하다. 그 결집의 핵심은 그 어떤 이념 혹은 종교적인 신앙 등등 여러 가지가 될 수 있는데, 이념이나 종교적인 신앙의 전통이 빈약한 북한에서는 현실의 정치적인 수령으로 될 수밖에 없었다. 1928년에 나온 김혁이 지었다는 최초의

---

111) 황장엽 회고록, 『나는 역사의 진리를 보았다』, 한울, 1999, 387쪽.

김일성 송가로 꼽히는 「조선의 별」이나 1946년 이찬의 「김일성 장군의 노래」 같은 김일성 송가는 애초부터 강한 지도자의 이미지를 심어주며 전 민족의 결집을 제시하고 있다.

북한은 오래 전부터 지금까지 국제적으로 상당히 고립된 상태에 처해 있었다. 특히 6.25전쟁 이후는 세계의 거의 모든 자본주의 나라들과 담을 쌓고 살게 되었으며, 1960년 중소 이념분쟁이 노골화된 후에는 사회주의 나라들에서도 절친한 친구가 없어졌다. 국제 사회에서 고아 같은 처지에 서게 된 북한은 그럴수록 내부의 결집을 절실히 필요로 하게 되었는 바, 북한은 수령을 중심으로 하여 똘똘 뭉쳐야만 존립할 수 있었다. 그리하여 북한에서 수령은 그 어떤 개인적인 차원을 떠나서 이미 민족적인 상징매체로 승화되었다.

이때까지는 민족과 나라의 주체를 세워야 한다고 주장한 주체사상은 나름대로의 합리성을 가지고 있었으나 1967년 이후, 특히 1975년 무렵 김정일이 김일성의 권력을 이어받으면서부터 주체이론 또는 주체사상은 점차 김일성의 1인 독재와 김정일의 세습통치를 합리화하는 봉건사상으로 점차 변질되어 가기 시작했다. 이에 대하여 황장엽은 다음과 같이 지적하고 있다.

> 마르크스주의는 노동계급의 가장 진보적인 계급으로서 사회전체의 이익를 대표할 수 있다고 주장했다. 이는 노동계급의 이익은 노동계급의 당이 대표하고 당의 이익은 수령이 대표한다는 논리로 이어지게 되어 결국은 수령이 전 사회의 이익을 대표하며 모든 사회 성원들의 운명을 수령에게 전적으로 의탁해야 한다는 결론이 나오게 되었다. 이리하여 전체주의는 사회의 전체 성원들이 가같이 사회의 공동의 주인이 되어야 한다는 결론이 지어져야 함에도 불구하고 수령이라는 특수한 개인이 사회의 주인이 된다는 결론을 짓게 되었다. 여기서 전체주의는 개인독재사상으로 전환되었으며 수령론의 기초가 된 것이다. …… 북한 통치자들이 주장하는 주체사상에는 사회전체의 이익을 옹호한다는 사회주의 사상과 노동계급의의 독재를 옹호하는 계급주의 사상, 통치자를 무조건 숭배하고 충성과 효성을 다해야 한다는 봉건사상이 서로 얽혀 있으나 이것을 한마디로 집약하면 수령절대주의 사상이라고 볼 수 있다. 이런 점에서 볼 때 북한의 통치사상은 전체주의와 봉건주의의 결합, 또는 노

동계급주의와 봉건주의의 결합이라고 말할 수 있을 것이다.[112)]

17세기의 프랑스 국왕 루이 14세가 "짐은 바로 국가"라고 했고 프랑스 사람들로부터 '태양왕'이라고 불렸듯이 "김일성은 바로 북한"이며 김일성도 북한 사람들로부터 '불멸의 태양'이라고 불리고 있다. 1970년대 이후 북한에서 많이 불려지고 있는 노래들 중의 「당신이 없으면 조국도 없다」, 「하늘처럼 믿고 삽시다」, 「운명을 맡기고 삽시다」, 「우리 운명의 수호자」 등과 북한에서 많이 외우는 '김일성주의', '김일성민족' 같은 것은 이런 사정을 잘 말해준다. 그래서 주체사상은 관권적인 시각에 수령결사옹위정신을 총폭탄, 육탄이 되어 행동에 옮길 것을 강요하는 비인간적인 사상으로 변질되어가고 있는 것이다. 이처럼 인간중심의 사상이라던 주체사상이 비인간적인 인간 멸시의 사상으로 완전히 변질된 것이 요즘의 북한의 주체사상이다.

북한의 수령형상 문학은 한반도 국제정치 역학관계에서의 대처방식과 내부적인 결집의 필요성 그리고 김일성, 김정일 부자의 1인 세습독재를 합리화하기 위한 목적 등에 의해서 생성, 발전되었다고 볼 수 있을 것이다.

이밖에도 문화심리적 관점이나 문학도구론적 입장에서도 수령형상 문학의 생성과 발전의 원인을 찾기도 한다.[113)]

2) 수령형상창조의 문학사적 계보

(1) 항일무장투쟁시기(1925-1945.8)

수령형상 문학의 첫 송가로 김혁이 1928년에 창작했다는 「조선의 별」을 꼽고 있다. 그 원문은 다음과 같다.

1. 조선의 밤하늘에 새별이 솟아

---

112) 황장엽, 상동서, 372~373쪽.

113) 선우상렬, 『광복 후 북한현대문학 연구』, 도서출판 역락, 2002년, 25~29쪽 참조.

삼천리 강산을 밝게 비치네
짓밟힌 조선에 동이 트리라
2천만 우리동포 새별을 보네.
2. 캄캄한 밤하늘 바라다보니
신음하는 조국산천 어리어 오네
변치 말자 혁명에 다닌 그 마음
2천만 우리동포 새별을 보네
3. 간악한 강도 일제 쳐 물리치고
3천리에 새별이 더욱 빛날제
조선아 자유의 노래 부르자
2천만 우리동포 새별을 보네.

여기서 김일성은 일제의 식민통치로부터 조국과 민족을 구할 수 있는 새별 - 구성(救星)으로 형상화되고 있다. 김일성의 본명은 김성주(金成柱)이다. 김일성의 회고록 『세기와 더불어』를 보면, 김일성의 부하들이 김성주를 '김일성(金日星)' 또는 '한별'로 부르다가 후에는 조선을 밝힐 희망의 태양이 되소서 하는 염원을 담아서 '김일성(金日成)'이라고 고쳐 불렀다고 한다. 김혁(1907~1930)은 초기 공산주의자의 전형으로 일컬어지고 있는데, 그는 1928년 10월 하순 중국 길림시에 있는 혁명조직 성원들 앞에서 이 시를 처음 공개했다고 한다. 이 작품은 김정일이 김일성의 초기 혁명시기에 송가 발굴을 수령송가문학의 뿌리를 찾고 빛나게 계승, 발전시키는 중대한 사업으로 틀어쥐고 국책사업으로 밀고 나가면서 1980년대 초에 발굴되었다고 한다. 그러나 김혁과 차광수가 죽자 그 당시 증인으로는 황귀연 여사(전 연변대학 교수)밖에 없었는데, 이 사람밖에는 이 노래를 제보할 사람은 없을 것이다. 이 노래의 제보자 유무를 차치하고 1928년이면 김일성이 16세의 소년이었는데, 김혁이 김일성을 일제의 식민통치로부터 조국과 민족을 구할 수 있는 새별-구성(救星)이라고 판단했다는 것은 대단한 선지자(先知者), 예언자 혹은 점쟁이가 아니었다면 어찌 몇 십 년 후에 김일성이 한나라의 제1인자로 된 것을 알 수 있었겠는가. 그리고 당시 김혁은 김일성보다 5세나 연상임에도 불구하고 16세의 소년 김일성을 두령으로 높이 모시고 있었다는 것도 석연치 않다. 이것은 1960년대 말부터 북한의 선전, 선동 부분을 손에 틀어쥔 김정일이 자기 아버지 김일성을 신으로 만드는 작업의 일환으로 꾸며냈거나 혹은 김일성 자신이 거짓으로 꾸며낸 조작극일 확률이 아주 높다. 워낙 신이 아닌 사람을 신으로 만들자면 반드시 거짓말이 수반되는 법이다. 이 점을 황장엽은 다음과 같이 지적하고 있다.

> 김일성이 김정일의 생가를 꾸미고 송시를 쓴 것은 그의 일생에서 아마도 최대의 과오 가운데 하나일 것이다. 그리고 그가 형편없는 속물이라는 것을 여지없이 보여주는 역사적 증거가 될 것이다. 김정일이 러시아에서 태어나 '유라'라는 이름으로 유년기를 보냈다는 것은 세상이 다 아는 사실이며, 김경희가 내게 준 소련판 지도책에도 '유라'라고 씌어 있었다. 그런데 굳이 그런 사실을 속이면서 백두산 아래에서 태어났다는 거짓말을 할 필요가 어디 있는지 나는 이해할 수도 없었고, 지금도 도무지 이해가 안된다. 김일성은 항일 빨치산 출신들을 불러 김정일이 태어난 백두산의 밀영을 찾아내라고 지시하기도 했다. 그들은 백두산 일대를 뒤졌지만 애초에 없던 밀영지를 찾아낼 수 없었다. 그러자 김일성은 자기가 직접 나서서 찾아야겠다며 돌아다니다가 경치도 적당하고 위치도 그럴듯한 곳을 지적해 주었다. 그리고 그곳 뒷산을 '정일봉'이라고 명명했다. 당 역사연구소는 구호나무도 준비하고 큰 바위에다 '정일봉'이라고 써서 산정상에 올려 붙혔다. 그리고 예술인들은 '정일봉'이라는 노래를 지었다. 하지만 김일성은 거기에 만족하지 않고 김정일의 50회 생일을 칭송하는 시를 써서 돌렸던 것이다.[114]

누구나 다 아는 하찮은 자기의 경력도 속이는 김일성과 김정일이 누구도 잘 모르는 1928년 길림에서 공부하던 시절의 일을 꾸며낸들 누가 알 수 있으랴.

북한에서는 이른바 김혁의 「조선의 별」을 두고 "송가문학 발전의 고귀한

114) 황장엽, 상동서, 245쪽.

본보기로 커다란 문학사적 의의를 가진다"고 평가했다. 그리고 김혁을 김일성을 절대적으로 숭배하고 그에게 충성을 다 바친 초기 청년공산주의자의 전형으로 추켜세우면서 "모두다 80년대의 김혁, 차광수가 되자"라는 슬로건의 주인공이 되기도 하였으며, 2000년 평양에서는 김혁의 서거 70주년 중앙추모회가 성대히 열렸고 1980년대에 와서 다부작 영화 『조선의 별』이 창작되기도 했다.

(2) 광복 직후 평화적 민주건설시기(1945.8-1950.6)

북한문학에서의 수령형상창조는 이 시기에 첫 발걸음을 떼기 시작되었다. 1945년 9월 19일 소련 함정 '푸카쵸프호'를 타고 원산으로 들어오고 10월 14일 "김일성 장군 환영 평양시민대회"를 통해 해방 정국의 북한의 정치무대에 화려하게 등장한 김일성은 "만고의 빨치산", "절세의 애국자", "우리의 영도자"로 칭송된다. 『문화전선』(1946.7)에 발표된 한재덕의 「김일성 장군 개선기」는 김일성의 개선을 "세기적 시극(詩劇)"으로 명명하고 있다. 이어 1948년 8월 15일 "김일성 장군 찬양특집"이라는 부제가 붙은 단행본 『우리의 태양』이 출간되었고, 김일성의 전우 김책과 김일성의 부인 김정숙의 발기와 관심 아래 이찬(1924~1974)이 「김일성 장군의 노래」를 만들어낸다.

이찬의 「김일성 장군의 노래」와 쌍벽을 이루는 작품은 조기천(1913~1951)의 장편서사시 『백두산』이다. 『백두산』은 북한의 『용비어천가(龍飛御天歌)』-김일성을 북한의 개국시조로 내세운 건국서사시로 볼 수 있다. 소설에는 한설야(1900~1963)의 「혈로」(1946)가 수령형상을 부각한 북한 최초의 소설이다.

우리는 여기서 잠깐 조선 중엽의 멋쟁이 선비 임제, 그렇게 조선을 사랑하고 조선적이면서도 임종 때 소국 조선을 서러워하며 자식들이 눈물을 그치게 했다는 일화를 상기할 필요가 있다. 오랜 동안 대국의 등살에 조선의 국왕은 대국의 눈치를 보면서 조심스럽게 보위를 지켜야 했고 신하와 만세 한 번 불러보지 못하고 오로지 천세라고만 불러야 했던 그 한이 얼마나 골수에 사무쳤으면 그러했겠는가를. 광복 후 북한에서 김일성은 몇 천년 이래 처음으로 맞이한 '조선 민족의 위대한 수령'으로 자연스럽게 부상하게 된 것이다. 이에 북한의 민중들은 "만세! 만세! 만만세!!!"를 소리 높이 부르면서 해방으로 인한 국권 회복의 감격, 새 시대의 개막으로 인한 미래에 대한 동경과 함께 소국 콤플렉스로 인한 조선 민족의 집단무의식적인 정한(情恨)을 마음껏 발산할 수 있게 된 것이다. 민족의 정한(情恨)을 푸는 집단무의식의 차원에서 볼 때, 그 해방공간에서의 김일성은 북한 민중들에게 있어서는 이 세상 최고의 '황제'의 이미지다. 이 시기에 있어서 상술한 수령송가들은 북한 민중의 마음속에서 자연스럽게 흘러나온 것으로써 외부적인 강요 같은 것은 크게 개입되지는 않았다고 보아야 할 것이다.

삼천만이여!
오늘은 나도 말하련다!
'백호'의 소리 없는 웃음에도
격파 솟아 구름을 삼킨다는
천지의 푸른 물줄기로
이 땅을 파 몰아치던 살풍에
마르고 탄 한 가슴을 추기고
천년 이끼 오른 바위를 벼루돌 삼아
곰팡이 어렸던 이 붓끝을
육박의 창끝인 듯 고루며
이 땅의 이름 없는 시인도
해방의 노늘 말하련다!
— 조기천 『백두산』 머리시

북한문학사에서는 이를 다음과 같이 해석하고 있다.

과연 어느 한때 우리 시인들이 제 목소리로 가슴을 헤쳐 놓고 제가하고 싶은 말을 해 본 적이 있으며 이 땅을 휘몰아치던 살풍 앞에서 가슴을 헤치고 '삼천만'을 부른 적이 있었던가. 여기에서 우리는 위대한 수령께서 찾아주신 해방된 조국 땅에서 나라의 주인으로 된 시인이 일제식민지통치 밑에서 노래하고 싶어도 노래할 수 없었던 그 어떤 숭엄한 것에 대해 격조높이 노래하려는 열정에 불타는 기상을 보게 된다.115)

(3) 6·25전쟁시기(1950.6-1953.7)

이 시기 김일성에 대한 헌시와 송가적인 서정시가 많이 창작 창작되었는데, 백인준(1920~)의 「크나큰 그 이름 불러」(1952)는 헌시의 대표작으로 불리고 있다. 송가적 서정시를 보면, 박세영(1902~1989)의 「수령님 우리를 승리에로 부르셨네」(1953) 등은 김일성의 업적과 영도력을 노래했고, 이맥의 「장군님 오신 마을」은 김일성의 인간성을 노래했고, 김북원(1911~)의 「최고사령관」(1950)은 김일성에 대한 흠모와 충성의 마음을 노래했다.

소설에서는 역시 한설야의 장편소설 『역사』(1953)가 김일성의 항일무장투쟁사를 형상화한 첫 장편소설로 인민상(人民賞)을 수상했다.

처절한 전쟁의 와중이라 그 양은 그리 많은 편은 못 되나 그래도 김일성을 시의 주 내용으로 하여 여려 면을 형상화하였다.

일제의 검은 장막이
솟아오르는 보름달도 빛도 가려 덮고
다시는 이 나라에 불꽃도 피지 않을 듯
해를 거듭해
망국의 슬픔 깊어 가던 그 시절—
그 시절에는 항일빨찌산의 영웅
한밤에도 솟는 태양과도 같이
신비로운 희망의 불빛을 밝혀 주시였네
김일성 동지!
그 한 이름이…

115) 오정애·리용서, 『조선문학사』(10), 사회과학출판사, 1994, 66~67쪽.

……
그 품속에서
인민은 처음으로 행복을 알았다네
　　— 백인준 「크나큰 그 이름」 부분

백인준의 「크나큰 그 이름」은 전쟁시기 북한 헌시의 대표작으로서 김일성의 탄생 40돌에 바친 헌시인데, 김일성을 '조선인민의 영예의 상징', '투쟁의 기치'라고 칭송하면서 세계 인민이 우러러 노래하고 '월가의 양키'들이 무서워 벌벌 떠는 김일성은 "조국이며 당, 스승이며 동지, 행복이며 생활, 아버지며 수령"이라고 갖은 미사여구(美辭麗句)를 다 동원해 입이 마르게 칭송했다. 백인준의 이 시에서는 분명히 의도적인 아첨이 엿보인다. 특히 자기보다 8살 정도 연상인 김일성을 아버지라고 칭송하는 것을 김일성에게 아첨하려는 동기로밖에는 달리 해석할 수 없다. 이 시를 북한의 최근의 문학사에서는 전쟁시기 헌시의 대표작이라고 높이 평가를 하고 있지만, 이 시는 이 시기 북한 민중의 진실한 정감의 발로라고 결코 말할 수 없는 것이다.

(4) 전후 복구건설 및 사회주의 개조시기(1953.8-1959)

이 시기에는 원종소의 「김일성원수께 드리는 노래」(1956)가 김정일의 높은 평가를 받았다. 김정일은 이 노래는 "1956년 우리 당이 반혁명종파분자들을 반대하여 투쟁할 때 인민군대에서 지어서 부른 노래입니다. 당에서는 반당반혁명종파분자들이 우리 당에 정면으로 도전해 나설 때 인민군대는 그 어떤 바람이 불어도 끄떡없이 수령님의 두리에 굳게 뭉쳐있었다는 것을 보여주기 위해 의도적으로 '김일성원수께 드리는 노래'를 지어 부르도록 하였습니다. 그 때 인민군 협주단에서는 그 노래 첫 공연을 수령님을 모시고 모란봉극장에서 하였습니다."[116]라고 극찬을 했다.

---

116) 선우상렬, 전개서, 51쪽에서 재인용.

백두의 밀림에서 밝아온 이 아침
우리는 수령의 노래자랑으로 부르네
이 노래 억눌렸던 자 용사로 키워
언제나 승리에로 고무해 주네
이 노래 원쑤에겐 죽음을 주고
승리한 조국 땅에 울려 퍼지네

후렴
아 — 언제나 친근한 우리 수령 김일성원수
우리들은 심장으로 높이 부르네.

원종서 「김일성원수께 드리는 노래」 제1절

1956년 8월의 이른바 "반종파투쟁"은 김일성에게 있어서는 최대의 시련이었다. 위의 가사는 바로 이런 시각에서 김일성이 군(軍)을 장악하고 있고 군(軍)은 김일성에게 충성한다는 것을 나타낸 목적성이 뚜렷한 송가이다. 하기에 김정일이 극구 칭찬했을 뿐만 아니라 이를 좇아 최근의 북한문학사에서는 이 "가사는 우리 당원들과 근로자들의 혁명적 수령관 확립에 이바지하는 훌륭한 작품일 뿐만 아니라 송가창작에 좋은 경험을 준 문학사적 의의가 큰 작품이다"[117]라고 높이 평가하고 있다.

이 시기부터 김일성은 자신의 항일무장투쟁을 북한 유일의 혁명전통으로 내세우는 작업을 시작했다. 그것이 바로 작가들을 항일무장투쟁 전적지들을 답사하게 하는 것이었다. 송영(1903~1978)의 실화문학 『백두산은 어디서나 보인다』(1956)는 작가가 '김일성원수 항일무장투쟁전적지 조사단'의 일원으로 100여 일 동안 중국 동북 경내에 있는 김일성의 항일유격구, 밀영지, 전투지점 등 90곳을 찾아다니며 유격대원, 원주민 등과 700여 차례의 담화를 통해 완성한 이른바 실화문학이다. 이 작품은 1960년대 초 『항일빨찌산 참가

117) 리기주, 『조선문학사』 (12), 사회과학출판사, 1999, 32쪽.

자들의 회상기』의 출발점이 되었던 작품이며, 1970년대 이후 김일성의 항일 무장투쟁을 소설화한 총서 『불멸의 력사』의 원형이 되는 작품의 하나라고 할 수 있다.

(5) 주체사상 확립시기(1960년대)

이 시기는 주체사상의 확립과 더불어 수령형상창조 문학이 활발해지던 시기로서 작품의 양도 엄청나게 많다. 특히 시문학에서 수령송가 문학이 전성기를 이루기 시작했다. 그 주요한 작품으로는 집체작 「세상에 부럼 없어라」(1961), 「포평나루터」(1967), 리종성의 「노래하라 만경대 갈림길이여」(1970), 김정일의 「수령님 높은 뜻 붉게 피였네」 등을 들 수 있다.

삼천리 아름다운 금수강산에
행복의 노래 소리 넘쳐 흐르네
수령님 모시고 사는 이 행복
인민들은 이 영광 노래 부르네
은혜로운 어버이 넓은 품속에
천리마의 조국이 꽃피여 났네

해마다 농장벌에 만풍년 들고
공장엔 로동의 기쁨 넘치네
수령님 이끄시는 주체의 조국
온 세상에 찬란한 빛을 뿌리네
수령님의 높은 뜻 조국 강산에
영원한 꽃으로 붉게 피였네

- 김정일 「수령님의 높은 뜻 붉게 피였네」 부분

1960년대 말에 이르러서는 김정일이 직접 나서서 수령형상 문학의 창작을 지도하였을 뿐만 아니라 '부왕(父王)'의 송가를 만들어내기 시작했다. 이를 두고 북한의 최근의 문학사에서는 "경애하는 장군님께서는 주체59(1970)년에 불후의 고전적 명작 「수령님 높은 뜻 붉게 피였네」를 친히 창작하여 수령송가의 본보기를 마련하여 주시였다"[118]고 같이 평가하고 있다.

이 시기 항일무장투쟁에 대한 체계적이고 조직적인 정리작업이 이루어져 『항일빨찌산 참가자들의 회상기』 진 12권이 출간되있다. 이 회상기는 수백만 권이나 팔린 북한 최고의 베스트셀러인데, 북한 국민들의 사상학습교재로 사용되었다. 수령현상창조는 1967년 박금철, 리효순 등 갑산계 숙청사건에 따른 유일사상체계의 확립과 더불어 획기적인 전환을 가져온다.

3) 20세기의 신화 - 수령형상문학의 전근대성

(1) 수령형상문학의 창작주체에서 드러나는 전근대성

'수령제 사회주의' 성격을 띠고 있는 북한에서는 수령의 사상과 의지가 모든 것을 결정한다. 북한에서는 심지어 무엇을 그리고 어떻게 말하겠는가 하는 창작의 자유마저 상실하고 오로지 수령형상 문학만을 하자고해도 자기 나름대로 할 수 있는 것이 아니다. 앞장에서 살펴보았듯이 김정일이 정해놓은 원칙과 제기한 요구와 방법들은 수령형상 문학의 창작에서 반드시 지켜야 할 덕목이다. 그러므로 김정일이 이미 주체문학, 수령창조 문학이라는 문학노선과 그리고 그에 따르는 큰 원칙과 구체적인 형상창조의 요구와 방도, 소재, 주제, 인물, 풍격까지 상세하게 규정해 놓은 이상 작가들에게는 사실 아무런 창작의 자유도 없었다. 그리하여 북한의 문학인들은 대부분 작가로서의 주체성을 상실하고 김일성·김정일 부자의 어용(御用)문인으로 전락하고 말았다. 수령형상 문학의 가장 큰 성과로 평가받고 있는 총서 『불멸의 역사』는 작가 개인의 이름으로 발표되었지만, 북한의 소설가 천세봉의 지적대로 "그것은 어느 한 작가의 재능이나 열정에 의해 창작된 것은 결코 아니며… 어떤 형식으로 어떻게 써야 하는가 하는 문제를 가지고 얼마나 모색하

---

118) 최형식, 『조선문학사』(13), 사회과학출판사, 1999, 38쪽.

고 또 논쟁하였던 것"의 결과물인 셈이다. 말하자면 주체문학시기의 '수령형상문학'은 북한의 작가, 시인의 주체정신과 자유정신에 입각한 자발적인 창작활동이 아니라 수령절대주의가 지배하고 있는 사회 정치적인 풍토에서 김일성·김정일 부자의 명을 받든 수동적인 준명(遵命)문학이라고 할 수 있다.

주체(主體)정신을 상실한 주체문학의 창작 주체로서의 작가나 시인들은 자기의 개성을 가질 수 없고 개인의 사상과 목소리를 가질 수 없는 것이다. 김순석처럼 개인의 목소리를 가지고 노래한 시인이나 안함광처럼 수령과는 다른 개인의 독특한 문학관을 가진 평론가는 북한의 수령절대주의가 지배하고 있는 풍토에서는 일찌감치 시들어버리거나 숙청되고 마는 것이다. 인간과 개인의 발견, 개성의 발현을 근대사회로 들어서는 가장 중요한 징표라고 한다면, 수령의 독재에 의해 수많은 창작인들의 개성적인 표현의 자유가 결박당한 북한의 주체문학은 전근대적이라고 할 수밖에 없다. 이런 의미에서 주체문학시기의 수령형상 문학은 사실상 창작주체들이 주체정신을 상실하여 수령의 후설(喉舌)로, 수령의 성가대(聖歌隊)로, 수령의 어용문인으로 변하여 버린 비주체적인 문학으로서 근대 민주주의 이념에 대한 배반이고 전근대적인 봉건전제주의로의 역행과 퇴보라고 해야 할 것이다.

(2) 수령형상문학의 제1주인공인 수령형상의 전근대성

동서고금의 봉건 왕권의 전제주의시대에 있어서도 몇 십년 동안 한 나라의 문학에서 주로 살아있는 임금과 그 왕실의 성원들만 문학창작의 제1주인공으로 내세운 적은 없었다. 그러나 북한의 주체문학시대에는 바로 그렇게 하여 왔다.

위에서 다소 언급은 되었지만, 북한의 수령절대주의는 마르크스주의 계급투쟁과 프롤레타리아독재에 뿌리를 두고 있다. 계급적인 차별을 심하게 하는 북한 사회는 계급적 신분차별이 심한 신분등급제도와 아주 흡사하게 변질되어갔다. 이 신분등급제도의 정점에는 수령이 군림하게 되었고 아울러 이러한 피라미드형의 사회구조 속에서 수령은 필연적으로 독재자로 되어버리고 또 개인독재는 민주주의를 반대하고 '유일사상체계'나 '유일지도체제' 같은 것을 표방하게 되는 법이다. 그리하여 북한 사회는 봉건주의에로 역행을 하게 되고 수령의 세습제로까지 변질하게 된 것이다. 그리하여 북한의 사회주의는 '봉건적 사회주의'로 변질하게 되었다. 즉 사회주의라는 형식을 갖춘 봉건주의로 변질하게 된 것이다.

이렇게 수령절대주의에서 수령세습제로까지 퇴행한 북한 주체문학시대의 수령형상 문학은 문학이란 수단과 도경(道經)을 통한 조신배신(造神拜神)운동이라고 할 수 있다. 예컨대 총서 『불멸의 력사』는 '창조'와 '추구'라는 신화(神話)의 근본 범주를 벗어나지 않는다. 여기서 제1주인공 '김일성'은 현실의 김일성과는 동일시할 수 없는 신화적 인물이다. 총서 『불멸의 력사』의 제1주인공으로서의 김일성은 모든 것을 정초(定礎)하고 이룩한 창조자이며, 장래 역시 담보하는 역사의 궁극적 주재자이다. 그의 궁극적 승리는 이 이야기의 필연적 결말이다. 이런 의미에서 총서 『불멸의 력사』는 '메시아적 시각에서 서술되었다'[119]고 볼 수 있다.

유럽의 근대문학의 발단인 르네상스시기의 문학이 신(神)을 인간의 세계로 끌어내리는 문학운동이었다면, 북한의 주체문학시기의 수령형상 문학은 인간을 신(神)으로 만들고 받들어 모시는 조신배신(造神拜神)의 문학운동이라고 할 수 있다. 인본주의(人本主義)를 그 출발점과 전제로 내세운 주체사상이고 또 주체사상을 온 사회의 지도이념으로 하였다고 하여 주체시대라고 하는 이 시기 문학의 본질이 인본주의에 있지 않고 신본주의(神本主義, 필자는 북한의 수령절대주의를 현대판 신본주의로 본다)에 있다는 것은 참으로 아이러니컬한 것이다.

총서 『불멸의 역사』의 제1주인공 김일성은 하늘이 낸 거룩한 인간 - 천출위인(天出偉人)인 까닭에 옥에도 티가 있다고 하지만 티 하나 없이 완전무결(完全無缺)하여 비록 인간이기는 하지만 신(神)적인 경지에 이른 완연히 초인

119) 신형기 · 오성호, 『북한문학사』, 평민사, 2000, 288쪽.

간적인 존재로서 그 신격화 정도는 신화를 능가할 정도이다. 이를테면 그리스 로마 신화에 등장하는 신들보다 더욱 신격화되었다고 할 수 있다.

> "그리스 로마 신화의 가장 두드러진 특성은 인본주의다. 헤브라이즘이 신 중심의 사상이라면, 헬레니즘은 인간중심의 사상이다. '인간은 만물의 척도다'라는 그리스 철학자 프로타고라스의 명제처럼 그리스인들은 인간을 세상과 우주의 중심에 두었다. 그들에게는 신이 창조주도 아니오 절대자도 아니다. 신화에서 그려지는 신들은 인간과 다름없는 피조물일 뿐이며 인간의 모습과 본성을 담고 있다. 그들은 기독교의 신과는 본질적으로 다르다. 그들은 전지전능하지도 않고 인간적인 욕망으로부터 자유롭지도 않다. 죽음 초월한다는 것 외에는 인간과 다를 바 없는 존재들이다. 제우스는 인간 사회의 제왕처럼 탁월한 통치술과 화려한 여성 편력을 보여준다. 헤라는 바람난 남편을 쫓아다니며 투기나 일삼는 여염집 아낙으로 그려진다. 아프로티테는 사랑과 아름다움을 향한 인간의 욕망을 대변하며, 아레스는 인간의 증오심과 파괴본능을 드러낸다. 심지어 도둑과 사기꾼을 닮은 헤르메스와 같은 신도 등장한다. … 그리스인들은 신적 존재에 인간의 본성을 투영시켰다. 그들은 신의 이름으로 인간을 경배한 것이다. 그들은 인간적인 신 앞에서 욕망을 숨기지도 않고 위축되지도 않았다. 그들은 인간의 욕망과 한계를 그대로 받아들이고 삶의 모든 것을 자유롭게 누리려 했다."[120]

이런 의미에서 북한 주체문학시기의 수령형상 문학에서의 제1주인공 김일성의 형상은 그리스 로마 신화의 신들보다는 신격화 정도가 훨씬 높다고 할 수 있다. 그것은 그리스 로마 신들에는 "신적 존재에 인간의 본성이 투영되었다면, 김일성의 형상에는 인간의 본성을 무시한 채 신적인 존재로만 그렸기 때문이다. 김일성의 형상은 기독교에서의 신(神)의 본질과 아주 흡사하다. 그것은 김일성은 조선 혁명의 모든 단초를 열어놓은 창조주이고 조선 민족을 구하는 '조선의 별'이고 '민족의 태양'이고 '백전백승의 강철의 영장'으로서 완전무결하고 전지전능한 하나님과 비견할 수 있는 거룩함을 지녔기 때문이다.

---

120) 윤일권·김원익, 『그리스 로마 신화와 서양문화』, 문예출판사, 2004, 24-25쪽.

김일성이 창작했다고 알려진 『안중근 이등박문을 쏘다』에서는 안 의사가 사형장으로 끌려가며 부르짖는 말에서 "절세의 영웅 김일성"의 등장을 예고하고 있다.

> "나를 옳게 이끌어 줄 그런 위인, 그런 영웅은 없었구나, 5천년 역사를 가졌으나 짓밟히고 천대받는 우리 민족을 구원해 주고 세계에 당당히 내세워 줄 그런 절세의 위인을 한번 만나봤으면…… 아, 그런 영웅은 언제 나타나겠는지……"

북한 주체문학시대 수령형상 문학에 따르면, 그런 영웅이 드디어 20년대 중반에 서서히 등장한다. 그 영웅은 다름 아닌 김일성이다. 총서 『불멸의 역사』의 첫 작품 『닻은 올랐다』에 등장하는 김일성은 겨우 14세의 소년이지만 너무나 당차고 수완이 좋다. 그는 자신보다 나이가 많은 청년들을 손아귀에 넣고 흔든다. 결국 14세의 소년 김일성은 그러한 청년들을 결집하여 '타도제국주의 동맹'을 결성한다. 두 번째 작품 『혁명의 여명』에서 김일성은 '조선인 길림 소년회'를 조직하기도 하고 '조선인 유길(留吉) 학우회'를 개편하기도 하며 반제청년동맹, 조선공산주의청년동맹을 조직하기도 한다. 그리고 안창호에게 서면 질문을 들이대는 청년들을 각성시키고 연극 『3인1당(三人一黨)』을 공연해 민족주의자들을 풍자하며 동맹휴학과 배일운동을 주도한다. 특히 조선 혁명을 이끌어 갈 주체사상을 창시하고 무장투쟁의 길을 제시한다. 그리하여 김일성은 자기보다 나이가 많은 청년들인 김혁, 차광수로부터 '조선의 별'로 추앙 받음으로써 조선 혁명의 수령으로 등장한다. 아무튼 해방 전 편에 속하는 총서 작품들을 보면, 김일성은 타고난 혁명의 수령으로서 일호(一毫)의 실수도 없이 승승장구하여 조선 혁명을 이끌어 나간다. 김일성은 신적인 존재로 부각되는데 비하여 그의 측근이나 부하들은 그에게 언제나 충성을 다지고 그가 제시한 길로 나가는 수동적인 존재로 그려지고 있다. 작품 『잊지 못할 겨울』에서는 김일성에게 충성하는 부하 김주현이 임무 수행을 위해 나아가는 자리에서 "장군님께서 짜 주신 노정인데 틀림이 있겠소. 그저 장군님께서 하라는 대로, 장군님의 의도대로 만하면 그 속에 승리가 있고 영광도 있고 행복도 있단 말이오."라고 말하고 있다. 이는 『삼국지』에서 나오는 유비(劉備)에 대한 관운장(關雲長)의 거의 맹신에 가까운 우충(愚忠)의 메아리로 들을 수 있다. 김일성이 이끄는 유격대는 백전백승이다. 그런데 이 모든 작전의 구상은 오로지 김일성이 혼자서 하게 되며 명령을 내릴 때까지 아무도 모른다. 대원들은 누구도 그에게 작전을 묻지 않고 오로지 따르기만 하는 신뢰와 복종을 보인다.

총서 속의 김일성과 그 측근이나 부하들과의 관계는 실제상에서는 봉건적 군신관계(君臣關係)로밖에 볼 수 없고 김일성과 백성들의 관계는 군주(君主)와 자민(子民)의 관계로밖에 볼 수 없다. "수령님의 결사대, 친위대가 되자", "수령님을 위한 총폭탄이 되자" 등등의 북한의 선전구호는 실제상에서는 "임금이 신하더러 죽으라고 하는데 죽지 않아도 그것은 충(忠)이 아니다"라는 봉건 유교 윤리의 현대판이라고 밖에는 말할 수 없는 것이다.

또한 총서의 많은 작품들은 김일성을 천출위인, 완전무결의 신(神)적인 존재로 그리는 가운데서 저도 모르게 유심사관(唯心史觀), 영웅사관(英雄史觀)에 빠져들어 개인영웅주의를 고취하게 되었다. 『혈로』에는 1934년 김일성의 북만 원정을 나폴레옹의 러시아 원정과 비교하면서 다음과 같이 말하고 있다.

> "…그러나 좀 더 광의적인 의미에서 고찰할 때 인류사의 거창한 행정들을 반드시 그렇게 기록할 것이 아니다. 인간의 상상이나 장구한 경험들이 말해 줄 수 없었던 그러한 영웅적이고 장엄한 역사적 변천이 출중한 위인의 의지로 창조되고 있다는 것을 조선공산주의자들의 피 어린 투쟁 속에 놓여 있었던 항일투쟁사가 증명하고 있다. 그것은 한마디로 위대한 김일성 동지의 열정과 의지, 거창한 담력이 모든 역사적 행정의 비범한 순간들을 창조하는 원천으로 되고 있었던 것이다"

이른바 "영웅이 인류의 역사를 창조했다"는 영웅사관(英雄史觀)은 전근대적인 사상의 범주에 속한다. 마르크스주의는 사관에 있어서는 적어도 전근대적인 이런 영웅사관을 반대한다. 공산주의 운동의 서곡으로 울려 퍼졌고 또 공산주의 운동을 상징해 온 파리 콤뮨의 전투적인 시인 보티에의 작사로 된 「국제가」의 제2절은 "종래로 구세주는 없었고 신신과 황제도 없었다"고 갈파하면서 단도직입적으로 전근대적인 영웅사관을 부정하고 있다. 이런 의미에서 볼 때, 북한의 변질된 주체사상은 마르크스주의와 인연은 있으면서도 동시에 마르크스주의 이념을 배반했다고 보아야 할 것이다.

우리는 북한 주체문학시기의 수령형상 문학에서 한국 고대 건국신화의 메아리를 들을 수 있다. 고조선이나 고구려나 신라의 건국 시조는 예외 없이 천신(天神)의 혈통을 계승한 자로 묘사되어 있다. 단군은 천신의 아들과 지상의 곰이 결합하여 낳은 자식이고, 주몽은 태양의 아들과 수신(水神) 하백의 딸이 결합하여 낳은 자식이며, 박혁거세도 하늘에서 내려온 고귀한 혈통이다. 전근대적인 신화적 권위에 바탕을 둔 지배이데올로기는 사회 제도적으로는 혈연에 근거한 폐쇄적인 신분의 형성과 계승을 뒷받침하였다. 지배자는 자기 혈통의 우월성을 주장하는 신화를 바탕으로 피지배층과의 신분적 차이를 강조하였을 뿐 아니라 지배층 내의 다른 세력들과도 차등을 두었다. 국왕의 지위를 차지한 중심 세력 집단은 천손족(天孫族)으로 행세했으며, 그 밖의 지배세력은 지신(地神)이나 선인(仙人)의 자손으로 자처했다. 고구려의 주몽과 힘을 겨루었던 송양왕은 선인의 후예임을, 해모수 신화의 유화는 수신(水神)의 자손임을 내세웠다. 김정일이 자기의 아버지를 우상화하는 작업에 그토록 혼신을 다한 까닭은 자신의 혈통의 우월성을 강조함으로써 자신의 권력승계를 정당화하기 위해서였던 것이라고 볼 수 있다. 그리하여 1960년대 말부터 김정일의 직접적인 지도하에 형성, 발전되어 온 북한의 수령형상 문학은 사실상에 있어서는 상술한 전근대적인 신화적 권위에 바탕을 둔 지배이데올로기라고 보아도 대과(大過)는 없을 것이다. 아버지가 '민족의 태양'이니까 그 '태양의 아들'이 그 아버지의 권력을 이어받는 것은 아주 자연스러운 일이 아니겠는가. 이런 의미에서 한민족의 건국 신화와 북한의 주체문학시기의 수령형상 문학은 이질동구(異質同構), 즉 부동한 역사시기에 나타난 문학현상이기는 하지만 구조적으로는 아주 비슷함을 찾아낼 수 있다.

1970년대 중반 이후부터는 김일성의 우상화가 다분히 종교적인 성격을 띠기 시작했다. 이를테면 김일성에 대한 충성은 "위대한 수령님의 권위에 대한 절대화, 위대한 수령님의 교시에 대한 신념화, 위대한 수령님의 교시 집행에서의 무조건성을 그 기본요구"[121]로 하였다. 비록 좀 뒤의 일이기는 하지만 실제로 종교와 주체사상의 결합을 시도하기도 했음은 황장엽의 회고록에서도 나타난다.[122] 종교의 신(神) 중심의 세계관은 수령절대주의의 주체사상과 많은 면에서 통한다.

요컨대 북한은 김일성과 김정일의 개인숭배와 그를 통한 북한체제의 존속을 위해 막대한 인력과 재력을 투입하였다. 그런데 이러한 수령형상 문학은 서민들의 희로애락을 표현할 수 있는 문학의 장을 배제함으로써 북한문학의 소재와 제재를 축소, 단일화시키는 과오를 빚어냈고 서민들의 생활과 유리된 '20세기의 영웅전설', '20세기의 영웅신화'를 만들어내고 말았다.

인류문학사는 고대사회에서 신(神)을, 중세사회에 이르러서는 영웅(英雄)을, 근대사회에 들어서서는 보통 인간을 그리는 것으로 변화, 발전하여 왔다. 그러나 북한 주체문학시기의 수령형상 문학은 이러한 인류문학의 총체적인 흐름에 역행하였다고 볼 수밖에 없는 것이다.

(3) 수령형상문학 표현형식에서의 전근대성

수령형상 문학의 가장 큰 특징은 정서나 스토리, 인물형상 수법, 문체 등에서 나타나는 도식성(圖式性)이다. 이 점은 시나 소설, 영화, 연극 등에서 보편적으로 존재한다. 김정일은 수령형상창조의 원칙이나 구체적인 방도와

---

121) 『조선예술』, 1976, 1월 호.
122) 황장엽, 전게서, 249-250쪽.

요구까지 상세하게 제정하여 놓았는데, 이를테면 수령형상 문학의 목적은 "걸출한 사상가, 정치가, 전략가, 영도의 예술가로서 수령의 위대성과 인간적 풍모의 위대성을 깊이 있게 형상화하는 것"이고, 이런 목적을 달성하자면 "수령의 형상을 화폭의 중심에 내세우고 모든 형상 요소를 수령의 위대성을 보여주는데 집중시켜야 하며", "수령에 대한 최대의 정중성과 충성심을 반영해야 하며", "수령을 형상하는 문학작품의 양상은 밝고 숭엄한 것으로 되어야 하며", "수령의 측근 인물들을 충신의 전형으로 되게 그려야 한다"는 등으로 시인이나 작가의 상상력을 제어해 놓았다. 이런 까닭에 수령형상 문학은 하나의 틀에서 뽑아낸 것처럼 천편일률(千篇一律)적인 도식성(圖式性)을 띨 수밖에 없었다. 이는 한국의 대부분 고전소설들이 "권선징악", "고진감래"의 도식성을 띤 것과 아주 흡사하다.

문체에서의 상투적인 상징성은 수령형상 문학의 가장 뚜렷한 특징이다. 김일성에 대한 도를 넘는 호칭 사용과 극존칭 서술어미로 끝나는 문장, 김일성의 부모인 김형직, 강반석에 대해 수사학으로 가득찬 회상, 그리고 『닻은 올랐다』, 『대지는 푸르다』의 경우와 같이 제목 자체가 다분히 상징성을 띠며, '고난의 눈보라', '아침 해', '새별', '아침노을', '역사의 새벽길' 등의 경우와 같이 상투화된 상징물을 빈번히 사용하고 있다.

> "그이의 눈에서는 번개가 일고 푸른빛이 날았다. 이미부터 싹트고 익혀 오시던 하나의 명백한 진리가 소리치고 있었다.
> 그것은 검은 구름을 째고 내려오는 핏빛 같은 광선처럼 명백하고 명백했다."

위의 인용문은 작품 『혁명의 여명』에서 김성주의 각성을 묘사한 대목인데, 비유, 의인, 같은 수사법을 동원해 하나의 상징적인 장면을 창조하려고 했으나 너무 과장되어 진실감을 주지 못한다. 그야말로 인간의 세계가 아니라 신의 세계이다.

(4) 수령형상문학 창작방법의 전근대성

북한문학은 1947년 노동당이 이른바 '고상한 리얼리즘'을 제창하면서부터 점점 리얼리즘의 정도(正道)에서 벗어나 '혁명적 낭만주의'에로 나아가기 시작했다. 이러한 북한의 '혁명적 낭만주의문학'의 목적은 모범적인 인물형상을 그림으로써 인민대중들이 그들을 본받아 노동당이 영도하는 사회주의 혁명과 건설에 이바지할 수 있도록 하려는데 있었다.

이러한 낭만주의 창작 원칙이 절대화되고 극단화된 것이 바로 주체문학에서의 수령형상 문학이라고 할 수 있다. 김정일은 『주체문학론』에서 김일성은 조선 인민이 몇 천년 만에 처음으로 모신 위대한 수령으로서 그 역사 및 혁명 활동 자체가 전무후무(前無後無)한 위대성을 띠기 때문에 사람들을 감동시키고 교육하기에 족하다고 하였다. 그러므로 "수령을 형상한 작품은 수령의 위대한 풍모와 업적을 후세에 길이 전하는 역사문헌적 의의"를 가져야 한다고 강조했다. 그리고 "작품에서는 형상체계가 역사적 사실의 기본 흐름에서 벗어나지 말아야 하며 특히 수령의 혁명활동 노정과 수령이 기어하고 있는 인물과 사실이 실지 있는 그대로 재현되어야 한다"고 말하였다. 그러므로 수령의 혁명역사와 관련된 작품에는 허구를 마음대로 넣지 말아야 하며 자료고증 작업을 잘하여 작품에 나오는 모든 자료들의 정확성을 보장하여야 한다고 하였다. 총서 『불멸의 력사』 계열의 작품들은 역사문헌적 특징을 기하기 위하여 역사적인 시공간을 취하고 있다. 그리고 많은 실제인물과 사건들이 다루어지고 있는 것만은 분명하다.

그러나 문제는 여기에서 다룬 인물과 사건들이 얼마나 문헌적 가치를 가지고 또 얼마나 신빙성과 진실성이 있는가 하는 점이다. 아래에서 가장 대표적 사례 하나만 들어보기로 하자.

1930년대 중반에 만주의 중국공산당 계통의 항일무장대오 중의 조선인투사들 속에는 조선의 국권회복을 목적으로 한 "조국광복회"가 확실히 존재하여 활동을 했었는데, 남한 사학가들의 고증과 연구에 의하면, 1935년에 김일성이 조직하고 그가 회장으로 추대되어 「10대 강령」을 선포한 것이 아니라 1936년 6월 오성륜(吳成崙) 등에 의해 주도되었으며 또한 김일성이 주로 활동한 동만이 아니라 남만에서 생긴 일이라는 것이다. 오성륜은 후에 변절자로 되어 광복 후 중국에서 그 죄로 처형되었다. 사건의 당사자가 없어졌다고 하여 남이 한 일을 자기가 했다고 하는 것은 역사의 왜곡이며 허구이다. 이 점은 단순히 소설상의 문제라기보다는 항일혁명운동에 대한 북한의 역사 해석이 안고 있는 문제점의 반영이며 동시에 이는 김일성의 개인이기주의의 발로라고 해야 할 것이다. 항일무장투쟁을 김일성이 한 것은 분명하지만, 김일성은 자신의 항일무장투쟁 경력을 두고 사석에서 "우리는 일제와 조금밖에 못 싸웠지만 그래도 안 싸운 것보다는 낫지 않은가?"라고 솔직하게 말하기도 하였다. 그러므로 3, 40년대에 김일성이 항일무장투쟁을 한 것은 분명하지만, "백만 일본 관동군을 쥐락펴락하면서" 백두산, 만주벌판에서 혼자 15성상 항일무장투쟁을 한 것은 아니며 또 총지휘자인 것은 더욱 아니다. 그러나 김일성은 자신의 개인이기주의와 또 그것으로 인한 개인권력의 장기존속을 위해 자신의 항일무장투쟁을 북한 역사의 유일한 혁명전통으로 삼게 하였으며, 다른 항일운동에 대해서는 의도적으로 무시하거나 축소, 심지어는 왜곡하기까지 하였다. 이런 개인영웅주의, 개인이기주의에 입각한 김일성의 역사관이 총서『불멸의 력사』에 그대로 반영되어 있으므로 많은 역사에 대한 왜곡과 허구가 동원되었음은 두말할 것 없다. 김일성이 자신 부자의 장기독재를 위해 자기의 아들의 출생지까지 허구로 꾸며 만들어낸 것은 이 점을 여실히 증명해주고 있다. 이에 대해 황장엽은 다음과 같이 그 때의 심경을 드러내고 있다.

> "김일성이 김정일의 생가를 꾸미고 송시를 쓴 것은 그의 일생에서 아마도 최대의 과오의 하나일 것이다. 그리고 그가 형편없는 속물이라는 것을 여지없이 보여주는 역사적 증거가 될 것이다. 김정일이 러시아에서 태어나

'유라'라는 이름으로 유년기를 보냈다는 것은 세상이 다 아는 사실이며, 김경희가 나에게 준 소련판 지도책에도 '유라'라고 씌어있다. 그런데 굳이 그런 사실을 속이면서 백두산 아래에서 태어났다는 거짓말을 할 필요가 어디 있는지 나는 이해 할 수 없었고, 지금도 도무지 이해가 안 된다. 김일성은 항일빨치산 출신들을 불러 김정일이 태어난 백두산의 밀영을 찾아내라고 지시하기도 했다. 그들은 백두산 일대를 뒤졌지만 애초에 없었던 밀영지를 찾아낼 수 없었다. 그러자 김일성은 자기가 직접 나서서 찾아야겠다며 돌아다니다가 경치도 적당하고 위치도 그럴듯한 곳을 지적해 주었다. 그리고 그곳 뒤산을 '정일봉'이라고 명명했다. 당역사 연구소는 구호나무도 준비하고 큰 바위에다 '정일봉'이라고 써서 산정상에 올려 붙혔다. 그리고 예술인들은 '정일봉'이라는 노래를 지었다."[123] (이 부분의 인용은 앞에서 되어 있음)

낙엽 한 잎을 보고 가을이 왔음을 알 수 있고(一葉知秋), 고기 한 점을 먹어 보고 한 솥의 고기 맛을 알 수 있듯이(一肉知鼎) 우리는 이 사실 하나만 가지고도 북한의 주체문학시기의 수령형상 문학에 얼마나 많은 역사에 대한 과장, 왜곡, 허구가 들어 있겠는가를 짐작할 수 있다. 그러므로 북한 주체문학시기의 수령형상 문학은 총체적으로 보아서 사실주의적 진실성과는 거리가 아주 멀며 전근대적인 이상주의, 낭만주의에 입각한 영웅전설 심지어는 신화와 거리가 더 가깝다고 보아야 할 것이다.

고대 사회의 지배층은 자신들의 지배가 강압에 의한 일시적인 것이 아니라 필연적이고 영속적인 것임을 알리기 위하여 지배층 중심의 이념을 만들어냈다. 그 가운데 중요한 것이 신화였다. 대개의 경우 지배층은 자신의 시조(始祖)나 집단내의 영웅을 신격화하고, 그 전승을 신화로 만들었다. 그리고 자신들의 시조에 대한 신앙을 모든 피지배층에게 유포함으로써 이것을 지배이데올로기화하였다. 한국 고대신화는 대부분 '시조신화' 혹은 '건국신화'들이다. 이런 것들은 당시 지배세력의 성격과 이념을 비교적 잘 반영하고 있다. 고대 조선의 단군신화, 부여의 해모수신화를 비롯하여 고구려의 주몽신

123) 황장엽, 전개서, 245쪽.

화, 신라의 박혁거세신화, 가야의 수로신화는 하나같이 주인공을 천제의 아들이나 천제의 손자 또는 하늘에서 내려온 알에서 나온 신이한 인물로 신격화되어 있다. 이러한 신화에 근거할 때 단군이나, 해모수, 주몽, 박혁거세, 김수로 등은 하늘 혹은 천제의 권위를 현실의 인간사회에서 대행하는 신적인 존재인 셈인 것이다. 최초의 문학으로서의 신화는 지배계급의 통치를 정당화하기 위해 복무하는 도구로 이용되었던 것이다. 북한의 주체문학시기의 수령형상문학도 김일성·김정일 부자의 세습독재를 합리화하기 위해 복무하는 문학으로서 그 자신들을 신으로 만들고 신으로 받들어 모신 조신배신(造神拜神)의 문학운동이었다.

그래서 필자는 북한 주체문학시기 수령형상 문학을 '20세기의 영웅 신화'라고 명명했다. 그러나 이는 문학에서의 잠시의 역류(逆流)일 따름이며 '신화의 시대'는 영원할 수 없는 것이다. 21세기에 접어들어서 북한을 주재(主宰)하던 신들은 이미 죽었거나 죽어가고 있으며 따라서 '신화의 시대'는 서서히 저물어가고 있다.

7. 주체사상의 확립과 '4.15문학창작단'

북한의 최고 이념은 주체사상이다.

1955년 김일성은 사상의 주체를 세울 것을 제기하였다. 1956년에는 경제상에서의 주체, 1962년에는 국방에서의 자위, 1966년에는 외교에서의 자주노선을 표명하기에 이르면서 주체사상의 체계화가 이루어졌는데, 1967년 10월 26일 북한 최고인민위원회는 「조선민주의 인민공화국 10대 정강」을 발표하면서 주체사상이 북한 사회의 지도이념임을 선포했다. 1970년 조선노동당 제5차 대회에서는 김일성의 주체사상과 마르크스 - 레닌주의를 함께 당의 공식이데올로기로 채택했으나 1980년 제6차 당대표 대회에서는 노동당 규약에

"조선노동당은 오직 위대한 수령 김일성 동지의 주체사상, 혁명사상에 의해 지도된다"고 명시함으로써 주체사상을 유일한 정치지도이념으로 규정했다.

황장엽의 회고록에 따르면 주체사상의 철학화 과정에서 자신이 많은 일을 했는데, 마르크스주의의 계급투쟁의 이론 대신에 인본주의 철학으로 주체사상의 출발점과 전제로 삼은 것은 자기의 연구에 의한 것이라고 한다.

> 무산계급을 해방시켜 다 같이 사람답게 살수 있는 사회를 건설하겠다는 세상에는 나도 동의한다. 그러나 무산계급이 창조한 문화만이 가치 있다고 하는 것과 스탈린의 개인독재나 중국의 문화대혁명을 권력투쟁의 형태로만 보는데는 찬성할 수 없었다. 그 같은 현상에 대해, 나는 인간 자체를 귀중히 않고 계급의 이익을 절대화한 마르크스주의의 반인도적인 계급지상주의 사상의 표현인 계급투쟁과 프롤레타리아독재 이론이 빚어낸 산물이라고 평가하고 싶었다. 나는 이때로부터 계급적 이익을 사회공동의 이익, 인류공동의 이익 위에 내세우는 계급주의는 지도자의 이기주의로 이어지게 되기 마련이며, 그것은 다시 지도자에 대한 개인숭배와 독재로 집약될 수밖에 없다는 결론을 내리게 되었다. 나는 그 순간부터 마르크스의 계급투쟁 및 프롤레타리아독재 이론과 결별하고 인간과 인류에 충실한 인본주의지로 전환했다. 따라서 나는 인류 력사를 계급투쟁의 역사로 봐야 한다는 입장에서 벗어나, 역사를 인간의 발전역사로 봐야 한다는 입장에 서게 되었다. 모든 것은 인간을 위해 필요하며, 인간의 모든 활동은 인간의 운명개척에 이바지해야 한다는 것, 따라서 인간의 운명개척의 길을 밝혀주는 데 철학의 사명이 있다고 확신하게 되었다. 나의 인간 중심의 역사관의 줄거리는 1968년 말에 체계화되었다. 이 과정에서 나는 인간과 동물간의 본질적인 차이가 무엇이며 인간이 고유한 속성이 무엇인가 하는 문제를 해명했다…나는 개인의 생명과 사회적 집단의 생명의 상호관계에 관한 견해를 정립하여 인본주의의 자주적 지위와 창조적 역할을 기초로 한 종래의 유물론과 변증법을 전면적으로 개작했다. 이 작업을 나는 1969년부터 1970년 10월 사이에 거의 끝낸 후 종합하여 원고지 100매 정도로 그 줄거리를 정리했다.[124)]

주체사상은 "사람은 모든 것의 주인이며 모든 것을 결정한다"고 하면서

124) 황장엽, 전개서, 156~157쪽.

“사람은 자주성, 창조성, 의식성을 가진 사회적 존재”라고 규정한다. 그런데 사람의 자주성과, 창조적 능력은 태어날 때부터 주어지는 것이 아니라 “사회적으로 형성되고 발전해온 사람의 속성”이기 때문에 사회의 일원으로서가 아니면 자주성과 창조성을 가질 수 없다고 인정한다. 바꾸어 말하면, 개인은 집단의 일원으로 존재할 때만이 의미가 있고 그 집단이 자주성과 창조성을 가질 때만이 개인의 자주성과 창조성이 확보된다고 인정한다. 따라서 주체는 결코 개인이 아니라 바로 개인의 집합체인 인민대중인 것이다. 또한 인민대중은 당과 수령의 영도 아래서만 하나의 사상, 하나의 조직으로 결속된 혁명의 자주적인 주체로 될 수 있다는 것이다. 그리하여 인민대중 중심의 주체사상은 수령중심의 주체사상으로 변질하게 된다. 그런데 황장엽의 회고에 따르면, 인민대중, 당, 수령의 이 삼자관계를 왜곡하여 ‘인민대중 중심의 주체사상’을 ‘수령 중심의 주체사상’으로 왜곡한 것은 김일성과 김정일이라고 한다.[125] 1986년 김정일은 「주체사상 교양에서 제기되는 몇 가지 문제에 대하여」 라는 담화에서 다음과 같이 말하고 있다.

> 인민대중이 혁명의 자주적인 주체로 되기 위해서는 당과 수령의 영도 밑에 하나의 사상, 조직으로 결속되어야 합니다. 조직, 사상적으로 단결된 인민대중만이 자기의 운명을 자주적으로 창조적으로 개척해나갈 수 있습니다. 혁명의 주체는 수령, 당, 대중의 통일체입니다. 인민대중은 당의 영도 밑에서 수령을 중심으로 하여 조직, 사상적으로 결속됨으로써 영생하는 자주적 생명력을 지닌 하나의 사회정치적 생명체를 이룹니다. 개별적인 사람의 육체적 생명력은 끝이 있지만 자주적인 사회정치적 생명체로 결속된 인민대중의 생명은 영원합니다 …… 개별적인 사람들의 생명의 중심은 뇌수인 것처럼 사회정치적 집단의 생명의 중심은 이 집단의 최고 뇌수인 수령입니다. 수령을 사회정치적 생명체의 최고 뇌수라고 하는 것은 수령이 바로 생명체의 활동을 통일적으로 지휘하는 중심이기 때문입니다. …… 당은 수령을 중

125) 「주체사상은 어떻게 봉건사상으로 변질되었는가」, 황장엽, 동상서, 368~393쪽.

> 심으로 조직, 사상적으로 공고하게 결합된 인민대중의 핵심부대로서 자주적 인 생명체의 중추를 이루고 있습니다.

황장엽의 회고에 따르면, "북한의 통치자들은 우리들이 내놓은 사회정치적 생명체에 대한 이론을 계급주의적 전체주의와 봉건사상에 기초하여 수령절대주의를 정당화하는 방향에서 왜곡했다."126)

북한에서의 수령은 사회정치적 생명체의 중심이고 사회 구성원들은 수령과 혈연적으로 연결될 때에만 사회정치적 생명을 지닐 수 있기 때문에 수령이 모든 사회 구성원들의 생명의 어버이가 된다고 주장한다. 즉 인민대중이 자기의 지도자를 키워내고 선출하는 것이 아니라 수령이 인민대중의 은인으로서 인민대중을 키워내는 것처럼 본말(本末)을 전도하여 주장하고 있다. 소련의 스탈린 통치하에서 스탈린에 대한 만세를 역겨울 정도로 부를 때에도 수령은 어디까지나 공산당의 한 성원으로서 공산당을 지도할 분담을 맡은 존재로 인정되었지만, 북한의 통치자들은 수령이 먼저 당의 지도사상을 내놓고 그것을 실천하고 구현하기 위하여 당을 조직했다는 주장을 내놓았다. 이리하여 인민대중이 있고서야 당이 있을 수 있고, 당이 있고서야 수령이 있을 수 있으며, 당과 수령은 인민대중을 위하여 복무하는 존재라는 마르크스주의적 관점을 정면으로 부정하고 수령이 있고서야 당이 있을 수 있고, 당이 있고서야 인민대중이 있을 수 있으며, 당과 인민대중은 전적으로 수령을 위하여 복무하는 존재로 되어야 한다는 황당한 주장을 내놓게 되었던 것이다. 북한 통치자들은 심지어 수령은 복숭아의 씨와 같고 인민대중은 복숭아의 살과 같다고 하면서 복숭아의 살은 씨를 위하여 존재하는 것처럼 인민대중은 수령을 위하여 존재하는 것이라고 주장하기도 한다.

북한 통치자들이 이러한 수령중심의 주체사상은 "수령의 개인독재를 정당화하는데 복무하는 이상 인간중심의 철학과는 인연이 없으며 인간중심의 철

126) 황장엽, 동상서, 387쪽.

학을 봉건주의로 왜곡했다는 것은 의심할 여지가 없는 것이다."[127] 일본의 와다 하루키 교수는 "수령, 당, 대중의 삼위일체"라는 생각은 "성부(聖父), 성자(聖子), 성령(聖靈)의 삼위일체"로 표현하는 기독교의 정식(正式)에서 온 것이 분명하다고 하였다."[128] 아무튼 1992년에 이르러 김정일은 『주체문학론』에서 "사회정치적 생명체를 형성하는데 중요한 것은 수령, 당, 대중의 삼위일체의 원칙을 구현하는 것이다"고 하였다.

1967년 갑산계의 숙청 작업을 앞에서 지휘했던 김정일은 그 사건 이후 문화예술부장이 되어 그 부문에서 사실상 최고 책임자 역할을 했다. 김정일은 1960년대 중반부터 이미 영화제작에 관여하기 시작했고 1969년 영화 『피바다』 제작을 계기로 일기 시작한 혁명영화, 혁명가극, 혁명연극 등의 혁명적 문예전통의 계승 작업을 주도하기 시작했다. 이러한 창작지도 경험을 바탕으로 1973년 4월 『영화 예술론』을 내놓았다. 이로써 김정일은 이른바 주체 문예이론과 문예정책의 최고 입안자이자 집행자가 되었다. 동시에 북한의 모든 문학예술 작품은 주체의 문예이론에 따라 창작하도록 요구되었다.

1970년 이후 북한 사회가 내건 목표는 사회주의의 완전승리를 위한 3대 혁명 과업의 수행이었다. 사상, 기술, 문화의 3대혁명을 수행함으로써 '온 사회를 주체사상화'하는 것이 1970년대 이후 북한 사회가 당면한 과업이었다. 이 과업을 성과 있게 진행하기 위하여 문학예술 활동에서는 집체창작이 강조되었다.

집체창작은 사회주의 국가에서는 일찍부터 일정한 의미를 갖고 있었다. 하지만 1960년대까지만 해도 북한에서 창작의 기본 형태는 개인창작이었다. 그러던 것이 김정일이 문학예술 부문을 담당하면서 천리마운동의 발전 형태인 속도전을 강조했고 이를 해결하기 위한 집체창작이 활성화되었다. 그 결과,

---

127) 황장엽, 동상서, 387쪽.

128) 와다 하루키, 『북조선』, 돌베개, 2002, 147쪽.

북한에서는 문학예술창작 조직들이 줄줄이 생겨났던 것이다.

1967년 4월 15일 김일성의 55회 생일에 발족된 '4.15문학창작단'이나 1968년 4월 25일 김일성의 항일유격대 창설 36주년 기념일에 발족한 '백두산문학창작단'이 그 대표적인 경우에 해당할 것이다. '4.15문학창작단'의 취지에 대해 김정일은 '4.15문학창작단'은 수령님의 혁명역사와 혁명적 과정을 소설로 형상하며 수령님께서 몸소 창작하신 불후의 고전적 명작들을 소설로 옮기는 중요한 창작집단입니다."[129]라고 말한바 있다. 아무튼 '4.15문학창작단'은 주로 시, 소설 분야를, '백두산문학창작단'은 가극을 비롯한 공연예술 관련 분야를 집필하는 것을 목표로 했다. 물론 이런 창작단끼리 서로 힘을 합해 집체창작을 하기도 했다.

이런 창작단들은 북한에서 가장 유능한 작가들을 망라하고 있다. 여기에 참여한 작가들은 물질적 대우를 충분히 보장받을 뿐만 아니라 창작을 위한 기초 작업, 이를테면 사료의 수집과 정리 및 연구 등의 방면에서 관련 인사나 기관의 전폭적인 도움을 받을 수 있다. 그래서 '4.15문학창작단'의 작가들은 더 없는 긍지를 느끼며 수령과 당에 대한 보은(報恩) 심리를 가지고 창작에 임하였다. '4.15문학창작단'의 초대 단장은 천세봉(1915~1986)이었고, 그다음은 석윤기(1929~1989), 지금은 김병훈이다.

이들 '4.15문학창작단'의 창작물 가운데서 가장 대표적인 작품은 『불멸의 역사』 시리즈일 것이다. 총서 『불멸의 역사』는 '4.15문학창작단'에 의해 창작, 간행된 대하소설로서 이른바 '수령의 형상화'를 위한 가장 체계적인 작업이었다. 그것은 '수령의 혁명역사'를 몇 편의 개별적인 장편소설이나 전기 연대기식 작품이 아니라 방대한 규모로 김일성과 관련성을 가진 총서 형식의 대서사시적 형식으로 집대성하는 것이었다. 말하자면 '혁명적 대작주의'의 대표적인 성과물이며 주체의 문학이론에 따른 대표적인 성과물인 것이다.

'전인미답의 길'이라고 스스로 말하는 총서 『불멸의 역사』는 작가 개인의

129) 『주체문학의 향도성』(3), 조선노동당출판사, 1984, 16쪽.

이름으로 발표되었지만, 천세봉의 지적대로 "그것은 어느 한 작가의 재능이나 열정에 의해 창작된 것은 결코 아니며…… 어떤 형식으로 어떻게 써야 하겠는가 하는 문제를 가지고 얼마나 모색하고 또 논쟁하였던 것"[130]의 결과물인 셈이다. 그런데 이러한 새로운 형식 창조의 과정에서 작가들이 직면한 난관 돌파에 결정적인 몫을 한 것은 김정일이었다. 그가 '4.15문학창작단'을 지도하기 시작한 때는 1968년 8월 중순부터이며 『불멸의 역사 총서』 계획을 세워 명칭을 확정한 것은 1971년 8월 23일이었다. 그는 '4.15문학창작단'에 이 총서가 총체성과 매 권의 독립성을 동시에 확보하도록 촉구했다. 그리하여 '4.15문학창작단'은 충분한 토론과 연구를 거쳐 각 작가들이 서로 맞물리는 김일성의 주요활동 및 업적을 형상화하는 임무를 시기 별로 각기 책임지도록 했다. 천세봉의 회고에 따르면, 김정일은 작가들이 쓴 초고를 두세 번 읽고 몸소 가필까지 했으며, 작가들의 창작과정에 가장 어려운 문제로 떠올랐던 당대 사회 미체험 문제들을 극복하기 위해 작가들이 김일성을 만나 지도를 받게끔 특별 주선(1971년 8월 말)까지 했다는 것이다. 이 총서의 첫 권은 1972년에 나온 『1932년』(권정웅)인데, 김정일이 이 작품 원고를 독파한 것은 1971년 8월 31일이었으며, 그것이 제1권으로 출간된 것은 1972년 4월 15일(김일성 회갑)이었다. 그리고 김일성이 작품을 녹음으로 읽은 것은 1972년 2월 16일이다.[131]

총서 『불멸의 역사』는 1994년 나온 『승리』까지 모두 20여부가 나왔다. 이 총서의 소설들을 출간 순서가 아니라 이야기 순서로 놓을 때, 가장 첫머리가 되는 것은 『닻은 올랐다』(김정, 1982)와 『혁명의 려명』(천세봉, 1973)이다. 전자는 1925년 10대 초반의 소년인 김일성이 '타도제국주의동맹'이라는 단체를 조직하기까지의 과정을 그리고 후자는 혁명이란 인민이 그것을 자주적으로 책임감 있게 수행하려는 자각을 할 때 성취될 수 있다는 주체

---

130) 『조선문학』, 1985.10, 30쪽.

131) 「향도의 자욱을 따라」, 제2회분, 『조선문학』, 1988.5.

의 원리를 깨닫는 김일성이 중국 동북의 길림에서 '공산주의청년동맹'을 비롯한 각종 혁명조직을 꾸려 인민대중을 반일투쟁으로 불러일으키는 모습을 그리고 있다. 「은하수」(천세봉, 1982)와 「대지는 푸르다」(석윤기, 1981)의 내용은 1930년 조선혁명을 무장투쟁으로 발전시키기 위한 혁명노선을 선포한 이른바 '카륜회의'를 전후한 이야기로, 김일성이 이를 관철하기 위한 전략과 전술적 방침들을 제시하고 혁명의 터전을 마련한다는 줄거리이다. 김일성은 "조선인민혁명군"을 창건하여(「봄우뢰」, 석윤기, 1984), 첫 원정을 승리로 이끌고 (「1932년」, 권정웅, 1972), 부모 잃은 고아들을 거두면서(「위대한 사랑」, 최창학, 1987), 유격근거지를 마련하며(「근거지의 봄」, 리종열, 1981), 이윽고 북만원정을 거쳐(「혈로」, 현승걸, 1988), 백두산으로 진출하여(「백두산 기슭」, 최학수, 1978), 보천보의 횃불을 올린다(「압록강」, 최학수, 1983), 「잊지 못할 겨울」, (진재환, 1984)에 이르면 중일전쟁을 도발한 일제에 맞서 가혹한 시련을 헤쳐 나가는 과정이 그려지고 있다. 그리고 「고난의 행군」(석윤기, 1976)에서는 일본 토벌대의 집요한 추격을 따돌리는 이야기가 그려진다. 김일성의 항일유격대는 함경도 무산 일대에 진출하여 일군에게 심대한 타격을 입히며(「두만강지구」, 석윤기, 1980) 신출귀몰한 작전으로 토벌대를 격파한다(「준엄한 전구」, 김병훈, 1980), 「빛나는 아침」(권정웅, 1988)과 「조선의 아침」(천세봉, 1991)에서는 해방을 맞아 토지개혁을 위시한 제반 민주개혁을 이루어 나가는 한편, 조만식 등의 반동세력이 꾸미는 음모를 물리치는 건국의 과정이 서술된다. 그러던 가운데 미제는 북침을 해오며 김일성은 최고사령관으로 이를 분쇄하여 괴뢰군과 미제 세력을 낙동강 이남으로 밀어 부친다. (「50년 여름」, 안동춘, 1990), 전략적 후퇴를 통해 적의 인천상륙작전을 파탄시킨다(「조선의 힘」, 정기종, 1992), 김일성은 미제의 새로운 공세를 물거품으로 만들고 휴전 담판석상에서 항복서를 받아낸다(「승리」, 김수경, 1994)로 구성되어 있다.

『불멸의 력사』 총서 중에서 "사상적 내용의 심오성에 있어서나 예술적 형상화의 수준에 있어서 수령형상작품으로서의 품격을 훌륭히 갖춘 혁명적 대작으로는 『1932년』과 『백두산기슭』을 꼽고 있다."[132]

이들 작품은 시간적으로 방대할 뿐만 아니라 김일성과 그의 가정, 그리고 수많은 사람(유격대원과 근거지의 인민들, 그리고 민족주의자들에 이르기까지)들을 형상화하여 대서사성을 획득하고 있으며, 북한 최고 작가들의 집체창작이기 때문에 '유려한 문체와 복합적인 구성' 등으로 '다른 작품들이 미치지 못하는 성과작'으로 평가되고 있다. 김정일은 1992년 1월 20일에 발표한 장편 논문 『주체문학론』에서 그간의 수령형상 창조의 이론과 실천을 총화, 집대성하면서 다음과 같이 말하고 있다.

"수령의 형상을 창조하는 것은 주체문학건설의 기본의 기본이다. 우리의 문학에서는 수령의 형상을 창조하는 것을 주선으로 확고히 틀어쥐고 나가야 한다." 그것은 "수령은 시대와 인민대중을 대표하는 주체형의 공산주의자의 전형"이기 때문이다. 수령의 형상을 창조해야 사람들이 "그 숭고한 정신세계를 알게 되고 그 위대한 풍모를 크나큰 감동 속에서 따라 배우게 된다"는 것이다.

이어 김정일은 수령형상 창작에서 "무엇보다 중요한 것은 수령의 위대성을 잘 그리는 것"이라고 하면서 그 구체적인 원칙과 방도를 아래와 같이 주장하고 있다.

① "걸출한 사상이론가로서의 수령의 위대성을 깊이 있게 형상해야 한다" 김일성의 경우에는 "불멸의 주체사상과 독창적인 혁명이론, 영도방법을 창시하고 발전, 풍부화시키신 과정을 전면적으로 깊이 있게 형상화해야 한다."

---

132) 김일성종합대학 조선문학강좌, 『조선문학사—김일성종합대학용』, 김일성종합대학출판사, 433-437쪽.

② "정치가, 전략가, 영도의 예술가로서의 위대성을 깊이 있게 형상해야 한다." 김일성의 경우에는 그 "위대한 정치, 위대한 전략, 위대한 영도예술을 깊이 있게 그려내어 주체혁명위업을 승리에로 이끌어 가시는 수령님의 풍모를 격이 있게 보여주어야 한다."

③ 인간적인 풍모의 위대성을 깊이 있게 형상해야 한다. 이를 위해 "수령과 전사, 수령과 인민 사이의 혈연적인 관계를 풍만한 생활로 펼쳐야 한다." "특히 중요한 것은 혁명전사와 인민의 자애로운 어버이로서의 위대성을 깊이 있게 그리는 것이다."행동이나 대사도 중요하지만 수령의 내면세계를 펼쳐 보이는 것이 더욱 중요하다.

④ "수령의 형상은 반드시 수령, 당, 대중의 삼위일체의 원칙에서 당과 대중과의 연관 속에서 그려야 한다." "중요한 것은 언제나 인민들속에서 활동하는 수령의 풍모를 그리는 것이다." 김일성의 경우에는 "한평생 쉼없이 이어나가시는 현지지도의 노정에 깃 든 잊을 수 없는 사연을 감명깊게 형상하는 것"이다.

⑤ "수령의 혁명역사와 업적을 체계적으로, 전면적으로 깊이 있게 그려야 한다." 그것은 "수령의 혁명역사와 업적에는 수령의 탁월한 사상이론과 현명한 영도, 고매한 인간적 풍모가 집대성되어 있기 때문이다."

⑥ "수령의 위대성을 체계적으로, 전면적으로 깊이 있게 형상하기 위하여서는 총서 형식의 장편소설을 창작하는데 힘을 넣어야 한다." 이를테면 총서 『불멸의 역사』가 그 보기이다.

그리고 김정일의 '주체문학론'에서는 "수령을 형상화하는 것과 함께 수령의 후계자를 잘 형상화하여야 한다"고 지적하고 나서 "후계자는 수령의 위대한 풍모와 자질을 그대로 이어 받은 뛰어난 사상가, 정치가, 전략가이므로 후계자의 형상을 창조 할 때는 수령형상 창조의 기본원칙을 그대로 구현하여야 한다"고 했다. 김정일 자신이 이미 김일성의 후계자로 내정된 상황에서 이러한 논의를 전개함으로써 문학을 통한 개인숭배를 지속적으로 조장시키는 결과를 빚었다. 『불멸의 역사』 뒤에 나온 다른 한 계열의 『불멸의 향도』는 김정일을 형상화하고 있다.

8. 김일성 가문에 대한 문학적 형상화

김일성의 가문에 대한 형상화 작업은 1950년대 말까지는 몇 편의 서정시가 창작되었을 뿐이었다. 그러다 1960년대 말에 이르러 김정일이 본격적으로 문학예술 부문을 조직, 영도하게 되면서 활기를 띠게 되었다. 이는 수령형상창조의 주변확대작업이라고 할 수 있다. 북한에서 김일성 가문은 "19세기 60년대로부터 대대로 외래침략자들을 반대하며 조국의 독립과 인민의 자유와 해방을 위하여 줄기차게 싸워온 애국적이며 혁명적인 가정의 전형이다. 진정 위대한 수령님의 혁명적 가정이야말로 우리나라 역사에서뿐만 아니라 세계 노동계급의 혁명운동과 공산주의 운동에서 아직 그 유례를 알지 못하는 위대하고 자랑스러운 혁명 일가의 귀감이며 이 세상 모든 혁명가들과 인민들이 영원히 따라 배워야 할 본보기 가정이다"[133]라고 극찬하고 있다. 그런 만큼 북한에서 김일성의 가문에 대한 문학형상화로 사람들을 교육하며 숭배심을 불러 일으켰음은 더 말할 것도 없다.

아래에서는 김일성, 김정일 부자를 제외한 김일성 가문(일부 외가 쪽도 포함됨)에 대한 문학적 형상화 작업을 살펴보겠다.

1) 김정숙에 대한 문학적 형상화

김정숙은 김일성의 첫 부인이고 김정일의 생모이다. 북한에서 김정숙은 "불요불굴의 공산주의 혁명투사이시며 항일의 여성영웅"이라는 공식적인 인정 하에 김일성·김정일 부자에 이어 제3호 위인으로 떠받들고 있다. 바로

133) 천재규·정성무, 『조선문학사』(14), 사회과학출판사, 1996, 55쪽.

이런 까닭에 김정숙에 대한 문학적인 형상화도 대단히 많은 편이다.

전 6부로 된 다부작 장편소설 『충성의 한길에서』는 제1부 『유격구의 기수』(천세봉, 1975), 제2부 『사령부로 가는 길』(1979, 천세봉), 제3부 『광복의 해발』(박유복, 1982), 제4부 『그리운 조국산천』(박유학, 1985), 제5부 『진달래』(이종렬, 1985), 제6부 『설령의 붉은 기』로 이루어졌다.

6부로 된 다부작 장편소설 『충성의 한길에서』는 항일무장투쟁의 첫 시기부터 1939년 5월 무산전투까지를 시대적 배경으로 하여 김일성에게 끝없이 충직한 김정숙의 혁명업적과 활동을 서사시적 화폭에 담아 형상화하고 있다. 이 작품은 김정숙의 형상을 통하여 김일성에게 충직한 전사는 어떻게 살아야 하는가 하는 주제를 내세우고 있다. 김정숙에게 있어서 김일성은 일종 신(神)적인 존재이고 김일성과 김정숙의 관계는 부부관계라기보다는 하느님과 그 충실한 신도 사이의 그런 절대적인 수직관계이다. 김일성은 김정숙에게 있어서는 우상이고 정신적 기둥이 되어 그녀의 삶과 사업에서 힘의 원천으로 되고 있다. 김정숙은 마치 하느님의 충실한 목사나 전도사처럼 자나 깨나 어떻게 하면 사람들로 하여금 김일성을 생각하고 우러르며, 모시게 하겠는가 하는 생각뿐이며 오로지 이 하나의 신념을 간직하면 힘이 생기고 용기가 백배해지는 여자로 그리고 있다.

김정숙의 이런 형상은 서정시 「해발」(구희철, 1972), 가사 「김정숙 어머니 우리 어머니」(윤석범, 1974), 「어머님 그 자욱은…」(김정곤, 1975), 「영원한 충성의 노래」(동기춘, 1975), 장시 「영원히 빛나라 충성의 해발이여」(집체작, 1975) 등에서도 나타나고 있다.

서정시 「해발」은 김일성의 배웅을 받으며 적후(敵後) 공작을 떠나는 김정숙의 형상을 통하여 김일성을 충성의 한 마음으로 우러러 모시며 그를 위해 싸우려는 김정숙의 정신세계를 노래하고 있다.

> 몸은 비록 길 없는 숲을 헤쳐 가셔도
> 마음만은 장군님 품에 두고 떠나시는

가슴 속 샘솟는 그 충성을 알아선가
밀림도 길을 내고 하늘도 드러내는 구나

그 어디를 가나 장군님의 믿음 안고 가셨기에
사령부를 떠나 멀리 떨어질수록
하늘과 땅 사이 가득히
숭엄히 안겨오시던 장군님 모습

김정숙의 형상화 작업은 영화와 연극에서도 이루어졌다. 백인준이 제일 앞장 서서 김정숙을 형상화한 시나리오를 만들기 시작했다. 백인준은 1978년 김정숙을 형상화한 첫 영화시나리오 『사령부를 멀리 떠나서』를 만든 후에 1982년에는 『친위전사』, 1983년에는 『미래를 꽃 피우는 사랑』, 1983년에는 『압록강을 넘나들며』, 1988년에는 『해발』 등을 내놓았다. 『미래를 꽃 피우는 사랑』에서는 왜놈들에게 부모를 잃고 고아가 된 어린이들을 한 품에 안고 모진 시련 속에서 혁명의 후계자로 키운 혁명의 어머니, 조선의 어머니로서의 김정숙을 형상화하였다.

이밖에도 북한에서는 김일성·김정일에 관한 전설과 더불어 김정숙에 관한 전설도 막 쏟아져 나오고 있다.

2) 김형직에 대한 문학적 형상화

이 시기 시문학에서 김형직에 대한 문학적 형상화를 꾀한 작품들로는 가사 「봉화산 기슭에서」(집체작, 1967), 서정시 「천리길에서」(박호범, 1968), 장편서사시 「푸른 소나무 영원히 솟아 있으라」(조선작가동맹 시문학분과 집체작, 1969), 장시 「푸른 소나무」(오영재, 1970) 등이 있다.

「푸른 소나무」에서는 김형직이 「남산의 푸른 소나무」를 쓰기까지의 과정을 구체적이고도 생동한 시적 형상화로 펼쳐 보이면서 모진 추위와 눈보라 속에서도 변함없이 푸른 소나무의 억센 기상과도 같은 김형직의 강인한 혁명적 의지와 불굴의 투쟁정신, 필승의 신념을 힘차게 노래하고 있다. 장시는 모두 4개의 장으로 되어 있는데, 제1장에서는 일제의 '무단통치의 총검'으로 망국의 비운이 짙어 가던 1910년대의 암흑한 시대상을 재현하면서 김형직이 「조선국민회」를 결성하고 혁명투쟁의 길을 걷는데 대하여 격조높이 노래하고 있다.

몸이 찢겨 가루가 될지언정
기어코 나라를 독립하리라!
피 어린 강토를
뜨거운 한 가슴에 껴안으시고
모진 광풍 속을 걸어 나가시는
선생님의 꿋꿋한 모습은
조선의 기상이었으며
힘이었고 의지였다.

이기영의 장편소설 「역사의 새벽길」(1972)은 1916년 가을부터 1918년 말까지를 시대적 배경으로 하여 '조선국민회' 결성을 전후한 시기의 김형직의 혁명 활동 및 그 업적을 연대기적으로 보여주면서 그야말로 진정한 조선혁명 역사의 새벽길을 개척한 선구적 혁명가라는 결론에 이르고 있다. 이기영 같은 문학의 거목도 시류(時流)에 맞추어 어용문인의 역할을 했다는 것은 60년대 말부터 시작된 우상숭배의 거센 탁류 앞에서 북한 문단에서는 그 누구도 자유로울 수 없었음을 보여주는 대목이 아닐 수 없다.

『불멸의 역사』 총서 중의 『닻은 올랐다』에서 김형직은 민족주의자로부터 공산주의자로 변화하는 초기 독립운동 수령으로서 독립운동가들 속에서 절대적인 위망(威望)을 지니고 있는 것으로 묘사되었다. 김형직은 국내에서 '조선국민회'를 결성하고 독립운동을 하다가 옥고를 치르게 되며 구사일생으로 탈출한다. 중국 팔도구에 넘어와 '광제의원'이라는 간판을 내걸고 주민들의 병을 치료해 주면서 계속 헌신적으로 독립운동을 한다. 그러다가 옥중생활의 여독과 신고로 결국 생을 마감하게 된다. 그의 유물로는 김일성에게 준 권총

한 자루가 유일하다.

영화문학에서도 김형직의 형상화 작업은 활발하게 진행되었다. 그 중에서 백인준의 『푸른 소나무』(백인준, 1984)와 『여명』(1987)을 들 수 있다. 『푸른 소나무』는 김형직의 '지원(志遠)'의 혁명사상을 내놓고 '조선국민회'를 결성하여 민족해방운동을 벌려나갔다고 하는 1917년경을 배경으로 하였다. 『여명』에서는 중국 만주지방으로 활동무대를 옮긴 후 1926년 세상을 떠날 때까지 광복의 여명을 맞기 위해 끊임없이 독립운동을 전개한 김형직의 형상을 부각했다.

3) 강반석에 대한 문학적 형상화

서정서사시 「장군님의 어머니」(백하, 1962)는 김일성 가문의 성원을 노래한 첫 작품으로 주목된다. 이 시는 김일성이 항일무장 대오를 이끌고 남만으로 떠나던 길에 병중에 있는 강반석을 만나 뵈었다는 실제 역사적 사실에 기초하여 씌어졌다고 한다.

이 시는 강반석을 위대한 사랑으로 김일성을 민족의 태양으로 키운 조선의 어머니라고 칭송하고 있다. 작품은 앓고 있는 어머니를 위해 구해온 좁쌀 한 말에 대한 이야기를 소재로 하여 "혁명을 하겠으면 혁명을 하고 살림을 하겠으면 살림을 하라"는 강반석의 지엄한 말에 담긴 혁명가의 고매한 사랑을 보여주고 있다. 자기 병환과 집안 살림보다는 만백성을 위해 혁명의 길로 떠나도록 아들을 엄하게 타이르는 강반석의 형상이 잘 나타나고 있다.

가사 「조선의 어머니」(집체작, 1967), 「위대한 어머니의 사랑」(집체작, 1970), 서정시 「우리 인민의 축복을 받으십시오」(신진순, 1966), 「강반석 어머니를 우러러」(안정기, 1968), 「만경봉에 올라」(한상호, 1970), 「어머님의 노래」(정문향, 1970), 서사시 「조선의 어머니」(조선작가동맹 시문학분과위원회 집체작, 1970) 등은 강반석을 조선의 어머니로 높이 칭송하고 있다. 그 대표적인 작품인 가사 「조선의 어머니」(집체작, 1967)만 보기로 하자.

유서 깊은 만경대의 초가집에서
어머니는 혁명 위해 살아오셨네
넓고 넓은 사랑 속에 태양은 솟아
사회주의 새아침은 밝아 왔어라
(후렴) 아 — 우리 어머니 강반석 어머니
인민들의 마음속에 별처럼 빛나네

위의 가사는 시적 이미지의 추상성과 비약의 엉성함 속에서 태양으로 상징되는 김일성을 키워 “인민들의 마음속에 별처럼 빛나는/ 우리의 어머니 강반석 어머니”를 노래하고 있다.

희곡 「우리의 어머니」(집체작, 1968)는 서막, 4막 6장, 종막으로 이루어졌는데, 1920년 초여름으로부터 1932년 초까지를 시대적 배경으로 하여 김일성이 밝힌 조선혁명에 관한 주체적인 노선을 받들고 혁명투쟁을 적극 벌여나가는 강반석의 형상을 부각하고 있다. 이 작품에서 강반석은 김일성의 혁명사업을 돕는 조수 격으로 등장하고 있는데, 강반석을 부각한 첫 희곡작품이다.

이 밖에도 이기영의 장편소설 「역사의 새벽길」(1972), 「불멸의 역사」 총서 중의 「닻은 올랐다」, 「은하수」, 「1932년」, 「대지는 푸르다」 등에서도 빈번하게 등장하는데, 혁명을 위해, 아들인 김일성을 위해 모든 것을 다 바치는 헌신적인 어머니 상으로 그려졌다. 이를테면 「1932년」 에서는 강반석은 생의 마지막 날에는 자기의 머리태를 잘라 김일성의 신발깔개를 만들며 자기의 염원을 고히 담는다. 그리고 큰일을 위해 사소한 감정에 휩쓸리지 않는 대범함과 굳건함을 보인다. 김일성이 집에 들렀다가 발걸음이 떨어지지 않아 집 주위를 맴돌 때 준엄하게 타일러 떠나보내는 대목에서 강반석의 대범함이 드러나고 있다.

4) 김철주에 대한 문학적 형상화

김철주는 김일성의 바로 아래 동생으로서 항일무장투쟁에 투신했다가 1930년 중반에 일본 토벌군과의 조우전(遭遇戰)에서 총탄을 맞고 전사했다.

『불멸의 역사』 총서 중의 『은하수』, 『고난의 행군』, 『봄우뢰』, 『1932년』에서 김철주는 병환에 있는 어머니를 돌보며 김일성의 혁명활동을 최선을 다해 뒷바라지를 하는 것으로 묘사되어 있으며, 『1932년』에서는 헌신적으로 공청사업에 투신하는 인물로 묘사되고 있다. 집을 멀리 떠나 있나보니 어머니의 임종도 지키지 못한다. 어머니가 떠난 비통함을 새기며 형인 김일성을 따라 혁명을 끝까지 할 것을 굳게다지며 유격대에 들겠다고 김일성을 찾아가지만, 김일성의 타이름에 계속 공청 일을 보다가 적들과의 뜻밖의 조우전에서 희생된다.

영화 시나리오 문학에서도 김철주의 형상이 자주 등장한다. 이를테면 『혁명전사』(전 · 후편, 1987, 송상원), 『영생』(전 · 후편, 1988, 송상원)은 김철주의 형상을 부각한 대표적인 영화시나리오이다.

5) 김형권에 대한 문학적 형상화

서정시 「영원히 투쟁의 길을 걷고 계십니다」(집체작, 1972)은 김일성의 둘째 삼촌인 김형권의 강인한 혁명정신과 불멸의 혁명업적을 노래하고 있다.

영화 시나리오 『누리에 붙는 불』(백인준, 1977)은 1030년대 초 김형권이 김일성의 혁명노선을 받들고 조선혁명군의 한 무장소조를 이끌고 국내에 진출하여 벌인 혁명활동을 보여주고 있다.

『불멸의 역사』 총서 중의 『은하수』에서도 김형권은 김일성의 뜻을 전적으로 받들어 무송현에서 안도현으로 이사를 오면서 혁명활동을 벌인다던가 형수인 강반석을 모시고 안도 영경의 소사하로 이사를 하는 과정이 묘사되어 있다.

『불멸의 역사』 총서 중의 『대지는 푸르다』에서 김형권은 김일성의 파견을 받고 무장소조원들을 이끌고 함경북도 풍산 쪽에 진출하여 왜놈경찰서를 기습하는 등 맹활약을 하다가 체포된다. 서대문감옥에 수감되어서도 지조를 굽히지 않고 주변의 사람들을 교육하며 옥중투쟁을 벌이다가 옥사하고 만다.

6) 기타 인물들에 대한 형상화

이기영의 장편소설 『역사의 새벽길』, 『불멸의 역사』 총서 중의 『닻은 올랐다』에서는 김일성의 할아버지 김보현과 할머니 이보익이 독립운동에 나선 아들의 뜻을 받들어 주고 뒷바라지를 하는 인자하고 강인하게 형상화되어 있다.

『불멸의 역사』 총서 중의 『은하수』에 나오는 만경대할머니(이보익, 필자 주)는 손자에 대한 사랑이 그 누구보다도 지극하다. 맏손자인 김일성을 만나보기 위해 허리에 토목 두 필을 띠고 수 천리 길을 걸어 무송으로 온다. 그는 지혜로우며 꿋꿋한 기상을 지닌 여인으로 묘사되어 있다. 며느리인 강반석이 김일성의 체포 소식을 숨기었으나 어느새 눈치를 채지만 아무 내색 없이 속으로 슬픔을 삼키고 이겨낸다.

『불멸의 역사』 총서 중의 『잊지 못할 겨울』에서 이보익은 김일성이 무장투쟁을 그만 두도록 하기 위한 일제의 모략책동에 의해 강제로 연행되어 백두산 지구로 온다. 그러나 이보익은 일제 군경들의 온갖 회유와 기만, 위협에도 굽힘이 없이 맞서 싸운다. 그러면서 김일성에 대한 그리움 및 굳은 믿음을 표시한다. 왜놈들은 이보익의 억센 기상에 눌려 다시 그녀를 평양 만경대로 돌려보내지 않으면 안 된다.

『불멸의 역사』 총서 중의 해방 후편 『조선의 봄』에서 김보현은 김일성의 토지개혁 방침을 옹호하며 낙후한 농민들을 교육하여 각성시킨다. 손자 김일성이 나라의 '임금'이 되었지만 우월의식 같은 것은 전혀 없이 계속 농사를 짓고 초가집에서 살며 농민의 본분을 잊지 않는다.

장편소설 『성벽에 비낀 불길』(박태민, 1983)에서는 김일성의 증조할아버지 김응우가 형상화 되어 있다. 양각도에서 있은 천렵놀이에서 남이 장군의 애국적인 시편을 읊는 김응우의 모습은 매우 인상적이다. 김응우의 자주정신과 열렬한 애국정신은 기아와 화공(火攻) 전술을 고안해 내고 평양성의 백성들을 프랑스 해적선 샤만호를 격침시키기 위한 투쟁심을 불러일으키는 데서 집중적으로 나타난다.

이 외에도 김일성의 삼촌 김형록, 숙모, 외할아버지 강돈욱, 외삼촌 강진석 등도 문학작품에 등장한다.

그리고 김일성의 가족 구성원들을 일괄적으로 노래한 작품들도 많이 나타났다. 먼저 항일혁명투쟁시기에 씌어졌다는 구호나무들을 보면 김일성·김정숙·김정일을 아울러 칭송한 것들이 많다. 이를테면 "조선사상에서 대통운은 민족의 태양 김일성 장군을 모신 것이고, 백두 항일 여 장수 김정숙 장군을 모신 것이고, 백두광명성 김정일을 모신 것이다." 그래서 이미 1945년 8.15 광복 전에 북한의 각지에서 백성들이 '3대통운 만만세'를 고창했다는 것이다.

2천만 민족아
만방에 자랑하자
조선의 3대 영걸
그이는 김일성
김정숙
백두광명성
만세 만만세
— 함경북도 연사군 발굴

백두산에 빛을 뿌리니
빛 없던 조선이 빛난다
장수별 태양으로
여장수별 모성으로
자성은 광명성으로
만대에 빛나리라
— 함경북도 연사군 발굴

달아달아 밝은 달아

하늘 중천에 뜬 밝은 달아
달속의 계수나무를
은도끼로 찍고 금도끼로 다듬어
천상에 왕궁짓고
항일대장 김일성
여장수 김정숙
백두광명성
천만년 모시자
— 함경북도 연사군 발굴

1940년 이후 김일성과 김정숙은 소련에 가 있었고 그 사이에 김정일이 태어났다. 그런데 아무런 연락도 없는 북한의 함경도 연사군에서 백두광명성-김정일이 태어난 것을 어떻게 알았단 말인가? 이는 분명히 꾸며낸 거짓말이다. 이에 대해 황장엽은 다음과 같이 증언하고 있다.

> 1974년 김정일은 실권을 장악하자마자 김일성에 대한 신격화의 수준을 높이는 작업에 들어갔다. 우선 그는 자기 삼촌이 예전에 작성한바 있는 유일사상체계확립 10대 원칙을 김일성을 더욱 우상화하는 방향에서 개작했다. 그러면서 한편으로는 자신에 대한 우상화를 강화하기 위해 모든 수단을 총동원했다. 당의 조직은 그가 어릴 때부터 인민의 지도자가 될 소질을 타고 났다는 사적(史蹟)들의 날조작업을 조직적으로 진행시켰다. 김정일은 도처에서 김일성의 동상을 세우거나 사적지 건설을 대대적으로 추진하는 한편, 이른바 '구호나무' 발견운동을 전국적으로 전개했다.
>
> 구호나무란 김일성 빨치산 부대가 국내에 들어와 게릴라 공작을 하다가 자취를 남기려고 나무껍질을 벗긴 다음 '김일성장군 만세', '조선독립 만세' 등의 구호를 먹으로 써둔 것인데, 수십년이 지나서 발견되었다는 것이었다. 먹으로 쓴 글씨가 수십년 동안 비바람을 이겨내고 보존된다는 것은 있을 수 없는 일이다. 물론 이것이 새빨간 거짓말이라는 것은 더 말할 필요가 없다. 아마 빨치산 참가자들이 회상기를 쓰면서 자신들이 고거에 활동할 때 칼로 나무껍질을 벗기고 글을 쓴 적이 있다고 기록한 데서 힌트를 얻어 조작해낸 것이라고 나는 생각한다. 그러한 구호나무가 도처에서 발견되었다고

> 하니 거짓말이 너무 지나치다고 하지 않을 수 없다. 마치 빨치산이 체포되지 않기 위해 신경을 쓴 것이 아니라 구호나무 쓰는 걸 전업으로 하며 돌아다녔다는 말이 아닌가.134)

1992년 2월 16일 김일성은 자기의 아들 김정일의 50회 생일을 기념하여 송시를 한문으로 쓰고 그것을 한글로 번역하여 세상에 공포했다.

> 白頭山頂正日峰, 小白水河碧溪流.
> 光明星誕五十週, 皆贊文武忠孝備.
> 萬民稱頌齊同心, 歡呼聲高震天地.
> 一九九二. 二月十六日 金日成
>
> 백두산 마루에 정일봉 솟아 있고
> 소백수 푸른물은 굽이쳐 흐르누나
> 광명성 탄생하여 어느덧 쉰 돐인가
> 문무충효 겸비하니 모두 다 우러르네
> 만민이 칭송하는 그 마음 한결 같아
> 우렁찬 환호소리 하늘땅 뒤흔든다
> 1992. 2. 16 김일성

위의 시에서 김일성은 김정일이 태어난 곳을 백두산 아래의 정일봉이라 하고 있다. 이에 대해 황장엽은 김일성이 꾸며냈음을 또 밝히고 있다.

> 김일성이 김정일의 생가를 꾸미고 송시를 쓴 것은 그의 일생에서 아마도 최대의 과오 가운데 하나일 것이다. 그리고 그가 형편없는 속물이라는 것을 여지없이 보여주는 역사적 증거가 될 것이다. 김정일이 러시아에서 태어나 '유라'라는 이름으로 유년기를 보냈다는 것은 세상이 다 아는 사실이며, 김경희가 내게 준 소련판 지도책에도 '유라'라고 씌어 있었다. 그런데 굳이 그런 사실을 속이면서 백두산 아래에서 태어났다는 거짓말을 할 필요가 어디 있는지 나는 이해할 수 없었고, 지금도 도무지 이해가 안된다. 김일성은 항

134) 황장엽, 전개서, 173-174쪽.

> 일빨치산 출신들을 불러 김정일이 태어난 백두산의 밀영을 찾아내라고 지시하기도 했다. 그들은 백두산 일대를 뒤졌지만 애초에 없었던 밀영지를 찾아낼 수 없었다. 그러자 김일성은 자기가 직접 나서서 찾아야겠다며 돌아다니다가 경치도 적당하고 위치도 그럴듯한 곳을 지적해주었다. 그리고 그곳 뒷산을 '정일봉'이라고 명명했다. 당 역사연구소는 구호나무도 준비하고 큰 바위에다 '정일봉'이라고 써서 산정상에 올려 붙혔다. 그리고 예술인들'정일봉'이라는 노래를 지었다.[135)]

이로 미루어 보아 수령형상문학 중의 대부분 작품들이 진실한 역사적 사실에 의거했다고는 하지만 많은 날조가 있음은 분명한 사실이다.

9. 수령 및 그 가문들이 창작한 문학작품

세계 많은 나라를 돌아보아도 북한에서처럼 정치 수령이 문학예술에 흥취를 가지고 직접 지도하며 창작을 해온 예는 많지 않다. 김일성·김정일은 명실공히 북한의 정치 수령으로서 많은 정치적 행각을 드러냈음은 더 발할 것도 없고 문학예술 분야에서도 이론, 창작에 걸쳐 큰 획을 긋고 있다. 사실 이들 수령뿐만 아니라 수령의 가문 성원들인 김정숙, 김형직, 강반석도 문학창작의 흔적을 남기고 있다. 수령 및 그 가문 성원들이 창작한 문학작품들은 대부분 60년대 후반부터 북한 사회에 공개되어 커다란 반응을 일으키고 있다는 점이다. 문학을 하나의 과정으로 볼 때, 그 작자들의 창작과정이 어느 때인지를 막론하고 북한 민중들 속에서 수용과정만은 절대부분이 1960년대 후반 이후라는 점에서 이 시기의 문학 현상으로 다룰 수밖에 없는 것이다. 이 시기에 나타난 수령 및 그 가문 성원들이 창작한 문학작품들이 대량으로 북한 사회에 나타난 것은 김정일이 북한의 선전, 선동 분야의 권력을 장악하

---

135) 황장엽, 전개서, 245쪽.

여 의도적으로 수령 개인에 대한 우상화 작업을 펼쳤던 사정과 직접적인 관련을 갖고 있는 것이다. 북한에서는 김일성이나 김정일이 창작했다는 모든 문학작품들을 일률적으로 '불후의 고전적 명작'이라고 명명하였으며, 그 가문들이 창작했다는 문학예술 작품들도 대단한 예우를 받았다. 이래에서는 이 시기에 나타난 작품들을 시간적 순서에 따라 주요 작품에 한해서 그 내용을 살펴보도록 하겠다.

1) 김일성이 창작 혹은 지도했다는 문학예술 작품들

김일성 자신은 어려서부터 문학예술에 남다른 애정을 갖고 있었다고 회고한 적이 있다.[136] 그리고 소년, 청년시절의 항일혁명투쟁시기에 많은 문학예술 작품들을 직접 창작하고 공연했다고 한다. 이런 까닭에 김일성은 1945년 8.15광복 이후 북한의 정권을 잡은 초기부터 문학과 예술에 커다란 관심을 갖고 깊이 관여하여 왔다.

북한에서 김일성이 항일혁명시기에 창작했다는 문학예술 작품들은 북한 문학예술의 빛나는 전통을 마련한 것으로 본다. 이는 60년대 후반 이후 김정일이 북한의 선전, 선동분야를 관장하게 되면서 더욱 강조되었다. 김정일은 김일성의 항일혁명 문학예술은 북한문학의 유일한 혁명전통이며 이를 전면적으로 계승해야 한다고 주장했다. 그러므로 김일성의 항일혁명 문학을 대대적으로 발굴하고 그것에 대한 전면적인 연구를 심화시켜 빛나게 계승, 발전시켜야 한다고 강조했다. 그리고 여기서 가장 중요한 것은 김일성의 '불후의 고전적 명작'들을 원작 그대로 옮겨 놓고 그것을 본보기로 하여 북한문학과 예술을 발전시켜야 한다고 주장했던 점이다. 그리하여 김일성이 창작했다는 『꽃 파는 처녀』, 『성황당』, 『피바다』, 『한 자위단원의 운명』 같은 작품들을 '불후의 고전적 명작', '본보기'로 칭송하면서 최고의 가치를 부여했으며, 이

136) 김일성 회고록, 『세기와 더불어』 (1), 226~227쪽.

런 것들은 1960년대 말과 1970년대에 들어서서는 김일성의 직접적인 조직지도하에 소설, 영화, 가극 등 다른 문학예술 장르로 옮겨졌다.

아래에서 김일성이 항일혁명시기에 창작했다는 문학예술 작품들을 장르별로 보기로 하자.

(1) 시

「사향가」는 김일성이 1927년 길림에서 초기 혁명활동 시기에 직접 작사, 작곡한 것이라고 하는데, 김일성의 자작시 가운데서 가장 인간미가 넘치는 시라 할 수 있다.

1. 내 고향을 떠나 올 때 나의 어머니
   문 앞에서 눈물 흘리며 잘 다녀오라
   하시던 말씀 아 귀에 쟁쟁해
2. 우리 집에서 멀지 않게 조금 나가면
   작은 시내 돌돌 흐르고 어린 동생들
   뛰노는 모양 아 눈에 삼삼해
3. 대동강물 아름다운 만경대의 봄
   꿈결에도 잊을 수 없네 그리운 산천
   광복의 그날 아 돌아가리라

김일성은 늙어서도 이 노래를 그냥 불렀다고 하는데, 80대 노인 김일성의 회심의 「사향가」 육성 녹음테이프가 있다고 한다.

「조선의 노래」는 김일성이 1928년 1월 상순 무송에서 공산주의 소년혁명조직인 새날 소년동맹을 조직하고 그 동맹원들과 연예선전대를 조직하여 대중 속에서 선전사업을 벌이던 시기에 자기가 창간한 신문 『새날』에 발표하고 연예선전대에서도 부르게 하여 청소년들과 인민들 속에 널리 보급된 노래라고 한다.

1. 아침의 해빛이 아름답고 곱다고

우리의 이름을 조선이라 불렀네.
이처럼 귀하고 아름다운 내 나라
이 세상 그 어데 찾아볼 수 있을가
2. 삼천리 강산에 금은 보화 넘치고
반만년 역사를 사랑하는 내 나라
간악한 왜놈들 이 땅에서 내쫓고
해방의 종소리 높이 높이 울리자
3. 왜놈도 지주도 모두 없는 새 조선
자유의 강산에 우리 주권 세우자
슬기론 인민이 살아가는 내 나라
우리의 손으로 길이길이 빛내자

「반일전가」는 1935년 1월 하순 북만 원정을 마치고 돌아오던 길에 천교령 부근에서 촉한을 만났을 때 하늘이 무너지는 한이 있더라도 기를 쓰고 살아서 혁명을 해야한다고 생각하면서 지은 것이라고 김일성이 회고록에서 술회하고 있다.[137]

1. 일제놈의 발굽소리 더욱 요란타
금수강산 우리 조국 짓밟으면서
살인방화 착취약탈 도살의 만행
수천수만 우리 군중을 유린히노라
2. 나의 부모 너의 동생 그대의 처지
놈들의 총창 끝에 피 흘렸고나
나의 집과 너의 발은 놈들의 손에
잿더미와 황무지로 변하였고나
6. 일어나라 단결하라 노력대중아
굳은 결심 변치 말고 싸워나가자
붉은 기 아래 백색 테로 뒤엎어 놓고
승리의 개가 높이 만세 부르자

---

137) 김일성 회고록, 전개서, 제3권 참조.

「조국광복회 10대 강령가」는 1936년 5월 5일 김일성이 조선의 첫 반일민족통일전선 조직인 조국광복회 창건을 선포하고 그것의 강령으로 「조국광복회 10대 강령」을 발표했는데, 김일성이 이를 가사로 만든 것이라고 한다.

1. 2천만의 조선동포 총동원하여
반일혁명통일전선 굳게 다지자
왜놈의 야만통치 어서 때려 부시여
인민정부 건설함이 제1조로다.
2. 노동자와 농민들은 한데뭉치고
각계각층 군중들과 연합을 하여
있는 재부 지식 능력 모두다 동원하여
부강 조선 건설함이 제2조로다.
3. 왜놈의 육해공군 신식무장을
모두다 우리 손에 빼앗아 쥐고
주저 말고 용감하게 모두 나가 싸우는
우리 군대 조직함이 제3조로다.
5. 재촉하는 빚과 세납 물지를 말며
착취하는 전제제도 반대하면서
우리의 산업을 우리 손으로 건설해
순조롭게 발전함이 제5조로다.
6. 언론출판 사상결사 자유를 찾아
봉건세력 백색 테로 반대하고서
체포된 우리 투사 모두 탈환해 내여
배신자를 쫓아냄이 제6조로다
7. 양반상놈 남녀노소 가리지 말고
연약한 부녀들을 존중하고 돌보아
인격직위 보장함이 제7조로다.
8. 우리 민족 노예 삼는 동화교육과
쌈터에서 죽이려는 군사훈련을
굳세게 반대하여 튼튼히 뭉쳐나서
우리 문화 보급함이 제8조로다.
9. 우리들이 쓰는 물건 만들어 주는

노동자들의 임금과 대우 높이고
실업자와 병든 자를 지성껏 도와주며
치료하고 살려줌이 제9조로다.
10. 우리들을 도와주는 나라와 민족
친밀하게 연합하여 하나가되고
원쑤와 한 편 되는 간악한 부르죠아
한결 같이 반대함이 제10조로다.

(2) 극

① 혁명연극『꽃 파는 처녀』

이 연극은 일제 치하인 1930년 11월에 항일혁명근거지인 오가자에서 첫 공연된 것이라고 전해오고 있다. 이 작품은 원래『조선문학통사』(1959)등에서 김일성의 지휘하에 있던 항일빨치산 대원들의 손에 의해 만들어진 집체작이라고 해왔으나 주체사상확립 이후에 출간된『조선문학사』등에서는 김일성이 직접 창작했다고 기록되어 있다. 1960년대 후반부터 이 작품은 가극, 영화, 소설 등 여러 문학예술의 장르로 각색되기도 했다.

『조선문학사』(1981)에 의하면,『꽃 파는 처녀』는 주체사상이 구현된 기념비적 작품이며 북한 혁명가극의 첫 작품이라고 평가된다. 1920년대 말에서 1930년대 초를 시대적 배경으로 하여 가난한 머슴의 딸인 꽃분이 일가의 비참한 생활과 그들의 계급적 각성 과정을 내용으로 하고 있다. 항일혁명투쟁의 초기에 창작된 연극이기도 한 이 작품은 당시 계급사회의 반동적인 본질을 날카롭게 폭로 규탄하고 계급투쟁의 필연성을 밝히는 심오한 예술적 형상을 창조함으로써 사회주의적 사실주의 문학예술의 고전적 본보기가 되었다고 평하고 있다.

작품의 줄거리는 다음과 같다.

배지주네 집에서 머슴살이 해오던 꽃분이의 오빠 김철용은 머슴살이를 끝내는 마지막 짐을 나르며 감격스러워하지만 지주가 약속을 지키지 않는다.

황소 같이 일 잘하는 그가 탐이 나서 그 동안의 빚과 문제가 된 산삼 값을 따져 아직도 여러 해 머슴을 살아야 한다는 것이었다. 아버지가 머슴 살다 숨을 거둔 그 집에서 아들 또한 좁쌀 두말 빚진 것을 갚아야 한다 해서 열한 살 때부터 8년 동안 머슴살이를 해왔는데 그걸 더 연장해야 한다니 기막힐 노릇이다. 꽃분이 동생 순희는 꼬마 때 지주 아내의 산삼 약탕물을 쏟는 바람에 눈까지 멀었는데, 치료비는커녕 그 산삼 변상 조건으로 모자(母子)까지 더 종살이를 시킬 속셈인 것이다.

이런 말에 불만을 한다고 마구 개화장으로 쳐대는 지주한테 덤벼든 철용이 달려나가고 난 그날 밤 지주네 집에는 세찬 불길이 솟는다. 다음날 철용이는 어김없이 형사에게 잡혀간다. 그렇게 감옥을 간 아들 대신 철용 어머니가 배지주네 집에서 6년 동안 종살이를 하게 된다. 그러던 중 철용 어머니는 지주네 집에서 빨래를 하다가 기절한 뒤 몸져눕는다. 그러나 배지주는 어머니 대신 꽃분이를 데려다가 종살이를 시킨다. 그런 꽃분이는 낮에는 일하고 밤에는 어머니 약값을 벌기 위해 꽃을 판다. 그러나 사람들은 거지한테서 사는 꽃은 더럽다고 잘 사주지 않자 근처의 약방 주인한테 애걸한다. 조석(朝夕)으로 장생의원 댁에 꽃을 갖다 줄테니 어머니의 약 좀 지어달라고 애원한다.

이런 광경을 마침 카페에서 나오다가 목격한 배지주는 꽃분이가 맡은 일은 안하고 꽃 팔러 다닌다고 여직공 모집에 팔아넘기려고 한다. "꽃분이를 빚 값에 팔았다"는 말에 어머니는 반항하다가 마름의 발길에 채여 숨을 거두고 만다. 그 후 기어이 거간꾼한테 팔려가다가 도망쳐 온 꽃분이는 오빠를 만나러 7백리 길을 찾아갔지만 오빠가 탈옥하다가 죽었다는 말을 듣고 낙망한다.

한편 배지주네 집에서는 예수를 믿는 처 장씨한테 귀신 붙었다고 점쟁이를 데려다가 굿을 하며 법석이던 중 점쟁이는 꽃분의 여동생의 순이의 살이 끼었다고 둘러댄다. 그래서 배지주는 마름을 시켜 순이를 당장 없애치우라고 한다. 분부를 받은 마름은 순이에게 언니를 만나게 해준다며 눈 내리는 산 속에 데려다 놓고 혼자만 와버린다.

그런데 마침 산 속에서 우는 순이를 오빠인 철용이가 발견하고 구출한다. 철용이는 3년 전에 감옥에서 탈옥한 다음 혁명군의 소조원이 되어 실루 6년 만에 고향에 돌아오는 길이었다. 그는 순희를 구출하고 전우들과 함께 이 죄악의 세상을 뒤엎겠다고 외친다.

먼저 집에 돌아온 꽃분이는 순희를 내놓으라고 배지주네 집 약탕관과 화로를 뒤엎자 마름이 달려들어 꽃분이를 머슴방 속에 가둔다. 이 때 혁명군 소조는 횃불을 들고 몰려온 마을 사람들과 함께 지주네 집에 불을 지른다. 그때 지주네 집에서 붙잡힌 순사부장 앞에서 꽃분이 3남매는 오래 만에 승리와 만남의 감격을 나눈다.

이와 같은 내용의 혁명연극 『꽃 파는 처녀』는 지주와 머슴간의 갈등을 그리고 있다. 그러나 이상하게도 그 원본은 없으며 오로지 이런 극이 있었다는 김일성의 회상뿐이다. 그 원작의 모습은 어떠하고 어느 정도 개작이 되었는지도 알 수 없는 실정이다. 이로 미루어보아 『꽃 파는 처녀』는 기본적으로는 김일성의 회고에 근거하여 새롭게 만들어낸 것이 분명하다.

② 혁명연극 『한 자위단원의 운명』

이 작품은 『꽃 파는 처녀』, 『피바다』와 함께 김일성이 창작한 불후의 고전적 명작으로 평가받고 있다. 이 작품은 1970년대 초에 장편소설, 연극, 가극 등 여러 예술 장르로 개편이 되었다. 이 작품에 대해 북한문학사에서는 항일무장투쟁시기에 창작된 대표적인 작품으로서 주체사상과 철저한 반제혁명사상을 예술적으로 구현한 작품으로 평가하고 있다.

『한 자위단원의 운명』은 1936년 초 김일성이 조선인민혁명군 주력부대를 거느리고 남호두를 떠나 만강에 이르는 행군길에서 부대의 문예선전대에 의해 구상되고 창작된 각본으로 그해 8월 무송현의 만강에서 공연된 혁명연극으로 알려져 있다. 그 후 1973년 평야의 문예출판사에서 전 5장으로 된 장편소설로 개작되어 발표된바 있다고 한다. 『한 자위단원의 운명』도 북한에서는 그 원작의 텍스트를 공개한 적이 없다. 그러므로 개작된 장편소설 역시 새롭게 만든 부분이 아주 많을 것으로 추정된다. 그러므로 몇 십년 후에 새롭게 만들어 놓고 이것을 불후의 고전적 명작이라고 하는 것은 어불성설이다.

이 소설의 주인공 갑룡을 비롯한 농촌 청년들이 폭압적인 일제의 식민통치 하에서 억압과 착취를 당하면서 '지위단'에 끌려가 가혹한 학대를 받으면서 희생되는 과정을 그리고 있으며, 특히 주인공 갑룡이 쓰라린 체험과 곡절을 겪은 후에 마침내 계급적으로 각성되고 일제를 반대하는 항일유격대에 가담하는 과정을 그리고 있다. 피압박 민중들이 진정으로 나아가야 할 길이 무엇인가를 보여주고 있는 것이다. 작품에 등장하는 인물들은 긍정적 인물과 부정적 인물로 대립되어 있다. 갑룡이를 비롯한 남양촌에 사는 가난한 사람들과 덕산의 산판에서 일하는 인부들이 긍적적인 인물로 그려졌다. 그리고 왜병대장, 인부들을 착취하는 덕산목재소의 주인 류정섭과 자위단장인 그의 아들, 철저히 일제의 앞잡이로 그려진 남양촌의 허구장 등이 부정적 인물로 나타난다.

이처럼 긍정적 인물과 부정적 인물을 전형화하여 첨예하게 대립하는 양상을 보여주는데, 이는 '적아를 똑똑히 가려내기 위한 전형화로서' 결국에는 긍정적인 인물이 승리하기 위한 것을 보여주기 위한 것으로 볼 수 있다. 또한 긍정적인 인물은 고난을 받는 민중과 그 민중을 자각하게 하여 긍정적 세계관을 갖도록 앞장서는 인물로 그려져 있는 반면 부정적 인물들은 끝까지 성격 변화를 보이지 않는 평면적 인물로 그려져 있다.

③ 혁명연극 『피바다』

항일혁명문예를 대표하는 연극 『혈해(血海)』의 존재가 처음으로 지면에 소개된 것은 1953년 항일무장투쟁의 전적지를 답사한 송영의 보고서『백두산은 어데서나 보인다』(1956)에서였다. 송영은 만강지방의 인민들이 기억으로 전한「혈해」의 간략한 줄거리를 다음과 같이 요약했다.「혈해」는 3막쯤 되는 비극인데, 아버지가 독립군으로 집을 나간지 오래고 일제의 박해 속에서 큰아들 원남 역시 유격대로 떠나게 되어 어머니와 이별하는 1막에 이어, 부상당한 유격대를 쫓아온 일본군이 그를 숨긴 곳을 말하지 않으면 어린 아들 을남이를 죽이겠다고 어머니를 위협하지만, 어머니가 이에 굴하지 않자 급기야 을남이가 희생당하는 데서 2막은 끝난다는 것이다. 3막에서 어머니는 유격대에 들어가 재봉대원이 되고, 유격대는 어머니가 살던 부락을 습격해 반동지주와 악질 군경들을 소탕하고 인민들을 해방시킨다.[138)]

「혈해」의 소개는 항일혁명문예의 발굴을 위한 실마리를 제공한 것이다. 그러나 「혈해」의 내용은 확정되어 있지 않다. 안함광은 그의 문학사에서 두 가지 줄거리이「혈해」가 전해온다고 하였다.[139)] 이처럼 연극「혈해」의 각본

---

138) 송영, 『백두산은 어디서나 보인다』, 민주청년사, 1956, 138~144쪽. 송영은 「혈해」의 소개와 더불어 뒷날 '불후의 고전적 명작'으로 불리는 연극「경축대회」와「성황당」의 내용을 여기에서 소개하고 있다.

139) 안함광, 『조선문학사』, 연변교육출판사, 1956, 199-200쪽.

① 아버지가 독립군으로 출가한지 오래고 큰아들도 항일련군에 참군한 혁명가정에, 밀정의 밀고로 일제 군경이 진입하여 둘째 아들과 어머니에게 아버지와 큰아들이 간 곳을 대라고 강요하다가 항거하는 자를 모두 살해하고 돌아간다. 학교에서 돌아온 딸은 어머니와 동생의 시체를 붙들고 통곡한 후 복수의 노래를 부르면서 혁명군에 참여하여 싸운다.

② 어머니와 둘째 아들만 집에 있을 때 부상당한 혁명군 정찰대원이 뛰어들어 어머니는 그를 숨긴다. 뒤쫓아 온 군경은 혁명군이 간 곳을 대라고 강박하며 어린 아들의 가슴에 총을 겨누고 어머니를 위협한다. 어머니가 대답하지 않자 군경은 아들을 쏘아 죽이고 돌아간다. 마침 학교에서 돌아온 누이는 어머니와 함께 동생의 시체를 붙들고 비장한 노래를 부른다. 바로 그 때 유격대가 마을로 들어오는데, 대장은 이 집 큰아들이다. 어머니와 누이도 유격대에 참가한다.

에는 여러 이본(異本)이 있다.[140] 그것은 1930년대 항일유격전쟁시기에 이 연극이 여러 가지 상황에서 공연되었고 그 내용의 첨삭에 여러 사람들이 참여했음을 뜻했다. 김일성이 집단창작인 「혈해」를 각색했다는 후일 북한의 주장[141]은 이를 염두에 둔 발언으로 보인다. 이런 가운데서 북한의 비평가 윤세평이 「혈해」의 각본으로 발굴되었다는 「혈해지창(血海之唱)」을 소개한다.[142] 「혈해지창(血海之唱)」의 각본을 발견한 것은 북한의 전적지 조사단이 아니라 1959년 항일혁명 문학의 유실을 막고자 조직한 중국 연변대학 조선언어문학학과의 <조선족 문학자료 수집조>가 2달간의 답사 끝에 흑룡강성 밀산(密山)에서 발굴하게 되었다.[143]

윤세평은 「혈해의 노래」, 곧 「혈해지창(血海之唱)」이 1930년대의 혁명연극을 대표하는 「혈해」의 이본 중의 하나라고 주장했다. 그러나 「혈해지창(血海之唱)」이 기왕에 구전되었던 「혈해」에 앞서는 것이라고는 말하지 않았다. 다만 「혈해지창(血海之唱)」은 각본이 현전하는 유일한 경우였다. 더구나 각본의 마지막에는 '정축년(丁丑年, 1937)' 음력 8월 샘물골에서 저자 까마귀라고 창작년대와 필명까지 밝혀져 있다는 것이다. 윤세평은 「혈해지창(血海之唱)」을 항일유격대에 의해 씌어지고 공연된 1930년대 항일혁명 문학의 유산의 하나로 간주했다. 윤세평의 소개가 이루어진 후 안함광은 갑자기 김일성이 「피바다」, 「성황당」, 「경축대회」 등의 혁명연극을 친히 창작했다고 주장

---

140) 『조선문학통사』(1959)에 소개된 줄거리는 또 조금 다르다. 남편이 항일무장투쟁을 위해 떠난 뒤 3남매를 데리고 가난하게 살아가던 어머니는 또 큰아들을 유격대에 들여보낸다. 어머니 역시 지하공작을, 딸은 연락공작을 하는데, 임무를 마치고 돌아온 딸은 유격대원이 숨은 곳을 말하지 않아 희생된 어머니와 동생의 시신을 발견한다. 시신을 안고 복수를 결의를 다진 딸은 적의 병영을 공격하여 통쾌하게 원수를 갚는다.

141) 현종호, 「김일성동지의 혁명적 문예 사상」, 『조선문학』(156호), 1960.6, 13쪽.

142) 윤세평, 「혁명연극 <혈해의 노래>에 대하여」, 『조선문학』, 1961. 4, 5~6쪽.

143) 조성일·권철, 『중국조선족문학사』, 연변인민출판사, 1990년.

했으나[144] 김일성이 지었다는 「혈해」의 각본은 제시되지 않았다.[145]

「혈해지창」의 내용과 형식은 구전된 「혈해」와 많이 다르다. 이 각본은 1937년 음력 8월 14일 하루 안에 일어난 사건을 다루고 있다. 막이 오르면 '김영감'등 여러 농민들이 둘러앉아 고된 삶을 한탄하고 유격대의 소문을 주고받는데, 유격대의 정찰원 '뻐꾹새'가 등장하여 농민들의 숙명론이 부당한 것임을 일깨운다. 그때 마침 김영감의 딸 '분희'가 '황지주'의 아들을 피해 도망쳐 온다. 뒤쫓아 온 황지주의 아들은 김영감에게 분희가 자신과 결혼하지 않으면 소작지를 떼겠다고 위협한다. 지주 아들이 뻐꾹새를 보고 의심을 품자 유격대원은 육혈포를 꺼내어 대번에 그를 처단하고 만다. 별안간 유격대원을 추격하는 왜병들의 호각소리가 시끄러운 가운데 1막은 끝난다.

2막의 무대는 중국 농민 '왕핑'의 가난한 오막살이이다. 왕핑과 그의 어머니 '송마마'는 부상을 당한 유격대원 뻐꾹새를 구호하는 한편, 왕핑은 그의 연락임무를 대신 맡으려 한다. 그러나 일경이 몰려와 왕핑은 체포되고 뻐꾹새는 나뭇짐 뒤로 피한다. 헌병 오장은 어머니 송마마에게 '공산비적'을 숨겨 놓았느냐고 다그치면서 그가 있는 곳을 대면 아들을 놓아주겠다고 한다. 복잡한 심경으로 눈물을 흘리는 어머니와 곤경 속에서도 굳은 의지를 드러내는 왕핑을 보여주며 무대는 어두워진다. 등불이 다시 켜지면서 부상당한 유격대원을 간호하는 송마마가 그와 지난 이야기를 나누는 장면이 이어진다. 왕핑의 아버지가 조선 사람을 숨겨 주었다는 이유로 황지주에게 맞아 죽은

---

144) 안함광, 「혁명문학예술에 대한 김일성 원수의 지도 방침에 대한 약간의 고찰」, 『조선문학』, 1961. 5, 104쪽.

145) 연변대학 권철 교수의 증언에 따르면, 1962년 북한의 역사연구소가 파견한 '역사고찰단'이 연변대학에 소장되어 있던 「혈해지창」의 원본을 가져갔다고 한다. 비슷한 시기 북경의 한 회합에 참석한 북한의 '조선문화대표단'은 「혈해지창」 각본 마지막에 필명으로 부기된 '까마귀'가 바로 김일성이라는 주장을 했다고 한다. '까마귀'가 김일성이라는 주장은 「혈해지창」이 소개되던 그 당시에는 제기되지 않았다.

사정과 어릴 때부터 탄광 노동자로 갖은 고통을 당하면서도 투쟁의지를 다져온 왕핑의 과거 모습이 돌이켜 지는 것이다. 밤이 깊어지면서 유격대원은 왕핑과 어머니 송마마를 모셔가겠다는 약속을 하고 떠난다.

2막 3장은 일제 군경의 총창에 떠밀려 왕핑이 들어오는 데서 시작된다. 헌병 오장은 유격대원을 내놓으라고 재촉하지만 왕핑은 태연하게 『혁명군의 노래』를 부른다. 결국 왕핑은 총에 맞아 어머니의 품속에서 숨을 거둔다. 어머니는 죽은 아들의 머리를 안고 호령을 하자 산을 울리는 총소리와 나팔소리, 만세소리가 들려온다. 오장은 총을 들어 어머니를 쏘고 서둘러 도망치려 한다. 곧 유격대원 5, 6명이 등장하여 원수들을 체포하고 무릎을 꿇린다. 유격대원 빼꾹새는 숨진 어머니의 가슴에 얼굴을 파묻고 외치다가 "무산자야 들거라, 통곡하여라. 조선독립을 위해 영별한 중국어머니에게 조선의 무궁화를 안겨주자."라며 통곡한다. 그리고 왕핑의 주검을 향하여 "왕핑아! 너는 자유를 얻은 몸이다. 우리와 같이 가자. 너의 어머님 무덤 위에 우리 승리하고 돌아오는 날 무궁화 꽃동산을 이루어 주마. 그리고 네 이름 천추에 길이 빛나 3천만 배의동포이 가슴에 새겨 주리라"라고 비장한 조사(弔辭)를 읊는다.

중국인 왕핑과 그의 어머니 송마마가 유격대원 빼꾹새를 구하기 위하여 목숨을 버린다는 줄거리의 의미는 명백하다. 특히 2막은 조중(朝中) 두 나라 인민의 피로써 맺어진 연대를 보여주려 하고 있음이 분명하다. 「혈해지창」의 공연에 중국인들이 참여했을 가능성도 배제할 수 없다. 물론 조선인 유격대원을 구하려고 중국인 여성이 자기 아들을 희생시킨다는 점은 다르지 않고, 피바다 속에서도 오히려 혁명과 투쟁의 불길이 거세게 타오른다는 작품의 기본 주제 역시 변함이 없지만 '원남', '을남'의 가족 대신 중국인 왕핑과 그의 어머니가 등장한다는 점은 차이라고 할 수 없다. 이 「혈해지창」이 1937년 7.7사변 이후 직후에 씌어졌음을 감안한다면, 조중 인민이 힘을 합쳐 공동의 적인 일제와 싸워야 한다는 점을 말하려고 한 것이 작자의 의도였으리라고 추측할 수 있다. 북만의 동북쪽 귀퉁이 중소변경 지대에 위치한 밀산

(지금의 흑룡강성 밀산현 일대)은 원래 최용건이 활동했던 지역으로서 그곳의 항일련군 부대는 조선인과 한족이 섞여 있은 혼성부대였음을 감안할 때 더욱 이러한 추측이 가능성을 가진다. 최용건은 1930년대에 밀산 일대에서 항일무장투쟁을 할 때 중국인 부인을 만나 광복 후 평양에서도 줄곧 그 중국인 부인과 살았다. 그리고 만일 연변대학에서 흑룡강성 밀산현에서 발굴한 「혈해지창」이 확실히 그 고장에서 창작되고 공연되었던 연극이라면, 김일성의 창작과는 무관할 것이다. 왜냐하면 김일성이 이끌었던 동북항일련군 제2군 제6사(주로 동만과 남만 일대에서 활동했음)는 1937년 좌우는 물론이고 1930년대 전반에 걸쳐 밀산 일대에 활동한 적이 없었기 때문이다.

「혈해지창」이 이렇듯 정세의 추이를 반영한 결과이고 그것이 「혈해」의 한 종류라면, 「혈해」가 어떤 것이라고 확정하기는 쉬운 일이 아니다. 「혈해지창」에서도 분희가 등장하는 1막과 왕핑의 집을 무대로 하는 2막이 '뻐꾹새'로 연결될 뿐 서로 다른 내용이거니와 그것이 다른 이본을 이어 붙인 결과라면, 「혈해」의 이본들이 적지 않은 차이를 갖는 것이었을 가능성이 있다. 어쨌든 「혈해」는 그것의 원본을 확정할 때까지 일정한 차별성을 갖고 있는 이야기들을 아우르는 총칭일 수밖에 없다.

이 최초이자 마지막 각본이 소개된 지 10년이 안 되는 「혈해」는 「피바다」란 이름의 영화가 혁명연극으로 만들어진다. 그것들은 모두 원작을 충실히 옮겨낸 것이라는 점이 강조되었다. 「혈해」가 「피바다」로 확정된 것이다. 물론 「혈해지창」의 왕핑이나 송마마는 「피바다」에 등장할 수 없었다. 「혈해지창」의 소개는 「혈해」의 존재를 구체화했지만, 동시에 이 유일한 각본이 복원된 「피바다」와 얼마나 다른가를 보여줌과 아울러 복원된 「피바다」에는 많은 부연과 가공이 되었음을 실증해준다.

한마디로 「혈해지창」이 「피바다」가 되는 과정은 바로 항일혁명문예를 발굴하는 과정이었으며, 또한 그것이 수령형상 문학에로 확장되어 가는 과정이었다.

2) 김일성의 가문들이 창작했다는 문학예술 작품들

1970년대에 북한에서는 김일성의 가문 성원들이 창작했다는 문학예술 작품들이 속출했다.

(1) 김정숙이 창작했다는 문학작품

김정일의 생모이자 김일성의 본처인 김정숙은 1948년에 병사했다. 그 3년 후, 김일성은 김성애와 결혼했다. 김성애는 60년대 중반부터 조선여성총동맹 중앙위원회 부위원장이 되어 70년대 초에는 위원장으로 승격된다. 김성애가 득세하자 자기의 친척들을 요소요소에 대거 등용하여 자기의 세력을 확장시켜 놓았다. 김성애의 이런 거동들은 바로 이 시기에 '당 중앙'으로 서서히 권력의 전면에 등장하기 시작한 김정일의 불만을 야기하게 되었고, 결국 김성애와의 권력투쟁을 초래하게 된다. 자기의 어머니가 상대적으로 격하되고 김성애의 위세가 커지는 것을 보고 있을 김정일이 아니었다.

> "김정숙 동지는 항일 빨치산시절부터 수령님을 보필해오다가 해방 후 돌아가셨는데, 이분이 북한 여성들의 귀감이 될 분입니다. 이런 분이 우상화되어야지 어떻게 김성애 위원장이 좌우지 할 수 있습니까?"[146]

이렇게 김정일은 김일성에게 김성애가 자기의 친척과 측근들을 요직에 박아 넣고 있다면서 이는 유일사상체계에게 어긋나는 것이라고 강력하게 항의하면서 진언했다고 한다. 자신을 정점으로 하는 유일사상체계로 온 국민이 똘똘 뭉쳐야 하는 판에 부인과 그 동생들이 판을 친다는 것은 김일성에게도 유쾌한 일은 아니었다. 그리하여 1973년 김일성은 노동당 중앙위원회 비서국회의를 소집하고 유일사상체제에 도전하는 행위를 단호하게 엄단한다는 방침을 발표하고 김성애의 여맹조직을 격하시키고 김성애 여맹 중앙위원장에

146) 이한영, 『김정일 로열 패밀리』, 시대정신출판사, 2004, 91쪽.

게 모든 대외적 행사에 나오지 말라고 지시했다.

그 결과, 김정숙은 비록 죽었지만 아들 김정일에 의해 다시 국모(國母)로서 '조선의 어머니'로 우상화되기 시작했다. 이리하여 북한에서는 이 시기부터 김정숙은 학교 문 앞도 가보지 못했지만 노래와 무용을 창작하고 아동단 연예대를 지도했다고 선전하여 왔었다. 그럼 아래에서 김정숙이 1933년에 지었다는 「장군별 따라서 조국 땅으로」라는 가사를 보도록 하자. 이 노래는 김정숙이 팔도구(지금의 중국 용정시 팔도향)공청위원회 위원으로서 주로 아동단 사업을 맡아 볼 때, 저녁이면 아동단원들이 달을 쳐다보고 고향을 그리면서 부르는 「달 노래」가 애수에 차 있으니 노래 말을 새로 지어 원래의 곡에 붙여 부르게 했다는 노래라고 한다.

1. 흘러가는 둥근 달 너만 가려니
   보고 싶은 고향마을 우리도 가련다
   우린 우린 아동단 총을 메고서
   (후렴) 장군별을 따라서 조국 땅으로
2. 눈비 속에 참나무 억세게 크고
   훈련으로 우리는 몸을 다진다.
   우린 우린 아동단 굳게 뭉치어
3. 우리엄마 내 동생 생각하며는
   가슴 속에 붉은 피가 절로 끓는다
   우린 우린 아동단 원수를 치고

여기서 '장군별'은 물론 김일성을 가리키고 있다. 1933년 김일성이 동만에서 항일무장투쟁을 할 때 계급장이 장군(將軍)이었던 적도 없고 장군이라고 불린 적 없었음은 김일성과 같이 동만에서 항일투쟁을 하였던 림춘추 같은 사람들이 이미 증언한 바이다. 김정숙의 이 노래 말은 분명히 누가 대신 만들어낸 것이 분명하다.

(2) 김형직, 강반석이 창작했다는 문학작품

김일성의 부친 김형직, 모친 강반석은 각각 1920년대와 1930년대에 이미 타계했던 사람들이다. 특히 김형직은 숭실중학교를 다니다가 중퇴를 하고 신식학교의 훈장까지 한 경력이 있기에 김정숙과는 달리 얼마간의 학문적 수양을 갖춘 사람들인 까닭에 문학작품을 창작했을 가능성은 부인할 수 없다. 그러나 확실히 이 두 사람이 생전에 창작했다거나 발표했다는 확실한 증거가 없으며 따라서 그 원본들도 공개한 적이 없다. 김형직의 문학작품만이 아니라 강반석의 문학작품 역시 모두 이들이 타계한 후 반세기가 거의 지난 1970년대 이후에 북한에서 발표되어 유행했다.

김형직이 창작했다는 문학작품의 양이 적지 않은데, 그 중에서 시 「남산의 푸른 소나무」가 가장 대표적이다. 1918년 가을 김형직은 '조선국민회'사건으로 옥고를 치르고 고향 만경대로 돌아왔다고 한다. 어느 날, 쇠약해진 몸을 지팡이에 의지하여 푸른 소나무를 바라보던 김형직은 사계절 변함없는 소나무의 억센 기상 앞에서 끓어오르는 격정을 참지 못하여 즉흥으로 읊은 것이 바로 아래의 시라고 한다.

남산의 저 푸른 소나무가
눈서리에 파묻혀서
천신만고 괴롬 받다가
양춘을 다시 만나 소생할 줄을
동무야 알겠느냐

나라의 독립을 못할 바에야
살아서 무엇하리
몸이 찢겨 가루 되어도
광복의 한길에서 굴함 없을 줄
동포야 믿어다오

이 한 몸 싸우다 쓰러지면
대를 이어 싸워도

금수강산 삼천리에
양춘을 찾아올 제 독립만세를
조선아 불러 다오

이 시는 70년대에 북한에서 곡이 붙여져 널리 유행되었었다. 이런 시들은 김일성의 가문은 대대로 애국적인 전통을 갖고 있는 지사의 가문임을 증명하는 기능을 수행하고 있는 시라고 할 수 있으며, 바로 이런 까닭에 이런 시들 역시 수령형상 문학의 확장이라고 보아야하는 것이다.

강반석이 창작했다는 시들도 적지 않은데, 그 중에서 「만경대에 봄이 와요」가 가장 대표적이다.

만경대에 봄이 와도
울 아버지 안 오시네
푸른 하늘 뭉게구름
훨훨 높이 잘도 난다
무얼 실러 어디가나
별나라로 찾아가나
(후렴) 아기별도 실어오소
장수별도 실어오소

대동강이 다 풀려도
울 아버지 안 오시네
푸른 물에 돛 단 배는
바람타고 물결 차며
어기여차 잘도 간다
한산도로 찾아가나

1918년 남편 김형직이 일경에 의해 체포된 후, 강반석이 만경봉 그네 터에 올라 어린 김일성(당시 6세임)을 안고 이 노래를 불러주면서 일제에 대한 증오심을 키워주고 나라를 찾아야 하는 큰 뜻을 심어주었다고 김일성은 『세기와 더불어」에서 회상한 적이 있다. 그런데 김일성의 이 회고록이 사실은 자신이 아닌 다른 사람에 의해 이루어졌음은 황장엽의 증언에서 알 수 있다.

Ⅵ. 우리식 사회주의시기의 문학(1980~1994)

"우리식 사회주의시기"는 대체적으로 1980년부터 1994년 7월 8일 김일성이 사망하기까지를 포함하며 일명 "김정일 통치시기"라고도 한다. 이 시기는 김정일 후계체제의 확립과 함께 경제적 침체가 가중되었다. 북한은 새로운 세상의 대변화가 초래한 위기를 극복하기 위하여 합영, 합작, 경제특구 정책 등의 다양한 대외개방을 통한 경제의 재생을 시도해보지만 그것은 부분적인 개혁, 개방에 그쳤으며, 마침내 "우리식 사회주의"를 고수하는 것으로 돌아온다.

1. 북한의 사회현실과 문학

1) 김정일의 통치권 계승

북한 지도부는 조선노동당 제5차 대회가 열린 지 10년 만인 1980년 10월에 조선노동당 제6차 대회를 개최하였다. 이 대회에서는 1980년대 북한 사회가 도달해야할 목표로 "온 사회의 주체사상화"와 함께 "사회주의 건설의 10대 전망목표"가 제시되었고 아울러 대외적으로도 김정일이 김일성의 후계자임을 공개했다. 이 대회에서 김정일은 노동당 내 3대 권력기구인 당중앙위원회 정치국 상무위원, 비서국 비서, 군사위원회 위원이 되면서 북한 사회를 움직이는 실질적인 통치자가 되었다.

물론 김일성은 1994년 7월 8일 사망하기 전까지 조선노동당 총비서와 국가 주석 등의 영도권과 관련된 직위는 계속 갖고 있었다. 그 때문에 외형상의 수령은 여전히 김일성이었으나 내용상의 수령은 김정일이었다. 1984년 11

월에 김일성은 당시 정치국 위원이었던 허담과의 담화에서 다음과 같이 말한바 있다.

> "혁명의 시대는 끊임없이 바뀌어지고 있습니다. 혁명의 시대가 바뀌어지는데 따라 간부대열도 갱신해야 합니다. 이제는 간부대열을 김정일 조직비서에게 충실한 사람들로 꾸려져야 합니다. 김정일 조직비서에 대한 충실성은 결국 당에 대한 충실성입니다. 김일성과 김정일은 사상도 같고 목표도 같으며 뜻도 같습니다. 김일성의 사상이자 김정일의 사상이 며 김일성의 뜻이자 김정일의 뜻입니다. 나와 김정일 조직비서는 모든 것이 다 같습니다. 사상도 같고 마음도 같고 생각도 같습니다. 현시대는 김정일의 시대입니다. 총비서로부터 평당원에 이르기까지 모든 당원들이 김정일 동지에게 충실해여야 합니다. 이것은 현시대의 요구입니다. 특히 로혁명가들과 간부들이 김정일 동지가 주는 과업을 제때에 철저히 집행해야 하며 당원들의 거울이 되어야 합니다.[147]

또한 김일성은 1992년 2월 16일 김정일의 50세 생일에 김정일에 대한 축시를 씀으로써 그의 권위를 부추기기도 하였으며, 그 족자 사진이 「노동신문」 1번에 컬러 화보로 게재되기도 했다.

축시의 내용은 다음과 같다.

白頭山頂正日峰 백두산 마루에 정일봉 솟아 있고
小白水河碧溪流 소백수 푸른 물은 굽이쳐 흐르누나
光明星誕五十週 광명성 탄생하여 어느덧 쉰 돌인가
皆贊文武忠孝備 문무충효 겸비하니 모두가 우러르네
萬民稱頌齊同心 만민이 칭송하는 그 마음 한결같아
歡呼聲高震天地 우렁찬 환호소리 하늘땅을 뒤흔든다[148]

위의 시는 1년 뒤 비석에 새겨져 김일성이 위조하여 만들어낸 이른바 김

---

147) 정창연, 『곁에서 본 김정일』, 토지, 1999, 197쪽.
148) 황장엽, 전개서, 247쪽.

정일의 출생지 - 백두산 아래의 정일봉의 김정일 생가 옆에 세워짐으로써 김정일 탄생 신화를 실물로 증명하고 아울러 부자 계승의 의지를 확고히 드러냈다.

김정일은 실무적인 일을 대부분 처리했을 뿐만 아니라 사상, 이론적 문제들과 관련되는 이른바 로작들을 계속 발표해 당과 국가의 노선 및 정책에 관련된 문제들에 대하여 끊임없이 방침을 제시함으로써 차기 수령으로서의 권위를 드높였다. 특히 1986년에 발표한 「주체사상교양에서 제기되는 몇 가지 문제에 대하여」에서는 "혁명적 수령관", "사회정치적 생명체론"을 제창하여 수령관을 보다 세부적으로 체계화하였다.

김정일은 여기서 "혁명적 주체가 수령, 당, 대중의 통일체"라고 하면서 "인민대중이 혁명적의 자주적인 주체가 되기 위해서는 당과 수령의 영도 밑에서 하나의 사상, 하나의 조직으로 결속되어야 한다"고 주장해 이율배반적인 논리를 전개하고 있다. 김정일은 이 글에서 "인민대중은 당의 영도 밑에 수령을 중심으로 하여 조직 사상적으로 결속함으로써 영생하는 자주적인 생명력을 지닌 하나의 사회 정치적 생명체를 이루게 된다. 개별적인 사람들의 육체적 생명은 끝이 있지만 자주적인 사회적 생명체로 결속된 인민대중의 생명은 영원하다"고 주장했다. 이렇게 함으로써 김정일은 이른바 "인민대중 중심의 주체사상"을 완전히 "수령중심의 주체사상"으로 변질시켜 버렸다.

김정일은 이론상에서 자기의 입지를 굳건히 하기 위해 많을 글들을 자기의 이름으로 발표했을 뿐만 아니라 실제로 북한의 당, 정, 군의 대부분을 통제하고 지도했다. 1980년에서부터 1988년에 이르기까지 북한에서 진행된 대부분의 사업은 김정일이 지도한 것이다. 1984년에 제정된 합영법을 비롯해 서해갑문과 인민대학습당 건설 등이 김정일의 작품이다.

상술한 이론과 실천의 과정을 거친 김정일은 "1989년에 이르러 후계체제의 구축, 지도이론과 그 체계의 확립, 영도의 계승체계 구축 단계를 지나 실질적으로 영도의 계승체계를 완성"했던 것이다. 그리고 김정일은 1990년부터 김일성으로부터 영도권을 공식적으로 넘겨받기 시작했다.

2) 김정일의 통치스타일과 대외 경제관

김정일의 통치스타일에 대하여서는 찬반양론이 대립되고 있다. 이른바 광폭(廣幅)정치와 인덕(仁德)정치를 펴고 있다고 보는 견해와 잔인한 사람, 변덕이 많은 사람이라고 보는 견해가 그것이다. 고 정주영 현대그룹 명예회장은 김정일에 대해 "윗사람을 공경하는 마음이 강하다"고 말하는가 하면 황장엽 같이 김정일을 익숙히 알고 있는 사람은 김정일을 잔인하고 부화사치하고 변덕이 많은 독재자라고 못 박고 있다.[149)]

1984년 9월 8일 북한은 김정일의 지도아래 『조선민주주의인민공화국 합영법』을 제정해 적극적으로 서방 자본을 끌어들이려 시도했다. 이 때 김정일은 '외국자본 도입은 경제예속'이라는 일부의 반대 의견을 물리치고 합영법 제정을 주도한 것으로 알려졌다. 이런 사실을 볼 때, 김정일의 경제관은 북한 내에서는 상당히 개방 지향적인 것 같은 인상을 준다. 북한의 합영법 제정은 대외경제정책의 획기적인 전환이었으나 처음 시도한 만큼 성과를 거두지 못했다. 합영법 공포 이후 1989년 9월까지 5년 동안 53건의 합작유치 실적밖에 올리지 못했다. 그것도 재일 조총련계 상공인들과의 합작이 대부분이었고 다음으로 소련과의 합작사업이었다. 합작사업의 내용 면에서도 소규모의 피복, 식료가공, 식당 등의 서비스 분야와 경공업 분야가 대부분이었다. 이처럼 소기의 성과를 거두지 못한 것은 북한이 합영법을 뒷받침할 수 있는 후속 조치들을 제대로 취하지 않은 것이 가장 큰 요인이었다.

개방 여건을 담보할 수 있는 후속 법률들은 1990년대에 와서야 정비되었다. 그래서 1990년대부터는 북한에 진출하는 외국 기업들의 수도 급격히 증

149) 황장엽, 『북한의 진실과 허위』(통일정책연구소,1999년)중의 제6장 "김정일은 어째서 개혁개방을 할 수 없는가"와 『나는 역사의 진리를 보았다』(도서출판 한울, 1999년, 제 6장의 "김정일의 실권 장악"을 참조하라.

가했으나 문제는 여전히 남아 있었다. 북한은 중국이나 베트남과 비교하면, 지극히 제한적인 지역과 범위에서만 개방정책을 추진했기 때문에 북한이 필요한 만큼의 서방 자본과 기술이 유입되지 않았던 것이다. 또한 미국과의 적대적 관계가 청산되지 않은 점도 북한의 대외경제 개방정책의 성과를 미흡하게 하는 중요한 요인이었다.

한편 북한은 서방의 자본유치가 지지부진하자 민간 차원의 남북경제협력을 활성화하여 남한의 기술과 자본을 적극적으로 끌어들이려고 했다. 그러한 노력의 결과 1998년에 고 정주영 현대그룹 명예회장은 1천 마리의 '통일 소'를 몰고 판문점을 거쳐 북한에 들어갔으며, 금강산 유람선이 남북을 왕래할 수 있게 하는 성과를 거두기도 하였다.

그러나 북한이 대외개방정책을 추진하는 기본원칙과 그것을 받아들이는 속도가 다른 나라들과는 많은 차이가 있다. 그것은 김정일 통치체제가 근본이 훼손 당하지 않는 범위 내에서 개방정책을 추진한다는 점을 분명히 하고 있는 점이다. 말하자면 북한은 자본과 기술이라는 공기는 받아들이되 자본주의라는 모기는 철저히 차단하는 이른바 '모기장식' 개방정책을 추진했던 것이다.

김정일은 개방을 하고 싶어 하면서도 왜 개방을 할 수 없는가? 이에 대해 황장엽은 김정일은 대내적이나 대외적으로 저지른 수많은 악행과 개인적인 사생활에서의 부화타락상을 폭로하고 나서 다음과 같이 지적하고 있다.

> "김정일의 독단과 전횡에 의해 희생된 사람들의 수는 헤아릴 수 없이 많다. 만일 개혁 개방이 되어 민주주의가 회복되고 시장경제가 도입되어 국제사회에 문호를 개방하게 된다면 김정일의 모든 비행과 엄중한 죄과가 조선에서 뿐만 아니라 세계적으로 널리 알려 지게 될 것이다. 이렇게 되면 김정일의 전제주의적인 독재체제가 붕괴될 뿐만 아니라 그는 역사의 심판을 면치 못하게 될 것이다. 그가 개혁개방을 할 수 없는 이유가 여기에 있다."[150]

---

150) 황장엽, 『북한의 진실과 허위』, 통일정책연구소, 1999, 57~58쪽.

3) 1980년대 이후 북한경제의 침체와 "우리식 사회주의"

북한 당국은 1980년대 이후 경제 실패의 원인을 외부사정의 악화에서 찾고 있다. 사실 소련과의 급격한 무역 축소, 에너지 수입의 어려움 등으로 북한경제가 적지 않게 타격을 받은 게 사실이다. 그러나 더 근본적인 원인은 북한 경제에 내재해 있는 구조적인 모순에서 찾을 수 있다. 이를테면 사회주의 계획경제와 사회주의적 소유제의 한계, 북한의 자립적 경제 노선이 안고 있는 한계, 경제논리가 아니라 정치와 사상의 논리로 움직이는 북한식 운영 방식의 비효율성, 과중한 군비지출 그리고 기념비적인 건축물에 대한 과다한 투자, 단기효과를 노린 과다한 돌격대식 경제운영방식, 내부의 관료주의와 부패 등, 그 원인은 실로 다양하다.

어쨌든 북한 경제는 사회주의 국가들의 갑작스런 붕괴에 따른 대외무역 관계의 와해, 자립적 민족경제노선의 내적 한계, 분단과 군사적 대치로 인한 국방비의 과다지출, 미국의 계속되는 경제봉쇄와 적대정책, 비효율적이고 경직된 경제체제와 경제관리체제, 경제운영방식 등으로 인해 1980년대 중반 이후 근본적인 한계에 부딪쳤으며, 1990년대 이후 뚜렷한 침체현상을 나타냈고 1990년대 중반부터 위기의 국면으로 들어섰다.

이런 경제침체와 위기적인 상황 속에서 북한은 개혁, 개방보다는 자기의 원점으로 돌아서려는 조짐을 보이기 시작했는데, 그것이 바로 북한에서의 "우리식 사회주의론"의 전개라고 할 수 있다.

물론 북한에서 "우리식"이라는 용어는 1978년과 1980년에 김정일에 의해 제기되었으나 본격적으로 사용되기 시작한 것은 소련과 동유럽 사회주의 국가들이 시장경제로 본격적으로 전환하고 중국이나 베트남 같은 아시아의 사회주의 나라들에서 개혁개방의 길로 동요 없이 나아가고 있었던 1980년대 말부터였다. 북한은 사회주의 국가들이 시장경제로의 이행에 따른 충격과 영향이 내부로 확산되는 것을 차단하고 여전히 사회주의체제를 고수, 발전시켜 나가고 있다는 차별성과 자신감을 내외에 천명하기 위해 '우리식 사회주의'를 주창한 것이라고 볼 수 있다. 그것은 또한 전후 사회주의 건설과정에서의 북한식의 독자노선과 주체사상의 연장선에서 나온 변종(變種)이자 재탕(再湯)이라고 할 수 있다.

그렇다면 "우리식 사회주의는 어떤 내용으로 이루어졌는가? 그것은 기본적으로 1970년대 김정일 후계체제가 등장하면서 구축되어 온 내용의 연장선 위에 서 있었고 특별한 내용은 없었다. 다만 1990년대 북한에 닥친 위기상황을 타개해 보기 위해 고안한 고육지책(苦肉之策)이라고 할 수 있을 것이다.

2. 시와 소설문학의 전개 양상

1967년 이후 새롭게 형성된 북한의 주체문학은 그 후 줄곧 북한의 지배적인 문예정책으로 자리 잡으면서 작품 창작을 비롯한 모든 문학적 활동에 직접적인 영향을 미치게 되었다. 이러한 양상은 1980년대에 들어와서도 마찬가지이며, 이 시기에도 그 이전과 마찬가지로 주체문학의 틀이 기본적으로 자리잡고 있었다. 1967년 이후부터 진행된 수령의 형상화 작업이 계속됨과 아울러 김일성의 가계와 관련된 인물의 형상화 작업이 진행되었으며, 그 중 김정일에 대한 형상화 작업이 더욱 많이 진행되었다. 그런데 이런 가운데서도 1980년대 북한문학은 그 이전의 주체문학에서 볼 수 없는 새로운 점들을 보여주고 있다. 그것은 특히 사회주의 현실을 주제로 한 작품들에서 두드러지고 있다.

1980년대 북한문학을 주제별로 나누면 대략 다음과 같다.

첫째는 해방 후 혁명투쟁을 형상화한 작품이다. 여기서는 토지개혁을 비롯하여 6.25전쟁 등이 다루어지고 있다. 토지개혁을 다룬 작품들로는 고병삼의 「대지의 아침」(1983)을 들 수 있으며, 6.25전쟁을 다룬 작품으로는 김보행의 「녀당원』(1982)을 비롯하여 『태백산 줄기줄기』(1985), 『전선』 등을 들 수 있다.

둘째는 역사를 주제로 한 작품이다. 홍석중의 『높새바람』(1983), 박태민의 『성벽에 비낀 불길』(1983) 등이 여기에 속한다.

셋째는 조국 통일을 주제로 다룬 작품이다. 여기에 통일주제와 관련하여 남한의 현실을 다룬 작품들과 해외 동포들과 관련된 조국통일 주제의 작품들이 있다.

넷째는 현재 진행 중인 사회주의를 주제로 한 작품들이다. 즉 북한 당대 현실인 사회주의 건설과정의 제반 문제를 다룬 것이다. 이 주제의 작품은 1980년대 작품들 중 가장 많은 양을 차지하고 있을 뿐만 아니라 1980년대 북한문학의 새로움이 가장 구체적으로 드러나는 부분이다. 이를테면 김보행의 장편소설 『노동가정』(1979)은 사회주의 시대에서의 가족애는 어떤 것이어야 하는가 라는 물음에 답한 작품이다.

이 시기 북한의 시문학에서 주목할 점은 도식성과 산문화 경향을 벗어나기 위한 노력이 있었다는 사실이다. 김정일은 "털어놓고 말하여 지금 많은 시들은 하나의 산문이 됩니다. 앞으로 시를 쓰는데서 이런 문제도 논의되어야 합니다"라고 말함으로써 북한 시문학의 도식성과 산문화 경향을 비판했다고 한다. 이에 자극을 받아 운율을 살리는 시들이 창작되기 시작했는데, 시의 내용과 개성적인 정서에 따른 개성적인 운율을 창조해낸 시인으로는 김철이 꼽힌다.

김철의 시 「어머니」(1982)나 「용서하시라」(1987)는 그 좋은 예로 거론되고 있다. 그는 「용서하시라」에서 "용서하시라 어머니시여 / 무명천으로 통바지 해주었다고 / 투정질하여 어머니 속을 태우던 / 이 아들을 용서하시라 // 용서하시라 선생님이시여 / 화학숙제 제대로 안 해오고 / 대수공식도 외우지 않아 / 선생님을 애먹이던 이 제자를 / 선생님이여 용서하시라"하여 시의 발상을 구체적인 일상의 체험에서 끌어내고 호흡의 반복, "여"나 "라"의 각운의 활용, 2음보와 3음보의 율동교체 등을 통하여 운율를 보여주고 있다.

또한 이 시기 시들 가운데 또 한 가지 특징은 짧은 시들이 많이 창작되었다는 점이다. 북한 시들은 정치사적인 내용을 전달하는 데 치중하다보니 장편서사시나 장시 등이 많았다. 그리고 굳이 이런 장시가 아니더라도 연의 수가 많고 연을 이루는 행의 수도 많고 행의 길이도 길었던 것이 일반적이었다. 그러나 이 시기에 나타난 짧은 서정시들은 남한의 시들과 큰 차이가 없을 정도로 외우기도 쉽고 서정성도 충분히 확보되어 있다고 평가된다. 안충모의 「삶에 대한 생각」(1984), 안창만의 「시와 인생」(1985), 한기운의 「내 너밖에 몰라」(1984), 최정용의 「금골 처녀」(1984) 등이 이런 시에 속한다.

한기운의 「내 너밖에 몰라」를 보자.

꽃 필 땐 과원 속에
네 얼굴 꽃이더라
열매 익는 가을엔
네 마음도 열매로 주렁지더라

아, 봄내 가으내 가꾸는 마음
당의 뜻 받드는 그 진정 뜨거워
꽃밖에 열매밖에 네 모르니
처녀야 나도 너밖에 몰라!

그러나 이런 변화를 북한 시문학의 전체적인 변화로 보기는 어렵다. 여전히 정치사상적 내용을 담은 시들이 주류를 이루었기 때문이다. 그런 북한 시문학의 도식성과 산문화 경향을 극복하는 데는 역부족이었다. 이런 점에서 1980년대의 북한문학은 근본적으로 주체문학의 틀을 벗어날 수 없다는 한계를 안고 있는 셈이다.

김정일 시대 북한문학의 여전한 주제 가운데서 하나는 남한 현실과 조국통일 문제이다. 남한에 대한 비판은 군사정부가 끝나고 문민정부가 들어선 뒤에도 계속되었다. 이를테면 리영백의 「혀 바닥을 한번 봐야겠다」(1993)에서 "여보게 김영삼씨 / 자네의 혀 바닥을 한번 봐야겠네 / 아무래도 자네의 혀 바닥은 정상이 아닌 것 같네 / 원래 사람의 혀 바닥은 제 속에 품은 진실을 표현하기 위해 / 이리저리 굴리는 건데 / 자네 것은 정반대가 아닌가 / 자네 혀 바닥은 '민주'를 공약했지만 / 로동자들이 생존권을 요구해 나섰을 때 / 학생들이 범민족통일행진에 나섰을 때 / 총칼로 짓뭉개라 날름거렸지?"라고 했던 것이다.

미국에 대한 풍자와 저주, 그리고 남한의 민주화운동과 통일운동 등이 모두 이 시기 북한 시문학의 소재가 되었다. 반미를 주제로 한 시로는 김송의 「음모에 미친 백악관」, 「돈에 미친 월가」(1986), 리재준의 「분노의 글발」(1986), 박명도의 「불이 붙는다」(1988), 차영도의 「분노한 나의 시」(1989), 문동식의 「20세기의 선언」(1991), 백인준의 「썩어가는 아메리카 '에이즈'의 왕국」 등이 있다.

또한 평화 민주운동은 1980년대 초부터 계속해서 북한 시문학의 제재가 되었다. 대표적인 작품으로는 림호권의 「광주의 꽃」(1980), 류항모의 「5월」(1993), 김영근의 「광주는 살아있다」(1987), 문성라 「광주의 5월」(1991), 장혜명 「투쟁의 도시 광주에」(1991), 고호길 「5월의 광주여」(1994), 박원종 「광주 사람들은 문을 걸지 않는다」(1990), 문재건의 「광주의 얼」(1986)과 「붉은 잎사귀」등이 있다.

문재건의 「붉은 잎사귀」 전문을 보기로 하자.

> 공수 부대 놈들
> 미친 듯이 쏘아대는
> 총탄의 소낙비에
> 하나 둘 쓰러지는 대학생들
>
> 그들 머리 우에
> 즐벅한 붉은 피우에
> 우수수 한 잎, 두 잎

내려 앉는 가로수의 파아란 잎사귀

아, 봄의 락엽이여
때 아닌 5월의 락엽이여
너는 흐르는 피에 젖어
붉은 잎사귀 되었구나

통분 하구나
때 이르게 가야 하는
가야만 하는 아까운 청춘들
몸부림치는 광주의 5월이여

흉악무도한 파쇼의 광풍 속에 흩날리는
5월의 붉은 잎사귀에
불꽃이 되여
격문이 되여 온 세상에 날린다.

이외에도 조국 통일을 다룬 작품으로는 신변강의 「통일의 이름으로 빛나는 땅에서」(1990), 「혈육의 정 넘치는 분계선 도시에서」(1984), 강현세의 「조국 통일 객차에 올라」(1981), 권영호의 「통일거리」(1987), 김형준의 「통일의 념원을 담아」(1991), 장혜명의 「장벽은 무너져야 한다」(1990), 리정기의 「강토가 갈라지는 곳에서」(1984), 렴봉우의 「나서자 통일성전에」(1989), 김동전의 「조국!통일!」 등이 있다.

그리고 1993년 북한의 『조선문학』은 3편의 남한 시인들의 시를 처음으로 소개했다. 김남주의 「길」(1993)과 「고개 들어 조국의 하늘아래」(1993), 이재무의 「분단절」(1993) 등이다. 비록 이들 시가 반미와 분단에 대한 정서를 다뤄 북한이 크게 거부감이 없이 받아들일 수 있었고 남한의 반미통일운동을 선전하기 위한 의도적인 몸짓이라고 할지라도 남한의 문학작품을 소개했다는 것은 남북의 접근이라는 점에서 고무적인 현상으로 보아야 할 것이다.

역사소설은 비교적 현재의 삶과는 일정한 거리를 둘 수 있기 때문에 다른 주제와는 달리 작가들이 큰 부담을 갖지 않아도 되는 장점을 갖고 있다. 이런 역사소설은 1980년대 북한에서 인기 있는 분야로 자리를 잡았다. 그렇게 해서 1895년 갑오농민운동을 소재로 한 박태원의 「갑오농민전쟁」(1977~1980), 1506부터 1510년 사이 왜구들의 침입과 그와 결탁한 매국노들을 반대하는 민중들의 애국투쟁을 형상화한 홍석중의 「늪새 바람」(1983), 리유근의 「관북의 병장」(1987), 18세기 평안도의 농민봉기를 소재로 한 「홍경래」(1992) 등의 작품들이 나오게 되었다.

1980년대에도 김정일의 영화에 대한 관심과 지도는 계속되었다. 1987년 평양방송은 김정일이 조선영화촬영소에 무려 320여 회나 현지 지도를 나갔으며, 이 과정에서 2천 2백여 차례나 지침을 주었다고 방송해 김정일의 영화에 대한 지속적인 관심과 지도활동을 알 수 있었다. 물론 이런 관심 속에는 김정일 개인의 성적욕망도 많이 포함되어 있다고 할 수 있는데, 이에 대해 황장엽은 다음과 같이 증언하고 있다.

> "김정일은 자기를 고매한 도덕적 품성을 지닌 지도자로 선전하고 있기 때문에 부화방탕한 사생활과 인권유린의 행위의 비밀이 나가는 것을 막기 위하여 몹시 신경을 쓰고 있다. 그는 대학을 나오기 전부터 자기 집에 복무하는 여성을 임신시키므로 조직부 간부들이 그를 빨리 장가를 보내야 되겠다고 걱정하게 되었다. 그가 대학을 나온 후 예술을 지도한다고 하면서 배우들 속에 들어가 많은 배우들과 관계를 가졌는데, 그 중의 한 사람이 성혜림이었다. 성혜림은 작가 리기영 선생의 맏며느리로 영화배우였다. 김정일은 성혜림을 자기가 만드는 영화에서 어머니인 김정숙의 역을 맡게 하고, 그를 리기영 선생의 집에서 빼내여 같이 살면서 아이까지 낳게 하였는데, 그 아이가 '김정남'이다. 김정일은 성혜림과 정식 결혼을 할 수 없기 때문에 모든 사실을 비밀로 하고 성혜림을 러시아 모스크바로 내보내 생활을 보장해 주었다. 김정일의 사생활이 어지럽기 그지없지만 마치도 사생활이 결백한 것처럼 세상에 선전하기 위해 좀 부화한 생활을 한 사람들을 엄격히 처벌하며, 유명한 인민배우 우인희 같은 사람은 행실이 문란하다 하여 총살까지 하였다."[151]

1980년대 북한영화의 기본 방향은 1967년부터 시작된 북한 문예혁명, 혁명영화의 연장선에서 이어질 수밖에 없었다. 이 시기 북한은 예술영화(극영화) 30~40편을 비롯해 기록영화, 아동영화, 교육영화 등을 포함하여 총 100편을 만들었다. 그 가운데 대표적인 작품들로는 「조선의 별」(10부 작, 1980~1981), 「이름 없는 영웅들」(20부 작, 1980~19810), 「양지마을 사람들」(2부 작, 1981), 「한 당 일군에 대한 이야기」(1981), 「월미도」(1982), 「그날의 맹세」(1982), 「만병초」(1983), 「안개속의 과녁」(1983), 「개척자」(1984), 「고결한 삶」(1985), 「소금」(1985), 「명령 027호」(1986), 「봄날의 눈송이」(1986), 「온달전」(1986), 「림꺽정」(4부작, 1987~1988), 「혁명전사」(1987), 「의용군 녀병사」(1987), 「도라지꽃」(1987), 「민족의 태양」(6부작, 1987부터 제작), 「먼 남쪽 바다에서」(1988), 「대덕산」(1988), 「우리 삼촌집 문제」(1988) 등이 있다.

이 가운데 「도라지꽃」은 1987년 제1회 평양 비동맹영화제에서 최우수작품상(횃불금상)을 수상했다. 또 「조선의 별」, 「이름 없는 영웅」, 「민족의 태양」 등은 1980년대 북한영화의 한 특징인 대작 선호 경향을 대표하는 작품들이다. 이 가운데서 「조선의 별」은 김일성의 해방 전 활동을 그리고 있으며, 「민족의 태양」은 김일성의 해방 후 활동을 그린 영화로서 각각 10부 작과 6부 작이다. 북한의 보도에 따르면, 「조선의 별」은 40여만 회나 상영되었고 관람 인원수는 총 1억 5천만 명이 넘었다고 한다. 「이름 없는 영웅」은 세계영화사상 유례를 찾아볼 수 없는 20부 작으로 제작되어 북한영화의 신기원을 이룩했다.

1980년대 북한영화는 외국과의 교류도 활발했다. 주로 옛 소련을 중심으로 한 동유럽권 영화제에 적극 참가하는 한편 합작영화도 여러 편 제작했다. 여기에는 납북 당한 한국의 유명한 영화연출가 신상옥, 최은희 부부가 큰 활약을 했다. 신상옥, 최은희가 주연한 「소금」이 1985년 모스크바 영화제에서 여자 배우 주연상을 받은 것이 그 하나의 예라고 할 수 있다. 또 합작영화로는

---

151) 황장엽, 「북한의 진실과 허위」, 통일정책연구소, 1999, 56~57쪽.

『영원한 전우』, 『봄부터 가을까지』, 『구원의 해안』 등이 있다. 또한 "평양영화제"를 창설하여 외국영화와의 교류에도 노력했다. 그 정식 명칭은 "비동맹 및 기타 발전도상 나라들의 영화축전"이었으며, 1987년에 처음 만들어져 2, 3년마다 한 번씩 개최되었다. 제4회 영화제가 열린 1994년 7월에는 김일성의 사망으로 모든 행사들이 취소되었음에도 불구하고 이 영화제만은 예정대로 진행되어 북한이 이 영화제에 얼마나 큰 관심을 기울이고 있는지 간접적으로 보여주었다.

3. 김정일을 우상화한 문학

김정일에 대한 우상화작업은 이미 70년대 중반 이후부터 시작되기는 했지만, 1980년대 이후 북한의 상징적인 수령은 김일성이고 실질적인 수령은 김정일이었다. 그러므로 김일성을 우상화하는 작업이 계속 이어지고는 있는 한편 김정일을 우상화한 문학작품이 본격적으로 등장하기 시작했다. 이를 시와 소설 두 장르에 걸쳐 살펴보기로 하자.

1) 김정일을 칭송한 시문학

1970년대부터 시작된 김정일을 찬양한 서정시들은 1980년대에 이르러 더욱 왕성하게 창작되었다. 그리하여 이 시기에는 김정일을 찬양한 서정시들이 수많이 창작되어 『향도의 해발을 우러러』를 비롯한 여러 가지 제목의 작품집으로 출판되었다. 오영재, 김철, 최영화, 김우협, 김석주, 김조규 등 많은 시인들이 김정일을 찬양한 서정시들을 썼다.

그럴 수밖에 없게 된 것은 아들 김정일이 자기의 우상화 작업에 대단한 기여를 한 것처럼 아버지인 김일성도 김정일의 우상화작업에 일조를 해야만 했던 것이다. 그래서 김일성은 "김정일 동지는 문무충효를 겸비한 참다운 인민의 령도자입니다. 그는 탁월한 사상리론가, 정치사상가이고 군사전략가이며 조국과 인민에게 무한히 충실하고 효성이 지극한 충신, 효자입니다"[152]라고 하면서 직접적으로 나서서 김정일의 우상화작업을 선도했다.

그런데 김정일은 김일성과 같은 항일투쟁경력을 갖고 있지 못했다. 이런 까닭에 김일성의 말대로 "문무충효를 겸비한 인민의 령도자"라고 김정일을 아무리 치켜세운 듯 그 물질적인 증거를 제시하지 않으면 공허한 말에 지나지 않는 것으로 되는 판국이었다. 그런 까닭에 후계자의 위대함을 선전하는 가장 기본적인 방식은 그의 위대함을 드러내는 물질적 증거를 제시하는 일이었다. 1960년대 백두산은 단군시절부터 성소(聖所)로 경배된 곳이거니와 1947년 조기천의 서사시 『백두산』에서 백두산은 김일성을 우상화하는 가장 중요한 배경으로 등장했다. 특히 1960년대 이후에 백두산은 김일성의 빛나는 혁명투쟁력사의 가장 주요한 배경이었다. 이른바 '혁명의 성지'로서 북한 사람들이 경배하고 순례하는 대상이 되었다. 순례는 김일성의 위대한 행적을 참관하는 데만 그쳐서는 안 되었다. 순례는 백두산 상봉에 일찍 '조선의 광명성'이 떠오른 흔적을 찾아봄으로써 후계자가 특별한 존재라는 믿음을 강요하는 행사가 되었다. 항일빨치산들이 김정일의 출현을 이미 예견해 그가 장차 민족의 지도자가 되리라는 내용을 새겨 넣었다는 백두산 구호나무에 관한 시들이 계속해서 씌어진 것도 그런 맥락이었다. 김정일이 태어났다는 백두산 밀영이 자리한 백두산의 한 봉우리는 김일성에 의해 지정되고 '정일봉'으로 명명[153]되었으니, 이에 관한 시들도 여러 편 발표되었다. 여기서 주목

152) 김정웅·천재규, 『조선문학사』 15권, 사회과학출판사, 1998, 137쪽에서 재인용.

153) 황장엽은 김일성이 김정일의 출생지를 거짓으로 꾸며낸 내막을 『나는 역사의 진리를 보았다』 245쪽에서 다음과 같이 밝히고 있다.

"김일성은 항일빨치산 출신들을 불러 김정일이 태어난 밀영을 찾아내라고 지시하기도 하였다. 그들은 백두산 일대를 뒤졌지만 애초에 없었던 밀영지를 찾아낼 수 없었다. 그러자 김일성은 자기가 직접 나서서 찾아야겠다면서 돌아다니다가 경치도 적당하고 위치도 그럴듯한 곳을 지적해 주었

되는 점은 김일성의 우상화 작업에서와 마찬가지로 김정일의 우상화 작업에서도 역시 백두산은 아주 주요한 배경으로 등장한다는 점이다.

> 위대한 수령님과 친애하는 지도자 동지를
> 영광의 상상봉에 모시고
> 만년을
> 억만년을
> 지구의 중심에 빛나 빛나리라
> 오, 백두산!
> 영원한 태양의 산아, 백두산아!

위의 서정시는 『백두의 새날』(김철, 1982)의 결구(結句)이다. 북한문학사에서는 이를 두고 "두 분의 수령을 함께 모신 조선의 영광, 조선의 특전이 백두산은 '영원한 태양의 산'이라는 시적 표현 속에 함축되여 정서적으로 노래되고 있다"[154]고 표현했는데, 김일성과 김정일의 우상화작업에서 '백두산'은 단군신화 중의 아사달이나 김수로왕 전설에서 나오는 구지봉 같은 하늘에서 신이 내리는 강신지(降神地)의 기능을 하고 있음을 알 수 있다.

그리고 김정일을 찬양한 서정시들은 공허한 주관적 감격을 토로하지 않으면 정론의 성격이 짙다. 항일빨치산들이 산 속의 나무에 남겨놓았다는 글귀만이 시인의 주관적 감격을 정당화해 주는 유일한 근거인 상황에서 그 감격이 공허하지 않으면 그것은 이상한 일이다. 운율의 평이성은 북한 시 전반에 나타나고 또 그래서 김정일도 이를 아주 불만스럽게 생각한 바이지만, 이는 어쩔 수 없는 것이다. 시인의 진실한 감정의 결여는 필연적으로 시의 감정의 빈곤성과 공허성을 파생시키게 되고 따라서 이는 필연적으로 음악성을 배제하게 되는 법이다.

김정일의 찬양시에는 서정시가 주종을 이루지만 일부의 서사시도 있다. 서

다. 그리고 그곳 뒷산을 '정일봉'이라고 명명했다.

154) 김정웅·천재규, 『조선문학사』, 15권, 1998, 139쪽.

사시에는 무슨 이야깃거리가 있어야 하는데, 김정일 찬양 서사시들에서는 김일성을 그리는 데서도 그러했듯이 무불통지의 혜안으로 문제를 해결하는 현지 지도의 일화들은 그의 능력을 입증하는 예로써 소개되었다. 광산의 콘베이어화나 간식지개빌은 흔한 이야깃거리었나. 박산운은 김정일의 천재성과 자애로움을 말하기 위해 소설가 박태원의 일화를 소재로 한 담시 「은혜로운 사랑의 품에 대한 이야기」(1989)를 썼다. 오래 병석에 누워있던 박태원이 아내에게 구술하여 『갑오농민전쟁』을 썼다는 것은 이미 잘 알려진 사실 이야기거니와, 박산운에 의하면 그것은 모두 김정일이 배려한 결과였다. "산송장이나 다름없는 자기를 안아 일으켜 / 동시대 사람들과 발맞출 수 있도록 / 혁명의 대오에 세워주신 그이 / 백년 전에 살며 싸운 우리 사람들의 / 몸짓과 눈빛까지 꿰뚫어 볼 수 있게 하신 / 친애하는 지도자 김정일 동지의 / 은혜로운 사랑에 대해 이야기하고 있었다."[155)]

장편서사시 『창조의 영웅』(1992)은 김정일을 천재적 창조자로 그렸다. 이 작품에서 김정일은 '시간을 압축하고 늘리며' 어떤 복잡한 대상도 '단번에 꿰뚫어 보는' 혜안의 주인공이다. 그러나 김정일이 철학과 정치, 예술과 군사 방면을 망라한 천재임을 말하는 이 서사시는 분산적 일화들을 병립시키거나 기계적으로 연결하고 있을 뿐이다. 이런 이유는 김정일에게는 김일성과 같은 이야기가 없었기 때문이다. 서사성의 빈곤은 김정일을 찬양한 대부분 서사시가 공통적으로 안고 있는 결함이다. 그것들은 흔히 허구적인 과장과 권위적인 단어들로 차 있는 이유가 무엇보다 여기에 있는 것이다.

2) 김정일을 주인공 한 수령형상 창조의 소설문학

『아침 해』(현승길, 1988)는 김정일을 주인공으로 한 첫 장편소설이다. 이 작품에서는 김일성이 서쪽 하늘로 저물어 가는 '저녁 해'라면, 김정일은 동

---

155) 박산운, 「은혜로운 사랑의 품에 대한 이야기」, 『내가 사는 나라』, 문학예술종합출판사, 1992, 32쪽.

쪽에서 솟아오르는 '아침 해'라고 비유될 수도 있게 형상화하였다. 이어 1970년대 초 영화제작을 지도하는 김정일을 그린 장편소설 『예지』(리종렬, 1990년)와 전쟁시기 특별한 성품에 총명한 어린이 김정일의 활약상을 담은 『불구름』(박현, 1991)이 나왔다.

위의 소설들에서 김정일은 놀라운 예지와 열정으로 대범하게, 통이 크게 갖가지 사업을 지도하고 있다. 『아침 해』에서의 김정일은 로동신문의 사설을 손보고, 영화촬영을 지도하며, 예술선동대의 파견지를 결정할 뿐만 아니라 간척사업을 지도하는 만능의 지도자다. 그는 아버지 김일성처럼 곳곳의 기업소와 공장, 광산과 농촌을 방문하고 있다. 그는 불철주야로 일하고 생각한다. 그 또한 아버지 김일성처럼 모든 사람들의 존경과 사모의 대상이다. 아버지 김일성처럼 김정일은 하찮은 사람들에 대해서도 세심한 배려를 아끼지 않음으로써, 그들로 하여금 자신들이 지도자가 베푸는 온정에 제대로 부응하고 있지 못하다는 자책감을 갖도록 만든다.

『아침 해』의 이야기는 철광석 생산을 지도하는 내용이다. 버력을 처리하지 못해 철광석의 채굴이 문제에 봉착했다는 보고를 받은 김정일은 생산사업을 제대로 수행하지 못한 것에 대한 자책과 두려움에 떠는 책임자 '지승하'에게 광구를 틀어막고 있는 버력을 치워야 할 임무를 다시 맡긴다. 당 일꾼들이 그에게 처벌을 줄 것을 건의했음에도 지승하에게 스스로 자신의 과오를 씻게 한 김정일은 관대한 구원자이다. 김정일의 이 자비로운 조치는 단지 지승하를 불쌍하게 여긴 데서 나온 것만은 아니다. 그는 지승하에게 신임을 줌으로써 그와 광산을 모두 구하려 한 것이 차츰 설명된다. 김일성이 모든 아래 사람들에 대한 구체적인 기억을 갖고 있는 것처럼 김정일도 역시 지승하의 과거를 샅샅이 파악하고 있다. 김정일은 지승하가 충실한 일꾼이고 따라서 이 일을 해낼 수 있으리라 판단한다. 김정일은 사람을 옳게 헤아리는 현명한 심판자이기도 하다. 김정일은 죽을 사람을 살려냄으로써 진정과 성심을 이끌어내는 혜안과 덕성을 갖고 있다.

뜻밖의 신임에 놀란 지승하는 눈물을 흘리며 과오를 만회하려는 각오를 다진다. 그러나 지승하는 버력을 치우는 과업을 곧바로 완수하지는 못한다. 당 일꾼들이 거듭 지승하를 '버릴 것'을 권유했지만, 과업을 준 이상 '끝까지 밀어 줘야' 하며, 스스로 해결의 방도를 찾도록 해주어야 한다는 김정일이 입장은 흔들리지 않는다. 드디어 지승하는 버력을 콘베이어 벨트로 수송해 바닷가에 쏟는 방법을 고안해 내는데, 그가 이런 설계를 할 수 있었던 것도 역시 김정일의 귀띔 때문이다. 김정일은 지승하에게 전화를 걸어 버력을 수송하는 문제는 수송의 콘베이어화라는 당의 방침에 '사색의 기초'를 둘 때 해결 될 수 있음을 일깨워 줬던 것이다. 지승하의 설계를 구체화하고 발전시키는 것 역시 김정일이다. 소설은 처음부터 간척사업을 지휘하는 김정일의 모습을 그리고 있거니와, 바로 이 지점에서 김정일은 버력처리와 간척사업을 연결하는 놀라운 구상을 제시한다. 즉 콘베이어 벨트를 수십 리 바다 앞까지 이어내 버력으로 바다를 막음으로써, 버력도 치우고 간석지도 얻자는 것이다. 김정일이 헬리콥터를 타고 바다를 막는 갑문 공사를 구상하는 장면이 앞에 제시되고 있기는 하지만, 언제부터 그가 버력 처리와 간척사업을 연결시킬 생각을 했는지는 명확하지 않다. 어쨌든 지승하에게 설계의 기본 방향을 지시한 것도 김정일이고 지승하의 설계를 개선하여 구체화한 것 역시 김정일이다.

광산을 구하고 동시에 간석지를 얻자는 그의 발기에 애당초 설계를 했던 지승하를 비롯해 당 일꾼들은 놀라움을 금치 못한다. 김정일의 구상은 지승하로서는 감히 생각도 못했던 것이다. 지승하는 마음속으로 부르짖는다.

> 지승하는 그이의 부르심을 듣지 못했다. 이 때 지승하의 넓은 직관물 (계획모형)이 아니라 저 멀리 은률 광산과 그 앞바다에 가 있었다. 바다 복판으로 뻗어 가는 방파제, 옮겨지는 버력산, 황금이 물결치는 간석지- 이것은 그야말로 위대한 구상이다. 세계적인 설계이다. 일순간에 천지개벽이 약속된 이 시각, 그이를 우러러보는 지승하의 눈에 이슬이 맺혔다. 아, 위대한

> 분이시다. 비범한 예지를 지니신 위인이시다! 지승하는 자기 개인의 운명이 아니라 찬란한 미래가 약속된 조국과 인민의 운명을 생각했다. 거기에 자기의 운명도 있는 것이다.[156)]

그 아버지에 그 아들이다. 김정일은 김일성과 마찬가지로 역시 하늘이 낸 거룩한 인간 – '천출위인(天出偉人)'이다. 하기에 김정일은 무학자통(無學自通)의 천재로서 영감(靈感)의 샘이다. 김정일은 이런 천재에게만 생길 수 있는 영감으로 사업을 국가적인 차원에서 도모하고 연결하고 조정하는 기획자에 다름 아니다. '통이 크게 생각하고 판을 크게 벌린다'는 김정일의 이른바 '광폭정치(廣幅政治)의 스타일은 오직 그에게만 해당되는 말이다. 그는 여러 부문의 사업을 총괄하는 중심이며 이들을 추진하는 핵이기 때문이다. 김일성이 이미 저물어 가는 저녁 해라면, 김정일은 떠오르는 아침 해인 것이다.

『예지』는 1070년대 초 영화사업을 지도하는 김정일의 활약상을 그렸다. 촉망받는 영화연출가 '최승진'이 「광풍」을 새로 만들자 관계자들은 호평을 하지만, 수령은 이 영화가 원칙적 문제부터 잘못 설정된 작품이라고 비판한다. 최승진은 과오를 저지른 두려움에 떨며 「광풍」에 대해 찬사를 늘어놓던 사람들은 모두 그로부터 등을 돌린다. 김정일이 등장하여 문제해결에 나서는 것은 이 시점이다. 최승진의 일로 문화성의 부상이 해임될 것이라는 소문이 돌고 충격과 긴장 때문에 위축된 최승진은 자리에 눕는데, '빈틈없이 맞물린' 일정에서 일부러 틈을 낸 김정일은 이 결과의 원인을 짚어낸다. 「광풍」의 오류는 연출가 최승진이 서방사상의 예술조류를 '새로운 것'으로 여겨 이를 흉내 내려는 데서 비롯된 것이었다. 예술부문의 당 일꾼은 최승진의 해임을 건의하지만, 김정일은 그가 모든 면에서 잘못을 저지른 것은 아니라고 말한다. 오히려 김정일은 최승진의 잘못을 일찍 지적해 주지 못하고, 그가 비판을 받자 외면한 최승진의 동료들을 힐난한다.[157)]

---

156) 현승걸, 『아침 해』, 문예출판사, 1988, 352쪽.

157) "모두 옳지 않습니다. 최승진 동무가 승승장구할 때에는 그한테 환상을 잔

김정일은 최승진에게 「광풍」의 수정을 맡긴다. 구원의 기회를 얻은 최승진은 감격하여 즉시 병상에서 일어나 찬물로 세수를 하고 촬영소로 나간다. 김정일의 역할은 여기에 그치지 않는다. 그는 최승진으로부터 문예건설 분야의 문제점을 읽어내 옳은 원칙을 세워준다. 영화는 '우리식으로 만들어야 한다'는 것이 김정일의 생각이다. 최승진은 이를 바르게 인식하지 못했기에 서방사상의 예술조류를 흉내내려 했던 것이다. '우리식으로 만든다'는 것은 김일성이 벌인 항일무장투쟁의 혁명전통을 유일한 근거로 삼아야 한다는 것을 의미했다. 소설의 서술자는 김정일이 이미 오래 전부터 혁명전통을 되살릴 구상을 키워왔음을 밝히면서, 백두산 천지에 올라 하늘과 교감하는 그의 모습을 그려낸다. 이윽고 김정일은 항일무장투쟁시기에 창작된 문예작품들의 영화화를 지시한다. 『피바다』, 『꽃 파는 처녀』, 『한 자위단원의 운명』 등 수령이 남겨놓은 귀중한 문화유산 속에 담겨 있는 '깨끗하고 아름답고 고상한 넋'이 예술인의 심혼 속에 흘러들 때, 낡은 사상 감정의 얼룩들은 씻길 것이었다. 최승진은 놀라운 변혁을 예감하며 감격에 떤다.

지도자 김정일은 아무도 생각하지 못한 것을 생각하고 누구도 할 수 없는 일을 하는 예지와 실행력을 갖춘 인물이다. 그의 정력적인 지도아래 영화 「피바다」가 완성된다. 기본 줄거리와 사상적 원칙에서 세부의 연기에 이르기까지 그의 지도가 미치지 않은 곳은 없다. 김정일의 지적은 부드러우며 단호하고 해박하면서도 알기 쉽다. 여러 미학적 문제에 관해서도 그는 새로운 견해와 독창적인 개념들을 정립해 낸다. 최승진은 지도자의 배려로 유럽을 여행하는 기회를 갖는다. 막연히 서구 문화를 숭상해 왔던 그는 거기서 방종과 타락을 목도하게 된다. 그의 눈에 비친 서구 문화는 역사적 반동의 모습

뜩 가지고 천재로, 대가로 추켜올리더니, 영화가 비판되고 형세가 기울어지니 이번에는 별의별 흠을 다 들춰낸단 말입니다. 이게 도대체 무슨 동지관계입니까? 나는 이러는 걸 제일 싫어합니다. 그를 제때제때에 비판했더라면 이렇게 곪았겠습니까. 이제는 어떻게 합니까. 그를 어떻게 했으면 좋겠습니까."

이었다. 자기 눈으로 서구 문화의 추악한 본질을 확인함으로써 최승진은 비로소 서구 문화가 우월하다는 잘못된 생각에서 벗어난다. 최승진의 눈에 비친 김정일은 '20세기의 문예부흥'을 일으키고 있는 '인류문화의 탁월한 영도자'에 다름아니다.

김일성이 그러했듯이 김정일은 모든 것이 결국 인간의 문제임을 역설하는 인간중심주의자이다. 그리고 김정일은 김일성과 마찬가지로 그 인간들의 중심이었다. 지승하나 최승진 같은 사람들은 김정일에게 감복한 것이다. 또 김정일은 자비롭고 현명한 심판자이기도 하다. 그러나 김정일이 그러한 심판자로 그려질 수 있었던 것은 북한체제와 사회에서 과오란 만회하기 힘들고 용서받을 수 없는 것이었기 때문이고, 한편으로는 북한에서는 모든 법의 집행자이기도 했기 때문이다. 이런 까닭에 김정일은 잘잘못에 대한 판정을 재고할 수 있는 거의 유일한 인물이었다. 결국 최승진의 동료들이 곤경에 처한 그를 외면한 이유는 그의 운명이 이미 결정되었고 따라서 그를 옹호하려는 어떠한 노력도 허사일 수밖에 없다고 생각한 때문이라고 보아야 옳다. 김정일의 처벌의 공포를 배경으로 등장했다는 이 점은 김일성과는 다른 점이며 우리에게 시사하는 바가 아주 많다. 그리고 이 작품은 완전한 허구와 과장이라고 볼 수 없으며 실재한 사건들과도 많은 유사성을 보이고 있다. 이를테면 최승진의 형상에는 북한의 정상급 소설가 천세봉의 그림자가 비끼어 있다고 해야 할 것이다. 천세봉은 1967년에 김일성에 의해 자신의 소설 『안개 흐르는 언덕』을 각색한 영화 「나의 길」이 가차 없는 비판을 받게 되면서 문학적으로 자칫 매장될 위기에 처했을 때, 김정일이 구해 준 일이 있었다. 또 이 일을 계기로 하여 천세봉은 김일성의 우상화 작업에 매진하게 되었던 것이다. 하기에 『예지』는 북한 사회의 단면을 여실히 보여준 사실주의적인 요소도 자연스럽게 내포하게 되었던 것이다.

전쟁시기를 시간적 배경으로 한 박현의 『불구름』은 어린 시절의 김정일이 아이답지 않은 생각과 행동으로 사람들을 놀라게 한 여러 단편적인 이야기들을 연결하고 있다. 어머니를 잃었고 아버지와 떨어져 후방으로 피난을 해야 하는 김정일의 처지는 '가슴 아픈 작별과 슬픈 상실'이 많았던 김일성의 어린 시절과 비교된다. 그는 피난길에서 직접 폭격을 당하기도 하며, 집이 불타고 사람들이 다치거나 죽는 모습을 본다. 어린 지도자 김정일은 아버지 수령이 걸었던 길을 되밟고 있는 것이다. 그가 인민들과 나누는 것은 고통의 연대감이었다. 고통 받는 인민들에 대한 깊은 애정을 느끼고 그들을 위해 몸 바칠 것을 다짐하는 어린 김정일은 이미 지도자다.

다른 소설들에서도 김정일은 김일성의 닮은꼴로 제시되었거니와 『불구름』에서 아버지를 향한 아들의 지극한 효성과 아버지의 자애로움은 특별한 것으로 그려졌다.[158] 부자의 근접성은 그가 후계자가 되어야 할 필연성을 말하는 것이었다. 그를 수령의 분신으로 그리는 것은 독자적인 경력을 갖지 못한 김정일을 우상화하는 불가피한 방법이 아닐 수 없었다.

1990년대 초부터 김일성의 혁명역사를 서술한 『불멸의 력사』와 같이 김정일의 통치사를 그린 『불멸의 향도』 총서가 창작되기 시작했다. 장편소설 『푸른 하늘』(권정웅, 1992), 『동해천리』(백남룡, 1996), 『력사의 대화』(정기종, 1997), 『평양은 선언한다』(리종렬, 1997) 등이 그것이다. 두말할 것 없이 이런 작품들에서 김정일은 모든 일을 주관하는 위대한 인간으로 제시되었다. 그는 해외동포를 끌어안고 연구사업을 이끌고 광산과 공장의 현지지도를 한다. 특히 『불멸의 향도』는 김정일의 대외적 역량을 부각했다. 『력사의 대화』에서 김정일은 미국과의 심각한 '핵 대결전'을 의연하고 정당하게 지휘하는 최고사령관으로 그려졌다. 북한의 핵 개발을 저지하려는 미국의 군사적 위협에 굴하지 않고 결국 외교전쟁의 승리를 거둔다는 이야기다. 소련과 동구의 사회

---

158) 아버지 수령을 향한 지극한 효성은 김정일을 그릴 때 항상 부각되는 사항이었다. 수령과 더불어 현지 지도를 나선 김정일이 열차에서 잠이 든 수령의 숙면을 위해 지나가는 열차들이 기적소리를 내지 않도록 조차한다는 리종렬의 단편소설 「고요」(1983)는 그 대표적인 예이다.

주의체제가 붕괴된 후 북한은 스스로를 사회주의의 세계적 성새(城塞)로 규정했다. 북한이 사회주의를 이끌고 지키고 있는 중심국가라는 것이다. 『평양은 선언한다』에서 소련의 몰락은 필연적으로 설명된다. "30년간 수정주의 노선과 '개편'으로 인하여 변질대로 변질되어 사회주의국가라는 허울만 남은 련맹 국가가 몰락의 길을 가고 있다"159)는 것이다.

4. 북한문학의 새로운 움직임과 그 특징

1) '숨은 영웅론'의 출현

1980년대 북한문학이 그 이전 작품과 다른 모습을 지니게 되는 것은 이 시기 북한문학의 문예정책의 변화와 일차적으로 깊은 관련을 가진다. 1980년 1월 북한에서 제3차 조선작가동맹대회가 열렸다. 이 대회에서 김정일은 당중앙의 이름으로 1980년대 문학예술이 나아가야 할 길에 대한 지침을 내렸는데, 그 중에서 다음 부분은 사회주의 현실 주제의 1980년대의 북한문학에 직접적으로 관련된 부분이다. 이것이 없이는 1980년대 문학의 변화를 이야기하기는 어려울 정도로 지대한 영향을 미쳤다.

> "현실은 작가들에게 있어서 창작활동의 기본무대이다. 모든 작가들은 들끓는 현실 속에 깊이 들어가 생활체험을 쌓는 한편 대중 속에서 배출된 주체형의 공산주의자의 참된 전형을, 당과혁명, 조국과 인민에게 끝없이 충직한 숨은 영웅들을 널리 찾아 내여 그들의 고상한 풍모와 아름다운 정신세계를 훌륭히 형상함으로써 당 제6차 대회를 승리자의 대회, 통일 단결의 대회로 맞이하기 위한 당원들과 근로자들의 투쟁을 힘차게 고무 추동해야 한다.
>
> 높은 당성과 심오한 철학성은 혁명적 문학창작의 주요한 요구이다. 모든 작가들은 당이 제시한 주체적인 창조 체계와 창작원칙을 구현하며 자연주의,

---

159) 리종렬, 『평양은 선언한다』, 문학예술종합출판사, 1997, 292쪽.

도식주의를 비롯한 온갖 그릇된 경향을 극복하고 창작에서 노동계급의 선을 확고히 세우는 동시에 개성적인 특성을 옳게 살리며 철학적 심도를 보장함으로써 사상 예술성이 높은 우수한 작품들을 더 많이 창작하여야 한다."

그 뒤 1980년 10월, 조선 노동당 제6차 대회에서는 공산주의적 인간의 전형을 '숨은 영웅'으로 규정하면서 "숨은 영웅의 모범 따라 배우기 운동"을 대중적으로 벌일 것이 제기되었다. 특별한 영웅이 아니라 사회 각층에서 일하는 '숨은 영웅'을 드러내 보여주어야 한다는 주장이나 그 실천은 물론 새로운 것은 아니다. 이른바 '혁명적 군중노선'은 북한체제가 일찍부터 추구해 온 바로 평범한 인민들도 수령의 지도와 배려 속에서 혁명투사가 될 수 있었다는 이야기나 평범한 일터에서 누가 보던지 말던지, 알아주던지 말던지 묵묵하게 소임을 다하는 인물을 그린 작품은 주체시대 이전부터 있었다. 이를테면 권정웅의 단편소설「백일홍」은 천리마시대를 배경으로 하여 '숨은 영웅'을 그린 60년대 중반 이후의 작품이다. 그럼에도 불구하고 1980년대 다시 '숨은 영웅' 그리기가 요구된 이유는 모든 인민이 주체사상으로 통일되었음을 전제했기 때문이며, 따라서 보통 사람들도 자신의 자리에서 혁명에 매진하고 있음을 보여줄 수 있다고 생각했기 때문이다. 그리고 80년대 '숨은 영웅'의 제창은 객관적으로는 70년대이래 '드러난 영웅' - 수령형상이 너무 많은 비중을 차지한 북한의 비정상적인 문학구조에 대한 조절의 역할을 했다고도 볼 수 있다.

"수령과 조국에 끝없이 충실하면서도 명예와 보수를 바라지 않으며 묵묵히 일하는"[160) 숨은 영웅의 가장 기본적인 존재방식은 끊임없이 자신의 삶에 대해 반성하고 새로운 각오를 다지는 것이었다. "위대한 수령님께/ 나 얼마만한 기쁨을 드렸나"[161)하는 이른바 순결한 양심의 물음은 반성의 가장 기본

160)「위대한 수령께서 제시하신 웅대한 강령을 높이 받들고 혁명적 문학작품 창작에서 새로운 앙양을 일으키자」, 『조선문학』, 머리글, 1980. 11.

161) 신진순,「나의 당증」, 『궤도를 따라』, 문예출판사, 1992, 12쪽.

적 형식이자 반복되는 수사였다. 이런 반성은 수령으로부터 받은 은혜에 보답하기 위하여 진력하는 방식으로, 한시라도 태만함을 허용할 수 없다는 긴장된 자세를 요구한다. 수령님에게 공경하고 감사하며 모든 개인 욕심이나 유혹을 삼가는 태도는 모두의 생활 속에 유지되어야 한다고 '숨은 영웅'은 그 모범을 보여주고 있는 것이다. '숨은 영웅론'은 누구든 이런 마음으로 살아야 한다고 말하는 것이었으니, 사적 영역에도 공적 윤리가 철저하게 관철되어야 함을 알린 것이다. 그러나 이런 반성은 심각한 내적 성찰로 이어지기는 어려웠다. 결론은 이미 전제되어 있었기 때문이다. 수령과 지도자를 위하여 한 생을 바치겠다는 다짐을 굳히는 데 이르러야 하는 반성은 의례적인 것이나 피상적인 것이 될 수밖에 없었다.

그러나 '숨은 영웅' 논의는 북한 보통 사람들의 현실 생활을 구체적으로 그릴 수 있게 했다. 그리고 이러한 '숨은 영웅'은 또 흔히 자기를 드러내려 하고 자기의 개인적인 이익을 추구하려고 애쓰는 공명주의자들과의 대조 속에서 부각되기에 흔히 갈등이 설정되게 된다. 북한에서도 대부분의 인간들은 자신의 이익을 위하여 살아간다. 그러니 북한문학에서는 개인 이익을 추구하는 세속적 지향은 부정적 인물의 중요한 특징으로 간주되었던 것이다. 긍정적 인물, 즉 '숨은 영웅'은 세속적인 개인 이익의 유혹으로부터 초연해야 했으며, 설령 자신이 영달을 바라거나 이기주의에 빠지는 경우에도 그것을 이겨내는 모습을 보여주어야 했다. 숨은 영웅은 세속적이어서는 절대 안 되었다. 그러나 그는 세속적 유혹의 내용을 보다 구체적으로 드러낼 것이고, 그것과의 대결을 현실감 있게 제시할 것이었다. 그렇기 때문에 '숨은 영웅'을 그리게 됨으로써 문학의 여러 장르들을 통해 북한 인민들의 실제생활이 드러나고 그에 대해 관심을 기울이게 된 상황을 반영하는 것일 수 있다. 사실 '숨은 영웅'보다는 그 반대편에 선 부정적 인물들이 오히려 북한 사회의 대부분 보통 사람들의 보편적인 가치관과 생활태도를 보여주고 있다고 해야 할 것이다.

결국 '숨은 영웅론'은 그 주창자들의 동기 여하를 불문에 부친다면, 북한 문학이 사실주의의 현실 반영의 요소를 다분히 갖고 있다고 해야 할 것이다. 창작 주체로서의 작가들의 견지에서 본다면, 비자각적인 사실주의에로의 회귀라고 할 수도 있다.

'숨은 영웅'의 창조와 도식성의 극복 등의 주장 등을 고려할 때, 북한문학이 기본적으로 유일사상체계의 틀을 유지하면서도 그 이전의 문학과는 다른 점을 가지고 있는 것이 결코 우연이 아니고 철저하게 북한의 문예정책의 변화와 관련된 것임을 알 수 있다.

2) '숨은 영웅'의 형상화

(1) 소설문학

1980년대 현실주제의 소설문학에서 가장 두드러지게 나타나는 특징은 작품 속 주인공의 성격이 변화했다는 점이다. 1960년대 중반이후 소설에서는 주로 주체형의 영웅적, 긍정적 주인공이 제기되었다. 그들은 평범한 일상생활이거나 사건이 아니라 영웅적이고 역사적인 대사건의 핵심에서 움직이는 인물이었다. 예컨대 변희근의 『생명수』(1978)와 같은 작품은 1957년과 1958년에 진행된 대규모 관개공사를 배경으로 이루어진 작품이고, 최학수의 『평양시간』(1976)은 1958년 평양에서 7천 세대 분의 노력과 자금으로 2만 세대의 살림집을 건설하는 현장을 배경으로 하고 있으며, 하정희의 『백양나무』(1972)는 강성제강소의 혁신적인 철강 생산을 배경으로 이루어진 작품이다. 이처럼 이 시기 현실주제의 북한 소설문학은 평범한 일상생활이 아니라 역사적인 대변화가 이루어지는 현장이 그 배경이 되었고, 그런 소설에 등장하는 주인공은 김일성 수령의 명령을 받아 과업을 수행하면서도 일반 사람들은 생각하기 어려울 정도의 영웅적인 모습으로 형상화된다. 『생명수』의 박대성, 『평양시간』의 이상철, 『백양나무』의 김진구 등은 모두가 그러한 성격의 소유자들이었다. 그러나 이러한 작품들은 엄밀한 의미에서 동시대성을 갖는 것은 아니다. 이들 작품의 시간적 배경이 되고 있는 1950년대 중반은 천리마 운동이 시작되는 시기로써 하나의 '영웅적 과거'의 역할을 하고 있는 셈이다. 그런 점에서 1980년대 현실주제의 작품들은 동시대성을 회복했다고 말할 수 있다.

그런데 1980년의 현실주제의 소설에 이르면 주인공의 성격은 기본적으로 그 이전의 소설과 동일한 점을 가지면서도 새로운 요소를 나타내게 된다. 공통적인 점은 여전히 주체형의 긍정적인 주인공이 등장한다는 것이다. 이런 소설의 주인공들은 하나같이 김일성의 교시를 받고서 영웅적인 일에 뛰어든다면, 1980년대의 소설에서는 당장의 교시가 아니라 과거 어느 때에 들은 교시에 힘입어 지금도 변함없이 일을 수행하는 것으로 나타나고 있다. 그 점에서 주체형의 긍정적 주인공의 문제는 유일사상체계 확립 이후 지금까지 변함없이 내려오는 원칙이다. 그런데 1980년대 현실주제의 소설에서 그 이전과 달라진 점은 긍정적 주인공들이 생활하고 싸우는 현장이나 사건이 앞서의 소설들에서처럼 역사적인 대변혁이나 세상의 주목을 끄는 비범한 종류의 것이 아니라 지극히 평범하고 조용한 일상생활의 현장이며, 주인공 또한 남달리 뛰어난 지적, 육체적 능력을 가진 비범한 인물이 아니라 일상생활에서 만나는 보통 사람이라는 점이다.

1980년대 소설의 공간적 배경은 대대손손 이어오며 성실한 노동으로 지켜온 정든 고향이거나 벽지의 이름 없는 광산, 사람들의 눈에 잘 띄지 않는 자그마한 실험실, 산간벽지의 작은 교실, 오지의 농장 등이며, 그러한 현장에서 살아가는 평범하고 소박한 사람들이 그 주인공이다. 최상순의 「나의 교단」(1982)에서는 자신은 불이익을 당하고 교장의 질책을 받아가면서도 오로지 제자들에 대한 사랑을 지니고 아이들을 온전한 인간으로 키우기 위해 묵묵히 당의 정책을 받들고 살아가는 현인순 교사가 주인공으로 등장하고, 김봉철의 「나의 동무들」(1982)에서는 한 조그마한 시멘트 공장을 배경으로 거기서 일하는 한석준과 그의 딸인 한성옥이 주인공으로 등장한다. 또한 백룡남의 「벗」(1988)에서는 사람들의 주목을 별로 끌지 못하는 한 인민재판소의 정진우 판사가 주인공으로 등장한다. 이들은 모두 평범하지만 내면의 성실성, 진지함 등을 지키려고 노력하면서 살아가는 인물이라는 점에서 분명히 영웅이다. 그렇지만 세상의 주목을 끌만큼 큰 공헌을 하는 그런 영웅적 인물이 아닌 것 또한 사실이다. 이런 주인공의 변화는 토지개혁을 다루고 있는 1970년대 장편소설과 1980년대 장편소설을 비교해 보면 선명히 드러난다. 1970년대 수작으로 평가받은 김규엽의 『새봄』(1979)은 주로 토지개혁을 그리면서도 역사적인 주요한 사건을 중심으로 그 속에서 주도적 영웅으로 살아가고 투쟁하는 인물을 주인공으로 삼아 전개한 반면, 1980년대 성과작으로 평가받은 고병삼의 『대지의 아침』(1983) 은 토지개혁에서 중심적인 사건보다는 그 이면의 작은 사건을 배경으로 한 평범한 농민을 주인공으로 삼아 그의 활동을 드러내고 있다. 물론 그는 보통 인물이지만 숨은 영웅에 속하는 인물임에 틀림없다. 이처럼 1980년대 이전의 현실주제 소설과 1980년대의 그것은 명백한 차이를 지니고 있다.

이상에서 본 주인공의 성격 변화가 1980년대 북한의 현실 주제에서 예외없이 드러나고 있는 것은 우연한 일치가 아니고 어디까지나 당의 문예정책에 의거하고 있음을 간과해서는 안 된다. 1980년대 북한 문예정책의 변화에 따라 작가들이 "숨은 영웅을 발굴하고 그들을 따라 배우자는 운동"이 일어나고 이것에 발맞추어 소설에서도 과거와는 달리 숨은 영웅을 그리게 된 것이다. 앞에서 언급된 「나의 교단」의 현인순, 「나의 동무들」의 한성옥, 「벗」의 정진우 등이 모두 숨은 영웅에 해당하는 인물들이다. 그들은 영웅적 행동을 하는 인물이지만 세상의 주목을 받지 못하는 후미진 곳에서 자기의 소임을 다하고 있다는 점에서 숨은 영웅들인 셈이다. 이러한 숨은 영웅을 그려야 하기 때문에 1980년대 소설은 그 이전의 소설과 다른 주체형의 긍정적 주인공을 그려낼 수 있었던 것이다.

소설분야에서 숨은 영웅 계열의 작품들 중에서 가장 대표성을 띠는 것은 최상순의 『나의 교단』이다. 이 작품은 1982년 평양 문예출판사에서 발행한 중편소설이다. 북한은 1972년 11년제 의무교육을 실시하면서 뒤이어 "사회주의교육에 관한 테제"를 발표했는데, 이 중편소설은 이러한 당의 정책을 형상화하고자 한 작품이다. 이 소설은 당의 정책적 이념을 대표하는 교사 현인순과 극복 대상으로서 정선옥과 교장 림준식, 그리고 매개 대상으로서 문제아 태일이라는 학생을 통해 진정한 사회주의적 교육이란 어떤 것인가와 그 의무를 진 교사는 어떤 태도로 임해야 하는가 하는 문제를 동시에 제기하고 있다.

최우등학교를 만드는 데만 애쓰는 이른바 성과만을 추구하는 연산 인민학교 교장 림준식은 사물의 원리와 이치를 이해시키는 교육을 위주로 삼는 현인순 교사보다는 산수까지 강제로 암기시켜 성적 올리기만 하는 정선옥 교사를 오히려 편애한다. 현인순 교사는 지난 해에 정선옥 교사가 맡았던 우등반을 인수받았으나 꼴찌를 못 면하여 교장으로부터 온갖 수모와 질책을 당한다. 아버지가 건설장의 연공 직장장으로 있는 태일이란 학생이 현인순 교사의 문제아이다. 태일은 협동농장이 실험용 콩밭을 쑥대밭으로 만들어버릴 만큼 문제아인데, 이 학생을 어떻게 개조하여 모범학생으로 키우느냐가 이 소설의 주된 내용이다. 북한소설들이 일반적으로 그러하듯이 현인순은 온갖 정성을 다 들여 태일을 만점 모범학생으로 만드는데 성공하게 되고, 그 아들에게 감명 받은 아버지도 직장에서 놀라운 기술혁신을 이룩하게 된다는 행복한 결말구조이다.

이런 결과가 있기까지 현인순은 시종 교장의 질책 대상으로 떠오르게 되는데, 그것은 보수적 관료주의와 혁신과 진보라는 갈등을 내포하고 있다. 현인순이 학생들을 계발식(啓發式)으로 교육하는 데 반하여 정선옥은 위협과 강제에 의한 주입식(注入式) 교육방법으로 성적을 올리기는 하나 자발성과 창의력이 사라져간다. 종내는 그 반에서 가장 우수한 별이라는 아이가 다른 학교로 전학을 가버리는 사태까지 발생하지만 정선옥과 교장은 조금도 반성하지 않는다.

현인순은 철저한 교안준비와 실제적인 교육방법을 연구한 끝에 주로는 학생들에 대한 질문을 통해 학생들의 독립사고 능력을 배양해주고 창의력을 키워주려고 애쓴다. 물고기 지느러미의 기능을 가르칠 때, 지느러미를 잘라서 실제적인 직관교육을 통해 시범을 보이는 대목은 올바른 교육방법이란 어떤 것인가 하는 문제를 제기하는 중요한 대목이다. 결국 이 소설에서 정선옥과 그녀를 감싸주기만 했던 교장은 자신들의 잘못을 뉘우치게 되고 오랫동안 질책과 소외를 당했던 현인순은 김일성의 치하를 듣게 된다는 결말은 너무나 상투적이어서 좀 아쉽기는 하지만, 현대 북한 사회의 한 단면을 날카롭게 보여주고 있다는 점에서 가치가 있다.

> … 아무런 대가도 바라지 않는 교육자의 후대들에 대한 헌신성과 희생성의 기초에는 무엇이 깔려있는가. …사랑을 가진 사람만이 자신을 서슴없이 바칠 수 있으며 희생할 수 있다. 우리는 후일 제자들의 눈총사 앞에서 자기의 량심이 부끄럽지 않게 오늘을 살아야 할 사람들이다. 만일 교원의 잘못으로 학생 아이 하나를 잘못 키워냈다면 그것을 어찌 노동자가 제품생산에서 오작을 한번 낸 것에 비할 수 있겠는가. 한 인간의 일생은 되돌려 세워 제조직 할 수 없는 것이니 생애에 오점을 남겨 후회되는 것이 없도록 책임적으로 키워야 한다.

이처럼 영산인민학교를 찾아 현지조사를 한 평양사대 김진호 교수가 쓴 글은 학생들에 대한 교사의 교육적 태도를 적절하게 요약해 주고 있다. 결과적으로 이 작품은 정치적인 당의 이념적 색채가 짙은 소설에 비해 교육문제에 비중을 둔 소설이며, 교사의 교육적 태도에 비중을 둔 소설이다. 말하자면 교사는 자신을 태워서 남을 밝혀주는 촛불과도 같이 자기를 희생하면서 오로지 제자들에 대해 사랑의 마음으로 헌신적으로 일해야 함을 주제로 다룬 작품임으로 '숨은 영웅'계열의 소설이라고 할 수 있는 것이다.

(2) 영화문학

1980년대 북한의 영화문학 분야에서도 많은 '숨은 영웅'을 형상화한 작품들이 나타났는데, 그 대표작들로는 리춘구의 「열네번째 겨울」(1, 2부, 1980), 리덕윤의 「평범한 사람」(1985), 조흥섭의 「숲은 설레인다」(1982), 리성일의 「려단장의 옛 상관」(1984), 리덕윤의 「등대」(1982) 등을 들 수 있다. 북한문학사에서는 이러한 작품들을 "당과 수령에 대한 티없이 맑고 깨끗한 충실성을 지니고 누가 보건 말건 그 어떤 보수도 명예도 바라지 않고 헌신적으로 투쟁한 숨은 영웅들의 숭고한 정신세계와 보람찬 생활이 진실하고도 감명깊게 그려져 있다"[162]고 평가하고 있다.

영화문학 「열네번째 겨울」은 농작물의 새로운 품종을 만들어 내기 위하여 14년이라는 기나긴 세월 동안 고초와 시련을 이겨내면서 청춘도 사랑도 다 바친 숨은 영웅인 여성과학자 유설경의 헌신적이 노력과 숭고한 정신세계를 형상화하였다. 이 영화는 누가 알아주던 말든 헌신적으로 모든 것을 바쳐서 묵묵히 일하는 숨은 영웅 유설경과 일신의 안락과 출세에 몰두하며 과학연구사업 자체를 개인의 공명과 명예를 추구하는데 복종시키는 과학지도처장 윤석이와의 날카로운 대립을 형상화하였다.

주인공 유설경은 곡절 많고 시련 많은 길을 걸어오면서 사랑하는 애인과도 이별하지 않으면 안 되었으며 연구사로서의 급수도 올라가지 못하였다. 반면에 윤석은 처세술에 능하여 처장이 되고 학위논문까지 발표하여 공명도 얻게 된다. 그러나 유설경은 모진 애로와 심리적 고충들을 다 이겨내면서 끝내 새로운 작물을 연구하는데 성공함으로써 마지막에는 김일성의 치하를 받게 된다.

유설경은 '숨은 영웅'의 특질을 몸소 체험했는데, 그것은 바로 누가 보건 말건, 누가 알아주건 말건 아랑곳하지 않고 과학 연구 사업에 모든 것을 다

162) 김정웅 · 천재규, 「조선문학사」 15권, 조선평양사회과학출판사, 1998, 229쪽.

바치는 헌신성과 견인불발의 끈질긴 의지를 갖고 있다는 점이다. 그녀가 진행한 연구 사업은 평생을 다 바쳐도 성공하지 못할 수도 있는 어렵고 힘들고 장기간의 시간을 요하는 일이었다. 그러므로 유설경과 함께 연구 사업을 한 윤식이와 혜신은 중도에 그만두고 철수하였으며, 과학평의회의에서는 몇 해째 아무런 성과도 거두지 못하는 연구 사업을 그만 두고 돌아올 데 대한 의견을 제기한다. 게다가 동창생인 윤석은 우정을 생각하여 설경에게 연구 과제를 바꿀 것을 권고하며 나중에는 공명주의를 부리고 '공밥을 먹는다'고 하면서 면박을 주어 괴롭히기까지 한다. 하지만 유설경은 자기의 과학 연구에 대한 집념을 버리지 않고 연구 사업을 포기하지 않는다. 그는 실패를 거듭하면서 고심하던 끝에 마침내 14년 만에 농작물의 새로운 품종인 '갱생 1호'를 만들어내는데 성공한다.

1987년 제1회 평양 비동맹영화제에서 최우수작품상(횃불금상)을 수상한 리춘구의 영화문학 『도라지꽃』(1987) 역시 '숨은 영웅'의 형상을 창조한 수작이다. 이 영화는 하늘 아래 첫 동네로 불리는 벽계리라는 농촌 마을을 무대로 하여 일신의 안락과 출세를 위하여 나서 자란 고향과 애인을 버리고 달아난 한 인간과 사랑을 잃으면서도 자기 고향을 자기 손으로 살기 좋은 낙원으로 꾸려가기 위하여 헌신적으로 일한 아름다운 처녀의 형상을 통하여 향토애를 숭고한 조국애로 승화시켰다.

작가 리춘구는 이 영화의 종자를 "고향을 사랑하는 사람은 죽어서도 돌아올 수 있지만 제 고향을 버린 사람은 살아있다 해도 귀향할 권리가 없다"는 것이라고 하면서, 이것이 바로 이 작품에서 제기하고 해명한 기본문제이며 생활철학이라고 했다.

이 작품은 그 제목부터 아주 진한 상징성을 띠고 있다. 주인공 전송림은 뿌리를 위해 피어나는 아름다운 도라지꽃과도 같이 자기가 나서 자란 고향땅을 자기의 땀과 노력으로 살기 좋은 지상낙원으로 꾸려가려는 불타는 염원을 안고 청춘도 사랑도 심지어 목숨까지 아낌없이 바치는 참다운 애국자로 형상화되었다. 송림은 원봉이를 진심으로 믿고 사랑하였지만 그가 고향을 버리고 달아난 것으로 인하여 가슴에 쓰라린 상처를 안고 살아야 했으나 고향땅을 자기의 목숨보다 더 귀중하게 여기었기에 고향을 위하여 마음의 아픔도 씹어 삼키고 완강한 투지와 지칠 줄 모르는 열정을 발휘하여 지지리 못 살던 벽계리를 도시 못지않은 유복한 고향으로 꾸려놓으며 이러는 가운데서 영웅적인 최후를 마친다.

주인공 전송림은 원봉이와의 운명을 결정짓는 그 순간에도 통강냉이에 토장국을 먹어도 나서 자란 고향이 제일이라고 말하며 남의 집에 가서 이밥에 고기국을 먹기보다 자기 집에서 자기가 가꾼 강냉이로 보람을 느끼겠다고 하면서 애인과 영원히 갈라지는 것이다. 작품은 전송림의 헌신적인 한생이 벽계리의 천지개벽을 이룩한 것을 통하여 고향을 가꾸는 것이 바로 나라를 가꾸는 것이고 바로 그 속에 삶의 가치가 있다는 것을 보여주려고 했다. 그리고 반동 인물인 박원봉의 형상을 통하여 자기 한 몸의 안일과 행복을 위하여 나서 자란 고향도 애인도 버리는 사람은 조국 앞에 난관과 시련이 닥쳐올 때 어머니 같은 조국도 거리낌 없이 버릴 수 있다는 심각한 교훈을 줌으로써 향토애를 조국애로 승화시키고 있다.

이 영화는 농촌의 특유한 생활과 자연풍경을 실감 있게 보여주었고 영화 전반에 강한 서정이 흐르고 있으며, 근 30여 년간의 주인공의 생활을 집약적으로 보여주는 회상의 수법이 가장 주된 표현수법으로 활용하였다.

3) 절실한 사회문제의 제기

1980년대 북한소설에서 두드러지게 나타나는 또 하나의 새로운 특징은 북한 사회 내부에서 제기되고 있는 다양한 문제들을 다루고 있다는 점이다. 이 시기 이전 소설들은 주로 세상의 주목을 끄는 역사적으로 위대한 사건을 배경으로 그 속에서 영웅적으로 살아가는 주체형의 긍정적인 주인공을 다루었으며, 부정적 인물을 그린다 하더라도 어느 정도 예상 가능한 성격을 지닌 인물을 그리는 것이 일반적이었다. 유일 사상체계 확립 이후의 소설들은 이러한 성격이 더욱 강화되어 반드시 그런 것은 아니지만, 대부분 작품에서 드러나 있는 갈등이 좋은 것과 더 좋은 것 사이에서 그치는 경향을 드러내기까지 했다. 따라서 일반 독자들의 입장에서 보면, 자신들의 현실생활에서 직접적으로 겪고 있는 다양한 문제들을 소설에서 확인하고 인식하기보다는 영웅적이고 위대한 사람들의 행적을 배우는 방식으로 일반적인 교양에 그치고 마는 경우가 많았다.

이에 비해 현실주제의 1980년대 북한소설은 실제 일반 사람들이 당대 현실에서 느끼고 마주치는 다양한 문제들을 다루고 있다. 그 문제들은 오늘날 북한의 보통 사람들이 겪는 직접적이고 절실한 것이다. 때로는 북한 사회의 문제점을 깊숙이 다루는 경우도 있는데, 이러한 것들이 어느 정도 소설 속에서 허용되고 있음을 확인할 수 있다. 물론 당 정책의 근본적인 문제를 건드린다는 것은 가능하지 않겠지만, 그의 문제들에 대해서는 될 수 있는 한 깊이 있게 다루려 하고 있음을 여러 소설을 통해 확인할 수 있다.

그러면 1980년대 소설문학이 다루고 있는 문제들을 그 주제별로 유형화하면 아래와 같다. 우선 많이 제기되는 문제는 도시와 농촌의 격차로 인해 빚어지는 온갖 갈등이다. 평양과 그 밖의 도 소재지 같은 도시들은 살기 편한 반면, 농촌은 그렇지 못한 실정이다. 그리하여 북한에서는 많은 사람들이 농촌을 떠나 도시로 옮겨와 살 것을 희망한다. 그것은 기성 세대와 젊은 세대가 모두 그러하다. 특히 젊은 세대 쪽이 이러한 경향이 더욱 심하다. 나이든 세대들은 과거의 못살았던 기억을 가지고 있기 때문에 비록 현재의 농촌생활이 불편하지만 과거에 비해 나은 생활에 만족하는 경향이 강하다. 이에 비해 젊은 세대들은 과거에 대한 기억이 별로 없기 때문에 항상 오늘날의 도시와 비교된 농촌의 삶에 불만을 가지고 농촌을 떠나려고 한다. 젊은 남자들은 도시에 나가 사무실에 근무하면서 생활하거나 굳이 사무실이 아니더라도 일단 도시에서 생활하기를 원한다. 그리하여 부모가 지켜온 농촌을 미련

없이 떨쳐버리고 도시로 나갈 수 있는 것이다. 젊은 여자들은 주로 결혼을 통해서 도시로의 진출을 꿈꾸는 경향이 강하다. 제대한 남자가 도시에 나가 근무하는 조건을 큰 매력으로 삼기 때문에 그 남자를 사랑하는 경우가 작품으로 그려지기도 한다. 이처럼 젊은 남녀에게는 고향으로서의 농촌보다는 현재 더 나은 생활 조건이 구비되어 있는 도시에 대한 선망이 강렬하다. 그리하여 이러한 문제를 둘러싸고 갈등이 일어나는 경우가 빈번하다. 물론 주체형의 긍정적 주인공은 이러한 난관과 유혹과는 처음부터 멀리 떨어져 있거나 쉽게 그것을 이겨내고 혁명적인 활동의 무대로서 농촌의 삶을 선택하고 거기서 남이 보지 않는 곳에서 영웅적인 일을 수행하는 것으로 드러난다. 대부분은 부정적 인물에서 도시에 대한 선망에서 수반되는 문제점들이 잘 드러나게 된다.

1980년대 현실주제의 소설에서 이와 같이 도시와 농촌의 격차에서 제기되는 문제들을 중심적으로 다룬 작품으로는 김동욱의 「병사의 고향」(1982), 김삼복의 「세대」(1985), 「향토」(1988), 조의철의 「정든 고향」(1984), 허춘식의 「야금 기지」(1986) 등을 들 수 있다. 「정든 고향」은 농기계공장에서 일하다가 자기 고향으로 돌아와 수리분조에서 일하게 된 긍정적 주인공 문철이와 농촌을 떠나 도시에 나가 살 것을 꿈꾸는 애인 옥희 사이의 갈등을 표출함으로써 도시와 농촌의 격차가 드러나고 있는 작품이다. 옥희는 도시에서 공장 생활을 하는 문철이와 결혼하면 자기도 도시에 나가 살 수 있으리라는 꿈을 안고 그러한 관계 속에서 문철이를 사랑하는 것이다. 그러다가 문철이가 농촌 진지를 강화할 것을 지시한 당의 방침을 받들어 도시를 떠나 농촌으로 돌아오자 매우 실망하고 토라져서 도시로 나가 언니의 집에서 살게 되지만, 나중에는 다시 농촌으로 돌아온다는 줄거리다. 결국 이 소설은 "농촌에서 태어난 사람은 도시에 나가 남의 덕에 안일하게 살아보려는 그릇된 생활관을 가질 것이 아니라 농촌의 주인이라는 자각을 안고 고향 마을을 사랑하며 자기 고향을 낙원으로 꾸리는 일에 모든 것을 다 바치는 데서 삶의 보람과 행복을 찾아야 한다는 문제"를 제기하고 있는 셈이다.

다음으로 1980년대 북한소설에서 중요하게 다루는 문제가 세대 간의 갈등이다. 이 세대 간의 갈등 문제는 좀 더 다양한 양상으로 드러난다. 하나는 나이 든 세대의 문제이고 다른 하나는 나이 든 세대와 젊은 세대 사이의 대립이다. 이 둘 중에서 더욱 심각하게 제기되는 것은 두 번째 문제, 즉 젊은 세대와 나이 든 세대의 갈등이다. 우선 첫 번째 갈등부터 살펴보자. 1980년대 현재 나이 예순을 전후한 사람들은 일제하에서의 생활을 경험하고 그 후 토지개혁의 환희와 전쟁의 참화를 겪은 세대이다. 이들은 이전에 비해 몰라보게 달라진 현재의 삶에 항상 감사하는 마음으로 살고 있으며, 현재의 삶을 가능하게 해주었다고 믿는 당의 부름에 언제든지 충실할 것을 다짐하고 사는 사람들이다. 그런데 이들 중에는 과거의 시련기와는 달리 어느 정도 갖추어진 현재의 환경에 만족함으로써 자신의 현재 생활을 유지하고 보존하는 데만 온 신경을 쓰고 있는 사람도 있다. 그리하여 과거를 잊고 현재 자신의 처지에 안주한다.

여기에서 발생하는 문제들을 다룬 작품은 상당히 많은데, 그 중 「60년 후」는 「벗」의 작가 백룡남이 쓴 것으로서 이 소설의 주인공 최현필은 오랜 세월 동안 한 공장의 지배인으로 일해 왔으나 이제는 나이 때문에 더 이상 공장에서 일할 수 없다는 해임통보를 당으로부터 받는다. 최현필은 자신이 앞으로도 더 열심히 일할 수 있음에도 불구하고 당의 명령으로 일하지 못함을 슬퍼하면서 자신의 해임을 공장의 누구에게도 알리지 않고 다 하지 못한 일을 완수하기 위해 계속 일하게 된다. 자기 아들이 보일러 폭발 사고로 화상을 입고 병원에 누워 있는 상황에서도 자식을 돌보기보다는 남은 공장의 일을 수행하는데 최선을 다한다. 나중에 이러한 최현필의 숨은 영웅적 노력이 알려지면서 해임통지서는 취소되고 그는 계속 일하게 되는 것으로 마무리된다. 이상의 간략한 줄거리에서 분명하게 드러났듯이 늙은 세대의 일군들이 자신의 현재의 처지에 만족하거나 안이하게 살지 않고 계속하여 일하고 싸운다는 내용이 강조되어 있다. 물론 이 작품에는 최현필과 같은 인물에 대조되는 인물은 등장하지는 않는다. 그러나 이 작품이 어디까지나 내면에 그런 인물을 염두에 두고 있음은 부인할 수 없다. 이러한 문제는 김봉철의 「나의 동무들」 같은 작품을 비롯하여 다른 여러 작품에서도 부분적으로 다루어지고 있다.

두 번째 문제인 늙은 세대와 젊은 세대, 즉 후대와의 갈등은 위의 문제 못지않게 북한의 소설에서 빈번하게 제기되는 문제이다. 나이 예순을 전후한 세대는 앞서 말한 바와 같이 과거의 시련을 겪어온 사람들이다. 그들 중 많은 사람은 항상 과거를 기억하면서 현재의 삶을 기쁨으로 대하고 이러한 행복한 조건과 상황을 만들어 주었다고 믿는 당에 대한 무한한 충성을 다짐한다. 이에 비해 이들의 아들과 딸에 해당하는 젊은 세대는 그들과는 다른 방식으로 세상을 본다. 나이 든 세대의 혁명 경험과 시련의 극복은 어디까지나 책이나 이야기를 통해 들은 것이며, 자신의 직접적인 느낌으로 다가오지는 않는다. 그렇기 때문에 젊은 세대는 부모 세대의 이야기를 들으면 이해할 수 있지만 그것을 자기한테 강요하는 것을 부담스럽게 생각하거나 혹은 잔소리처럼 여기게 되는데, 그것은 주로 자신이 편안할 수 있는 길을 선택하는 것이 어려운 조건을 헤쳐 나가는 것이 아니다. 이런 후대들을 보는 나이든 세대들은 항상 불만스럽고 근심스럽다. 이러한 두 세대 사이에서 빚어지는 갈등은 아주 다양한데, 김봉철의 「나의 동무들」과 김삼복의 「세대」는 그러한 갈등 양상을 잘 그려내고 있다. 그러나 두 작품 사이에는 차이점이 있다. 그것은 「나의 동무들」이 비교적 안이하게 이 문제를 건드렸다면, 「세대」는 심각하게 제기하고 있다.

「나의 동무들」에 나오는 한성옥은 아버지 한준석의 임무를 이어받으면서 충실하게 살아가는 인물이다. 다른 동료들이 대학 입학시험을 준비하기 위해 적당한 핑계를 대며 요양소로 가려하거나 혹은 공장에서 일하는 것이 싫어 도시에 나가 화려하게 보이는 미용사로 취직하거나, 담배를 피우고 술을 마시면서 불량 학생으로 살아가는 것과는 달리 한성옥은 도시에서 예술가로서의 생활을 떨쳐버리고 자신의 아버지가 해오던 일을 이어받기 위해 남들이 가기 싫어하는 공장으로 돌아온다. 전쟁에서 입은 상처로 아버지가 죽고 난 나음에도 한싱옥은 아비지의 뒤를 이어 그 공장을 지키게 되는 것이다 이 작품에서 나이 든 세대의 지향과는 거리를 두고 자신의 편안한 삶을 추구하는 젊은 세대의 부정적 인물들은 아주 부분적으로 다루어지고 오히려 한성옥 같은 긍정적 인물이 중심적으로 나오기 때문에 세대 간의 갈등은 쉽게 해결되는 것으로 마무리된다. 그러나 「세대」에 이르면 이와는 비교가 되지 않을 정도로 이 문제가 첨예하게 제기된다.

「세대」는 이동 풀베기작업 과정에서 일어난 문제를 중심으로 기성세대와 신세대 사이의 갈등을 적극적으로 그린 작품이다. 기성세대의 주인공인 아버지 최명서는 현재 56세로 전쟁 때 죽은 전우의 여동생과 결혼하여 살고 있으며, 길남이라는 고아를 외아들로 삼고 살아간다. 그런데 길남이는 힘든 농촌을 벗어나 도시에 나가 살려고 고향 마을과 농장을 떠나갔다. 최명서는 자신의 뜻이 자기의 아들에게도 통하지 않는 상황을 맞으면서 온갖 생각을 다 하게 된다. 농장에 소속된 젊은 사람들이 자기 마음대로 움직여주지 않고 제멋대로 생활하는 것을 고통스럽게 바라보면서, 자신의 걸어온 시련과 그 극복의 의미가 오늘날에도 이어져야 하는 이유를 그들에게 몸소 실천적으로 보여주려고 애쓴다. 이에 반해 젊은 세대들은 야외에서의 이동 풀베기작업에서까지 엄한 규율을 강요하는 최명서에게 불만을 표시한다. 이 불만 대목은 기성세대와 신세대 사이의 갈등을 잘 보여주는 부분이다.

> 하지만 … 이 순간 내 머리 속에서는 그 어떤 반발심이 머리를 드는 것이었다. 오후 풀베기에 좀 늦은 것이 무슨 그리 큰일이란 말인가? 그것이 무슨 큰 문제거리여서 이동 풀베기에까지 와서 전투 임무요 뭐요 하며 바짝 죄어 대는 것인가. 그래서 어째서 택만 아저씨랑 떠들썩거리는가. 늙은 이들은 언제 봐야 젊은 사람들의 마음을 이해 못하는 게 탈이지?

아바이의 말은 오랜 당원들이 어린 사람에게, 아버지가 아들에게, 고생해 본 사람들이 고생해보지 못한 새 세대 사람들에게 흔히 하는 제강과도 같은 말이다. 그 말들은 다 옳은 말들이다. 제강이 틀리지 않은 것처럼, 그렇지만 어떻게 사람이 제강처럼 살겠는가. 우리가 반드시 그 어려웠던 시절처럼 살아야 한다는 법은 없지 않는가?

이 대목에서 북한소설에 나타난 세대 간의 갈등이 지닌 첨예한 대립의 의미를 집약적으로 볼 수 있다. 정도의 차이는 있지만, 세대 간의 갈등을 다룬 현실주제의 소설들에서는 이러한 양상이 다양한 방식으로 드러나고 있다. 물론 「세대」라는 작품에서는 북한의 현실주제의 작품이 다 그런 것처럼, 결국에는 젊은 세대인 성칠과 정혜가 기성세대인 최명서를 이해함으로써 나이 든 세대의 지향이 후대들에게 계속 이어진다는 것으로 마무리된다. 그렇지만 앞에서 보았던 「나의 동무들」에 비해 그 대립과 갈등의 심각성이 비교가 되지 않을 정도로 예리하고 섬세하게 제기되고 있다. 이것은 이들 작품이 발표된 시기와도 깊은 관련이 있음을 감안할 필요가 있다. 「나의 동무들」이 현실의 절실하고 의의 있는 문제를 막 그리기 시작할 무렵인 1982년 작품이라면, 「세대」는 그러한 방향으로 계속 추진되고 있던 1985년에 발표되었다.

다음으로 현실 주제의 북한소설이 즐겨 다루는 것이 여성문제이다. 대표적인 작품으로는 김교섭의 「생활의 언덕」(1984)을 들 수 있다. 이 작품에는 두 쌍의 부부가 등장하고 있다. 먼저 정춘애와 박준호 부부인데, 그들 사이에 위기가 다가오고 있다. 박준호도 도시에서의 안정된 지위를 박차고 탐사일군으로서의 임무를 다 하기 위해 객지를 떠돌아다니는 사람이다. 더 나은 문화생활에 대한 욕망을 품고 있는 아내 정춘애는 이런 남편에게 불만을 품고 있을 뿐만 아니라 자신의 직장 생활에 대해서도 항상 적당히 넘기고 있다. 그녀는 결혼하기 전에 화학기계 기사로서 독창적이고 대담하게 기술 개조에 온갖 정성을 다했다. 대학을 우등으로 졸업한 그녀의 경력은 사회에 나와서도 유감없이 발휘되려고 했던 것이다. 화학공장의 공정기사로 배치되어 건조기를 롤러식 건조기로 개조하려고 하였다. 그러나 정춘애는 자신이 열정을 쏟아 부은 이러한 설계가 실패로 돌아가고 마침 결혼을 하게 되자 이제 아무런 창조 의욕을 느끼지 못한다. 여성의 몸으로서는 이러한 것을 수행할 수 없다고 체념하고 남들한테 비판을 받지 않을 정도로만 일을 하면 된다고 생각하면서 그럭저럭 지내온 것이다. 그러면서도 남편의 뒷바라지나 아이들을 돌보는 일을 함으로써 자신의 존재를 확인하려고 하는 것이다. 소극적인 사고와 행동 속에서 아내는 결국 남편의 창조적인 일을 이해할 수 없게 되고 따라서 남편과 아내 사이의 관계는 예전과는 달리 동지적 연대가 없는 습관적인 삶으로 바뀐다. 이러한 관계는 남편과의 불화로 이어지고 나중에는 심각한 위기마저 초래하게 된다. 정춘애는 뒤에 남편과의 불화의 원인이 자신의 소극적이고 습관적인 생활태도에 있음을 깨닫고 그것을 고쳐나가면서 차츰 남편과의 관계도 좋아지게 된다.

정춘애와 박준호 부부와 대조되어 임영순과 백인석 부부가 등장한다. 이들은 항상 잉꼬부부로 주위 사람들의 부러움을 받고 있는데, 정춘애는 이런 임명순을 항상 동경해 마지않는다. 이들은 외양으로 보아서는 아무런 문제없이 잘 살아가고 있다. 그런데 정춘애와 박준호 부부가 위기를 겪고 그것을 계기로 삼아 자신들의 부부관계를 전반적으로 반성하고 튼튼한 동지적 애정으로 성장하는 반면, 이들은 부부관계에 대한 본질적인 성찰이 없이 그냥 아무런 문제없이 지내다가 나중에 커다란 위기를 겪는다. 이처럼 「생활의 언덕」은 부부관계라는 것도 습관적 애정을 넘어선 동지적 애정에 기초하지 않으면 진정한 부부관계의 뿌리를 내릴 수 없다는 것을 보여주고 있다. 특히 그 과정에서 결혼한 젊은 인텔리 여성들이 결혼한 후 자신의 독자적인 삶을 꾸려가기보다 남편과 지식의 뒷바라지에 모든 것을 받치면서 습관적으로 살다가 창조적인 삶을 잃어간다는 절실한 문제를 제기한 것이다. 해결방식의 안이함에도 불구하고 북한의 여성문제를 매우 실감나게 그려내고 있는 것이다.

이밖에도 이 시기 북한소설에서는 다양한 문제들을 다루고 있다. 가령 애정윤리의 문제를 제기한 「청춘 송가」, 「탄부」, 「여덟 시간」 등의 작품이 있으며, 인텔리 문제를 다룬 「탄생하는 계절」, 「뜨거운 심장」, 「먼 길」 등의 작품이 있다. 그렇지만 한 작품이 한 가지 문제만 다룬 것은 아니다. 이를테면 「벗」에서는 부부간의 애정 문제도 포함돼 있지만 판사라는 인텔리 문제도 들어있고, 「청춘송가」에는 주로 애정윤리 문제를 담고 있지만 인텔리 문제도 들어 있다. 「탄부」 같은 작품에서는 도시와 광산의 지역 간의 차이, 여성 문제, 세대 문제, 애정윤리 문제, 지식인 문제 등이 포괄적으로 제기되고 있다.

이런 점에서 1980년대 북한소설은 그 이전 시대에는 보기 힘든 다양한 문제들이 폭넓게 다루어지고 있으며, 인간 사회가 안고 있는 복잡하고 다양한 문제들을 도식적인 사고가 아니라 폭넓은 시야로 다룰 수 있는 가능성이 열리게 되었다. 그러나 이것은 어디까지나 기본적인 테두리가 한정지어진 것이었고, 1980년대 후반부터 맞이한 북한 사회의 다양한 위기의식과 맞물리면서 그러한 변화의 폭도 제한당하고 말았다.

Ⅶ. 고난의 행군시기의 문학 (1990~)

1. 북한의 사회현실과 문학

1990년대 초의 북한 사회는 소련을 비롯한 동유럽 사회주의 국가들의 붕괴로 인한 충격과 중국, 베트남 등 아시아 사회주의 국가들에서의 개혁개방의 심화로 인한 대안과 전망 부재라는 암담한 역사시기를 맞이하게 되었다. 1994년 7월 8일 김일성의 사망 이후 북한은 3년간의 유훈통치 단계를 거치게 되는데, 바로 이 유훈통치 시기인 1995년과 1996년의 대홍수로 말미암아 북한 경제는 극도의 위기를 맞게 된다. 북한은 "고난의 행군"을 통해 이 위기를 극복하려고 하지만 탈북자들이 생기고 핵문제로 인해 미국을 비롯한 서방 세계와의 갈등이 고조되면서 이른바 "선군정지(先軍政治)"를 구사하는 시기로 특징지어 진다.

1991년 12월 24일 당중앙위원회 제6기 제19차 전원회의에서 김정일은 조선인민군 최고사령관으로 추대되었고, 1992년 4월에는 그에게 원수 칭호가 수여되었다. 그리고 김정일은 1993년 4월 최고인민위원회 제9기 제5차 회의에서 국방위원장으로 선출되었다. 이는 김정일이 북한체제를 떠받치는 당(총비서), 정(국가주석), 군(국방위원장 겸 조선인민군 최고사령관)의 공식 통치권 가운데서 군 통수권을 가장 먼저 넘겨받았음을 의미한다.

김일성은 1994년 7월 8일 2시에 사망했다. 금수산 의사당은 방부(防腐)처리된 김일성의 시신(屍身)이 안치됨으로써 '금수산 기념궁전'으로 명칭이 변경되었다. 북한은 "슬픔을 용기로 전환시키자"는 구호를 내걸고 김일성의 후계자인 김정일에 대한 충성을 강조했다. 이리하여 김일성의 '유훈통치'가 시작되었는데, 김정일은 이후 3년간이나 조선노동당 총 비서직을 승계하지 않은 채 유훈통치를 계속했다.

북한이 김일성 사후를 수습하고 김정일의 체제를 다져가고 있을 무렵에 커다란 시련이 닥쳐왔다. 그것은 다름 아닌 1995년과 1996년의 심각한 홍수 피해와 그로인한 전례 없는 식량난, 그리고 전반적인 경제위기였다. 이런 상황하에서 북한은 한국과 일본, 미국에도 식량 지원을 요청하는 한편, 내부적으로는 항일무장투쟁시기의 혁명정신으로 위기를 타개하려고 하였다. 그래서 1996년을 '고난의 행군'의 해로 정하고 난관을 이겨 나가겠다는 의지를 다졌던 것이다.

'고난의 행군'이란 김일성이 이끄는 항일유격대가 1938년 11월부터 1939년 2월까지 몽강현 남패자에서 장백현 북대정자(이 두 고장은 모두 중국 만주 경내에 있음)까지 보통 행군 속도로 1주일이면 가는 거리를 100일이나 결려 행군했던 일을 말한다. 이 행군을 통해 경위대원 및 소년중대원과 김일성 사이에 끈끈한 유대가 형성되었다고 한다. 리을설, 김철만, 리두익, 전무섭, 백학림, 김익현 등 현재 살아 있는 북한 군부의 원수 또는 차수가 된 만주파는 모두 소년대원과 경위원들이다. '고난의 행군' 정신이 바로 그들이 내긴 정신이며, 그들에 의해 수령을 결사적으로 옹위하는 정신으로 발전했다고 한다.

북한은 '고난의 행군'정신과 함께 '붉은 기 사상'과 '붉은 기 철학'을 들고 나왔으며, 이른바 '혁명적 군인 정신'을 강조했다. 1997년 『노동신문』 신년 논설은 "올해의 총진군은 '고난의 행군'을 승리적으로 결속하기 위한 최후의 돌격전이다" 라고 규정하면서 "억천만번 죽더라도 우리식 사회주의와 마지막까지 운명을 함께 하겠다는 결사적인 각오, 백번 쓰러지면 백번 일어서서 싸우는 불굴의 투지", "풀죽을 먹고서라도 사회주의를 고수하겠다는 철의 신념"이 강조되었다. 1997년 7월 8일 김일성의 3주기에 그의 삼년상이 끝났음이 발표되었다. 이 날 『노동신문』은 「위대한 김일성 동지의 유훈을 지켜 우리당의 사업을 끝까지 완성하자」는 제목의 사설을 게재했다.

> "경애하는 김정일 동지가 없으면 노예가 되느냐 자주적 인민이 되느냐 하는 결사전에서 승리할 수없고 모두가 죽는 것이 우리 인민의 철석 같은 신념이다. 김정일 동지의 안녕은 인민의 행복이고 조국의 부강이며 사회주의의 승리이다. 우리가 높이 든 붉은 기는 수령결사옹위의 기치이고 우리가 걷는 '고난의 행군'도 수령결사옹위의 행군이다.
>
> 전 당이 수령결사옹위의 열혈투사가 되고 전군이 총폭탄 정신, 자폭정신으로 무장한 김정일 제일근위병이 되며 500만 우리 청년들은 모두가 장군님을 위하여 청춘도 다 바치는 청년전위가 되어야 한다."

여기서 '자폭(自爆'이란 옥쇄(玉碎)를 의미한다. 즉 김정일을 위하여 옥쇄하겠다는 것이다. 이 날 당중앙위원회, 당중앙군사위원회, 국방위원회, 중앙인민위원회, 정무원의 공동 결정에 따라 김일성이 태어난 1912년을 원년(元年)으로 하는 주체(主體) 연호(年號)를 사용할 것과 김일성의 생일인 4월 15일을 '태양절'로 정한다는 것이 선언되었다.

그러나 북한의 식량난과 경제 위기는 이런 내부의 굳은 다짐으로 해결될 수 있는 것이 아니었다. 1997년 이후에도 북한의 식량난은 계속되어 기존의 식량배급체계가 사실상 무너지고 있었고 곳곳에서 먹을 것을 구하러 떠돌아다니는 기민(饑民)들이 속출했고 주민들은 대부부분 심각한 영양부족 상태에 빠졌다. 어린이와 노인들을 비롯한 노약자들의 고통이 특히 심각했고 굶어 죽은 사람들도 생겨나서 2, 3백만 명이 굶어죽었다는 주장이 제기되기도 했다.

"20세기 말 비극 가운데서도 최대의 참사"라고 하는 북한 식량난의 후유증의 하나는 가정과 주민들의 인성 파괴가 심각한 수준에 이르고 있다는 점이다. 식량을 구하러 집을 떠나면 병들어 죽거나 행방불명이 되기 일쑤여서 부모를 잃고 집 없이 떠돌아다니는 아이들 일명 꽃제비들의 숫자가 증가하고 있으며, 또 식량난으로 북한의 여성들이 인신매매로 중국으로 팔려 가는 사례가 빈발하고 있다. 북한은 1995년과 1996년의 큰 수해로 전례 없는 식량난을 겪게 된다. 나 혼자만이라도 살아보겠다는 생각에 이혼율이 증가하고 있으며, 젊은 남녀들 사이에는 결혼을 기피하는 풍조도 점차 확산되는 실정이다. 식량난과 여타 경제난이 지속되는 가운데 당 간부와 관료들의 뇌물수수 등 부정부패가 늘고 있으며, 일반인들의 심성도 각박해져 강도, 절도 등 파렴치한 범죄가 빈발하고 있다. 이처럼 사회적인 일탈 행위가 증가하자 북한 당국은 정치범뿐만 아니라 일반 경제사범도 사형을 포함한 극형에 처하고 있다.

북한 교육의 질도 경제난으로 말미암아 매우 열악한 상황이다. 무엇보다도 종이 부족으로 교과서와 공책이 제대로 공급되지 않고 있다. 배가 고픈 까닭에 학생들의 학교 출석률도 전반적으로 낮다. 적지 않은 학교에서는 학생들이 절반 이상 공부를 중단하고 장마당에 나가 부모님의 장사를 돕고 있다고 한다.

이러한 식량난으로 인해 조선과 중국 국경선 두만강 7백리와 압록강 2천리를 통해 먹을 것을 찾아 조국을 버리는 북한 동포들의 행렬이 이어지고 있다. 나라를 버리고 외국 땅에서 비합법적인 신분으로 헤매는 탈북자 문제는 이미 국제사회의 광범위한 주의를 환기시키고는 있지만 그 처지는 비참하기 그지없다. 탈북자들은 북한에로의 강제송환을 피하기 위해 중국 내 합법적 거주를 위한 호구(공민증) 및 체류증을 구하고자 하며 이 과정에서 인신매매 및 노동착취 등의 대상으로 전락하기도 한다. 이들은 대부분 중국에서 숨어살면서 한국행을 바라나 그것이 잘 안되어 베트남, 몽골 등 중국과 인접한 나라로 빠져나가기도 한다.

"세상에 부럼 없는 지상낙원"이라고 스스로 자랑을 해왔던 북한이 지금은 열악한 환경에 처하게 된 것이다. 이제 김정일 정권에게 있어서 정권을 유지할 수 있는 유일한 방법은 철저한 군사독재밖에는 있을 수 없는 것이다. 그래서 나타난 것이 바로 이른바 '선군정치'이다. 1999년 『로동신문』 논설 「우리 당의 선군 정치는 필승불패이다」은 다음과 같이 강조하고 있다.

> "오늘 경애하는 김정일 동지께서 혁명과 건설에서 구현해 나가시는 기본 방식은 선군정치이다. 이 위대한 정치는 최악의 역경 속에서 사회주의 보루를 지키고 강성부흥의 새 시대를 열어놓은 전화위복의 기적을 창조하였다. 현실은 선군정치야 말로 현대 사회주의 정치에서 나서는 모든 문제를 해결해 나갈 수 있는 불패의 정치라는 것을 뚜렷이 보여주고 있다."

이 논설에서 '정치방식'이란 "정치이념을 구현하기 위한 수단과 방법, 체계를 통틀어 이르는 말"이라고 한다. 그리고 '선군정치'에 관하여 "바로 군사선행의 원칙에서 혁명과 건설에 나서는 모든 문제를 해결하고, 군대를 혁명의 기둥으로 내세워 사회주의 위업을 전번을 밀고나가는 영도방식"이라 한다. 김정일은 선군정치를 만들어내기 위해 1995년 1월 1일 '다박솔 초소'를 방문하기 시작해서 2002년까지 606일에 걸쳐 1,507개 군(郡) 단위를 방문했는데, 그 가운데 무력 부문에만 934개 단위(전체의 약 62%)를 방문했다. 이는 그의 방문이 군부대 중심의 현지지도를 강화하기 위한 것이었음을 알 수 있다. 김정일은 "총대, 총대에 모든 것이 달려 있습니다. 선군정치는 우리 당의 전략적 노선입니다. 그래서 우리는 시종일관 우리의 총대인 병사들 속으로 찾아가는 것입니다"[163]라고 말한 바 있다. 아무튼 선군정치는 "군대이자 당이고 인민이며 국가라는 혁명철학에 기초하고 있다"고 한다. "당, 국가, 사회생활의 모든 분야에서 군 중시 사상을 철저히 구현해 나가야 한다"는 것이다.

선군정치의 요체는 군대와 총대를 앞세워 밖으로는 압력(북한의 용어를 빌면 '제국주의자들의 고립, 압살정책')에 대응하고, 안으로는 기술과 정보의 현대화, 경제개선 등을 통한 '강성대국'의 건설로 집약된다. 1990년대 중반의 '관의 행군'시기를 군대를 앞세워 극복해 왔듯이 21세기를 이끌어 가는 동력(북한식으로 하면 '혁명의 주력군')도 군대에서 찾자고 하는 것이 곧 '선군정

---

163) 박윤, 『총대』, 문예출판사, 2003, 480쪽.

치'이다. 2003년도 신년 사설은 그 어느 해보다 북한이 '선군정치'를 전면에 내세우고 있음을 말해준다. 그러나 오다 하루키의 말 그대로 "정규군 국가, 선군정치의 딜레마는 군이 국가를 집어삼켜 국가의 모든 자원을 군에 집중시킬 것인가, 군의 힘을 국가로 넓혀 구국가의 '개건(改建)'을 꾀할 것인가. 어느 쪽도 경제, 기술의 현대화가 열쇠이다."164)

그런데 북한 경제와 기술의 현대화는 오로지 개혁개방을 통해서만 이룩될 수 있다. 김정일 자신도 이점을 잘 알고 있고 또 80년대 초반부터 김정일 자신도 이 길을 모색하여 왔다. 하지만 지금까지도 김정일 정권은 이른바 '모기장식' 개방을 하면서 진정한 개혁개방을 하지 못하고 있다. 황장엽은 그 이유를 다음과 같이 밝히고 있다.

> "김정일의 독단과 전횡에 의해 희생된 람림들의 수는 헤아릴 수 없이 많다. 만일 개혁 개방이 되어 민주주의가 회복되고 시장경제가 도입되어 국제사회에 문호를 개방하게 된다면 김정일의 모든 비행과 엄중한 죄과가 조선에서뿐만 아니라 세계적으로 널리 알려져지게 될 것이다. 이렇게 되면 김정일의 전제주의적 독재체제가 붕괴될 뿐만 아니라 그는 역사의 심판을 면치 못하게 될 것이다. 그가 개혁개방을 할 수 없는 이유가 여기에 있다."165)

오늘날 북한은 여러 가지 어려운 상황 속에 놓여있다. 특히 90년대 중반 이후의 식량난과 경제위기 때문에 체제가 붕괴되는 것은 고사하고라도 북한 사람들 자체가 살아남느냐 그렇지 못하냐를 걱정하는 지경에 이르렀다. 그래도 김정일 정권은 진정한 살길인 개혁개방의 길을 외면하고 있다. 그것은 김정일에게 있어서 살 길 - 진정한 개혁개방의 길은 걷는다는 것은 동시에 자기가 죽는 길이기 때문이다. 이러한 까닭에 오늘의 김정일 시대는 북한 역사의 종점에 점점 다가가고 있다고 볼 수 있다.

그런데 북한의 김정일 정권이 아직도 붕괴되지 않고 건재(健在)하고 있는

164) 와다 하루키, 『북조선』, 돌베개, 2002, 327쪽.

165) 황장엽, 『북한의 진실과 허위』, 통일정책연구소, 1999, 58쪽.

원인 중에서 반드시 간과할 수 없는 것은 미국을 비롯한 주변 강대국 각자의 부동한 이익과 그에 따르는 세계 전략과 밀접한 관련이 있다는 점이다. 북한체제의 형성과정에서부터 현재의 핵문제에 이르기까지 미국, 중국, 일본, 러시아 등 한반도 주변 4대 강국의 영향이 아주 컸음은 주지하는 바이다.

북한은 1990년대 이후 탈냉전기에 들어서면서 미국의 영향권으로 들어왔다. 지난 10여 년의 경험이 보여주는 대로 북한의 행보에 가장 결정적인 영향을 미치고 있는 것은 미국이다. 북한이 경제난 해결을 위하여 갈망하고 있는 국제통화기금(IMF), 세계은행(IBRD), 아시아개발은행(ADS) 등의 국제금융기구 가입에 결정권을 가진 것도 미국이다.

미국은 탈냉전기에 극단적인 헤게모니 국가로 되었다. 극단적인 헤게모니의 지위를 달성한 미국은 네오콘(신보수주의)들의 논리대로 일방주의적 외교정책을 추진하고 있다. 북한에 대하여 선제공격이니 외과 수술 같은 공격이니 하는 정책 수단들이 쏟아져 나왔던 것이다. 이러한 대국 미국을 상대로 북한은 핵무기 개발 게임을 하고 있다. 북한은 단순히 핵무기를 비밀리에 개발하는 것이 아니라 핵무기 개발을 하고 있다고 단계마다 방송을 하면서 미국을 상대로 게임을 벌이고 있는 것이다.

북한 핵문제의 본질은 북한과 미국이 핵문제를 매개로 서로 게임을 하고 있다는 사실이다. 사회주의 국가들의 붕괴 이후 생존전략으로서 미국을 중심으로 한 자본주의 세계 체제에 편입하고자 하는 북한의 전략과 세계지배의 일환으로 한반도에서의 영향력을 지속하고자 하는 미국의 전략이 갈등하는 게임인 것으로 볼 수 있다.

미국은 동북아 지배 전략에서 한반도에서 현상유지(status quo)를 목표로 하고 있기 때문에 가능하면 남북한의 분단이 현 상태로 유지되기를 희망하며, 북한이 '악의 축'과 같은 냉전적 이미지를 유지한 채로 미국의 개입을 위한 빌미를 제공해주는 대상으로 계속 남아 있어야 하는 것이다. 북한이 경제위기의 수렁에 깊이 빠져들어 가게 된 외부적인 원인은 6,25전쟁 이후 지속적으로 미국을 중심으로 한 자본주의 국가들의 경제 봉쇄를 받아왔으며, 이제는 경제 침체를 해결하는 길로써 자본주의 세계 체제에 재편입할 수밖에 없다는 것이다. 미국과 일본과의 관계 개선이 북한의 갈 길이며, 지난 10년간의 북한의 행보를 그런 맥락에서 바라볼 수 있다. 북한은 국제 사회에 편입하여 그들의 금융지원이나 기술지원과 교역관계의 확대가 없이는 경제난을 해결하기 어렵기 때문에 미국의 현상유지 전략을 깨뜨리기를 희망하고 있다.

북한이 자본주의 세계 체제에 편입하기 위하여 더욱 적극적인 개혁, 개방을 추진한다면 상황이 달라질 수 있겠지만, 그럴 경우 김정일 정권의 유지가 어렵게 된다. 그래서 김정일 정권은 개혁, 개방은 가능한 한 지연하면서 자본주의 권에 발을 들여놓아 보자고 하는 소극적인 태도를 가지고 있는 것이다. 북한은 미국과의 핵개발 게임을 국내적으로 선군정치를 정당화하는 데 적극 활용하여 지난 10여 년간 체제 위기를 극복하는 통치수단으로 재미를 보았다. 북한이 잘못된 생존 전략을 고집하고 있기 때문에 미국의 동북아 지배 전략에 빌미로 잡혀 이용당하고 있는 것이다. 미국에게 불량 국가와 악의 축의 빌미를 제공하고 있는 것이다. 미국 같은 내상과 핵무기개발이란 카드를 가지고 북한이 언제까지 게임을 할 수 있을지는 아직은 미지수이기는 하지만 영원한 게임이란 있을 수 없는 법이다. 게임을 오래 끌수록 북한의 주민들은 더욱 도탄에 빠지게 되며 이런 상황이 지속된다면 북한 사회의 변화는 불가피하게 될 것이다.

경제난 이후인 2002년 7월 1일 북한은 이른바 '경제관리개선조치'를 발표하였는데, 이는 북한 사회가 결코 고정불변의 화강암(花崗巖) 같은 사회는 아니며 비록 그 속도는 아주 느리지만 서서히 변화하고 있음을 보여주고 있다. 서재진의 견해에 따르면, 2002년 7월 1일 경제관리개선조치 이후 북한 사회의 변화는 "하나는 변화의 방향이 경제부문에서 시장사회주의의 시장경제의 방향으로 변화하며, 사회부문에서는 경제부문의 변화에 조응하여 시장사회주의의 체제로 변화하고 있는 것이고, 다른 하나는 북한체제의 변화가 아래로부터의 변화라는 것이다."[166]

최근 북한의 경제체제의 변화 중에서 가장 선명한 것은 가격을 현실화하여 시장논리에 의하여 결정되도록 하는 방향으로 개선되고, 개인과 기업에 이윤의 개념이 도입되었고, 현물분배를 폐지하고 마르크스가 자본주의 체제의 핵심이라는 임금노동제가 도입되었다.

북한체제의 변화에서 경제체제만 변화한 것이 아니라 사회 부문의 변화도 현저하다. 위에서 언급한 배급제도가 사실상 폐지되고, 경제활동에 의한 임금노동제도, 이윤 개념, 종합시장제도가 도입된 상황은 북한 주민들의 생활양식과 가치의식을 크게 바꾸었다. 이전에는 당과 수령에게 충성하면 생계가 보장되었지만, 이제는 노동을 해서 돈을 벌고 그 돈으로 상품을 시장에서 구매해야 하는 제도에서 살고 있는 것이다. 자본주의 시장제도와 별 차이 없는 방향으로 생활양식이 변화된 것이다.

물가가 천정부지로 뛰어오르고 모든 것을 시장에서 구매해야 하며, 현물배급제에서 화폐경제로 이행함에 따라 돈에 대한 인식이 급격하게 변화하였고, 사상이나 이념은 2선으로 후퇴하고 물질 우선의 사고방식이 우후죽순처럼 자라나고 있다. 이전에는 월급에 별 관심이 없었으나 이제는 그에 대한 관심이 크다. 이전의 월급은 용돈의 개념에 지나지 않았지만, 이제는 생계비 개념으로 변하고 있는 것이다. 과거 배급체제하에서는 현금이 별 의미가 없었던데 비하여 이제는 화폐경제로 전환하였기 때문이다. 과거에는 입당하는 것이 가장 명예롭고 출세를 할 수 있는 관문으로 인식되었으나 이제는 일반주민들에게는 당원 자격이 별 보상이 되지 못하고 있기 때문에 입당에 별 관심이 없다. 돈을 버는 것이 최고의 가치로 되었다. 이러한 북한 사회의 일련의 변화는 바로 아직은 그 힘이 미약하기는 하지만 획기적인 것이다. 북한에

166) 서재진, 「경제난 이후 북한의 사회변화: 아래로부터의 시장사회주의화 개혁」, 『한국의 사회변동과 사회통합』, 2004년, 한국사회학회 후기사회학대회 논문집. 337쪽.

서 일어나고 있는 것은 의식변화는 가히 북한의 르네상스가 시작되고 있다고도 볼 수 있다. 주체사상에 대한 인식, 사회주의에 대한 인식, 당과 지도자에 대한 인식은 집단행위로 표출되지는 않았을 뿐이지 체제의 근간을 변화시키는 방향의 변화가 일고 있는 셈이다. 북한의 변화가 겉으로 보기에는 북한 공식 언론의 주장대로 사회주의 원칙을 고수하고 있는 것 같지만, 사실은 그 아래로부터의 조용한 변화가 일어나고 있는 것이다. 시장요소가 도입되고 있다는 사실 자체도 중요한 변화이지만, 이러한 변화가 위에서 당국의 주도가 아니라 아래로부터의 인민대중의 주도로 이루어졌다는 것은 더 큰 의의가 있다.

소한(小寒)이 지나고 대한(大寒)까지 지나면 입춘(立春)이 다가오는 것처럼 북한도 이 '엄혹한 대한'을 겪었으니 시간이 흐르면서 '새 봄'을 맞이하게 될 것이다.

2. 혁명적 낭만주의 경향과 문제작가의 침묵

1990년대의 북한문학은 양극화 속에서 진행되었다. 한편으로는 소련을 위시로 한 동유럽 사회주의 국가들의 붕괴와 중국, 베트남 등 아시아 사회주의 국가들의 시장경제로의 동요 없는 전향으로 인해 대안과 전망 부재라는 암담한 상황을 타개하려는 고육지책(苦肉之策)으로서의 '고난의 행군'에 걸 맞는 문학정신을 요구하게 되었다. 그리고 이전의 이른바 '혁명적 낭만주의'적 성향을 다시 되살리려는 흐름과, 다른 한편으로는 그러한 경향이 그 동안 북한문학을 망쳐왔다는 인식 속에서 과거의 혁명적 낭만주의를 비판하고 1980년대 이후 부분적으로 되살려왔던 리얼리즘의 요소를 한층 확대해야 한다는 주장이었다.

현재 북한의 문학적 흐름을 살펴볼 때, 후자의 경향보다는 전자의 흐름이 더욱 강해지고 있으며, 그 와중에 1980년대의 창작성과는 비교가 되지 않을 정도로 문학의 빈곤화가 초래되고 있다. 혁명적 낭만주의의 폐단을 인식하고 현실반영의 리얼리즘의 요소가 증대되면서 많은 양의 장편소설이 나왔을 뿐만 아니라 문제작도 적지 않게 쏟아져 나왔던 것이다. 하지만 현재 북한 문학계 내에는 그런 소식이 들리지 않고 있다. 이것은 오늘날 북한문학의 흐름을 주도하는 주류파가 혁명적 낭만주의를 고수하는 쪽이라는 사실을 잘 반증해주는 것이다. 1980년대 북한문학을 주도했던 『벗』의 작가 백룡남이나 역사속설 『높새바람』의 작가 홍석중 같은 작가들이 최근에 와서는 작품을 전혀 쓸 수 없는 환경에 처해 있는 것 역시 이를 잘 말해준다. 그런 점에서 앞으로 당분간 이런 상태로 지속될 가능성이 많은 것이다.

3. 시문학의 전개 양상

우선, 이 시기에도 수령칭송, 수령형상 창조는 여전히 중요한 과제로 강조되기는 했다. 그런데 1994년 7월부터 1997년 7월까지의 유훈통치 기간의 수령형상화 과업은 김일성과 김정일을 동급에 놓거나 점차 그 중심이 김정일에게로 옮겨가는 양상으로 변모했다. 이것은 김일성과 김정일을 동일시하여 권력세습을 정당화하려는 정치 전략의 결과이다.

성스런 영전에 다진 그 맹세
의리로 목숨을 지키여 가자
유훈을 빛내여 나가는 길에
수령은 영원히 함께 계신다.

그 손길 따라 싸운 전사들답게
그 품에 자란 제자들답게
내 조국 부강위해 나가는 길에
수령님은 영원히 함께 계신다.

사상도 령도도 높은 덕성도
수령님 그대로인 장군님
충효일심 받들어 나가는 길에
수령님은 영원히 함께 계신다.

위의 최로사의 시 「수령님은 영원히 함께 하신다」(1995)에서는 위대한 수령의 유훈을 받들어 수령 그대로인 장군(김정일)을 충효의 한 마음으로 받들자고 노래하고 있다. 그리고 김영길의 「태양은 빛나라」(1995)와 황명성의 「그 유훈 총대로 지키리」(1995)의 경우와 같이 "김일성 그이는 김일성! 김정일 그이는 김정일!"이라고 양자를 동격화 한 후에 "최고사령관동지를 높이 받들고 / 그이의 령도를 따르는 길이 / 주체혁명의 백전백승이 있고 / 수령의 위업을 만대에 떨치는 길"이 있다는 식으로 김일성에 대한 충성을 다짐하는 내용의 작품들이 대량으로 창작되었다.

다음으로 이른바 '붉은 기 정신'과 '강성대국 건설'을 노래한 시작품들이 대량 창작되었다. 김정일이 창시한 사상이라고 일컬어지고 있는 '붉은 기 사상'은 "적들이 바라는 것은 우리의 사상이 희어지는 것이나, 우리는 붉다"라는 말에 요약적으로 제시되어 있다. 북한에서는 '붉은 기 정신'에 대하여 "고난의 행군 시기 역사에 유례없는 준엄한 시련과 난관을 이겨나가며 내일을 위한 오늘에 사는 백절불굴의 투지와 혁명적 낙관주의, 고귀한 자기희생과 헌신의 정신" 이라고 하면서 "오늘을 위한 오늘에 살지 말고 내일을 위한 오늘에 살자는 경애하는 장군님의 주체의 인생관을 구현한 작품들이 수많이 창작되었다"고 말한다. 그 중 특히 송찬웅의 시집 『내 삶의 푸른 언덕에』에 대해서는 무엇보다도 이 시집이 "사회주의 승리자의 대축전으로 빛내기 위한 투쟁을 벌려나가는 우리 인민들에게 필승의 신념과 완강한 투쟁정신, 혁명적 낙관을 안겨주는 사상적 무기"가 된 점을 들어 사회주의 순결성을 지키고자하는 '붉은 기 정신'이 잘 구현하였다고 높이 평가했다.

그런데 1997년 김정일이 조선노동당 총비서로 취임한 후부터는 '붉은 기 사상' 대신으로 '강성대국건설'이 주요한 화두로 등장하면서 그것은 김정일에 대한 형상화와 관련을 맺게 된다. 권영문의 시 「원수별 빛나는 저 기폭에」(2000)는 그 대표적인 보기이다.

조선이 있어 지구가 있음을 선포한
이 엄숙한 선언이 저 기폭에 날린다
원수별 빛나는 최고의 사령관기
강성대국 조선의 승리여!

마지막으로 김정일이라는 새로운 수령의 출현과 연관하여 새로운 세대의 부상과 그들의 활동 영역에 대한 정당성을 강조하고 있는데, 그것은 혁명적 낭만주의로 표현된다. 이는 백의선 · 동호의 시 「조국이여 청년들을 자랑하라」(2000)를 통해 알아 볼 수 있다.

인민은 잊지 않으리
청년 건설자들이여
선군시대의 아름다운 꽃으로
조국청사에 빛나는 별들로
우리 장군님 심장에 남는
그대들의 이름과 그대들의 위훈을
(중략)

이 길에서 청년들은
장군님께 가장 뜨거운 감사를 드리며
심장의 격정을 한껏 터치노라
김정일 시대 청춘만세!
김정일 동지의 위대한 청년중시사상 만세!

4. 소설문학의 전개 양상

1990년대 초반 북한문학이 다루고 있는 현실문제는 1980년대에 이미 다루어졌던 다양한 사회 문제들의 연장선에 있다. 이를테면 도시와 농촌의 갈등, 세대간의 갈등, 여성문제, 애정윤리문제 등이 그것이다.

그런데 1990년대는 1980년대 주제 위에서 새로운 문제들이 덧붙여지기도 했다. 1980년대 중반부터 조명되기 시작했지만 1990년대 들어 새롭게 부각된 것으로 과학기술 문제가 있으며 조국통일 문제도 새로운 시각에서 모색되었다. 또한 세대 간의 문제는 여전히 중요한 것으로 대두되고 있는데, 그 내용이 전보다 좀더 심화되어 나타나고 있다.

1) 세대 간의 갈등을 다룬 작품

세대 간의 문제는 1990년대 북한이 맞이한 시대적 상황과 밀접하게 연관되어 있어서 그 중요성이 크게 강조되어 있었다. 1980년대 후반부터 시작된 소련과 동유럽 사회주의 체제의 붕괴와 중국을 비롯한 사회주의 나라들의 개혁개방의 물결로 말미암아 북한은 심각한 고립을 경험하고 이른바 "우리식 사회주의"의 체제 위기를 고민하지 않을 수 없었다. 이런 조건하에서 세대 간의 갈등 문제는 과거와는 다른 사회의 존립을 결정할 수 있는 중요한 것으로 떠올랐다. 세대 간의 갈등 문제는 3세대와 4세대들이 1세대와 2세대들의 위업을 올바르게 이어받아 새롭게 전개되는 현실에서 오늘날 북한 사회를 별 탈 없이 이끌어갈 수 있는가의 문제이다.[167] 말하자면 '행복한 조건하에서 태어나서 자라난' 젊은 3세대와 4세대는 1세대와 2세대들이 볼

---

167) 여기서 1세대는 항일무장투쟁시기의 빨치산세대, 2세대는 6.25전쟁과 전후복구건설 그리고 천리마시대를 살아온 세대, 3세대는 60년대 이후에 출생한 세대. 4세대는 90년대 초반의 20대로서 이제 사회의 문턱에 들어서는 세대를 가리킨다.

때, 퇴폐적인 느낌이 들정도로 이해하기 어려운 지향과 생활태도를 가지고 있었던 것이다. 때문에 3세대와 4세대에게는 자연스러운 행동들도 1세대와 2세대에게는 납득하기 어려운 것으로 비쳐지기도 했다. 여기에서 3세대, 4세대와 1세대, 2세대의 갈능은 자연스러운 문세로 떠오를 수밖에 없었다. 더욱이 젊은 3세대와, 4세대들에게 '주체 사회주의혁명의 위업'을 지키고 계승, 발전시키려는 자각과 사명감을 심어주어야 하였다. 따라서 이러한 과제는 문학작품에서 주로 아버지와 아들, 스승과 제자, 전 세대 노동자와 후세대 노동자 등의 관계에서 나이든 세대가 젊은 세대에게 과거의 힘들었던 시절과 그 난관을 헤쳐 온 위업을 소개하는 방식으로 실현되었다. 이것은 1960년대 중반 이래 10년 문화혁명시기의 중국에서 벌어졌던 소외 '억고사첨(憶苦思甛)'[168]과 아주 비슷하다. 경제생활이 어려워지자 중국에서도 이런 정치사상교양의 방법으로 젊은 세대들의 불만과 그로 인한 일탈을 막아보려고 했던 것이다.

그런 작품으로는 백보흠의 중편소설 『우리의 벗』(1990), 단편소설 「아들에게 보내는 편지」(『조선문학』, 1991.6), 「언제나 그날처럼」(『조선문학』, 1992.6) 등이 있다. 또한 이러한 소설에서 자주 거론하는 시대는 이른바 '천리마시대'이다. 실제로 이 '천리마시대'는 북한의 '황금시대'로서 2세대들이 전쟁을 치르고 난 다음에 폐허 위에 "조선을 새롭게 일떠세웠던 역동적인 시대"였다. 그러므로 오늘날의 북한을 만든 데는 바로 이 '천리마 시대'의 위업이 중요한 역할을 한 셈이다. 이런 까닭에 '천리마시대'의 주역들이었던 2세대들은 자주 이 '천리마시대'의 역동적인 시절은 3세대, 4세대들에게 들려준다.

---

168) 중국공산당이 집정하기 전의 고통스러운 생활을 회상하고 중국공산당이 집정한 후의 현재의 행복한 생활을 생각함으로써 정치사상 각성을 높이고 모택동과 중국공산당에게 더욱 충성하게 하려는 운동이었다.

동무는 전후 천리마 대고조 시기의 그 정신 그 기백으로 살며 생활하고 있는가? 당은 지금 우리에게 무엇을 바라고 있는가? 전후 어려웠던 천리마 대고조시기의 그 정신 그 기백으로 당이 결심하면 바다도 메우고 산도 옮기는 그런 인간으로 살기를 절절히 바라고 있다. 이 길에서 변심을 모르고 언제나 그날처럼 사는 조한섭 지배인이나 저 순애와 같이…… 엄진호가 탄 열차는 더욱 속력을 높여 부지런히 달리고 있었다. 여전히 한 본새로, 한 궤도를 따라.(「언제나 그날처럼」)

장난기가 어린 딸의 얼굴을 한참 동안 바라보고 있는데 중대장이 수첩을 받아 주미며 말을 달았다.“이 자료 수첩을 보니 그땐 모든 게 부족했습니다. 우리에겐 지금 현대적인 착암기와 착정기 그리고 위력한 압축기도 다 갖추어져 있습니다. 전 그 천리마의 정신으로 일한다면 못해낼 것이 없다고 생각합니다” 난 열기 띤 그들의 얼굴을 바라보며 깊은 생각에 점점 빠져들었다. (「어제와 오늘」)

위의 인용문에서 드러나고 있는 것처럼 이 시기에 들어서서 북한문학은 ‘천리마시대’의 과거가 하나의 영웅적 과거로 3세대, 4세대만이 아니라 모든 사람들의 가라앉은 격정을 불러일으킬 수 있기를 바랐음을 알 수 있다. 그러나 이미 마음의 밑바닥에 가라앉은 북한 사회 인민대중들의 보편적인 격정은 이런 회고적인 방법에 의해 회생(回生)되어 진작(振作)될 수 있는 것은 아니었다.

2) 과학기술의 문제를 다룬 소설

1980년대 문학에서 부분적으로 드러나기는 했지만 일반적 수준을 벗어나지 못했던 과학기술 문제가 1990년대 문학에서는 매우 중요한 문제로 부각되었다. 그러면 왜 그런 일이 일어났을까? 1990년대 『조선문학』 7월 호에 발표된 윤상현의 「90년대 인간의 성격」 이란 글을 보면, 그 이유를 짐작할 수 있다.

“1990년대 인간의 성격적 특징은 또한 최신과학기술에 대한 강렬한 지향

> 과 풍부한 과학기술적 소양이다. 과학기술적 재능과 그에 대한 열렬한 지향은 80년대 숨은 영웅들의 성격에서도 찾아볼 수 있었던 특징이지만 90년대 인간들의 성격형성에서도 의연히 중요하게 그리고 80년대보다 더 높은 차원에서 강조된다. 그것은 세월이 흐를수록, 시대가 바뀔수록 과학기술의 발전 속도가 한층 더 미증유의 것으로 되며 더욱이는 90년대의 웅대한 전망과 '90년대의 속도' 자체가 높은 과학기술적 안받침을 요구하기 때문이다. 사람의 자주성을 규정하는 기본 요인은 과학기술지식이다. 오늘 우리들 사이에는 과학기술 분야에서 서로 앞서나가기 위한 치열한 경쟁이 벌어지고 있으며 제국주의자들은 인류공동의 재부인 고학기술을 독점하여 사회주의 나라들의 경제문화발전을 억제하기 위하여 집요하게 책동하고 있다. 이러한 형편에서 과학기술을 모르고서는 적들과의 대결에서 이길 수 없으며 90년대 영웅으로 될 자격을 갖출 수 없다. 90년대 작품에서는 마땅히 과학기술적으로 응당한 지능과 탐구심을 갖춘 인간들이 주인공의 위치에 서야 할 것이며 나아가서 나라의 과학기술을 선도해 나갈만한 높은 학식의 소유자들이 많이 내세워져야 한다.

과학기술 문제는 농촌 문제를 다룬 소설『뻐꾹새 노래하는 곳』이나 세대간의 갈등이 주제인『우리의 벗』같은 작품에서도 나타나고 있는데, 특히 김원종의『해빛은 넘쳐라』(1992)와 1993년 1월『조선문학』에 발표된「거대한 날개」는 과학기술 문제를 독립적으로 다루었다.

「거대한 날개」는 인민대학습당 열람실 도서대출원으로 일하는 결혼을 앞둔 처녀 보옥이와 전자공학부를 마치고 지금은 과학원연구사로서 지방의 기업소에서 중요한 실험을 하고 있는 철우 사이의 갈등을 통해 과학기술 문제를 다루고 있다. 결혼을 앞둔 보옥이는 새로운 보금자리를 꿈꾸면서 무엇을 장만해야 좋을 것인가를 비롯하여 자질구레한 생활상의 요구에 매달리게 되는 반면, 철우는 아내가 될 사람이 자신이 탐구하는 과학연구에 동반자가 되어 줄 것을 바란다, 그래서 보옥의 그러한 태도를 못마땅하게 생각한다. 보옥은 이러한 철우의 속마음을 모르고 자신에 대한 철우의 애정이 식지나 않았는가 하는 의구심을 가지게 되며 이를 확인하려고 철우가 일하는 지방 기업소를 찾아간다. 철우는 최종 실험을 하고 있는 시점이라 보옥의 전화를 받고도 이내 달려오지 않고 계속 일만 하자 보옥은 이러한 철우의 태도가 애정이 식은 결정적인 증거라고 하면서 메모를 남기고 돌아간다. 보옥이가 머무르던 요양소에 철우보다 먼저 간 기업소 연합 당 위원장은 보옥이 메모만 남기고 간 사실을 발견하자 차를 몰아 정거장에서 차를 타려고 하던 보옥을 데리고 철우가 일하는 실험현장으로 데리고 온다. 여기서 일하는 철우의 모습과 또한 기업소 많은 사람들이 철우의 이러한 일을 대단히 중요하게 여기는 것을 목격하고는 자신의 잘못을 깨닫고 자신도 일할 것을 달라고 요청할 정도로 다른 사람으로 바뀐다. 철우는 마침내 실험에 성공하여 보옥과 만나고 이들은 새로운 미래를 설계한다는 것으로 이 작품은 끝난다.

기업소 당위원장의 갑작스러운 방문과 이로 인해 보옥이 돌아오게 되는 대목의 부자연스러움을 제외하고라도 생활에 대한 무관심을 탓하던 보옥이가 현장을 보자 갑자기 변하는 부분이라든가 마지막 부분에서 철우의 실험 성공이 그 동안 이들 관계에서 문제되었던 갈등을 해소하게 만드는 것으로 설정한 것은 납득하기 어려운 부분이다. 결국 과학기술의 발전을 위해 모든 사람이 노력해야 하며 그 과정에서 보옥과 같은 여자들은 그러한 과학기술을 창조하는 남자들의 내조를 잘해주어야 한다는 것이다. 과학기술의 문제 앞에서 어떤 것도 사소한 것이며 중요하지 않다는 것으로 되어 버린다. 이런 점들은 1990년대 북한문학에서 이야기되고 있는 과학기술 문제가 인간 삶의 사회적 관계 속에서 드러나기보다는 오히려 그 자체가 목적으로 되어 버리고 모든 다른 것은 그 것에 종속해 버리는 일종의 기능주의적 물신화의 성격을 가지고 있음을 볼 수 있다.

3) 통일문제를 다룬 소설

통일문제는 남북이 분단되면서부터 북한문학의 일관된 주제였다. 그런데 1990년대 초반의 조국통일을 주제로 한 북한문학에는 상당한 변화가 일어났다. 1990년대 이전까지 조국통일이란 주제는 미제의 식민지로 억압당하고 있는 남한을 해방시키기 위해 투쟁한다는 기본 도식(圖式)의 틀을 벗어나지 못하고 있었다. 그러던 것이 1990년대에는 이산가족 문제와 같은 북한에 살고 있는 이산가족들이 겪는 분단의 현실과 고통을 그리고 있다. 말하자면 분단이 가져온 개인과 가족의 고통 같은 문제들이 취급되고 있는 것이다.

이런 경향을 보여주는 작품으로는 김명익의 「림진강」(1990), 류도희의 「열쇠」(1990), 림종상의 「쇠찌르러기」(1990), 주유훈의 「어머니 오시다」(1990), 한익훈의 「부탁」(1991), 최태현의 「보패 누나」(1989), 김정의의 「기다리는 마음」, 리종렬의 「산제비」(1990), 길태복의 「잃었던 세월」(1991), 남대현의 「상봉」(1992) 등이 있다. 물론 전통적인 접근법을 고수하는 최승칠의 「사슬과 심장」(1990) 같은 작품도 나오고 있다. 결국 1990년대는 북한도 알게 모르게 탈냉전시대의 영향을 받지 않을 수 없었던 셈이다.

1990년대에 들어 『조선문학』에 발표된 작품 중에서 새로운 경향을 띤 조국통일 주제의 소설로서 우선 1990년 3월에 발표된 김명익의 「림진강」을 보자. 이 작품은 평양에서 교수인 남편을 두고 있는 중년부인이 휴전선 부근에서 혼자 살고 있는 친정어머니를 평양으로 모시고 가서 같이 살자고 설득하는 것으로 시작된다. 그런데 이 어머니는 병을 고치러 남쪽으로 내려갔다가 돌아올 수 없게 된 남편과 아들을 기다리면서 조국이 통일되는 날 이들을 만날 수 있을 것이라는 기대감과 그리고 이들이 언제라도 옛날 집을 찾아올 수 있도록 하기 위해 낡고 살기 힘든 고향집을 떠나려 하지 않는 것이다. 딸의 간청에도 불구하고 어머니는 결국 자신의 의지대로 이곳에 남기로 하고 딸은 그러한 어머니의 간절한 소망을 다시 확인하고는 홀로 평양으로 돌아간다.

이 작품에서 '림진강'은 남북 분단의 상징으로써 남편과 아들에 대한 그리움과 이별의 아픔, 그리고 통일에 대한 강한 염원을 내포하고 있다. 이 소설은 분단으로 인해 북한 주민이 겪는 고통을 처음으로 다루고 있는 의의 있는 작품이다. 과거에는 이러한 것이 거의 나타난 적이 없었던 것에 비해 이러한 작품이 나온다는 것은 놀랄만한 변화라고 할 수 있다. 그런데 이 작품에서 우리의 관심을 끄는 것은 어머니의 다음과 같은 진술이다.

> "너도 방송에서 들어 알겠지만 저 남쪽에서 문익환 목사랑 황석영 분이랑 우리 북반부를 다녀가지 않았니. 그리고 어린 처녀인 임수경이와 문규현 신부도 통일을 위해 평양에 왔다가 통일을 위해 돌아갔지. 장벽이란 군사분계선을 걸어 지나서 말이다. 그들 모두 조국 해방 쉰돐이 되는 해까지는 기어코 나라를 통일하고 분단 민족의 슬픔을 끝장내자고 하였지. 민심은 천심이라구 통일의 날은 반드시 온다."

「림진강」이 나온 다음 달인 1990년 4월 『조선문학』에 발표된 류도희의 「열쇠」 역시 이러한 경향을 보여주는 작품이다. 이 작품은 공장 지배인으로 근무하고 있는 58세의 박성규 일가가 겪는 분단의 아픔을 그린 작품이다. 딸을 시집 보내면서 박성규의 아내는 딸에게 집 열쇠를 준다. 언제든지 친정집으로 오고 싶으면 누가 없더라도 들어올 수 있도록 하기 위해서이다. 모녀간의 이러한 사정을 보고 듣고 있던 박성규는 이 장면을 계기로 옛날 자기가 이남의 고향집을 떠날 때의 상황을 다시 회상하게 된다. 노모가 인민군을 따라 북으로 올라가는 아들에게 열쇠를 쥐어주면서 언제든지 기회만 되면 집으로 돌아오라고 당부하였던 것이다. 지금은 생사조차 모르고 있는 어머니의 모습을 떠올리면서 다시 한 번 분단의 슬픔을 느끼는 것으로 이 작품은 마무리된다.

1990년대 조국통일 주제의 소설 작품 중에서 제일 이채를 띠고 있는 작품은 림종상의 단편소설 「쇠찌르러기」(『조선문학』, 1990년 3월 호)이다. 조류학자인 원병오 박사 부자의 실제 모델을 바탕으로 했다는 점과 영화 『새』의 원작이라는 점에서 관심을 모은 이 작품은 분단으로 인한 한 가족의 아픔을 통해 통일에 대한 염원을 형상화하고 있다. 이 작품은 한 조류학자의 가족사를 중심으로, 남북으로 분열된 민족의 비극을 그리고 있다. 이 소설의 형식은 액자형 구성을 취했는데, 부재 '취재수첩을 펼쳐놓고'가 의미하는 것처럼 한 작가가 조류학자 원창운의 집을 방문하고 그로부터 전해들은 이야기를 전달하는 방식을 취하고 있다. 그 이야기는 작가인 '나'가 원창운의 어떤 요청을 받는데서 비롯된다.

어느 날 조류학자 원창운은 월남한 삼촌의 소식을 일본인 하자로부터 전해듣고 남한에 있는 삼촌에게 장문의 편지를 보내고자 한다. 그래서 작가인 '나'에게 그 편지를 손봐달라는 부탁을 하게 된다. 작품의 줄거리는 작가인 ' 내'가 원창운의 편지를 읽어 가는 것으로 전개된다.

조류학자 원홍길을 조부로 둔 원창운은 남한에 있는 삼촌 원병후 역시 조류학자라는 사실을 알게 된다. 그것은 할아버지가 발견한 쇠찌르러기를 통한 것이라는 점에서 기이한 만남이었다. 새의 발목에 달린 인식표에서 원창운은 그 새를 되돌려 보낸 이가 삼촌인 원병후임을 조부 원홍길과 함께 알게 된다. 그 순간 이들 삼대에 걸친 조류학자 집안의 운명적인 만남이 이루어진다.

조카 원창운의 편지는 아들 원병후에 대한 원홍길의 깊은 애정을 보여주면서 그의 임종 유언을 전하고 있다. 편지의 마지막 부분에서 월남한 아들과 북에 남은 아비 원홍길의 화해가 손자 원창운에 의해 이루어진다. 창운은 남쪽에 있는 삼촌을 향하여 "통일의 그 날 삼촌은 나서 자란 고향, 항시 쓰린 회오 속에 잊어 본적 없는 고향에 달려오게 될 것입니다...... 장벽이 허물어지고 끊어졌던 혈맥이 다시 이어지는 그날 삼촌은 유언을 다 못한 할아버님의 떳떳한 아들로 령전에 나타나리라 믿습니다…… 조상의 품은 언제나 너그러우니까요"라고 쓴다. 한 가족의 화해라는 이와 같은 결말은 궁극적으로 민족의 화해를 의미한다. 이러한 의미는 이들 조류학자 삼대간의 이야기를 들은 작가 '나'의 결의에 의해 다시 한번 강조된다.

> "북에 있건, 남에 있건, 해외에 있건 온 겨레가 일일천추로 학수고대하는 그날 독자들은 이 단편소설 「쇠찌르러기」가 아니라 온갖 새들이 수려한 이 땅의 푸르른 숲 속에서 노래하며 속삭일 몇 권의 다부작 장편소설 『쇠찌

르러기』를 받아 안게 될 것이다.
 이것 또한 내가 통일의 축제를 올릴 최대의 선물이 아니겠는가.
 나는 그 장편소설을 다시는 이 땅에 분단의 쓰라린 역사가 되풀이 되지 않기를 바라며 세상에 내놓을 것이다."

림종상의 단편소설 「쇠찌르러기」가 가지는 특징은 그것이 반세기 이상의 국토분단 민족분열의 비극을 아무런 장애 없이 자유롭게 남북을 넘나드는 새와의 대조를 통해 극명하게 드러내고 있을 뿐만 아니라 아울러 자유로운 새를 국토분단과 민족분열의 비극적 상황을 넘어서고자 하는 초극의 상징으로 내세우고 있다는 점이다. 이러한 점에서 이 작품은 단순한 이데올로기의 문제를 넘어서고 있다. 이런 점에서 림종상의 단편소설 「쇠찌르러기」나 이 작품을 영화로 만든 『새』는 1970년대에 나타난 조국 통일의 주제를 다룬 영화 『금희와 은희의 운명』(백인준, 1974) 같은 작품과는 완전히 다른 경향을 보여주고 있다.

90년대에 들어 통일 문제를 새롭게 다룬 작품들이 대두되는 배경에는 많은 요인들이 있겠지만, 그 중의 한 요소로는 80년대 말 이후부터 월남한 사람들의 활발한 방북을 비롯하여 새롭게 전개되는 통일운동을 들 수 있다. 임수경, 문익환, 황석영 등의 방북 인사가 늘어나면서 북한 주민의 의식에 내재해 있던 이산가족에 대한 그리움과 상봉의 기대감이 분출되기 시작한 것이다. 새로운 통일 문제를 다루는 소설의 등장에는 우연성보다는 이러한 시대적 필연성이 내재해 있으며, 여기에 북한의 문예정책의 변화가 맞물려 있다고 볼 수 있다. 상술한 작품에서 볼 수 있듯이 여기서는 과거의 작품에서 볼 수 있었던 미제라든지 괴뢰정권이라든지 하는 구호가 전혀 나타나지 않고 있으며, 이산가족이 겪는 인간적 슬픔과 고통을 그대로 묘사하고 있다. 그리고 작품들은 민족 화해의 연장선에서 자연스럽게 통일을 염원하는 것으로 끝나고 있다. 그런데 이러한 변화에 대하여 엄중한 경계를 요구하는 글이 1991년에 발표되었다.

최근에 발표된 일부 조국 통일 주제의 작품들에서는 우리 조국을 둘로 갈라놓고 우리 인민에게 분열의 고통을 강요하고 있는 근본 원흉인 미제 침략자들에 대한 치솟는 민족적 분노와 증오심을 강하게 불러일으키지 못하고 지엽적인 문제들에 형상의 주목을 돌리는 것과 같은 편향이 나타나고 있다. 일부 소설들에서는 남조선 현실을 반영하면서도 근 반세기 동안이나 우리 조국 남반부를 강점하고 식민지통치를 감행하면서 남조선을 핵 전초 기지로 전변시킨 미제 침략자들의 만행을 폭로 단죄하고 놈들을 몰아내기 위한 사상적인 대를 튼튼히 세우고 형상 조직을 하지 못하고 이런저런 생활을 보여주는데 그치고 마는 경우들이 있다. 특히 미제와 군사 파쇼 미국놈을 남조선에서 내쫓기 위하여 항쟁의 거리에 나서 피 흘리며 싸우고 있는 주인공들을 정면에 내세우지 못하고 분렬로 인한 인정적인 설움이나 고통을 보여주는 주인공을 그리는 현상이 많이 나타나고 있다. 물론 근 반세기에 걸치는 분렬로 인하여 혈육들이 갈라져 생사여부조차 모르고 있는 비극적인 현상이 많은 것은 사실이다. 그렇다고 하여 분렬의 아픔과 고통만을 보여주는데 그치고 이러한 비극을 강요하고 있는 미제와 분렬주의자들의 책동을 짓부셔버리고 통일을 쟁취하기 위한 투쟁에로 사람들을 이끌어주지 못한다면 그러한 작품은 시대와 혁명 앞에 지닌 자기의 사명을 다 할 수 없다.

이와 관련하여 창작에서 특별히 유의해야 할 문제는 조국통일 주제의 작품들에서 혈육이 갈라졌다가 해외를 거쳐 기구하게 상봉하는 것과 같은 식으로 통일ㄹ의 절박함을 강조하는 작품들이 편향적으로 많이 나오고 있다. 물론 조국 통일을 위한 범민족적인 여러 가지 운동들이 활발해지고 여러 가지 행사들이 진행되고 있는 현실적 조건하에서 이러한 생활을 반영하는 작품들이 많이 나오는 것은 있을 수 있는 현상이다. 문제는 갈라졌던 부모처자 형제자매들이 기구한 운명의 길을 걸쳐 상봉하게 되는 생활에 많이 치중하는데 있는 것이 아니라 혈육들을 갈라놓은 원흉에 대한 분노와 적개심, 증오심을 적을 강하게 짓부시고 조국통일 위업을 기어이 이룩하기 위한 투쟁에로 사람들을 힘 있게 불러일으키지 못하는 데 있는 것이다.[169]

이런 경고가 있은 후 나온 작품이 재일동포 출신 작가인 남대현의 단편소설「상봉」이다.

---

169)「오직 우리식대로 창작하자」, 『조선문학』, 1991.9, 4~5쪽.

이 작품의 주인공 재호는 아버지를 찾아 일본으로 갔다가 월북하여 신문사 기자로 일하고 있다. 그는 남한 소식이나 의거 입북한 남한 사람들에 대해 깊은 관심을 가지면서 고향 마을 사람들을 만나려 하지만 늘 실패한다. 어느 날, 태풍으로 조난당했다가 북한 경비정에 의해 구조된 남조선 어선 '대양호'에 탑승한 어부 명단에서 어린시절 고향의 친구와 같은 이름을 발견한다. 그 친구는 송영태라는 친구로 어린시절 월남한 아버지를 찾아 어머니와 함께 남쪽으로 내려와 재호의 고향에 잠시 머물렀던 적이 있다. 재호가 부두에 도착했을 때, 송영태가 한 노인을 안고 울부짖고 있었는데, 그 노인이 바로 송영태와 그의 어머니가 아버지를 찾아 남쪽으로 내려갔을 때, 모자를 찾아 북으로 온 자신의 아버지였던 것이다. 그토록 기다리던 상봉이었지만 기쁨도 잠시 또다시 이별의 아픔을 겪게 되는데, 이는 송영태가 다시 남쪽으로 내려가야 하기 때문이다. 결국 분단 상황에서 이산가족의 상봉은 "감격이나 기쁨은 고사하고 도리어 슬픔이고 고통"인 것을 이 작품은 강조하고 있다.

이 작품도 역시 앞서 살펴본 것처럼, 통일 문제를 새롭게 다루고 있는 작품들과 같은 맥락에 놓여 있다. 곧 위의 새로운 작품들에 대한 경고의 글에서 제기되었던 "미제와 그 앞잡이들의 군사 파쇼 통치를 반대하고 미국 놈들을 남조선에서 내쫓기 위하여 항쟁의 거리에서 피 흘리며 싸우고 있는 주인공"은 이 소설에서 등장하지 않는다. 그러나 다음 몇 가지 측면에서 이 작품은 앞선 경고의 내용을 일정 부분 수용하고 있음을 보인다.

> ① 어느새 부두에는 남조선 어민들을 바래러 나온 수많은 환송객들이 꽃다발을 흔들면서 있었다. '대양호'라는 어머어머한 이름에 비해서는 너무나도 초라한 어선 한척이 꽁무니로 퐁퐁 흰 증기를 뿜으며 잔교에 붙어 있는데.......한생을 파도에 부대끼며 온 듯한 백발을 날리는 늙은이가 있는가 하면 금방 중학교를 졸업했을 애티 나는 청년의 모습도 보였다. 늙은이건 젊은이건 배에 오른 선원들은 모두가 하나 같이 손에 쥔 꼬깃꼬깃한 수건으로 눈굽을 찍고 있었다.[170)]

② 남편이 북에 있다는 것도 모르고 이남 땅을 다 찾아 헤매여야 하는 안해, 살아있는 아버지련만 그 소식을 어머니에게 알리기조차 두려워하는 아들, 그처럼 순진한 영옥이가 밤녀인이 되어 애소를 머금은 채 거리를 헤매고 있다는 걸 알면서도 속수무책으로 있어야만 하는 현실.....[171]

③ 그것이 우리 죄가 아니라는 것을, 바로 우리 나라를 두로 토막친 외세와 그 세력에 아부하는 분렬주의자들 때문이라는 것을 말해주고 싶었으나 재호는 가슴이 미여져 올라 말이 나가지 않았다.[172]

④ 나 역시 오늘의 상봉이 괴로웠네. 그렇지만 난 바로 그 괴로움 속에서 래일에 대한 확신, 뚜렷한 확신을 가지게 됐네. 상처의 고통은 종처를 도려낼 때가 제일 심한 법이 아닌가! 새 생명의 탄생 역시 가장 모진 고통을 거치기 마련이고, 난 오늘의 상봉에서 우리가 바로 그런 처지에 있다는 걸 똑똑히 깨달았네. 삼천리 강산이 하나로 되고 외세가 물러나고 분렬의 장벽이 무너지고.......그렇네! 통일이네. 우리가 그토록 바라던 통일이 이젠 바로눈앞에 다가섰단 말이네.

내 눈앞에 보이네. 북남으로 자유로이 오가는 사람들의 모습 말이네. 통일의 광장에 우리 수령님을 높이 모시고 목청껏 만세를 부르는 7천만 겨레의 감격에 넘친 모습 말이네![173]

①에서는 조난당한 초라한 배와 중학생 같은 어린애가 어부라는 점을 통해 ②에서는 어린 시절 고향의 여자 친구인 영옥이가 생계를 위해 '밤여인'이 되어야 한다는 사실을 통해, 남조선이 가난하고 비참한 생활을 하고 있다는 것을 제시하고 ③에서는 과거의 작품들에서 자주 등장하던 미제국주의자나 괴뢰정권이라는 과격한 언사는 나타나지 않지만, 분단의 원인을 외세와 그 세력에

---

170) 남대현, 「상봉」(김재홍 편저, 『그날이 오늘이라면』, 청동거울, 1999, 219~220쪽.

171) 남대현, 상동서, 229쪽.

172) 남대현, 상동서, 228쪽.

173) 남대현, 상동서, 131쪽.

아부하는 분열주의자들 때문이라고 비판하고 있으며 ④에서는 기존의 수령중심주의의 작품에서 볼 수 있는 수령에 의한 당위적 통일을 강조하고 있다.

남대현의 이 작품에서 보듯 새로운 통일주제 소설에 대한 흐름이 어느 정도 현재의 북한문학에 작용하고 있음을 알 수 있다.

5. 제2차 문예혁명과 예술영화

1992년 5월 북한에서는 제2차 문예혁명이 일어났다. 김정일은 "창작가들, 예술인들은 문예혁명이 이미 1970년대에 끝난 것으로 생각하고 있다", "일부 창작가들은 지난 시기에 쓰던 창작태도를 구태의연하게 되풀이하면서 우리 시대 주인공들이 지니고 있는 자주성, 창조성, 의식성을 진실하게 그리지 못하고 있다"고 하면서 새로운 문예혁명을 선언했다.

제2차 문예혁명의 발단이 된 것은 『민족과 운명』이라는 다부작 영화였다. 이 영화에서는 '창조성'이라는 이름 아래 그 이전 북한영화에서는 볼 수 없었던 여러 장면과 노래들이 영화 곳곳에 등장한다. 네온사인이 현란한 남한 카페 풍경과 그 카페에서 노래 부르는 여가수, 그리고 남한의 대중가요 등이 그것이다. 이 영화에는 「그때 그 사람」, 「낙화유수」, 「홍도야 울지 마라」같은 20-30년대의 유행가들이 영화의 극적 사실감을 살리기 위해 삽입되는 등 다양한 장치들이 도입되어 사람들이 관심을 끌었던 것이다.

『민족과 운명』은 김정일이 직접 지도하에 창작된 다부작 예술영화 문학작품으로 1992년 문학예술종합출판사에서 간행했다. 이를 영상으로 작품화한 영화의 제명도 김일성의 80회 생일을 기념하여 김정일이 직접 명명하고, 인기 가요인 「내나라 제일로 좋아」의 종자, 즉 주제사상으로 삼고 그것을 전면에 내세우고 있다. 김정일은 「내나라 제일로 좋아」를 영화 첫머리 자막으로 사용하라고 쓰기까지 했다고 한다.

이국의 들가에 피여 난 꽃도
내나라 꽃보다 곱지 못했소
돌아보면 세상은 넓고 넓어도
내 사는 내나라 제일로 좋아
- 가요 「내나라 제일로 좋아」 중에서

이 작품의 종자로 삼고 있는 것은 위의 가요를 보면 알 수 있듯이 김정일이 작품을 통해 얻고자 하는 것은 사회주의 국가들의 연이은 붕괴와 몰락의 와중에서도 동요하지 않도록 북한의 민심을 수습하는 일이다. 영화 3부에서 최현덕과 함께 그의 고향을 찾은 강훈에게 현덕의 조카인 향미가 하는 말은 이러한 북한의 고민과 의지를 알게 해준다.

"잘 먹고 잘 입기만 해서 뭘 해요. 남의 집 진수성찬이 제집 잡곡밥만 해요? 아무리 잘 살아도 행복할 수는 절대로 없어요."

90년대에 들어서서 북한으로서는 기존의 일방적인 김일성 우상화 작업이나 맹목적인 충성심 강요는 통하지 않는 시대에 돌입했음을 절감한 것으로 보인다. 위 대사와 같이 북한이 다른 자본주의 국가에 비해 경제적으로 궁핍하다는 사실을 솔직하게 시인하고 있다는 것은 '세상에 부럼 없는 지상낙원'이라고 자화자찬하던 북한문학으로 말하면 커다란 변화라고 볼 수 있는 것이다. 북한은 "자본주의 체제가 무조건 나쁘고 몰락하게 되어 있다"는 종래의 교조적인 공산주의 이데올로기만으로는 북한의 변화하는 민심을 바로 잡을 수 없다는 사실을 깨달은 것이다. 그래서 김정일은 이 작품을 통해 비록 자본주의 국가들이 풍요롭게 잘사는 것이 숨기기 어려운 현실이라고 하더라도 북한의 "사회주의 체제가 이 세상에서 제일 좋다"는 메시지를 전달하려는 것이다.

『민족과 운명』은 북한의 입장에서 민족과 조국을 위해 삶을 산 사람들의 일대기를 형상화한 것이다. 여기에는 최덕신(崔德新, 1~4부) 최홍희(崔

弘熙, 6~10부) 등을 비롯한 윤이상(尹伊桑, 5부, 6~10부), 이인모(李仁模, 11~13부) 여운형 등 실존인물이 주인공으로 등장한다. 이들은 거의 친북 인사거나 월북자 내지 비전향 장기수로서 남한 사회를 비방, 풍자하는 효과도 노리고 있다.

24부작까지는 이들 역사적인 특정 인물이 주인공이었으나 25부부터는 특별한 주인공이 없이 북한 체제에서 헌신적으로 일하는 노동자, 근로자를 주인공으로 하고 있다. 이를테면 강선제강소에서 생산성 향상을 위해 노력하는 노동자가 주인공으로 등장한다던가 하는 식이다. 그래서 25편 이후는 '노동계급편'이란 부제가 붙어있다. 아무튼 이 영화는 처음 20부작을 목표로 시작되었으나 주민들의 반응이 좋아 50부작으로 늘려 잡아 제작되고 있으며, 1996년 당시 32부작까지 제작되었다고 한다. 또 이 영화는 김정일이 마지막으로 제작에 관여한 영화로 알려지고 있다. 김정일은 영화제작 과정에서 여러 차례 "앞으로 내가 직접 영화제작이나 문예물 창작에 관여하기 어렵다"고 강조하곤 했다고 한다.

주시하다시피 주체사상은 김정일에 이르러서 내용 면에서 달라진 것은 별로 없으나 표면적으로 부인되었던 민족주의가 1986년 이후로부터는 전면에 부각되어 왔다는 점에 주목할 필요가 있다. 주체사상은 '사상에서의 주체'에서부터 민족주의적 성향을 강하게 띠고 출발한 것이기는 하지만 민족주의 자체를 표면화하지는 않았다. 해방 이후부터 1980년대 중반까지만 해도 애국주의, 사회주의적 애국주의, 조국과 인민에 대한 사랑, 민족적 자주, 자주성 등에 대해서는 줄곧 언급해 왔으나 민족주의는 부정적인 것으로 간주해 왔다. 그러다가 1986년 김정일은 담화 「주체사상교양에서 제기되는 몇 가지 문제에 대하여」에서 민족제일주의를 주창하기에 이르렀으며 이러한 변화는 주체사상의 내적 발전의 당연한 귀결이라고 볼 수 있는 측면이 더 강하지만, 소련과 동유럽에서의 사회주의국가 제도가 급격하게 몰락한 것과 같은 국제정세의 변화에 크게 영향을 받은 것이라고 쉽게 추측할 수 있다. 계급보다

민족이 우선한다는 생각은 1986년 이전으로 소급할 수 있다. 북한 사회의 이데올로기는 마르크스→레닌주의→주체사상→민족주의의 표면화라는 변화의 양상을 보이고 있다. 주체사상은 기본적으로는 저항민족주의라고 할 수 있다. 그러나 이 세 가지 이데올로기는 서로 상충되는 점도 있기는 하지만 서로 연계성을 갖고 있기도 하다. 1992년부터 나타나기 시작한 다부작 영화문학 『민족과 운명』 주체사상으로부터 민족주의 표면화라는 김정일의 이데올로기 변화의 양상을 단적으로 보여주는 작품으로서 의의가 있다고 할 수 있다. 그런데 부언해야 할 점은 김정일이 제창한 "우리 수령, 우리 당이 제일이고 우리 조국, 우리 사회주의 조국이 제일이라는 높은 긍지와 자부심을 간직해야 한다"는 이른바 '우리민족 제일주의'는 결국은 자신의 개인독재체제를 고수하려는 목적 밑에 고안해 낸 변질된 민족주의임을 간과해서는 결코 안 된다는 점이다.

제2차 문예혁명의 발현에 따라 일부 영화에서 다양한 소재와 장치들을 도입하는 시도가 있었다. 그렇게 해서 나온 작품으로는 『사랑의 물소리』, 『종달새』와 같은 영화를 들 수 있다. 이처럼 소재와 주제의 다양화와 함께 신인들의 진출도 활발하게 이루어졌다. 1994년 9월에 열린 제4회 평양 비동맹영화제에서 무명의 여배우 김경애가 최우수 여자 배우상을 수상한 것이 그 한 예라고 할 수 있다. 이는 기존 문화 예술계의 무사안일에 대한 김정일의 질타의 의미가 있었다고 할 수 있다.

그러나 이런 변화에도 불구하고 북한영화의 주류는 여전히 김일성과 김정일이라는 수령형상의 창조였다. 그런 작품으로는 『군인 선서』, 『고마운 처녀』, 『당신만 있으면 우리는 이긴다』, 『우리의 아버지 김일성 원수님』, 『병사는 모교로 돌아 왔네』, 『맹세』, 『방패』, 『은을 내린 8월 3일 인민소비품』 등이 있다. 이를테면 『병사는 모교로 돌아왔네』는 청춘과 목숨을 김일성을 위해 바쳤다는 조금실이라는 주인공을 내세워 북한 청년들에게 수령에 대한 충성을 강조했다.

『참고문헌』

1. 기본자료

단편집, 「조선 단편집」(1, 2, 3), 문예출판사, 1987.

단편집, 「조선 단편집」(4), 문예출판사, 1978.

단편집, 「1980년대 단편선」, 문예출판사, 1990.

「문예상식」, 문학예술종합출판사(북한), 1994.

「문학예술사전」(조선문예출판사, 1979. 상, 중, 하)

「해방후 서정시선집」, 과학백과사전출판사, 1988.

4.15창작단, 「꽃 파는 처녀」(상, 하), 열사람, 1989.

4.15창작단, 「피바다」, 한마당, 1988.

이명재 편, 「북한문학사전」, 국학자료원, 1995.

영화문학집, 「언제나 한마음」, 문예출판사, 1984.

권정웅, 「1932년」(상, 하), 열사람, 1989.

김사량, 「김사량 작품집」, 문예출판사, 1987.

김순석, 「찌플리스의 등잔불」, 조선작가동맹출판사, 1955.

김우철, 「김우철 시선집」, 조선작가동맹출판사, 1957.

김 철, 「갈매기」, 조선작가동맹출판사, 1958.

리기영, 「땅」, 1948.

리종렬, 「예지」, 문예출판사, 1990.

리 찬, 「리찬 시선집」, 조선작가동맹출판사, 1956.

박령보, 「해바라기」, 작가동맹출판사, 1961.

박태원, 「갑오농민전쟁」(2부, 3부), 문예출판사, 1991.

______, 「벌거벗은 아메리카」, 조선작가동맹출판사, 1961.

백인준, 「백인준 선집」, 문학예술종합출판사, 1993.

송 영, 「백두산은 어데서나 보인다」, 조선민주청년사, 1958.

송 영, 「밀림아, 이야기하라」, 작가동맹출판사, 1987.

송호숙 편, 「한설야작품집-귀향」, 동광출판사, 1990.

석윤기, 「시대의 탄생」(1부), 문예출판사, 1964.

______, 「무성하는 해바라기들」, 문예출판사, 1970.

______, 「봄우뢰」, 힘, 1989.

______, 「봄우뢰」(상, 하), 힘, 1989.

조중곤, 「나의 길」, 작가동맹출판사, 1957.

조기천, 「생의 노래」, 민주청년사, 1955.

______, 「백두산」, 문예출판사, 1987.

정문향, 「날이 가고 세월이 갈수록」, 문예출판사, 1978.

최상순, 「나의 교단」, 문예출판사, 1982.

천세봉, 「안개 흐르는 새 언덕」, 지평, 1990.

______, 「운하수」(상, 하), 힘, 1990.

______, 「석개울의 새봄」(1부), 문학예술종합출판사, 1994.

______, 「석개울의 새봄」(2부), 문학예술종합출판사, 1995.

최학수, 「평양시간」, 문예출판사, 1976.

한설야, 「력사」, 작가동맹출판사, 1954.

______, 「승냥이」, 작가동맹출판사, 1958.

황 건, 「개마고원」, 조선작가동맹출판사, 1963.

홍석중, 「높새 바람」(상), 문예출판사, 1983.

______, 「높새 바람」(하), 문예출판사, 1990.

현승걸, 「아침 해」, 문예출판사, 1988.

2. 저서 및 논문

김병민 외, 「조선 - 한국당대문학사」, 연변대학출판사, 2000.
김윤식, 「북한문학사론」, 새미, 1996.
김일성종합대학, 「조선문학사」, 김일성종합대학출판사, 1990.
「조선문학사」 (10~15권), 사회과학출판사, 1996~1999.
김재용, 「북한문학의 이해」, 문학과 지성사, 1994.
______, 「분단구조와 북한문학」, 소명출판사, 2000.
김정일, 「주체문학론」, 조선로동당 출판사, 1992.
김종회 편, 「북한 문학의 이해」(1~2), 청동거울, 2002.
김하명, 「문학예술작품의 종자에 관한 리론」, 사회과학출판사, 1977.
김학준, 「북한 50년사」, 동아일보사, 1995.
김호웅 외, 「북한문화와 문학의 역사적 이해」, 창과 현, 2004.
김춘선, 「한국 - 조선현대문학사」, 월인, 2001.
리수림, 「혁명송가문학」, 문예출판사, 1989.
류 만·김정웅, 「주체의 창작리론」(상, 하), 사회과학출판사.
신형기, 오성호, 「북한문학사」, 평민사, 2000.
선우상렬, 「광복 후 북한 현대문학연구」, 역락, 2002.
안함광, 「조선문학사」, 연변교육출판사, 1956.
안함광 외, 「해방 후 10년간의 조선문학」, 조선작가동맹출판사, 1955.
이상경 「이기영 - 시대와 문학」, 풀빛, 1994.
이재인, 「북한문학의 이해」, 열린 길, 1995.
이한영, 「김정일 처조카 이한영의 수기 - 김정일 로열 패밀리」, 시대정신 2004.
윤기덕, 「수령형상문학」, 문예출판사, 1991.

윤일권·김원익, 『그리스 로마 신화와 서양문화』, 문예출판사, 2004.
『조선문학사』(1926-1945), 과학백과 출판사, 1981.
『조선문학사』(1945-1958), 과학백과 출판사, 1978.
『조선문학사』(1959-1975), 과학백과 출판사, 1977.
최동호 편, 『남북한 현대문학사』, 나남, 1998.
최척호, 『북한 예술영화』, 신원문화사, 1989.
한국역사연구회 지음, 『한국역사』, 역사비평사, 1992.
황장엽, 『나는 역사의 진리를 보았다』, 한울, 1999.
______, 『북한의 허위와 진실』, 평화통일연구소, 1999.
홍기삼, 『북한의 문예이론』, 평민사, 1981.
통합문화연구소, 『김일성과 북한문화예술』, 문화체육부, 1996.
와다 하루키, 『북조선』, 돌베개, 2002.
______, 『김일성과 만주항일전쟁』, 창작과 비평사, 1992.

북한문학의 역사적 이해

인쇄일 2006년 7월 26일
발행일 2006년 8월 5일

저 자 김관웅 · 정문권 · 김호웅
발행인 정 순 훈
발행처 배재대학교 출판부
㉾ 302-735 대전광역시 서구 연자1길 14 (도마2동 439-6)
TEL. (042)520-5312 / http://www.paichai.ac.kr/~press
인쇄처 대 운 사
TEL. (042)520-5475 / FAX. (042)524-5835

ISBN 89-87036-67-7 정 가 ₩ 13,000원